U0679596

真理的维度

法兰西民族法律文化的诞生
（约1200—约1500）

董子云　著

ZHEJIANG UNIVERSITY PRESS
浙江大学出版社
·杭州·

图书在版编目(CIP)数据

真理的维度：法兰西民族法律文化的诞生：约1200—约1500 / 董子云著. —杭州：浙江大学出版社，2022.12（2023.6重印）

ISBN 978-7-308-23201-2

Ⅰ.①真… Ⅱ.①董… Ⅲ.①法制史－文化史－研究－法国－1200－1500 Ⅳ.①D956.59

中国版本图书馆CIP数据核字(2022)第198645号

真理的维度

——法兰西民族法律文化的诞生(约1200—约1500)

董子云 著

责任编辑	蔡 帆
责任校对	吕倩岚
封面设计	周 灵
出版发行	浙江大学出版社
	（杭州市天目山路148号 邮政编码310007）
	（网址:http://www.zjupress.com）
排 版	浙江时代出版服务有限公司
印 刷	杭州宏雅印刷有限公司
开 本	880mm×1230mm 1/32
印 张	14.375
字 数	300千
版 印 次	2022年12月第1版 2023年6月第2次印刷
书 号	ISBN 978-7-308-23201-2
定 价	88.00元

版权所有 侵权必究 印装差错 负责调换

浙江大学出版社市场运营中心联系方式 （0571）88925591;http://zjdxcbs.tmall.com

前　言

　　写作一个同时满足多语言、多学科读者需要的文本绝非易事。中文世界与欧美研究之间存在的隔阂即是最显而易见的挑战。正因为如此,本书所使用的部分史料,从国际研究动向上讲也许并不新颖,但却是第一次向中国读者翻译引介——而且这些"基础史料"的研究对于中国中世纪学和西欧中古法律史学而言也十分必要。希望看到一部全面的、事无巨细的中古法国法律制度史的读者也会感到失望,因为这并非笔者主要感兴趣的领域;若是想看这样一部著作,我们大可以引介法国名家的著述。在本书中,读者将要看到的是一系列历史碎片,而笔者在其中的作用是将这些碎片整理、分析,找到它们之间的互文性和逻辑性。我们发现,这些文本都有一个共同的关切,即"真理"(拉丁语 veritas)。"真理"作为西文单词,同时也意味着"真相""真实性"乃至诚实的品格;而我们所研究的那些碎片,也该视为"真理"在世俗统治中付诸实践而产生的诸多现象。通过这些碎片,我们得以捕捉这个福柯意义上的"真理意识形态"在中世纪法国扎根过程中展现的多重面相,进而辩证思考法兰西民族法律文化在共同法的中世纪的孕育问题。

本书系笔者批判性思考西方近代国家和法治文化之根本预设的成果。概而言之,我们的思考大致针对两个方面。首先,"基于真理的统治"是否是历史必然?它是否具有其他社会治理形式所不具备的效率性?与大多数研究的法律现代性预设相反,本书并不相信"真相"是司法伦理的最高原则,或者更确切地说,追求"真相"的司法并非良好公共秩序的必要条件。"真理"无疑为近代司法国家的确立提供了意识形态和伦理基础,但它只是人类社会行动的约束和促成因素之一。西欧国家从中世纪向近代的发展,不能简单理解为理性化法律制度和法律技术的胜利,而也应该理解为某些类型的、更隐蔽的统治关系的胜利。与前近代的关系社会、社群社会不同,这种近代国家类型的统治关系也意味着人的系统性改造。"真理人"是"真理统治"所必需的。

其次,如何理解法律文化的"民族性"?孤立自足的内生法律秩序之观念,本质上是民族主义史观的建构,其存在在西方的历史中也是有限的、片面的(旧制度的法国,普通法的中古英国也许是最显见的例子)。人类的相互交流、合作是常态,作为文本的法律文化也处在不断地传播、翻译和再解释的过程当中。在普遍性的"真理意识形态"的语境下,西方历史意义上的法律"民族性"意味着"真理"的民族性建构。这种建构可能在一种"国际的"(或者通用的)法律话语下展开,甚至于从后者的资源中脱胎换骨。但"民族性"建构的着眼点依然是实践,因为它的意图是对某些类型的统治关系作制度性承认,并排除另外一些关系。民族法律文化，就法国的案例而言，是"真理意识形态"的高级形态。

本书涉及若干不同主题，因此也在不断调整研究方法，主要涉及的有法律人类学、情感史、认知理论、文化研究、社会学、后现代主义等，但也包含更为传统的制度史、教会法和国王法令研究。多种范式的运用和融合使我们得以从多种角度解释传统史料，但同时也使得研究本身无法归入任何单一范式。笔者尽量相对准确地运用这些领域的资源，但无意削足适履，使本书得以接受归类。如果能够对"真理意识形态"的崛起和发展作出多维度的描述，并引发和促进不同语言、不同文化、不同学科背景的读者的共同思考，本书的目的就达到了。

缩写表

HGL	*Histoire générale de Languedoc*
ORFTR	*Ordonnances des rois de France de la troisième race*
PL	*Patrologia Latina*
RdR	*Roman de Renart*
RGALF	*Recueil général des anciennes lois françaises depuis 420 jusqu'à la Révolution*
RHDFE	*Revue historique de droit français et étranger*
RHGF	*Recueil des historiens des Gaules et de la France*
RSJB	*Recueils de la Société Jean Bodin*
ST	Thomas Aquinas，*Summa theologica*
TvR	*Tijdschrift voor Rechtsgeschiedenis*

法律文本：

罗马法

C.	Codex

D.	Digesta
Inst.	Institutes
Nov.	Novella

教会法

Clem.	Liber Clementinarum
Ⅵ.	Liber sextus decretalium
Ⅹ.	Liber extravagantium decretalium

目　录

导　论

一、研究背景

近 30 年前，专攻中世纪法国史的以色列历史学家埃斯特·科恩（Esther Cohen）出版了《司法的十字路口：中世纪晚期法国的法与文化》。书中她颇为有力地驳斥了"习惯法的迷思"[①]，并利用有关法律仪式的文本讨论了中世纪晚期法国法律的运作机制与文化。在当时，对法国法律史写作传统的批判性思考才刚

————————

[①]　Esther Cohen, *The Crossroads of Justice : Law and Culture in Late Medieval France* (Leiden, 1993)，pp. 39-41.

刚抬头，学界大体上仍因循常规，关注民族的、习惯①的法律秩序的发展。科恩的著作因此在当时可谓果敢之举，而且在一定程度上反映出她作为外国学者在法国法律史写作上所享有的更大的自由。但科恩的工作并非没有铺垫。在此之前，跨学科研究正逐渐得到文学、历史与法律学科的接受。1985年，雅克·勒高夫尚在慨叹历史学家与法律史家之间的隔阂。② 法国史学界政治与制度史写作复兴的大背景使得这一状况得到改善，而这主要当归功于贝尔纳·格内（Bernard Guenée）的引领，以及让-菲利普·热内（Jean-Philippe Genêt）在组织有关"现代国家起源"的协同研究方面的诸多努力。随后，在法学院历史学家中，雅克·克里内讷提出了历史的"国家转向"（tournant étatique），及其对法律史写作的具体影响。在他看来，研究取向的这一转向必然意味着对此前19世纪法律史家奠定的法律民族主义基调

① 尽管抽象意义上的习惯法概念也许先于罗马法传播之前就出现了（参见 Franck Roumy，"Lex consuetudinaria，Jus consuetudinarium. *Recherche sur la naissance du concept de droit coutumier aux XIe et XIIe siècles*," *Revue historique de droit français et étranger*，Vol. 79，No. 3，2001，pp. 257-291），为了接近中世纪语境，大部分时候本研究都采用"习惯"翻译法语词 coutume，而不译为"习惯法"。具体原因参见迪克·埃尔伯特（Dirk Heirbaut）对德国学界一场辩论的介绍：Dirk Heirbaut，"An Unknown Treasure for Historians of Early Medieval Europe：The Debate of German Legal Historians on the Nature of Medieval Law," *Zeitschrift des Max-Planck-Instituts für europäische Rechtsgeschichte*，2010，pp. 87-90。

② Jacques Le Goff，"Histoire médiévale et histoire du droit：un dialogue difficile，" in Paolo Grossi ed.，*Storia sociale e dimensione giuridica，strumenti d'indagine e ipotesi di lavoro，Atti dell'incontro di studio（Firenze，26-27 aprile 1985）*（Milan，1986），pp. 23-63，pp. 449-453；Jacques Krynen and Albert Rigaudière eds.，*Droits savants et pratiques françaises du pouvoir*（Bordeaux，1992），p. 12。

的批判,因为其忽视了中世纪法学理论(尤其是学识法①)的另一部分,也就是今天会被归类为公法的部分②在法兰西近代国家形成中扮演的角色③。另外值得一提的是,近几十年来,文学院历史学家对法律史的兴趣日益浓厚。这批学者的最大特点,也许在于他们乐于采用——虽然难免受到批评和质疑——其他学科(如社会学、人类学和语言学)的概念工具。在此方面最具代表性的机构之一是巴黎一大的巴黎西方中世纪学实验室(LAMOP)下设的中世纪法律文化研究团队。其中最负盛名的学者莫过于克劳德·戈瓦尔(Claude Gauvard),而她的国家博士论文即用到了多种社会科学理论来组织和解释其档案研究成果。④ 文化或人类学(而非法条主义)取向也显见于罗贝尔·雅各布(Robert Jacob)对法律图像学⑤和司法神圣性的研究⑥。

在法国学界,中古史与中古法律史之间之所以一度存在非

---

① 学识法(droit savant)即大学中传授的法律,主要包括教会法和罗马法,亦译"学者法"。

② Gérard Giordanengo, "Du droit civil au pouvoir royal: un renversement (XIIIe-XVe siècles)," *Politiques et management public*, 5:1 (March), pp. 9-25.

③ *Droits savants et pratiques françaises du pouvoir*, p. 9. 除此之外,亦可参见 Jacques Krynen ed., *Droit romain*, *Jus civile et droit français* (Toulouse, 1999)及焦达南戈的综述:Gérard Giordanengo, "Les droits savants au Moyen Âge: textes et doctrines, la recherche en France depuis 1968," *Bibliothèque de l'Ecole des Chartes*, 148: 2 (1990), pp. 439-476。

④ Claude Gauvard, "*De grace especial*": *crime*, *état et société en France à la fin du Moyen Age* (Paris, 2010).

⑤ Robert Jacob, *Images de la Justice: Essai sur l'iconographie judiciaire du Moyen Âge à l'âge classique* (Paris, 1994).

⑥ Robert Jacob, *La grâce des juges: l'institution judiciaire et le sacré en Occident* (Paris: 2014).

常显著的非对称发展,也许是因为年鉴学派在历史学界长期居于统治地位。年鉴学派在某种程度上可以看作是唯物主义史观的发展,特别关注物质生活和普通民众,并因此疾呼要与仅仅关注国家及其制度的历史的传统历史写作划清界限。历史写作的精英主义取向被推翻,以至于以法律文本和档案书写制度史和学说史的做法本身都受到了质疑——但这却是法律史家一直以来较为忠实地沿用着的研究进路,也是19世纪德国"科学"历史学的延续。20世纪七八十年代,历史学发生了文化转向,出现了新文化史。[1] 至于政治史重新成为研究焦点,很大程度上当归因于这场文化转向在政治领域的延伸。[2] 史学理论的运动显著改变了史料学的景观以及历史学家处理文本史料的方式。一方面,勒高夫倡导将历史人类学作为政治史的新形式。[3] 另一方面,历史学家日益将他们的研究对象视为文本或叙事;他们不再强调研究的所谓客观性和科学性,而是将自己的成果看成话语的一种形式,就如他们看待史料一般。[4] 历史学家的任务是用历史批判技艺从权威可信的史料中提取事实的观念不再被奉为圭臬(而我们会看到这一观念源于近代早期法国的法学家-历史

---

[1]　Jacques Le Goff, ed., *La nouvelle histoire*(Paris, 1978); Lynn Hunt, ed., *The New Cultural History*(Berkeley, 1989).

[2]　关于法国史学中政治史的重新崛起,参见沈坚:《法国史学的新发展》,《史学理论研究》2000年第3期,第85页及以下;吕一民、乐启良:《政治的回归——当代法国政治史的复兴探析》,《浙江学刊》2011年第4期,第123-130页。关于年鉴学派的三代学人及其不同取向,参见 Peter Burke, *The French Historical Revolution*: *The Annales School*, *1929-1989*(Cambridge, 1990)。

[3]　Jacques Le Goff, *Pour un autre Moyen Age*(Paris, 1977).

[4]　Hayden V. White, *Metahistory*(Baltimore, 1973)以及 *Tropics of Discourse*(Baltimore, 1978)。

学家们①），以至于我们曾经认为权威或可靠的史料与严肃历史学家不应采用的素材之间的边界也日渐模糊。雅克·勒高夫研究的说教故事（exempla）即展现了文学和史学素材之间的这种模糊边界。②理查德·卡尤珀（Richard Kaeuper）在其中世纪政治和法律史研究中强调了文学文本对中世纪学家的助益。③玛丽-布阿依克·吉罗内斯（Marie-Bouhaïk Gironès）运用戏剧（théâtre）研究中世纪晚期法律文化，系在霍华德·格拉汉姆·哈维（Howard Graham Harvey）《法院书记团的戏剧》基础上的发展。④她同时还拓宽了我们对文学的物质载体的理解，将其作为历史文献的一种形式进行研究；研究手段则包括考察口语文学记录的性质，受记录文本的物质和社会面相，以及历史学家与语文学家对文本校勘的不同理解。⑤以物质形式承载的文学史料因此是"实践性文档"（documents des pratiques），故而对历史

---

① Donald R. Kelley, *Foundations of Modern Historical Scholarship: Language, Law and History in the French Renaissance*(New York, 1970).

② Jacques Le Goff, "Introduction," in Jacques Berlioz and Marie-Anne Polo de Beaulieu, eds., *Les Exempla médiévaux: nouvelles perspectives*(Paris, 1998).

③ Richard W. Kaeuper, "The King and the Fox: Reactions to the Role of Kingship in Tales of Reynard the Fox," in Anthony Musson, ed., *Expectations of the Law in the Middle Ages*(Woodbridge, 2001), p. 9; and "Debating Law, Justice and Constitutionalism," in Richard W. Kaeuper, ed., *Law, Governance and Justice: New Views on Medieval Constitutionalism*(Boston, 2013), p. 5.

④ Howard Graham Harvey, *The Theatre of the Basoche: The Contribution of the Law Societies to French Mediaeval Comedy*(Cambridge, 1941).

⑤ Marie Bouhaïk-Gironès, "L'historien face à la littérature: à qui appartiennent les sources littéraires médiévales?" in *Actes des congrès de la Société des historiens médiévistes de l'enseignement supérieur public*, 38e congrès, Île de France, 2007, Etre historien du Moyen Age au XXIe siècle, pp. 151-161.

研究有很大的潜力与价值。此外,文学文本对我们理解中世纪法律文化所具有的价值,更因为广泛意义上的中世纪法律职业与文学创作之间的密切联系而彰显。

史学理论和方法的发展暂且搁下不谈。法学研究在最近几十年里也经历了显著的变革,其中与本书关系最大的,当属法学研究中人文倾向更为凸显的一些分支,如法律文化研究,法律与文学和法律语言学等。这些新发展起来的分支构成了"人文化法律教育"的生力军,使之不再只是口号,而日益成为现实。① 全球各地法学院大多对不同学科背景的学者前往从事法律相关研究、丰富对法律的理解持积极欢迎态度。这种倾向继而让众多学者重新审视"法律现代性"的主要预设,而这一根本性的反思所采取的进路也许可以概括为"修辞的回归"(the return of rhetorics)。今天,无论是历史学家还是法律史家,都更加关注法律文本的文学性,关注其叙事、话语与语言学特征等。

当下学界重新发现了法律的修辞特征,而指引这场运动的,也许是 J. B. 怀特(White)在 1985 年发表的一篇论文。有一种盛行的观点认为,法学越是技术性,就越具有科学性。而怀特反其道而行之,认为律师也同样是修辞学者,身处于盖然世界当中,因为"修辞即出于我们的盖然感进行辩论确立盖然的艺术"②。怀特呼吁反思当时流行的科学哲学谬论,即认为"修辞是

---

① Martha C. Nussbaum, "Cultivating Humanity in Legal Education," *The University of Chicago Law Review* 70, No. 1 (2003), pp. 265-280.

② James Boyd White, "Law as Rhetoric, Rhetoric as Law: The Arts of Cultural and Communal Life," *The University of Chicago Law Review* 52, No. 3 (1985), p. 687.

失败的科学"的观念。他描绘了律师的修辞生涯的三个方面，并指出法律总是与社群有关，因此既是社会活动也是文化活动。^①修辞学家，如律师，参与到意义创造和共同体建构的过程当中，而他或她又是共同体中的成员。^② 怀特的论文因此强调了语言和话语，以及文化和物质层面的语境化在理解法律文本及其社群建构的功用方面的重要性。^③

2013 年，《中世纪与人文主义研究学报》（*CRMH*）以"法及其书写：中世纪文学所承载的司法事实"（Le droit et son écriture：La médiatisation du fait judiciaire dans la littérature médiévale）为主题刊发了一系列相关论文。这期刊物代表了法律与文学交叉研究的新动向。如 M. J. 申克（Schenck）所说："作为文学的法律已经不再仅仅意味着去阅读和鉴赏文风，而是在阅读法律文档或者意见时，分析其中作为社会建构语言的隐喻，而这样做的目的是解构它们。"^④不过，解构主义历史学家终

---

① James Boyd White, "Law as Rhetoric, Rhetoric as Law: The Arts of Cultural and Communal Life," *The University of Chicago Law Review* 52, No. 3 (1985), p. 691.

② James Boyd White, "Law as Rhetoric, Rhetoric as Law: The Arts of Cultural and Communal Life," *The University of Chicago Law Review* 52, No. 3 (1985), p. 695.

③ 不过，中世纪研究者不应该对这一见地感到惊讶，因为他们自然而然与现代主义的陈词滥调保持距离，而且中世纪的哲学家和法学家都清楚法律的盖然性和修辞性。参见 Alessandro Giuliani, "L'Élément 'juridique' dans la logique médiévale," *Logique et Analyse*, Nouvelle Série, Vol. 6, No. 21/24 (Décembre 1963), pp. 540-570。

④ Mary Jane Schenck, "Reading Law as Literature, Reading Literature as Law: A Pragmatist's Approach," *Cahiers de recherches médiévales et humanistes* 25 (2013), pp. 9-29.

究要建构自己的话语,去说些什么。而就此而言,西欧中世纪也许是最具挑战但也许也最有潜力的研究对象,因为正是从 12 世纪起,法律科学开始为重新认识人与社会提供"教义学建筑"。①而我们也普遍承认,中世纪晚期诸多特别的语言现象,与学识法的扩张有密切关联,与之相伴随的,还有心态及社会组织和运作形式的根本性转变。

在大致描述了几大学科中的最新导向后,我们可以继续发问:是否有一个点可以作为共同参照,如某个灯塔般的概念,让我们得以从一个侧面捕捉法律与其他形式的书面文化的交互及互文性,进而描述其在法国民族法律文化形成当中的角色?在接下去的小节,我们将从若干大的学术热点出发,发掘它们与本书的关联,并指出本书针对自身研究对象所作的方法论调适,最终形成一个清晰、一致、内在相互联系的结构。本书的写作本质上也是在发明修辞,其工作不外乎采用一个集中的主题重组多种类型的史料,而寻找某些新的"真相"来促进我们有关"历史事实"的知识本身仅是一项次要的工作。

二、真理与近代国家的诞生

"真理"(英语 truth,法语 vérité,拉丁语 veritas)是本书的核

---

① Pierre Legendre, *Leçons* Ⅸ: *L'Autre Bible de l'Occident*: *Le Monument romano-canonique*: *Étude sur l'architecture dogmatique des sociétés* (Paris: 2009).

心概念。① 从"真理"这个角度出发考察中世纪法律语境本应该是极其自然而然的,因为教会法和罗马法都赋予"真理"以极为崇高的地位。② 尽管如此,尝试捕捉和描述"真理"作为一种意识形态在中世纪晚期各个世俗政体中如何生根的研究文献却颇为零碎。从很多方面来说,中世纪更通常被人们视为一个不同而遥远的过去,法律实践与神的干预纠葛不清,获取和确立司法真相的体系还十分落后。不过,当代的研究公认,现代法律制度在很大程度上享受着中世纪的遗产,尤其是 11 世纪末、12 世纪初"法学复兴"带来的系统性变革。③ 我们的任务因此便是反思这场革命对中世纪社会施加影响的可能渠道,并找到一种属于历史学家的方式,来追踪这场观念和实践革命必然带来的变动与冲突。在详细解释本研究的结构之前,我们首先有必要回顾一下与研究主旨有直接关系的社会科学理论与历史研究。其中最为重要的一点,在于本书试图考察和发展米歇尔·福柯的"真理体制"概念在中世纪文化、制度与法律史语境下的适用性。本书

---

① 这个词在西文中有不同含义,在本书中,"真理"和"真相"是最常见的译法。另外根据中世纪语境,也可能译为"诚实"或者"真实性"等。

② 相比正义,教会法学家倾向于赋予真理以更崇高的地位,视真理为"正义之母"(mater iustitiae)。这种倾向在巴都斯处得到了系统的表述。参见 Baldus de Ubaldis, *In primam Digesti Veteris partem commentaria* (Venice, 1577), lib. 1, tit. 5 *De statu hominum*, lex 6 *Libertini sunt qui*。洛朗·威尔金斯(Laurent Waelkens)提及了真理(真相)在中世纪罗马法中的重要性。参见 Waelkens, *Amne Adverso: Roman Legal Heritage in European Culture* (Leuven, 2005), p. 161 及 pp. 177-178。

③ Harold J. Berman, "The Origins of Western Legal Science," *Harvard Law Review* 90, No. 5 (March 1977), pp. 894-943; Stephan Kuttner, "The Revival of Jurisprudence," in *Renaissance and Renewal in the Twelfth Century*, eds. R. L. Benson and G. Constable (Cambridge, 1982), pp. 299-323.

将采用福柯所给出的整体框架检视"真理"在法国近代国家及民族法律文化诞生中扮演的核心角色。

福柯所论述的"真理体制"(régime de verité)或者"真言体制"(régime de véridiction)是其思考自我及治理术(governmentality)的关键概念。这一理论建构有一个根本的认识论预设,即认为认知并非一个趋同(assimilation)的过程;福柯的理解更接近尼采,将认知视为"一种保持距离和统治的关系"①。假定如此,真理认知就并非一种服从于客观或者更高级存在的姿态,而更应该说是创造真理的过程。通过强调真理是发明出来的,福柯得以确立真理与权力之间的紧密纽带。"政治权力并非远离知识,它是由知识编织成的。"②在一次访谈中,福柯又讲道:"真理并非存在于权力之外或是被剥夺权力……真理属于此世:它是由各种强制约束产生的,并带来权力常有的效力。"③社会中这种"真理生产"的机制称为"真理体制"或"真理的'一般政治学'"。但如何捕捉某个真理体制? 福柯随后指出了需要探究的主要几个方面。首先,在语言与话语层面,真理体制"所容纳并使之发挥真实功能的话语类型";其次是"允许一人区别陈述的对与错的机制与情形",以及"每一种机制所受批准的途径"。最后,"用于获

---

① Michel Foucault, *Dits et écrits 1954-1988*:*Ⅱ 1970-1975*(Paris, 1994), p.549.

② Michel Foucault, *Dits et écrits 1954-1988*:*Ⅱ 1970-1975* (Paris, 1994), p.570.

③ Michel Foucault, *Power/Knowledge: Selected Interviews and Other Writings, 1972-1977*(New York, 1980), p.38. 更为详尽的介绍参见 Charles Taylor, "Foucault on Freedom and Truth," *Political Theory*, Vol.12, No.2, 1984, pp.152-183.

取真理的技巧与程序"以及"负责说出真理的人的地位"。① 福柯言简意赅地指明了考察一个真理体制所需进行的话语、制度(或社会学)及学说(或意识形态)分析。另外与中世纪研究关切颇深的是,福柯讨论了社会中的司法形式(formes judiciaires)在维护真理体制中扮演的角色。正是通过这些"形式","我们的社会定义了主体的类型,知识的形式,因此也就定义了人与真理的关系,值得我们去研究"②。具体到中世纪而言,司法形式经历了从考验(épreuve)到调查(enquête)的转变;在此期间,后者大体战胜了前者,这对我们理解(包括人类和自然科学在内的)真理施加了决定性的影响。需要补充的还有基督教在这场变迁当中发挥的作用。在这一点上尼古拉·蒂里翁(Nicolas Thirion)对福柯的讨论有简明的总结,并指出了法学家可以从福柯得到的教益。③ 如果福柯早年的研究关注的是真理体制"制裁"的一面,④到了 1970 年代末,他开始在一系列法兰西公学讲座中探索真理体制的其他表达形式。⑤

---

① 英译参见 C. Gordon, trans., "The political function of the intellectual," in *Radical Philosophy* 17 (Summer 1977), pp. 12-14, 此处 p. 13。更为新近的概括参见 Daniele Lorenzini, "What is a 'Regime of Truth'?" in *Le foucaldien*, 1 (1), 2015。

② Michel Foucault, *Dits et écrits 1954-1988*: *II 1970-1975*, p. 541.

③ Nicolas Thirion, "Des rapports entre droit et vérité selon Foucault: une illustration des interactions entre les pratiques juridiques et leur environnement," *Revue interdisciplinaire d'études juridiques*, Vol. 70, No. 1, 2013, pp. 180-188.

④ Michel Foucault, *Surveiller et punir*: *naissance de la prison* (Paris, 1975).

⑤ Michel Foucault, *Du gouvernement des vivants*: *cours au Collège de France (1979-1980)* (Paris, 2012); *Subjectivity and Truth*: *Lectures at the Collège de France*, *1980-1981* (London, 2017).

因此,福柯为中世纪学者尤其是中世纪法律史学者描述中世纪(尤其是 11 世纪末、12 世纪初"法学复兴"后)的真理体制建构提供了理论框架与指导路线。在福柯的影响下,《牛津英国法律与文学手册》的编者罗那·哈特森(Lorna Hutson)指出,"新历史主义者怀疑旧的辉格进化论法律一宪政史观:他们并不把权力视为一种禁止性的作为主权的法律,而是关注其生产性,其动用各种技术(包括那些表征)来生产主体、国家、拟人的主权体本身等等的能力。"①探究"真理"这个概念意味着整体研究的必要性,也就是说,我们不能局限于关注证明和强制执行真理的法律制度与技艺这些传统上已经有丰富讨论的内容,而还应该为这种真理体制的建立与传播做更广泛意义上的话语与文化分析。福柯有关"真理体制"的讨论对本书的具体内涵,我们将在陈述论文结构的部分展示。就目前而言,回顾一下法国历史学界对真理及其与法国近代国家在中世纪起源的最新讨论是有益的。

文学史研究很早就注意到了"真理"在中世纪文学生产中的核心地位。② 不过,当我们将目光转向政治与法律史研究领域,"真理文化"仍不受充分重视,讨论范围也颇为有限。此前的研

---

① Lorna Hutson, ed., *The Oxford Handbook of English Law and Literature*, *1500-1700* (Oxford, 2017), p. 4.

② Jeanette M. A. Beer, *Narrative Convention of Thruth in the Middle Ages* (Genève, 1981); Serge Lusignan, "Énoncer la vérité en français: les villes de communes et la naissance de l'écrit juridique vernaculaire," Corpus Eve [Online], Critical or Bibliographical Studies of the Vernacular, Online since 18 October 2013, connection on 08 July 2018. URL: http://journals. openedition. org/eve/379.

究通常是零星而片段地涉及我们的主题，①系统性的、有组织的研究进路仍有待开拓。让-菲利普·热内主持的近代国家起源研究课题自然以其规模和深度，成了本书无法回避的参考。② 这个项目在 10 年前一度似乎已经完结，但最近又以新的出版物重新进入学界视野。这套名为"西方的象征权力（1300—1640）"（Pouvoir symbolique en Occident）的丛书，收录了法国学界新近对编织了近代国家的根本观念（如真理和合法性等）的史学探讨。③ 以"真理"为主题的一卷对本书而言尤为相关。热内在卷首评价格列高里改革的历史意义时说道："格列高里改革开启了将真理放到社会要求之首位的进程，而所谓的真理不仅仅是基督教福音的真理，更是一种'真理意识形态'。"④这部论文集从经院哲学对真理的定义出发，讨论了真理意识形态在语言、艺术、法律与历史等真理传播媒介中的体现。由于人类的智力所理解

① 例如 Lusignan，*Vérité garde le roy：la construction d'une identité universitaire en France（XIIIe-XVe siècle）*（Paris，1999）关注的是大学制度与王权的联系。Pierre Legendre，*Leçons II．L'Empire de la vérité．Introduction aux espaces dogmatiques industriels*（Paris，2001）关注学识法有关真理的学说建构。

② 热内也与威姆·布洛克曼斯（Wim Blockmans）一起主编了丛书"欧洲的近代国家起源：13—18 世纪"（*The Origin of the Modern State in Europe：13th to 18th Centuries*），由牛津大学出版社出版。

③ Jean-Philippe Genêt，ed．，*La légitimité implicite：Actes des conférences organisées à Rome en 2010 et en 2011 par SAS en collaboration avec l'École française de Rome*（Paris-Rome，2015）；*La vérité：Vérité et crédibilité：Construire la vérité dans le système de communication de l'Occident（XIIIe-XVIIe siècle）*（Paris；Rome，2015）．

④ Genêt，*La vérité*，p. 11．格里高利改革对欧洲政治与法律的影响见 Randall Lesaffer and Jan Arriens，*European Legal History：A Political and Cultural Perspective*（Cambridge，2009），pp. 212-214。

的真理只能是盖然的,所以法官和历史学家的角色具有相似性,都是采用某种修辞策略去"制造真相"(fabricate the veritable);而与真相有最直接关联的,是证明方式和调查制度。[①] 早些时候,多位作者在《探寻自我,探寻真相》[②]中考察了中世纪的法律证明方式(modes of proof),而另一部较新的论文集《拷问调查:从事实到真相》也持有相似的问题意识,但更关注调查所得真相在中世纪行政制度中的体现:"事实上,调查构成了统治者和被统治者对话的工具,同时也是受众最广的共同政治语言模式,其原因恰恰在于其恢复和确立真相的意识形态目标。"[③]该书编者洛尔·韦尔东(Laure Verdon)认为,调查的普及标志着以下四个领域的变迁:空间与领土;从声音到文字;信息的记录与建构;公法。[④] 这里我们无须复述罗马—教会法的证明方式以及其理论体系在西方工业社会的基本结构之形成中的根本性地位。[⑤]我们只需牢记,真理体系的创造和传播是学说、司法和行政运动共同作用的结果。

当代学者在讨论西欧"真理体制"的确立时倾向强调中世纪教会对世俗的模范地位。恩斯特·康托洛维茨的开创性研究早已表明神学思考(经由学识法的吸收和改造)是如何助力世俗君

---

① 有关中世纪的调查更基础的研究成果参见 Claude Gauvard, ed., *L'enquête au Moyen Âge*(Rome, 2008)。

② Lucien Faggion and Laure Verdon, eds., *Quête de soi, quête de vérité: Du Moyen Âge à l'époque moderne* (Aix-en-Provence, 2007).

③ Anne Mailloux et Laure Verdon, eds., *L'enquête en questions: De la réalité à la "vérité" dans les modes de gouvernement* (Paris, 2014), p. 10.

④ *L'enquête en questions*, p. 1.

⑤ Pierre Legendre, *Leçons II: L'Empire de la vérité*.

主的国家建构的。① 学者自此之后亦开始更多地从合作而非对立角度看待中世纪的国家与教会关系。这一问题意识最新的综合，依然是热内主编的一部集体作品。② 在另一处，弗洛里安·马泽尔（Florian Mazel）的论文论述了格列高里改革的奠基意义。③ 于连·泰里（Julien Théry）将英诺森三世时代视为教皇神权统治的开端，④并将法国君主制的教宗化（pontificalisation）定位在美男子腓力审判圣殿骑士团的时代。⑤ 不过，比断代更为重要的，应该是中世纪教会影响世俗政府的确切渠道，而这个问题学界业已有多角度的讨论。恩尼奥·柯尔特泽（Ennio Cortese）的研究便早早证明，相比意大利，重新发现的罗马法在法国更依赖于教会和教会法教学中心传播，这也进而导致了佩珀（Pepo）和伊那留斯（Irnerius）在两国的不同接受情况。⑥ 阿兰·布罗（Alain Boureau）提议用"共和国家"（État République）来指称13

① Ernst H. Kantorowicz, *The King's Two Bodies: A Study in Mediaeval Political Theology*(Princeton, 1997).

② Christine Barralis et al., eds., *Église et État, Église ou État? Les clercs et la genèse de l'État moderne*(Rome, 2014).

③ Florian Mazel, "Vérité et autorité: y a-t-il un moment grégorien?"in *La vérité*, pp. 323-348.

④ Julien Théry, "Innocent Ⅲ et les débuts de la théocratie pontificale: Le gouvernement romain de la Chrétienté autour de 1206,"*Mémoire dominicaine* 21, 2007, pp. 33-37.

⑤ Théry, "Une hérésie d'État: Philippe le Bel, le procès des 'perfides templiers' et la pontificalisation de la royauté française," *Médiévales* 60, 2011, pp. 157-185.

⑥ Ennio Cortese, "Théologie, droit canonique et droit romain. Aux origines du droit savant (Ⅺ^e-Ⅻ^e s.)," in *Comptes rendus des séances de l'Académie des Inscriptions et Belles-Lettres*, 146e année, N°1, 2002, pp. 69-70.

世纪后半叶出现的经院哲学政治理想，认为此是民族国家理念的前驱。^① 而更晚近讨论这个主题的还有泰勒·兰格（Tyler Lange）的《第一次法国教会改革：教会改革与旧制度的起源》，该书对此问题意识也有出色的综合。^② 对于这种宗教与权力交融的现象，他倾向采用"王国教会学"（ecclesiology of the kingdom）而非"政治神学"（political theology）来指称，并将法国绝对主义的基本模式追溯到 16 世纪初。^③ 当然，罗马—教会法及罗马法本身在法兰西王国公法形成史中的角色也不能忽视，而这个主题在最近几十年里已经有详尽探讨。

对本书而言，"王国教会学"的创立也许是中世纪法国真理体制的一个本质特征，其与民族法律文化形成的关联也极其重要。在本书中，我们将实时参照上述各位作者所提出的不同机制，但同时集中描述福柯所勾勒的真理体制几大方面。中世纪法学的"双法"（in utroque iure）知识结构，以及法学神学的相互渗透，势必导致我们难以将创新归功于单独某个思想传统。但

---

① Alain Boureau, *La Religion de l'Etat : La construction de la République étatique dans le discours théologique de l'Occident médiéval（1250-1350）*（Paris, 2006）.

② Tyler Lange, *The First French Reformation : Church Reform and the Origins of the Old Regime*（Cambridge, 2014）.

③ 兰格对"王国教会学"的讨论见 *The First French Reformation*, pp. 12-18。这个过程大功告成是在弗朗索瓦一世统治的时期，参见 Tyler Lange, "L'ecclésiologie du royaume de France : l'hérésie devant le parlement de Paris dans les années 1520," *Bulletin du centre d'études médiévales d'Auxerre*, Hors-série N°7, 2013。作为近代国家神学起源这一主题的补充，还可参见 Bernard Bourdin, *La genèse théologico-politique de l'État moderne : La controverse de Jacques Ier d'Angleterre avec le cardinal Bellarmin*（Paris, 2004）。

我们可以确定的是,"真理"这个概念及对"真理"的追求源于教会世界,随后受到宗教和法律话语的描述和传播,进而与王权观念有了密切联系。教会的宗教真理体制传播本质上讲是一个欧洲的运动,将它移植到世俗君主国也就意味着这些君主国的权力象征中必然存在有这场运动的普世主义。因此,根据我们的研究目的,我们仍需为之添加一个民族的维度。

另外,需要强调的是,我们不应该赋予现代国家任何优越于中世纪王国的暗示。我们探寻中世纪晚期法国真理体制的崛起,也并不是为了用新的一种进化论观点替换原有的。本书的工作仅限于描述,有意排除进化论的预设。也就是说,我们仅关注以法律为主轴思考、阐述和推广真理的方式的历史变迁,而尽可能少下价值判断。

三、有关法兰西共同法的争论
与文化－话语分析进路

既然中世纪晚期法国世俗真理体制的确立只是我们的问题的一部分,我们仍需考察法律民族性的观念。相比西欧其他国家,这一观念在法国有较为早熟的发展,最终导致"法国法"概念在 16 世纪晚期的确立。在提出具体的研究进路前,首先有必要回顾法国法律史学界在最近二三十年间的一场学术辩论。这场辩论的导火索是安德雷・卡斯塔尔多(André Castaldo)在 2007

年和 2008 年连载于《法学》(*Droit*)的一篇长论文。① 这篇文章的主旨在于批判卡斯塔尔多所说的"新观点"(vues nouvelles)。"新观点"的代表是雅克·克里内讷和热拉尔·焦达南戈(Gérard Giordanengo)。他们认为中古法国习惯法史料中的"共同法"(droit commun)应该理解为罗马法,而非共同习惯法。② 卡斯塔尔多针对克里内讷于 20 世纪 90 年代以来发表的若干论文,批评后者片面夸大了如保罗·乌利亚克(Paul Ourliac)、安德雷·古龙(André Gouron)和阿尔贝·里戈迪埃(Albert Rigaudière)等法国知名法律史家的一些结论。焦达南戈在《法国法学家词典》中编写了"博马努瓦的菲利普"一条,认为这位中世纪法国著名习惯法书作者有学识法训练的背景③,促使卡斯塔尔多在论文中全面评估了罗马法在主要几部习惯法书中的痕迹。他同时指责克里内讷过分"放大了私法的领域,向其加入了'程序法,证明方式……刑法……货币法令,禁止高利贷法令,农奴无能力(incapacités serviles)立法,还有大量治安法令。'"④ 作为对焦达南戈观点的反驳,他指出王国共同习惯法不存在并不

---

① André Castaldo，"Pouvoir royal，droit savant et droit commun coutumier dans la France du Moyen Age. à propos de vues nouvelles，" *Droits*，46，2（2007），p. 117-158，47，1（2008），pp. 173-247.

② Jacques Krynen，"Voluntas domini regis in suo regno facit ius. Le roi de France et la coutume，" *El dret comú i Catalunya*，15（Barcelone，1998），p. 59；"Le droit romain 'droit commun de la France'"，*Droits*，38，2（2003），pp. 21-36.

③ Giordanengo，"Beaumanoir Philippe de，" in Patrick Arabeyre et al.，eds.，*Dictionnaire historique des juristes français XIIᵉ-XXᵉ siècle*（Paris，2015［2007］），pp. 74-75.

④ Castaldo，"Pouvoir royal，droit savant et droit commun coutumier dans la France du Moyen Age：À propos de vues nouvelles（Ⅰ），" p. 142.

能证明"droit commun"与拉丁语 ius commune 的确切对应。[①]
文中卡斯塔尔多还极力指出(中)古法语"共同法"即"罗马法"
的观点与大部分法律史大家的结论相抵触,呼吁重读皮埃尔·
坦巴尔(Pierre Timbal)和皮埃尔·珀托(Pierre Petot)有关中古
法国法律习惯的作品,且认为它们仅需"在某些点上补充和修
正"。[②]

　　卡斯塔尔多因此站在我们所说的欧洲法律史的共同法(ius
commune)学派的对立面。后者主要兴起于二战之后,它的主旨
是寻找"欧洲共同的法律过去",倾向认为罗马法为欧陆法系提
供了某种统一性。[③] 让-路易·阿尔佩兰(Jean-Louis Halpérin)
指出,这一问题意识进入法国相对较晚,具体到研究当中也有利
有弊。[④] 学识法对法国习惯法之影响,及其与近代国家建构的关
系,较早的综合讨论也许应该是在 1987 年。当时热内组织一流
史学家和法律史家从多角度和不同研究背景,探讨立法权的复
兴与近代国家起源这一主题。[⑤] 重新理解和解释 12 世纪以降的
"习惯"(coutume)现象,也受到古龙提交给让·博丹学会的一篇

---

①　Castaldo, "Pouvoir royal, droit savant et droit commun coutumier dans la France
　　du Moyen Age. à propos de vues nouvelles (Ⅱ)," p. 189.

②　Castaldo, "Pouvoir royal, droit savant et droit commun coutumier dans la France
　　du Moyen Age. à propos de vues nouvelles (Ⅰ)," p. 120.

③　Manlio Bellom, *The Common Legal Past of Europe*, *1000-1800*(Washington,
　　1995).

④　Jean-Louis Halpérin, " L'Approche historique et la problématique du jus
　　commune," in *Revue internationale de droit comparé*, Vol. 52, N°4, Octobre-
　　Décembre 2000, pp. 717-731.

⑤　Albert Rigaudière, André Gouron, eds., *Renaissance du pouvoir legislatif et
　　genèse de l'état*(Montpellier, 1988).

论文中近似格言的论断启发：没有"大学"法就没有习惯（Sans renaissance des droits "universitaires", point de coutume）[①]。克里内讷则在论文中指明法国法律学说中很早就存在有两种传统，而从观念史角度看，"罗马派"的影响同样十分深远。[②] 因此，我们也许可以说，这场辩论与"法国法"和"共同习惯法"这两个 16 世纪晚期以罗马法为模型的观念发明一样悠久。[③] 但对于我们所研究的中古法律语境，共同法的确切含义依然存在疑问。就如伊夫·莫桑（Yves Mausen）所说，在巴黎高等法院寻找学识法的痕迹是个棘手的问题。[④] 让·伊莱尔（Jean Hilaire）在其最近对《曾经》（Olim，即巴黎高等法院最早的几卷判决记录）的研究中对共同法立场并不那么乐观。[⑤] 但新近德戈瓦的论文依然佐证了学识法对巴黎高等法院的必然影响。[⑥]

如果卡斯塔尔多与克里内讷—焦达南戈的辩论是第一阶段，《法国与外国法律史》刊载的焦达南戈与罗贝尔·雅各布的辩论就可以算是第二阶段。这个阶段的辩论围绕博马努瓦的菲利普的法律知识展开，而不再争议 droit commun 的确切含义。

① André Gouron, "La coutume en France au Moyen Âge," *RSJB*, t. LⅡ, p. 205.

② Jacques Krynen, "Le droit romain 'droit commun de la France'," *Droits*, Vol. 38, No. 2, 2003, pp. 21-36.

③ 有关中世纪晚期和近代早期罗马法的衰落和习惯法的兴起，参见 Jean-Louis Thireau, *Introduction historique au droit* (Paris, 2001), pp. 212-268。

④ Yves Mausen, "A demonio merediano? Le droit savant au Parlement de Paris," *Droits*, Vol. 48, No. 2, 2008, pp. 159-178.

⑤ Jean Hilaire, *La construction de l'état de droit dans les archives judiciaires de la cour de France au XⅢe siècle* (Paris, 2011).

⑥ Axel Degoy, "Lumineux Moyen Âge: Les avocats au parlement de Paris et la légalité pénale à l'époque de Charles Ⅵ et d'Henri Ⅵ de Lancastre (1380—1436)," *RHDFE*, No. 1, 2018, pp. 1-70.

在回复雅各布的论文中,焦达南戈罗列了 13 世纪王室邑督以及他们接受法律教育的状况。[①] 在他看来,博马努瓦并非纯粹的习惯法律官员的代表,而是一位接受过大学训练的法学家,他的写作目的是用罗马法提供的框架定义地方法律习惯,从而使之更符合国王的政治需要。[②] 在第一阶段更多以仲裁者角色出现的雅各布这次不得不在同一刊物上撰文维护自己的立场。[③]

这场辩论在法国内外取得了不同的反响和评价。例如阿尔佩兰和尼古拉·瓦朗布尔(Nicolas Warembourg)从各自角度支持了共同法问题意识,而美国学者阿达-玛利亚·库斯科夫斯基(Ada-Maria Kuskowski)则支持卡斯塔尔多的习惯法立场。[④] 这场辩论到今日依然是开放的,且在 2014 年后取得了不少进展。瓦朗布尔 2014 年和 2016 年两篇论文都对此辩论有所回顾,并在他此前对居伊·科基耶(Guy Coquille,1523—1603)的研究的基础上提出了中古晚期和近代早期"共同法"去罗马化的解释

---

① Gérard Giordanengo, "' Noble homme Maistre Phelippe de Biaumanoir chevaillier baillif de Vermandois ' ou des Baillis et d'un Bailli," *RHDFE*, Vol. 92, No.1, 2014, pp. 15-36.

② Yves Jeanclos, "La coutume française, une illusion romaine? Beaumanoir et la romanité de la coutume au XIIIe siècle," in V. Lemonnier-Lesage et F. Lormant, eds., *Droit, Histoire et société. Mélanges en l'honneur de Christian Dugas de la Boissonny* (Nantes, 2008), pp. 35-54.

③ Robert Jacob, "Philippe de Beaumanoir et le savoir du juge (Réponse à M. Giordanengo)," *RHDFE*, Vol. 92, No. 4, 2014, pp. 577-588.

④ Ada-Maria Kuskowski, "The Development of Written Custom in England and in France: A Comparative Perspective," in Richard Kaeuper, ed., *Law, Justice, and Governance, New Views on Medieval English Constitutionalism* (Leiden, 2013), p. 110.

模式。^① 图卢兹一大新近的一期《法律与政治观念史研究》（*Etudes d'Histoire du Droit et des Idées Politiques*）以《决断机制与习惯》（*Les décisionnaires et la coutume*）^②为标题出版了 2016 年的一次学术研讨会的论文，强调了案例法（jurisprudence）在习惯法制定中的角色，以此作为摆脱这场争论的一个思路。也是在这一期论文集中，克里内讷全面回顾了法国法律史学界的最新发展，并以这些研究的整体导向尝试宣判"法律民族主义的苟延残喘"的死刑。^③

在这场决定法国法律史研究未来走向的大辩论中，有一点似乎是明显的，即分歧也许源自中世纪文本普遍存在的法律多元性，而这多元性使得"什么是中世纪法国的共同法"这样的问题难以有明确的答案。在后一阶段辩论中我们发现对"共同法"或者"习惯法"之类表述本身的讨论相对受到回避。而要走出争论困局，有一个方法论问题仍待探讨：如何处理作为学理理想的习惯法与作为文本生产和表征的习惯法之间的反差？在词义本身难以确证的情况下，这种反思显得尤为必要，更何况辩论双方似乎对"习惯"有不同的理解：克里内讷一派关注习惯的文本表

① Nicolas Warembourg，"Romanisation du droit privé français（ⅩⅡ^e-ⅩⅧ^e siècle），"in *L'Histoire du droit en France：Nouvelles tendances，nouveaux territoires*（Paris，2014），pp. 45-67；"La notion de 'droit commun' dans l'Ancienne France coutumière：Point d'étape，" *GLOSSAE：European Journal of Legal History* 13（2016），pp. 670-684.

② Géraldine Cazals and Florent Garnier，eds.，*Les décisionnaires et la coutume：contribution à la fabrique de la norme*（Toulouse，2017）.

③ Jacques Krynen，"Dix ans de travaux français d'histoire du droit intéressant la coutume. Bref commentaire en quatre points，" in *Les décisionnaires et la coutume*，p. 19.

现,而卡斯塔尔多强调习惯的生成机制,并在一定程度上认为习惯是一种民众秩序的理想型。①

其他学者也为理解习惯法现象作出了不同方向的贡献。迪克·埃尔伯特(Dirk Heirbaut)尝试从习惯法庭中的发言法官(spokesman)出发捕捉表述习惯法的机制。② 最近,他又与肖恩·帕特里克·唐兰德(Seán Patrick Donland)一道,提议采用"法律混合性"(legal hybridity)的概念来解释复杂的中古语境。③ 库斯科夫斯基则质疑了现代的抄本校勘方式对习惯法文本最终成文的影响,并通过考察习惯法抄本的空间和语言学特征探讨了法国北方共同法律文化形成的问题。④ 科恩对法国中古晚期法律文化的贡献也引来了一些批判,因为她所采用的史料并不一定具有她所赋予它们的现实性,而有可能只是法律实

---

① "…[L]e génie propre du Moyen Age français.""……法国中世纪的独特创造。"

② Dirk Heirbaut, "Who Were the Makers of Customary Law in Medieval Europe? Some Answers Based on Sources about the Spokesmen of Flemish Feudal Courts," *TvR*, 75. 3 (2007), pp. 257-274.

③ Seán Patrick Donlan and Dirk Heirbaut, eds., "The Law's Many Bodies: Studies in Legal Hybridity and Jurisdictional Complexity, c. 1600-1900," *Comparative Studies in Continental and Anglo-American Legal History* (Berlin, 2015).

④ Kuskowski, "Inventing Legal Space: From Regional Custom to Common Law in the Coutumiers of Medieval France," in Meredith Cohen and Fanny Madeleine, eds., *Medieval Constructions of Space: Practice, Place, and Territory from the 9th to the 15th Century* (Ashgate, 2014), pp. 133-155.

践的戏剧性(如果不说是喜剧性)再现。^① 不过,科恩及其批评者都关注文本所可能反映的"真相",却对"法律心态"的问题没有足够深入探讨。

在此背景之下,本书拟为我们理解欧洲的共同法律文化与民族法律意识形态之间的关系添加一个维度,即对那些塑造了西方及法国的"真理心态"的文本作文化和话语分析。由于我们将要采用的方法混合了法律文化研究和批判话语分析(CDA),所以有必要在导论中简述这两种方法,以及我们如何将它们组合起来研究法国中古晚期民族法律文化的形成。

法律文化研究是法学的一个分支,它是解释法律的一种途径,强调文化在法律实践中的地位。不过,什么是法律文化一直以来都难有好的定义,而如何考察法律文化,也缺乏行之有效的模型。如果我们不将法律文化研究的肇始上溯到耶林或者埃里希,那也许可以将吉尔茨奉为其理论先驱。^② 罗森的"邀请"让更多人认识到法理学并非追求独立于生活世界的真理的学问,^③而内奥米·梅齐(Naomi Mezey)在论文中提倡以"法律与文化的

---

① 威廉·切斯特·乔丹(William Chester Jordan)质疑了科恩从 consilia 文本,即法学家的法律观点中寻找佐证的做法,参见 William Chester Jordan,"Cohen Esther. The Crossroads of Justice: Law and Culture in Late Medieval France. (Brill's Studies in Intellectual History, number 36.) New York: E. J. Brill. 1992. pp. x, 132. $65.71," *The American Historical Review*, Vol. 98, No. 4, 1993, pp. 1226-1227。

② 吉尔茨在《文化解释》中,将文化描述为"以象征形式表达的继受概念体系,人们借此交流,延续和发展有关生活的知识和态度"。参见 Clifford Geertz, *The Interpretation of Cultures: Selected Essays by Clifford Geertz* (New York, 1973), p. 89。

③ Lawrence Rosen, *Law as Culture: An Invitation* (Princeton, 2006).

间性"(law as culture as law)解释实践法律的机制。① 具体的方法论思索则更多见于欧洲学者的贡献。目前为止,对法律文化最为简明而清晰的定义也许要看约恩·伊尔哈根·顺德(Jørn Øyrehagen Sunde),他在最近一部作品中将法律文化定义为"通过制度或近似制度的实践而具有效力的有关法律的观念和预期"②。相比自然而然强调法律制度的"法系"概念,法律文化更多关注"普遍而且多少无意识的概念"。本质上讲,法律文化是交互式的,并"通过交流而得到创造和维持"。在总结比较法律文化的整体框架时,伊尔哈根·顺德也罗列了需要考察的主要方面:纠纷解决;规范生产;正义观念;法律方法;专业化的程度;以及全球化的特点。③ 不过,对中世纪语境而言,马克·范·胡可(Mark Van Hoecke)的框架也许更行之有效:法的概念;法律渊源;法律方法;论辩;合法化;意识形态。④ 从他的归类来看,我们发现此前的法律史研究通常局限于前四个方面,后两个方面相对讨论较少。而且,也正是在这后两个方面,我们可以引入批判话语分析,从而形成文化-话语分析的进路,因为讨论法律意

---

① Naomi Mezey, "Law as Culture," *Yale Journal of Law & the Humanities*, Vol. 13, 2001, pp. 35-67.

② Jørn Øyrehagen Sunde, "Introduction," in Søren Koch et al., eds., *Comparing Legal Cultures*(Bergen, 2017), p. 16;另一篇更早的论文是 "Champagne at the Funeral: An Introduction to Legal Culture," in Jørn Øyrehagen Sunde and Knut Einar Skodvin, eds., *Rendezvous of European Legal Cultures*(Bergen, 2010), pp. 11-28。

③ Jørn Øyrehagen Sunde et al., eds., *Comparing Legal Cultures*, p. 23.

④ Mark Van Hoecke and Mark Warrington, "Legal Cultures, Legal Paradigms and Legal Doctrine: Towards a New Model for Comparative Law," *The International and Comparative Law Quarterly*, Vol. 47, No. 3, 1998, pp. 495-536.

识形态必然要求对所涉文本进行语境化和诠释学分析。

尽管批判话语分析的含义颇有含糊之处，但已经有诸多理论家为如何处理文本提供了系统的框架。[①] 诺曼·费尔克拉夫（Norman Fairclough）和托伊恩·范·戴克（Teun van Dijk）便是这个主题上两个代表性的作者，并且都是各自分析方法的实践者。[②] 在中世纪研究和政治史领域，话语分析已经是一种产出丰富的工具，[③]但它也应得到口语性（orality）和翻译理论等补充，因为中世纪是一个多语和不识字的世界，而文学生产只是少数人的特权。书写及其消费与生产知识和塑造社会现实构想方式的那个人群有密切联系。由于这种根本的互文性，我们的研究也许会陷入诠释的循环。但我们不妨采用瓦朗布尔所提议的"共渗"（compénétration）概念来看待共同法与习惯法现实之间的关系。如果说在辩论中偏执一隅也许失之偏颇，考察在这法律语言社会化和社会的法律化过程中，真理声明是如何以法律

---

① Norman Fairclough, *Analysing Discourse*: *Textual Analysis for Social Research* (London, 2003), p. 3.

② 参见范·戴克较近出版的著作: *Discourse and Context*: *A Sociocognitive Approach* (Cambridge, 2008); *Society and Discourse*: *How Social Contexts Control Text and Talk* (Cambridge, 2009); *Discourse and Power*: *Contributions to Critical Discourse Studies* (Houndsmills, 2008); *Discourse and Knowledge*: *A Sociocognitive Approach* (Cambridge, 2014)。他用话语分析法分析了若干政治意识形态: *Elite Discourse and Racism* (Newbury Park, 1993); *Ideology*: *A Multidisciplinary Approach* (London, 1998)。

③ Jan Dumolyn, "'Criers and Shouters': The Discourse on Radical Urban Rebels in Late Medieval Flanders," *Journal of Social History*, Vol. 42, No. 1 (Fall, 2008), pp. 111-135; Jan Dumolyn and Jelle Haemers, "'A Bad Chicken Was Brooding': Subversive Speech in Late Medieval Flanders," *Past & Present*, 214 (2012), pp. 45-86.

语言为形式实现的不失为一个务实的研究进路。作为多个分析框架的综合，本研究拟考察多种类型的文本，尤其关注以下几个方面：

> 叙事的语境与语用；
>
> 语言选择；
>
> 叙事者认为听众与他（她）共享的预设；
>
> 参照体系与等级制；以及，
>
> 真理（相）声明或者真理（相）断言。

以此，我们得以有针对性地理解不同历史语境下有关真理的（法律）叙事是如何创造出来的。事物的形式赋予其存在（Forma dat esse rei）。如果"共同法"的实质并不那么明确，我们也许应该从其叙事形式入手，即考察涉及规范的真理声明是如何表述的，以及"共同法"在这些声明中的位置。但规范真理声明的话语形式只是法律文化的一部分。我们也需将分析法扩展到历史真相和司法真相的声明。

四、法律与近代早期历史写作

前两部分大致确定了形成中的法国法律真理体制的整体描述框架。思考的第三层涉及中世纪晚期和近代早期法国法学家——历史学家如何将真理历史化和民族化。按照通常的论调，法国民族意识的形成当上溯至英法百年战争时期。据称，这两个王国之间漫长的战争是两个民族民族意识"觉醒"的关键因素。

备受崇拜的女英雄贞德被视为是抗击英国侵略者的法国民族英雄。这个故事又告诉我们，民族意识又在日后一次次危机中不断巩固……不过，这种历史叙述的线索多少应该算是 19 世纪人的发明，它描绘了法兰西民族浪漫而英雄的起源图景，法国政治光谱上的左与右都乐于利用。[①] 但随着格内引领的"新政治史"的潮流，这种基于事件的老生常谈已经受到质疑。我们当然会想起他的一个著名论断，即法兰西国家先于法兰西民族。[②] 从这个意义上讲，有必要考察权力制度化所带来的思想和文化后果，以及早期"民族主义"的国家主义预设——简言之，国家建构和民族建构是如何相互联系的。

探讨这个问题的一个关键所在，恰恰是中世纪晚期的法律研究与实践。如上所述，面对既存的多种法律形式，中世纪学识法传统为中世纪政府提供了"司法治国"（état de justice）的出发点和参照系。法律观念在欧洲的传播，及其对日常语言的渗透很大程度上塑造了人们感知真相、社会现实和司法的方式。法学家的心态和推理方式逐步替代了此前强烈依赖法律的公共性和口头表演的传统。事实上，如埃马纽埃尔·热兰（Emmanuel Jeuland）所述，法国文化的一大特点就是赋予书面文档很强的证据功能。[③] 关于书面文化的崛起及其社会后果，布莱安·斯托克

---

① Michel Winock, "Jeanne d'Arc," *Les lieux de mémoire*(Paris, 1997), t. 3, pp. 4427-4473.

② Bernard Guenée, "État et nation en France au moyen âge," *Revue Historique* 237, No. 1 (1967) pp. 17-30.

③ Emmanuel Jeuland, "Preuve judiciaire et culture française," *Droit et cultures*, 50, 2005, pp. 149-170.

(Brian Stock)已有系统的证明。[1] 而法律主题在法国文学生产中占有很大的比重。[2]

从口头性向书面的转变也改变了中世纪盛期和晚期历史写作的性质，而 14、15 世纪的人文主义是另一支影响。尽管相比英国，法国民族法律意识的萌芽相对迟缓，但法国的民族历史写作却十分早熟。15 世纪晚期到 16 世纪"新历史"的勃发[3]很大程度上是法学家－历史学家群体的工作，他们对历史真相的观点与日后的兰克学派有一定近似，被唐纳德·凯利（Donald Kelley）称为"近代历史学术的基础"[4]。

但这个问题还有待进一步探讨：为什么"近代历史学"的原型是在法国得到最早的表述和发展？中世纪的法学家－历史学家与新历史的支持者是否存在连续性？历史意识与王国的规范体系和司法意识形态有何联系？如果有，这些特征和关联应该如何捕捉？这个问题与上面提到的诠释循环有许多相似。最近的学术探索已经转向这个问题。布鲁诺·梅尼埃尔（Bruno Méniel）主编的一部群像学作品全面考察了中世纪到启蒙运动的法学家作家（juristes-écrivains）和作家法学家（écrivains-juristes）。他指出可以关注这些作者的社会、思想和审美生活，

① Brian Stock，*The Implications of Literacy: Written Language and Models of Interpretation in the Eleventh and Twelfth Centuries*（Princeton，1983）.

② 法国学界最近的集体研究成果可见加尼埃（Garnier）出版社的丛书"法的精神，文学的精神"（Esprit de lois，esprit des lettres）。

③ George Huppert，*The Idea of Perfect History: Historical Erudition and Historical Philosophy in Renaissance France*（Urbana，1970）.

④ Donald R. Kelley，*Foundations of Modern Historical Scholarship*. 亦可参见 *Kelley*，"The Rise of Legal History in the Renaissance，" *History and Theory*，9:2（1970），pp. 174-194。

并归纳了文学与法律的共同关切。^① 这部作品毫无疑问证明了法律与其他领域的文学生产之间根本的互文性。但我们将在本书中说明，这种互文性在中世纪晚期是受到变化中的真理概念所约束和调节的。

正由于综合这种我们一直所强调的互文性会导致极大的描述困难，我们计划陈述几个民族化的、历史化的、有时也是地方化的真理（真相）走上历史前台的关键节点，而它们无不与法学家和行政与统治领域的"法律化"进程相关。我们的意图并非追根溯源，而是寻找这场变革的代表性表达，观察它们的互动模式。需时刻思索的关键问题也许是：历史的真相是如何变成以书面文书为基准的？对史料可信度和有效性的这种新态度如何促进了民族的政治史的形成？它如何与法律观念的渗透相关，尤其是证明方式？反过来，法律文书的有效性又如何受到客观性质疑，而这种客观性又被认为是由一人所属的民族所保障的？最后，习惯规范的真相是如何确立的，它在民族法律文化建构中又有怎样的意识形态内涵？民族法律意识是民族历史建构的一部分，而且我们不能忽视帮助法国摆脱普世主义意识形态建构的那些真理推定。

五、研究结构

本书的研究范围覆盖了法国近代国家和民族国家形成的最

---

① Bruno Méniel, ed., *Écrivains juristes et juristes écrivains du Moyen Âge au siècle des Lumières* (Paris, 2015), pp. 8-10.

关键时期,即中世纪的最后三个世纪。尽管民族法律文化起源的主题也许过于宏大,本书试图让每个章节都集中于具体问题(或者说历史碎片)。以上的方法论回顾和文献综述揭示,我们的研究不应将法律看作是纯粹的职业和技术学科,而是探求将法律作为文化加以研究的多样路径,将社会—历史语言学和文化史导向整合起来。我们这样做是为了实现法律的语境化,激发我们对习以为常的预设的反思。本书以"真理"这个概念为中心,根据真理体制建构的三个维度分为三个部分。如果"什么是真理"这个哲学问题永远无法有满意的答案,我们仍然可以采取现实主义和关系论①的观点,认为真理体现于其社会传播与实现上。

(1)第一部分

在第一部分,我们将讨论非法律文本中的法律主题,并将语言史和情感史纳入法律文化研究。本部分的主要任务是将"法律革命"的扎根看成是一种文化转型的过程。新兴法律科学(以及以教会为模范的集权中的世俗君主制)的最大挑战是社会现实的关系主义认识模式,后者在很大程度上主导了封建司法的仪式、语言和结果。其中第一章将利用著名的古法语《列那狐传奇》,分析不同动物的法律话语。通过这种分析,我们可以发现

---

① 关系论(relationism)是由若干法学家提出的一种认识法律概念的途径。参见 Gidon A. G. Gottlieb, "Relationism: Legal Theory for a Relational Society," *University of Chicago Law Review* 50, 567 (1983), pp. 567-612. 本书将其采用为社会认识论的基础,即认为所有社会概念的背后都指向某种或某些类型的社会关系。

那些话语之下存在的关系主义真理觉知,并借此重新思考12、13世纪法庭(同时也是宫廷)中神判作为证明方式的存在意义。我们将会看到,中世纪思维并非我们习惯于想象得那么迷信或者非理性。神判的逻辑需要在关系的语境下理解,而它的废除是真理体制演进的标志性事件,标志着旧有关系的衰落和新关系的崛起。不过,"封建"的司法既非绝对也非一成不变。这也就是为什么我们发现了国王诺布勒的宫廷中两个特别而显眼的人物——法学家、教皇特使骆驼缪萨尔(Musart)和国王的掌玺大臣野猪伯桑(Baucent)。他们代表了世俗政权引致更"理性"和法条主义的法律体系的两个渠道。

既然真理的首要媒介是语言,我们自然要去关注法律革命带来的语言变迁,及随之而来的以语言控制为形式的意识形态政策。如果说骆驼法学家缪萨尔代表了"逆翻译"(inverse translation)也就是在法语语篇中用外来词(拉丁语或者意大利语)逐个替代法语词却保留法语句法结构的阶段,学识法的本土化很大程度上却是由有教会背景的伯桑实现的。不过,严苛的司法语言需要有仁慈和真理的约束,因为《圣经》教导"慈爱和诚实,彼此相遇;公义和平安,彼此相亲"(《诗篇》84:11, Misericordia et veritas obviaverunt sibi, iustitia et pax osculatae sunt)。因此,理想的法官应该清楚司法真相的界限,不应该迷信法律技术,也不应该被律师的各种语言诡计所欺骗。中古晚期神学家的道德和社会关切造成了厌女主义的兴起,而律师在诡计方面甚至比他们所建构的抽象化女性更为强大。厌女主义在中古晚期的兴起更应该作为消除真理的认知障碍的宗教和政治议程来理解。这场语言斗争的各个方面也在中古晚期的演剧中得到再现,而这些剧作与当时的法律文化有密切联系。

真理观受到改革之后,人的行为举止也随之受到大规模改革。随着那些"奠基文本"(皮埃尔·勒让德尔语)有了日益显赫的地位,追求真理的范式变得日益张扬,而剧烈的情感因为被视为真理的阻碍而在统治中和法庭上受到最大的约束。比较拉丁语和中古法语"撒旦的诉讼"(processus sathanae)文本可以佐证这种趋势,因为我们大体可以观察到,早期法语文本中强烈的情感,在日后被纯粹描述诉讼程序,由法律文书主导,并不给情感表演留多少空间的叙事模式所取代。君主之鉴的作者为国王如何得体地运用情感提供了建议,而巴黎高等法院的程序惯例(style)及涉及律师行业的国王法令规范了律师的得体行为和言语。追求法律真理因此以对人格的整体改造为基础,而这场改造的社会文化影响从事后看远远超出了法律行业。

(2)第二部分

第二部分考察法国真理体制的宗教起源,及其在朗格多克和佛兰德尔不同的实践和传播模式。第二部分第四章分析圣路易圣徒性的话语建构。圣路易的形象将"真理"与法国国王决定性地连结到一起。圣路易的真理至少体现在三个方面:语言,人格和司法。其统治期间关键的制度发展也应该以真理体制的进展为视角考察,且圣路易也是其继任者乐于利用的象征资源。

不过,真理体制并非圣路易的发明。它是教会积极的改革实践在世俗统治中的延伸。因此,13世纪初阿尔比十字军东征之后的朗格多克统治者如何根据教会理想和规定践行社会改革是个有趣的观察对象。从很多方面讲,朗格多克是完美社会的试验地,也是宗教真理体制得到彻底贯彻实施的地区。尽管法国南部有着与北方不同的语言、法律文化、对高卢宗的态度以及地方认同,借助管领(seneschal)①实施的远程统治多少成功地规避了地方的离心力。

转向王国最北的封地,景观又大不相同。相比南方强大的成文法文化,佛兰德尔伯爵领是典型的"习惯法"地区。不过,"真理"仍以这种或那种形式渗透政治-社会生活。最为显眼的莫过于那些以"真理"为名的司法制度。不受干预推行"真理"的权利成了追求自主的城市市政官(scabini)与12世纪以来日益采用法律维持自己对各大城市的控制的伯爵的冲突点。除此之外,也许还可以添加"国王的真理"这个层面,它是指国王设法掌控市镇习惯法和审理来自伯爵领的上诉案件——这也是美男子腓力巩固其对佛兰德尔伯爵领统治的策略。佛兰德尔因此向我们呈现了在不同层面不同权力层次的复杂互动,而真理与权利的概念很大程度上规制了表达抗议的语言。不过,依据听众的不同,这些文本在真理断言和引用体系上都有具体差异——这一点体现了14世纪仍然普遍的规范多元的意识。

(3)第三部分

如果说"真理"在欧洲范围内的传播如何影响了王国的法律和制度文化是前两个部分的主要内容,我们有必要设问,是从何时,以何种方式,真理具备了"法国性"。这个转变是神学

---

① 　北方称 bailli,即邑督,南方称 sénéchal,两者职能相近,仅称呼不同,这里译为管领以示区别。

和法学发展的结果，它们共同塑造了现代人觉知历史真相和规范真相的方式。历史化的趋势在罗马法的奥尔良学派处就已显见，并在国王反对教皇和皇帝的普世权力声明时站上了斗争的前线。历史主义的早期形式是以档案和文书为基础的，并在日后成为法国人文主义历史学的基石。正是在中世纪晚期，罗马法的普世真理受到历史化，高卢方式（mos gallicus）开始萌芽。

延续我们的思考，我们发现贞德的三次审判精彩地表现了政治的、"民族的"司法真相与同样政治的但"普世的"司法真相的对抗。贞德的敌人用教科书般精致的程序和文书建构为她定罪，而在她的平反者看来，定罪审判因为是民族的敌人所为，因此必然是不公的。不过，在当时教会法从业者的心态中，这种"司法民族主义"并不值得骄傲。参与贞德平反的那些法官和法学家，以及日后受过大学法律训练的历史作者，在很多方面与在过世后被开除教籍的"民族叛徒"皮埃尔·科雄（Pierre Cauchon）共享诸多有关真理（真相）的关切。贞德的几次审判因此既是对司法审判的客观性的反思，也挑战了精英心态的一些基本预设。从法律史角度看，贞德审判更多反映的是 15 世纪末"法律民族主义"的举步维艰。

认知规范真理也是试图在王国确立统一规范的王权的根本关切。如果说对法兰西王国而言，拥抱罗马法无论在意识形态或者实践上都不可欲，罗马法和教会法依然为王国将多样的法律习惯纳入更为一般的法体（body of law）提供了主要的概念和工具。从 14 世纪起，国王的确切知识（certa scientia）逐步构成了国王立法行动的客观基础。地方法律习惯的编纂是出于确知立法的妙用，而且到 15 世纪后半叶还因为三级议会的引入而有了民众同意的基础。习惯法编纂程序的这种多元融合特点，最终赋予了习惯在法国法中的首要地位，促进了以"自然"和混合政体理想为基础的"法国法"概念的形成。

第一部分

语言、认知及情感改造

第一章　关系与真相之间：《列那狐传奇》的法律语言

在第一部分，我们研究"真理"进入并主导法国法律文化的过程与路径。为了说明这一演变历程，我们首先分析《列那狐传奇》（以下简称《列那狐》）中与司法审判和法律仪式直接相关的几个文本。之所以选择《列那狐》作为研究的开始，是因为其成文年代（12世纪晚期）对法国法律史而言具有特殊意义。《列那狐》的创作正值"法学复兴"开始影响法国的时代，它对狮王诺布勒的封建法庭及各种司法仪式有非凡的再现。这也是一个新旧统治形式交替的时代，1200年以后，法兰西王权将正式开启集权化。我们在考察这些文本后发现，《列那狐》整体上呈现的是一个"回避真相"的法律文化，而"真相"更多是法庭辩论的修辞。虽然当时普遍流行用神判揭示真相，但动物们不愿轻易诉诸神判，因为这意味着社群关系的瓦解。他们更乐于在神判漫长的前期准备过程中促成和解。而在集权化和"法学复兴"的背景下，学识法在狮王诺布勒的法庭也有了自己的代表，他们以风格迥异的语言和正义观参与到王国的政治斗争之中。

古法语《列那狐传奇》是广为流传的中世纪动物叙事诗。它作为非常规史料研究 12、13 世纪法律文化的功用广受中世纪研究者的青睐。[①] 它由一系列分支(branche)组成,各个分支作者不尽相同,成文年代从 12 世纪晚期到 13 世纪乃至 14 世纪不等。由于《列那狐》的抄本庞杂,现代校勘本又大多基于某一类抄本,我们必须将研究范围限制于与司法进程直接相关的分支。这些文本最好处在相对接近的时段。据此,我们选择了三个分支作详细的研究,它们都生动地描述了法庭的运作和法律仪式(如司法决斗和仲裁—调解)的机制。这里我们采用阿尔芒·斯特鲁贝尔等人确立的时序和归类:

----

① 一些以《列那狐》为对象的法律史研究:Jean Graven, *Le procès criminel du Roman de Renart : étude du droit criminel féodal au XIIe siècle* (Genève, 1950); G. Van Dievoet, "Le Roman de Renart et Van den Vos Reynaerde, témoins fidèles de la procédure pénale aux XIIe et XIIIe siècles?" in Rombauts and Welkenhuysen, eds., *Aspects of the Medieval Animal Epic* (Leuven, 1979), pp. 43-52; Franck Rainer Jacoby, *Van den Vos Reinaerde : Legal Elements in a Netherlands Epic of the Thirteenth Century* (München, 1970); Sigrid Krause, "Le droit dans le Roman de Renart et dans le Reinhart Fuchs," in Alessandro Vitale-Brovarone et Gianni Mombello eds., *Atti del V Colloquio della International Beast Epic, Fable and Fabliau Society, Torino-St-Vincent*, 5-9 *settembre* 1983 (Alessandria, 1987), pp. 57-69; Jean Subrenat, "Rape and adultery: reflected facets of feudal justice in the Roman de Renart," in Kenneth Varty ed., *Reynard the Fox : Social Engagement and Cultural Metamorphoses in the Beast Epic from the Middle Ages to the Present* (Oxford, 2000), pp. 17-36; Richard W. Kaeuper, "Debating Law, Justice and Constitutionalism," in Richard W. Kaeuper, ed., *Law, Governance and Justice*, p. 5; Jérôme Devard, *Parenté et pouvoir(s) dans la Matière de France et le Roman de Renart. Approche socio-juridique de la représentation familiale aux XIIe-XIIIe siècles*, thèse de doctorat, Université de Poitiers, 2014。

1174—1177　《辩解》（分支Ⅴc）；

1179　《审判列那狐》（分支Ⅰa）；

1190　《司法决斗》（分支Ⅱ）。

　　我们主要依据伽里玛出版社的校勘本（斯特鲁贝尔、布泰等人的版本）[①]，因为它分支更多，细节更丰富。但福本直之指出，由于这个版本所采用的抄本具有复合性，它的文本经常不易理解。[②] 因此，我们在参照伽里玛版本的基础上，不时也会参照让·迪富尔奈（Jean Dufournet）和福本直之的版本以应对解释上的困难。

　　围绕上述三个分支给我们提供的细节，本章第一节讨论暗中决定司法进程的社群和关系考量。第二节以"司法决斗"这一分支为司法决斗仪式的典型，借助其他相关学术发现，提倡从社群的角度来理解法律仪式，即法律仪式不仅仅是一种现代法律意义上的"证明方式"，而且还是复杂关系互相作用的过程。第三节比较《列那狐》中学识法影响的两个代表：教皇特使缪萨尔（Musart）和国王的掌玺大臣伯桑（Baucent）。他们对真理，程序及刑事司法的看法与其他动物贵族有显著不同，也是学识法在封建法庭的接受情况的天然见证。

---

① Armand Strubel et al. , eds, *Le Roman de Renart* (Paris，1997).

② Naoyuki Fukumoto, "Les manuscrits du 'Roman de Renart'," in Fukumoto et al. , eds. , *Le Roman de Renart* (Paris，2005)，p. 65.

一、关系的语言

《列那狐传奇》的这些分支当中，对司法的走向起决定性作用的是多种类型的社群关系而非现代意义上的案件真相。列那所经历的若干次审判并没有按照固定的、封闭式的程序规则进行（尽管有时候国王的宫相、雄鹿布里什默会强调国王法庭的程序规则），而是一直受到关系考量和算计的影响。这些审判是开放式的公共审判，更主要受习惯而非明文的程序法所约束。它们更多时候是以重建关系均衡为目的的公共表演，而发现真相仅具有次要地位。叙事者聪明地设置了一个疑难案件，以此向读者展示，任何以真相为基础的司法程序和体系必然具有内在不稳定性。

（1）关系及其约束

《列那狐》的各个分支创造出了一个完整的封建政治世界，各个动物在国王诺布勒的政府中各司其职。这个官职体系以查理曼神话为模板，以国王的宫廷（也是法庭）为舞台，包括有宫相（sénéchal）、大元帅（connétable）、掌玺大臣还有内侍（chambellan）。列那也是国王的男爵之一，恶之谷（Maupertuis）城堡是他的据点。另有一个有趣的巧合是，这些故事中的审判似乎以"同侪法庭"①为背景进行,因为列那只能接受由他的同侪传唤,由其同侪做法官的法庭审判。

国王处在封建关系金字塔的顶端,但他本人并不亲自干涉各个针对列那的诉讼。格扎维埃·卡瓦-托波尔(Xavier Kawa-Topor)已经证明,相比12世纪,13世纪的《列那狐》分支展现的是越来越集权的国王形象。② 虽说如此,在我们所研究的三个分支中,国王的任务更多是确保法庭惯例得到遵守。通常而言,国王借助"和平"和封建关系的概念实施统治。国王的和平和互惠的封建关系是支持或反对政治和法律行动的客观论点。从很多方面来讲,国王的和平是教会话语的延伸,面对动物的关系世界,它更多时候具有规范和改革的特点。③ 因此,我们不妨首先描述动物贵族之间的关系网络,考察这些关系如何影响审判进程。之后我们才可以考察以和平为基础的理想王权又是如何约束这种社群主义的司法的。

《列那狐》中令人印象最深刻的无疑是封建关系,动物贵族之间的私人关系,以及亲族关系。其中,封建关系最显而易见,也是政治关系的根本框架。封建关系的核心是互惠性(reciprocity),

① 当然,在这个语境下使用这个术语也许是犯了时代错误,但我们仍需注意,"同侪审判"也几乎是在相同时代开始流传的。参见 B. C. Keeney, *Judgment by Peers* (Cambridge, Mass. , 1952), pp. 5-34。

② Kawa-Topor Xavier, "L'image du roi dans le Roman de Renart," in *Cahiers de civilisation médiévale*, 36e année (N°143), Juillet-septembre 1993, pp. 263-280。

③ 上帝和平运动业已广为人知。而有关国王和平及其在法国的实践,参见 Vincent Martin, *La paix du roi: paix publique, idéologie, législation et pratique judiciaire de la royauté capétienne de Philippe Auguste à Charles le Bel (1180-1328)* (Clermont-Ferrand, 2015)。

它构成了对国王的约束,而国王的本职是履行司法。《列那狐》中的国王虽然不乐于干涉男爵之间的冲突,但依然不失为令人恐惧的角色。[①] 伊桑格兰和列那都援引过去与国王的友谊(amitié)要求国王受理自己的诉讼,或者施予关照和宽大处理。一方面,列那援引封建责任的互惠性,反复说明他对国王的政治和个人贡献,以此希望得到国王的宽恕;而在另一方面,伊桑格兰会强调自己在捍卫国王荣誉上做了更大的贡献。[②] 封臣与国王之间的封建关系考量在指控和辩护的演说中反复出现。这些演说在援引封建价值的同时也通常暗示:如果国王表现不佳,他的封臣就有反叛的口实。[③]

至于私人关系,我们发现关系算计和复仇是两大主题。如果说国王受到的是与其封臣关系的羁绊,动物法官们则一直在算计恩怨得失,而判决本身被许多动物视为另一种形式的复仇。对这些动物而言,最重要的事并非找出案件真相,确定适当的惩罚,而是通过审判的过程报复受损的荣誉。从这个意义上讲,审判是一个社会—政治事件。分支Ⅴc描述了动物之间的私人关系和恩怨[④]:布里什默和布兰都希望伊桑格兰的损害得到赔偿,熊布兰也一直以来讨厌列那。而列那的表亲格兰贝尔又讨厌布

---

① 对国王,尤其是国王的愤怒的恐惧,是中世纪文学中的一个常见主题。例如《康布雷的拉乌尔》(*Raoul de Cambrai*)中贝尔尼埃和他的母亲对国王的恐惧。

② 例如分支Ⅱ,vv. 252-254;分支Ⅴc,vv. 1137-1151。

③ 封建政治理想与反叛的正当性已有详尽讨论。例如可以参考克莱尔·瓦伦特(Claire Valente)对中世纪英国情况的讨论,其中她也提到了反叛威胁的重要性,参见 *The Theory and Practice of Revolt in Medieval England*(Aldershot,2003)。伊桑格兰的话就可以看作是反叛威胁。

④ *RdR*,p. 198.

兰。① 伊桑格兰指控列那为的是维护自己的荣誉。如克劳德·戈瓦尔的研究表明,荣誉成为贵族的特权在中世纪有一个渐变的过程。② 在《列那狐》的案例中,荣誉更多的是起到调节关系的作用。动物们不断算计荣誉的得与失,并由此决定如何恢复社群的整体和谐。③ 审判因此可以视为一种集体表演,是各种复仇意志的汇总和调解。其中,我们见到绵羊贝兰借机报复伊桑格兰,④猫蒂瑟兰(Tiecelin)和公鸡尚特克莱(Chantecler)报复列那。⑤

尽管荣誉决定了一人在社群中的地位与存在,《列那狐》的几则故事也揭示出这个概念正在与可审判性(justiciability)的概念相关联。荣誉到达一定的程度也就意味着不能经历某些审判过程,因为这种过程本身就意味着荣誉受损。格兰贝尔想要将列那从和解仪式的陷阱(伊桑格兰安排狗罗内尔装死,伪装成圣物,待列那靠近发誓时发动偷袭)里解救出来时,便用了这个理由。⑥ 封建社会的司法化以及和平意识形态的推广,也许正促使荣誉变成贵族的专利。荣誉概念的狭义化因此意味着社会等级制的形成。平民理应由他们的主君审判,而各级封臣则开始要求由同侪审判。狮王诺布勒的宫廷展现的正是转型中的封建

① 分支Ⅴc, vv. 1802-1803, *RdR*, p. 213。
② Claude Gauvard, *De grace especial*, p. 728. 为什么荣誉成为了贵族的特权是个仍待解答的问题,本章也许能为之提供一些线索。
③ 有关中世纪荣誉、复仇与社群观念,参见 William Ian Miller, *Bloodtaking and Peacemaking: Feud, Law, and Society in Saga Iceland* (Chicago, 1990); Dominique Barthélemy et al., eds., *La vengeance*, 400-1200(Rome, 2006)。
④ 分支Ⅰa, vv. 1347-1350。
⑤ 分支Ⅱ, vv. 117-120。
⑥ 分支Ⅴc, vv. 1884-1895。

关系。

　　另一种对司法有影响力的关系是亲族关系。格兰贝尔是列那忠实的表亲，为了将列那狐从危险的审判中拯救出来愿意尽一切努力。鸡一族带着被列那残害致死的亲属，上宫廷挟尸告状的场景，对听众来说无疑是视觉和情感上的冲击。[1] 在分支Ⅴc,和解仪式需要由双方的族人做见证。他们也现身于审判的各个关键阶段，且他们的参与是必不可缺的。不过，法律仪式的关系内涵需留待后文讨论。

　　（2）关系与真相声明

　　列那狐的世界中，混杂地存在着多种不同乃至冲突的司法理念。动物们时常援引真相、权利与和平之类的概念，但各自的目的却不尽相同。和平指向国王推行司法的责任，是共同体的根本约束；真相和权利在更多时候仅仅是法庭辩论所用的修辞，并不直接造成司法程序上的后果。

　　首先，我们考察法庭演说中的真相声明。贬低他人可信度最基本的技巧，就是强调自己所言的真实性，并同时指责对方在说谎或是掩盖真相。如列那："只有疯子还敢说真话。很多人因真话失了封地，蒙冤流放异地。吹牛的人却立于不败之地。"[2]

　　伊桑格兰则强调列那一贯以来的劣迹：列那毫无信望

---

① 卡尤珀也提及了亲族关系。参见 Kaeuper, "The Role of Kingship in Tales of Reynard the Fox," in Anthony Musson ed., *Expectations of the Law in the Middle Ages*, p. 13。另见 Jérôme Devard, *Le Roman de Renart：Le reflet critique de la société féodale*(Paris, 2010), pp. 104-123。

② 分支Ⅱ, vv. 239-242, *RdR*, p. 93：Fols est qui dist mais verité. / Pluisor en sont desheritë / Et de terre jeté a tort. / Li vanteour sont li plus fort。

（autorité），所以不可能说真话（verité）。① 布兰为了支持伊桑格兰，称伊桑格兰的高贵身份就能证明他所言不虚。从这些例子来看，尽管表面上他们在讨论真相，但他们关心的是"真相述说者"在共同体中的身份、名声和信用。真与假总是成对出现，而援引真相并不总是导向其法律实质（也就是神判）。我们在后面还会看到，真相只是一种修辞工具，而它的实质并不那么重要，甚至是动物们刻意回避的。

　　另一个关键概念是权利（droit）。维护每个人的权利被认为是国王的根本职责，也在多个场合受到强调。这里暗示的也许是"各得其分"（suum cuique）的原则。例如，动物们预期仲裁会根据"每个人得到自己的权利"②的原则进行。Faire droit 不仅指国王推行司法的行为（如伊桑格兰要求国王为他伸张权利——"faites moi droit"），也可以指受指控的列那前往法庭的行为，如国王在寄送列那的传唤令中所写："若不即刻觐见，于众人前道明权利与理由……"③那就会有严重的后果。单独出现的"权利"又可以指某种可以由某些程序（最有可能就是神判）确立的客观真相。例如，伊桑格兰便相信，通过司法决斗，上帝会揭示他的"权利"："如果我们按照权利进行决斗，我定能报你羞辱之仇，因为我十分自信上帝青睐于我。"④准备决斗时，伊桑格兰

---

① 分支Ⅱ，vv. 771-774，*RdR*，p. 105。

② 分支Ⅱ，v. 1117：Cascuns d'iaus son droit euïst。

③ 分支Ⅰa，vv. 1003-1004：S'il ne li vient orendroit faire/ Droit et raison devant sa gent...

④ 为通顺易懂起见，译文有意译成分。分支Ⅱ，vv. 896-898，*RdR*，p. 108：Se nous somes a droit tenu, De toi avrai encor venjance, Bien en ai en Dieu ma fiance。

镇定自若,因为他"对自己的权利非常自信"。^① 针锋相对地,列那则认为有个真正神圣的上帝,会揭示他所有的权利:"这真正神圣的上帝,定然清楚你对我有什么权利。"^②当然还有布里什默,这个多少具备学识法知识的角色,他要求由适合的第三方证人证明权利。^③

由上我们看到,真理和权利都是依据人的身份、名声和上帝而构想出来的。即使这两个词确实有法律含义,但它们更多时候只是一种日常使用的修辞手段,将背后的关系考量掩盖了。不过,"和平"的概念似乎确实为国王法庭的制度化提供了某些推动力。国王和平,作为上帝和平的延伸,对《列那狐》这几个分支的作者所处的年代来说是一个很新近的运动。在法国,路易七世于 1155 年在苏瓦松召开贵族大会,宣布王国内推行为期 10 年的"普遍和平"。^④《列那狐》中,和平是国王一贯的关切,而国王司法是避免战争从而促进和平的方式。它是防范连锁复仇的禁止性措施。在分支 II 的开头,伊桑格兰鼓动国王和众贵族向列那开战,但受到国王和熊布兰反对,因为军事行动在他们看来,对狼对国王都无好处,更何况国王已经要求他的男爵宣誓维护和平。^⑤ 一有私斗的威胁,国王就会立即呼吁和平。作为战争的替代制度,国王的法庭似乎有相对固定的程序规则,并已经体

---

① 分支 II,v. 967,*RdR*,p. 110:En son droit molt se fie.

② 分支 II,vv. 1316-1319,*RdR*,p. 118-119:Cils Diex qui est verai devin/ Set bien quel droit vers moi avés.

③ 分支 V c,vv. 1636-1639,*RdR*,p. 209。

④ *RHGF*,t. 14,pp. 387-388.

⑤ 分支 I a,vv. 280-283,*RdR*,p. 10:D'autre part la pais est juree/ et en ma terre est afiee. Cui le fraindra,s'il est tenus,molt sera malement venus.

现出一定程度的学识法影响。分支Ⅴc描绘的是一个更具宫廷爱情气息,但也更依赖规则的宫廷,它所描绘的国王也更为理性。国王苦口婆心想要说服伊桑格兰不要进行司法决斗,更不用说是向列那开战。他在咨询教皇特使缪萨尔之前声明了自己的立场:这个案件的处理,应当"根据本王法庭规范,用审判和理性有序操办"①。和平和理性因此意在制止"关系的混乱"。但就如大部分动物都不按照严格的法律意义来思考真相和权利,和平自始至终也都是一个理想。

(3)难辨的真相

对现代读者来说,列那强奸伊桑格兰妻子艾尔桑(Hersent)这一指控的真相,应该是审判的决定因素。但令人懊恼的是,叙事者从未提供充分的线索证明列那的强奸犯罪。列那打着宫廷爱情的幌子,而艾尔桑很有可能默许了列那的求爱。分支Ⅰa和分支Ⅱ里艾尔桑对事实发誓有所不同。分支Ⅰa中,艾尔桑在受到了格兰贝尔的质疑之后,承诺经受神判来证明她与列那之间的清白:"我真的从未有此等行径,为此我愿受冷水或热火的考验。"②她还说道:"我敢拿一切圣徒做保票,上帝也请来为我声援,列那对他母亲做不出的事,也没有对我做。"③不过,这里我们不应该按照字面意思理解艾尔桑的话,因为列那完全可能对自

---

① 分支Ⅴc, vv. 1164-1166: ... selon l'esgart de ma maison/ Par jugement et par raison/ Bien en ferés prendre conroi。

② 分支Ⅰa, 140-143: Car onques, voir, n'ot en moi part, en tel maniere ne en tel guise, si que j'en feroie une guisse en iauve froide u en feu chaut。

③ 分支Ⅰa, 148-150: Mais par tous les saints c'on aeure, ne se Damrediex me sousceure, onques Renars de moi ne fist que faire se mere ne peuïst。

己母亲做如此糟糕之事,而后文讲到修道院修女,则更是引人联想。[1] 羞耻的概念贯穿其论辩,诉讼在她眼中是对女性和家族的公共羞辱。在分支Ⅱ,艾尔桑祈祷伊桑格兰输掉决斗,这也许体现了她对列那的感情。[2] 在分支Ⅴc,艾尔桑在安抚愤怒的伊桑格兰时,建议他去国王法庭指控列那。[3] 但她也许早已料到这个法庭会对伊桑格兰不利,因为它遵循宫廷爱情和司法的规范。

从文学角度看,艾尔桑的态度也许表明了叙事者对宫廷爱情的讽刺。但从法律角度看,叙事者构思了一个复杂的犯罪嫌疑,囿于多种解释。我们将在本章第三节讨论,这个疑难案件与缪萨尔和伯桑的论据形成了鲜明对比,缪萨尔要求在发现了真相的基础上对列那施以重罚,伯桑则呼吁严格遵守司法程序,以此作为发现真相的普遍途径。对其他动物而言,伊桑格兰的诉讼不过是提出各自怨诉的由头。面对这些“信息流”,国王的法庭并不能按照有序的程序步骤推进,而总是以“整体的”或者混乱的(这里并非贬义)方式进行。也就是说,审判活动并不针对专门案件,任何与案件本身无关的信息(如新提出的一项犯罪指控)都可能改变其方向。问题因此并不在于某个具体案件本身的真相,而更在于将此案件带上国王法庭所预期引来的反响。伊桑格兰的诉讼因此更像是在刺激动物之间的关系反应,而不是现代意义上以维护受损权利为目的的法律诉讼。公共审判更

---

① 分支Ⅰa, vv. 173-178: Onques puis, se Diex me doinst joie, qui m'en voet croire si m'en croie, me fis de mon cors licherie, ne malvaistié, ne puterie, ne nesun vilain afaire c'une nonains ne peust faire.

② 分支Ⅱ, vv. 111-112。

③ 分支Ⅴc, vv. 975-978, p. 192。

多被视为集体复仇的一种形式。在这个意义上，公共和开放式的法庭程序，并不以确立案件的事实真相为追求。上法庭告状更有可能被当时的人视为社群关系的系统性算计和清算。也正是在此语境之下，我们可以重新思考《列那狐》中的法律仪式的性质。这些仪式虽然与现代法律程序有显著差异，但在当时的观念看来是上帝意志的展现，因此可以充分证明真相。对于神判所代表的"真相"，动物们的态度又是如何？

二、重新思考法律仪式的性质

毫无疑问，《列那狐》中最为重要的法律仪式是各种形式的神判。[1] 相比开放式的公共审判，神判本质上是封闭式的，不可逆转、不可撤销，目的在于确立案件的真相。从这个意义上讲，神判与"现代的"、更为"科学的"证明方式没有本质不同，因为它们都追求真相。但是，我们必须时常提醒自己，中世纪的行动者们也并非痴人，虔诚地相信我们所乐于嘲讽的"迷信"。"他们"与"我们"之间唯一的差别也许就在于我们赋予社群关系平衡和真相的价值不同。[2] 我们将会看到，即使神判是一种在现代眼光看来十分荒谬的取得真相的手段（也就是司法"证明方式"），它

[1] 这里我们避免使用"日耳曼法"的标签。"纯粹"的日耳曼法更多是 19 世纪法律史学者的虚构。在历史语境中它更多体现为多种法律文化的复合体。参见 Laurent Waelkens, "Traces romano-canoniques dans les preuves 'germanique'," *TvR* 75（2007），pp. 321-331。《列那狐》呈现的也是这种混合性。

[2] 事实上，中世纪人的关系思维也许远比现代人发达，许多"迷信"的关系（或社会文化）内涵在他们看来可能是心照不宣的。

的背后有社群的逻辑。根据这种逻辑,真相(也就是神判)是值得回避的。对司法真相的怀疑态度也能解释学识法程序在12世纪进入法国以后的早期接受情况。《列那狐》中的细节让我们得以对法律仪式(尤其是神判)有更为复杂而现实的理解。在我们分析的几个分支中,真相并非诉讼双方及法官的主要考量,但却经常成为诉讼双方威慑修辞的一部分。双方的实用主义决定了他们会使用所有关系手段对司法的导向施加影响,而我们所感兴趣的,也正是这些围绕看似非理性的证明方式所展开的各种前期手段。

(1)神判背后的社群逻辑

20世纪60年代,让·博丹学社的《文集》中出版了专门探讨中世纪证明方式的一卷,奠定了对神判等概念的"经典"理解。[①]范·卡内冈(Raoul van Caenegem)在评述自该卷出版至20世纪80年代的文献(尤其是罗伯特·巴特莱特和彼得·布朗的著作)后,对此前学界将证明方式分为"理性"和"非理性"提出了质疑。[②] 在新近的一部有关法律史和人类学的集体作品中,热拉尔·库尔图瓦(Gérard Courtois)归纳了神判的基本模式:首先,誓言—神判模式意味着起誓者受到某种形式的仪式所约束,并同意承担不遵守誓言的危险。其次,誓言与惩罚或诅咒关联,且

---

① 参见范·卡内冈的总结："La preuve dans le droit du Moyen Âge occidental, rapport de synthèse," in *RSJB*,ⅩⅦ,*La Preuve*(Bruxelles,1965),pp. 691-753。

② R.C. van Caenegem "Reflexions on Rational and Irrational Modes of Proof in Medieval Europe",*TvR*,Vol. 58,1990,pp. 263-279.

通常依靠某些神圣物件进行。誓言可能是集体的,而这也就意味着集体也可能受到惩罚。最后,旨在证明誓言真伪的神判,其通常形式是对起誓者施加某种折磨,让惩罚可以最终落到某一方头上。[1]

不过,上述神判的定义和分类并不能充分帮助我们分析涉及法律实践的文本,而且只能反映《列那狐》所描述的法律仪式的表面图景。这里我们不妨遵循布鲁诺·勒梅勒(Bruno Lemesle)的思路,区分起誓行为和承诺起誓行为。[2] 我们发现,这个区分在我们所研究的几个分支中都有明确体现。艾尔桑证明她对列那没有好感的演讲就属于承诺起誓,它的功能是增加自己所言的可信度。[3] 至于承诺起誓是否导致真的起誓行为以及随之而来证明其真伪的神判,需取决于具体情境。但整体上讲,真正的起誓是受到回避而非青睐的。[4] 而 12 世纪以来的神

---

[1] 参见 Gérard Courtois, "La peine du parjure entre magie et religion," in Jacqueline Hoareau-Dodinau ed., *La peine*: *discours*, *pratiques*, *représentations* (Limoges, 2005), pp. 227-238。

[2] Bruno Lemesle, "Le serment promis. Le serment judiciaire à partir de quelques documents angevins des XIᵉ et XIIᵉ siècles," *Crime*, *Histoire & Sociétés* / *Crime*, *History & Societies*, Vol. 6, N°2, 2002, pp. 5-28.

[3] 它因此具有间接的摆脱指控的功能。对比誓言本身:"技术意义上,自我洗脱(se purgare)洗脱的不是罪行而是指控,它意在修复自己的名声(fama),从而证明清白。"(Antonia Fiori, "Inchiesta e purgazione canonica in epoca gregoriana," in G. Gauvard, ed., *L'enquête au Moyen Age*, p. 131.)

[4] 勒梅勒也举了在司法决斗前作和解的最终尝试的一例。这个程序与《列那狐》中的描述相似。参见 Lemesle Bruno, "La pratique du duel judiciaire au XIᵉ siècle, à partir de quelques notices de l'abbaye Saint-Aubin d'Angers," in *Actes des congrès de la Société des historiens médiévistes de l'enseignement supérieur public*, 31ᵉ *congrès*, *Angers*, 2000: *Le règlement des conflits au Moyen Âge*. pp. 149-168;此处, pp. 159-160。

判大多留给严重的犯罪，如破坏上帝和平之人以及异端。①

神判即真相的终极揭示，是对所发誓言真实性的证明。这即是我们所考察的分支所体现的观念。与法庭演说中总是存在的真相声明相反，诉诸神判以揭示真相是不同性质的话语。我们可以注意到，对于诉诸神判一事动物们普遍存在某种畏惧，而其原因归根结底在于畏惧受到社群的驱逐或者社群本身发生破裂（因为起誓通常而言是集体的、社群的行为），而不是畏惧上帝所揭示的真相本身。从这个意义上讲，列那和伊桑格兰可谓在不断挑战集体心态的底线，因为两人都是伪誓的老手。②

既然起誓与起誓承诺的区分是大体准确的，我们现在可以全面地分析三个分支中有关誓言的场景。最为明显的案例至少有三个。首先，艾尔桑承诺起誓在上文已有涉及。分支Ⅰa也揭露出回避诉讼来保存脸面的倾向。格兰贝尔嘲笑艾尔桑，指责她的申诉会损害到其丈夫伊桑格兰的荣誉："哎哟！你的夫君把你拖来诉讼，那么多动物众目睽睽，该是有多么光彩！"③她所承诺的誓言为的是证明其思想的纯洁，但起誓最终没有发生，所以也就无须进行神判。作为一种说服策略，她的承诺却成功赢得

---

① J. Gaudemet, "Les ordalies au Moyen Age: doctrine, législation et pratique canoniques," in *RSJB*, t. 17, p. 117.

② 这也可能是为什么，学识法渗透带来的"博洛尼亚式誓言"受到了很强的抵制，因为它大大减轻了发誓的负担。参见 Paul Ourliac, "Troubadours et juristes," in *Cahiers de civilisation médiévale*, 8e année (N°30), Avril-juin 1965, pp. 159-177，尤其 p. 165。

③ 分支Ⅰa, vv. 127-129: Hay! Quel honor de tel plait/ Vostres maris vous a ci fait,/ A tantes bestes regarder!

了驴子贝尔纳的支持，而驴正是缺乏批判力的代表。①

在分支Ⅱ，列那为了避免在对他十分不利的法庭讨论后被直接处死的危险，承诺起誓证明自己的清白。而这进而开启了司法决斗的程序，伊桑格兰对此欣然接受："列那答道：我向您起誓，我并不记得这些恶行，对他们也未犯下过错……若是您要对我指控，我已完全准备好为自己辩护，不论是审判还是决斗。"②列那的决斗邀请正中伊桑格兰下怀，因为在后者看来，要一劳永逸消灭列那的谎言，唯有决斗这一个途径。③

在其他若干承诺起誓之外，我们在司法决斗前见到了真正的起誓。叙事者借法庭大法官布里什默之口，描述了最为典型的司法决斗仪式："他说道，众男爵且听我言！我若说得不对，你们帮我改正。列那第一个起誓，他要起誓的内容，是从未对伊桑格兰犯下过错，也没有害猫蒂贝尔，没有害蒂瑟兰和小鸡，没有害鲁内尔，不论何种形式；没有害布兰，也没有害尚特克莱；列那要对这一切起誓。"④随后布里什默转向伊桑格兰："布里什默说

<hr>

① 在更有宫廷爱情色彩的分支Ⅴc，艾尔桑怂恿伊桑格兰去国王法庭告状，因为"狮王诺布勒的法庭在听取诉讼，审理严重的犯罪和争端"（分支Ⅴc, vv. 975-977）。因此，在她的预期中，法庭是迫使列那与伊桑格兰决斗的最好方式。

② 分支Ⅱ, vv. 660-662, *RdR*, p. 103；以及分支Ⅱ, vv. 677-679：Renars respont：je vous plevis / Que au mesfait ne me recort, / Que envers iaux euïsse tort... / Je m'en sui tous prés de deffendre, / Si vous m'en volés entreprendre, / U par juise u par bataille.

③ 分支Ⅱ, v. 684：...[S]ans mençoigne controver...

④ 分支Ⅱ, vv. 1181-1190, *RdR*, pp. 115-116：Baron, fait il, or m'escoutés! / Si ne di bien, si m'amendés. / Renars jurra premierement/ Et si fera le sairement/ Qu'a Ysengrin n'a rien meffait, / N'a Tiebert le cat nul tort fait, / N'a Tiecelin n'a la masange, / N'a Roenel, conment qu'il prengne, / Ne a Brun ne a Cantecler:/ Tout çou li covient il jurer.

道:到你了,朋友！您起誓列那说的是假话,发的是伪誓,而您是诚实的。伊桑格兰道:我相信。"[①]

布里什默要求列那发誓洗清自己的犯罪嫌疑,又让伊桑格兰起誓证明列那是伪誓。两人在起誓后都要亲吻圣物。在完成了这些形式之后,司法决斗才真正开始。列那在决斗中失败意味着他作了伪誓(malvais sairement),[②]他的亲族和盟友因此蒙羞,并不再给他任何支持。

从上面的案例我们可以得知,真正的起誓并不像我们想象中那么常见。在多数场合,承诺起誓只是一种演说策略,可以增加声明的可信度。可以说,现代作者更多的是继承了 12、13 世纪的神学家们的观点,将神判视为是试探上帝。换言之,我们倾向认为神判是寻找真相的工具。但神判的社会文化价值,及其在中世纪法律行动者心态中的地位,却很少有人问津。正因为如此,我们才有必要强调布鲁诺·勒梅勒的洞见,也就是这些看似迷信的仪式背后自有其社会语境。这种社会语境长期受到忽视,很有可能是日后的作者相信真相在司法中的重要性后才导致的。对于真相的这种重新评估是"法学复兴"的结果,而它的影响一直延续到了当今世界。其他一些研究也表明,誓言和神判并非所有犯罪的一般程序,而且中世纪的行动者更偏好和解。[③] 真相得到揭露其实必然意味着社群关系网络的崩溃,甚至

---

① 分支 II, vv. 1204-1207, *RdR*, p. 116；Dist Brichemers：Vés, amis! / Vous jurés que Renars est faus/ Del sairement et vous loiaus. / Dist Ysengrins：Je le creant。

② 分支 II, v. 1451, *RdR*, p. 122。

③ R. C. van Caenegem, *Geschiedenis van het strafrecht in Vlaanderen van de XIe tot de XIVe eeuw* (Brussels, 1954)。

正义的理念也受到了损害，因为大部分动物相信，正义是社群的协作，而不是单纯靠证明技术所实现的。更何况，他们自己的恶习也是导致他们受到列那欺骗的原因，列那的诡计并不绝对等同于现行犯罪。

不过，列那是只声名狼藉的狐狸。他一直受到背叛和忤逆的指控。自中世纪盛期以来，有多种犯罪行为被归为背叛或者不忠(félonie)。如列那与艾尔桑交合便构成了小背叛(petite trahison)。又如马伊戴·比约雷(Maïté Billoré)的归纳，背叛触及中世纪社会政治生活的多个方面：家庭，友谊，与自己的上位权力者的关系，与主君的关系，乃至与上帝的关系。[①] 不忠的词源也许是"fillo"，意思是苛待，不忠的封臣被类比为狼或者疯狗。[②] 伊桑格兰正是以背叛和不忠指控列那，要求将列那逐出社群，让他从社群彻底消失。至于真相，对动物贵族们而言，无论是用"科学"的证明方式还是神判，都没有本质差异。[③] 真正的差别在于两者不同的社会含义。案件的真相虽然是无休止的争论的主题，但却只有在极端情况下才需要揭示出来。作为读者，我们常常会同情列那，因为他所受的指控并非完全是他的过错，而难以探明的真相将我们带入到一个任何法律技巧（包括我们将在最后一节讨论的学识法）都无法给出充分答案的领域。每个分支故事最后的结果——也就是列那最终逃脱——也许反映出

---

① Maïté Billoré and Myriam Soria, eds., *La trahison au Moyen Âge*: *De la monstruosité au crime politique* (V^e-XVe *siècle*) (Rennes, 2009), p. 20.

② Maïté Billore and Myriam Soria, eds., *La trahison au Moyen Âge*: *De la monstruosité au crime politique* (V^e-XVe *siècle*) (Rennes, 2009), p. 20.

③ 事实上他们可能更趋向于选择神判，因为法学家和法律从业者的名声并不好。可参考后面对缪萨尔和伯桑的讨论。

叙事者的法律预期：在一个司法程序一直受到社会－政治影响的体系下，深谙诉讼技艺的列那绝不会被摧毁；更何况，恶之谷堡垒总是能为他提供安全和舒适。

（2）司法决斗的社群性

我们通常将司法决斗视为神判的一种形式。[①] 冲突双方进行决斗从而唤起上帝的决断。作为又一种在我们今天看来野蛮或者非理性的证明方式，决斗的社会性很大程度上被忽视了。不过，《列那狐》为我们呈现了这种仪式的语境细节和具体步骤。

最为显眼的一点，在于决斗与真理的概念联系紧密，就如伊桑格兰在要求决斗时所说："我将为此受真理的考验。"[②]在司法决斗发生以前，有漫长的协商过程来阻止决斗真正发生。这也就是为什么双方在决斗前还有两周时间"准备"，而伊桑格兰对程序中设定的种种延期显得十分不耐烦。[③] 国王迟迟不愿看到决斗发生，因为根据和平理论它是另一种形式的战争。所以，他对动物们三番五次尝试撮合和解的做法青睐有加。他也乐于接受布里什默的建议，在决斗即将开始前最后一次寻求和解。[④] 但伊桑格兰这样拒绝了："我只想看看权利在谁这边。"[⑤]

决斗不仅涉及到诉讼双方，也涉及到整个社群。伊桑格兰称自己是为了社群而状告列那，并以此强调自己的公正性。他

---

① 神判的经典定义参见 Jean-Philippe Lévy, "L'Evolution de la preuve, des origines à nos jours：Synthese générale," in *RSJB*, t. 17, pp. 13-15。

② 分支Ⅱ，v. 701, *RdR*, p. 104：Par la veritém'en irai。

③ 分支Ⅱ，vv. 937-938。

④ 分支Ⅱ，v. 1095, *RdR*, p. 113：Miex voel la pais que la guerre...

⑤ 分支Ⅱ，v. 1111, p. 113：...je verrai bien qui avra droit...

对司法抱有一种整体主义的观点，这个观点也为大多数动物所共享，而与强调正当程序（各个案件独立、逐一审判）的伯桑相对立。在自己的论据中加入其他社群成员的意见、关系和势力考量，其目的毫无疑问是操纵法庭的决策。

在国王接受了双方的决斗担保（gage de bataille）①后，双方回到各自住所与各自的支持者准备决斗。站在伊桑格兰一边的有布兰、蒂贝尔、尚特克莱、蒂瑟兰和库阿尔，而列那一边有伯桑、埃斯皮纳尔、贝兰。格兰贝尔发誓列那在决斗日一定会出场。双方亲族和盟友也要到场围观决斗，而这一点也许更加加深了人们对这种揭示真相的司法仪式的恐惧。恐惧的原因，与其说是因为它是上帝意志或者说真相的展现，不如说是因为它标志着社群关系已经无法修补。这也就是为什么国王并不喜欢司法决斗而不断要求调解的原因。但伊桑格兰认为它是制服列那的谎言最有效的工具。

最后，我们来看决斗场景本身。当然，叙事者的描述极其生动，激动人心，充分展现了决斗肮脏而血腥的一面。这里没有英雄主义也没有浪漫主义。但这只是决斗的表象，因为讲到决斗我们只会想到两人战斗至死的场景，而忽略其背后的社会和文化语境。福本直之将《列那狐》的司法决斗场景与 15 世纪一部

---

① 决斗担保是司法决斗前的一个仪式，双方跪在领主面前，指控者将手套丢到地面，表示挑战；另一方面也做相同举动表示回应。领主接受担保，并确保决斗按照程序进行。参见 *Livre de Geoffroy Le Tort*，XXIII，Le Comte Beugnot，*Assises de Jérusalem*，t. 1 (Paris, 1841)，p. 441。

编年史中所描述的决斗作了对比,并指出了两者的相似性。[①] 但从我们的角度来看,15 世纪的这则叙事也许是对决斗场景的浪漫回放,而并没有忠实复原其完整语境。它因此可能更贴近于文学俗套,而非对事件的简单记录。

作为小结,神判是可供国王法庭中的诉讼者们选择的众多程序选项之一。它与真相有直接联系,援引真相也就意味着用真相的逻辑替代社群的逻辑。日后的贵族之所以抵制纠问式程序,并非因为他们完全抵制真相。对他们而言,问题也许在于,除了上帝之外,还有谁有能力和资格发现真相。既然事实常常难以明辨,而法庭也深深介入于关系世界的政治当中,让某些人打着寻找真相的旗号展开调查可能比神判更为不公,因此更难以接受。无论何地,神判都是意义非凡的事件,而在其发生之前有各种社会自我规制的努力。把中世纪看成是神判或者司法决斗的时代只能算一种浪漫回忆,而忽视了这种激烈的事件背后的语境。不过,在《列那狐》中,我们还将遇到另一种有关司法的话语,这种话语是逐渐扩张中的"法学复兴"的结果。

三、缪萨尔和伯桑:学识法的两个面相

《列那狐》中的两个角色,骆驼缪萨尔和野猪伯桑,代表着学识法在狮王诺布勒宫廷的影响。学识法经过何种渠道产生影

---

① Naoyuki Fukumoto, "Remarques sur une description du duel judiciaire dans la Br. Ⅵ du Roman de Renart,"《一般教育部論集(創価大学)》23, 2 (1999), pp. 1-17.

响？它在宫廷得到了怎样的接受？缪萨尔和伯桑的形象是回答这两个问题的关键。缪萨尔是教皇特使，也是国王的座上宾，为国王提供法律咨询。他的语言别具一格，难以理解也十分扭曲，他因此揭示的是学识法传播中的外国色彩。伯桑则是固执地用本土化的法语强调正当程序，这与我们上文中讨论的社群世界的逻辑大相径庭。叙事者巧妙地对置了两个动物的象征意义，从而揭示出学识法在实践中被滥用的危险。

（1）缪萨尔：法律翻译者

缪萨尔用奇怪的"混合语"发表的演说也许是分支Ⅴc中最令人印象深刻的一节。让·德鲁瓦（Jean Deroy）依据迪富尔奈的校勘本（法国国家图书馆法语第20043号抄本）细致而精彩地讨论了这篇演说的文化内涵。相比可读性更强的迪富尔奈校勘本，伽里玛出版社的版本呈现给我们的是一个更为艰涩的文本。德鲁瓦认为，迪富尔奈采用的手抄本应该成文更早，因为它还有藏头诗的特征。此外，"且听我言"（quare me audite）的开场白可以确立该文本与教士文化的关联。[①] 不过，从语言学角度看，更为难懂的伽里玛校勘本其实有更丰富的信息。因此，我们不妨以这个版本展开分析，而同时牢记《列那狐》故事早期形成中教

[①] Jean Deroy, "Les discours du chameau, légat papal, dans le *Roman de Renard* (Branche Va)," in Jan Goossens and Timothy Sodmann, eds., *Third International Beast Epic, Fable and Fabliau Colloquium, Münster 1979*（Köln; Wien: Bölhau, 1981）, pp. 102-110; Larissa Birrer, "Quare, messire, me audite!" Le choix du chameau comme légat papal dans le Roman de Renart, *Reinardus. Yearbook of the International Reynard Society* 26（2014）, pp. 14-32.

士文化的核心地位。

骆驼缪萨尔的演讲如下：La misère de lui as dite/ nous trovons en decres escrite/en la pepris publitate/de matremoine violate：/ premier on doit examinar/ et s'il ne se puet espurgar/ grever le pues si con toi place/ car molt grande coze faiche；ver est en la moie sentence，S'estre ne voet en amendance，Destipe parmane conmune/ universe seue pecune，u lapidar le cors u ardre/ de l'avresier de la renarde. Et vous fui molt tres bone rege/ si est qui destuit sa lege/ et qui la voet vituperar，il le doit molt fort conparar！Maistre，par le coupee sainte/ se li jugemens si a fainte/ et tu voes ester bon signor，fai droit，mais par teue amor，par la sainte croisse de dé！Que tu no soies bone ré，se raison et droit ne voes far/ ausi con Juliens Cesar/ Et en cause volles droit di/ Se tu voes estre bone sir. Et de toi bone favelar/ par la foi bene tiegnes ar/ se ne tiens la tarte amie/ rendar por amender ta vie. N'aies cure de roi autar/ se tu ne juges par bontar/ et se tu ne faces droit tort/ tu ne soies bone signor！Favelar çou que bon te sache，plus ne te di，plus ne te saiche！[①]（参照迪富尔奈版本试译如下：原告所蒙不幸已诉，侵犯婚姻之罪行，《教令集》里有如是规定，且已昭示全国；先当审查疑犯，若他不能表明清白，惩罚随尔所愿，因为这是罪大恶极；以下是我的判决，若他不愿服从，充公其全部钱财，用石头砸死或者烧死邪恶的列那。你若是个明君，碰上破坏

---

① 分支Ⅴc，vv. 1180-1217。

王法、反对王法者，就要让他付出沉重代价！陛下，以神圣之剑名义，除非判决是虚，你想成明君，就当执行法律，但要以爱，以上帝圣十字！你若不像尤里乌斯·凯撒那样推行理性与法律，你便不是明君。审判中你要申明正义，如果想要做个好主君。你也要言语谨慎，不妄自菲薄，若是对不住自己的位置，就出家赎罪。你若不明智地裁判，就不要再管理国家，不能正确推行法律，就不是好主君！我这么说希望你明白，我的话和教导就到此了！）

这篇演讲给我们的第一印象就是扭曲：它混杂了多种语言，中世纪的听众一定难以立即理解。当然，奇怪的语言有助于赢得听众的笑声。不同于此前集中在语义学层面的研究，我们提议考察这篇演说最基本的语言特征。

文本中，动词不定式多以"ar"结尾，也许体现了古奥西坦语的特点[1]，但也可以解释为拉丁语或意大利语不定式形式脱落了结尾的"e"。名词通常遵循古法语构词法。例外是一些涉及地位和抽象概念的词，如：rege，lege，ré，dé，它们表现出拉丁语或意大利语特点。过去分词体现拉丁语或意大利语影响：escrite，publitate，violate。物主形容词体现为俗语形式，但形式混乱不固定：seue pecune，teue amor，但 sa lege，moie sentence。形容词中也有类似的混乱情况：例如 bone rege，bone sir，bone re 但

---

① 说叙说者有意将缪萨尔安排为南方的形象也并无不可能。意大利传来的法学12 世纪首先在南方扎根，也使得这块地区通行成文法（即罗马法）。参见 André Gouron, "Les étapes de la pénétration du droit romain au XIIe siècle dans l'ancienne Septimanie," in *Annales du Midi : Revue archéologique , historique et philologique de la France méridionale* , Tome 69, N°38, 1957, pp. 103-120。

bon signor。骆驼虽然说的是某种混合语，但他使用的句式并不复杂。通常想象中，中世纪神学家或法学家说话一定是晦涩难懂，而这里他倾向使用简单句。演讲中多使用条件连词"si"（如果）是一个醒目的特点。斯特鲁贝尔版本38句诗句中，有10句拥有这种句法结构（另一个版本是9句）。德鲁瓦已经指出，这种风格来源于《圣经》传统（尤其是《申命记》），也在《格拉提安教令集》及其他神学文本中出现。① 此外，如果句也是法律推理的基本形式。

演讲大致可以划分为三个部分。第一部分从开始至"car molt grande coze faiche"，第二部分则到"il le doit molt fort conparar"结束，其余为第三部分。三个部分各拥有 8、10、20 行。第一部分当中，缪萨尔援引了教会法及其程序。第二部分，他宣布"判决"，称如果列那逃避法律程序，应该受到怎样的惩罚。第三部分是他对国王如何执行正义，尽到国王职责所作的建议。看前两部分，程序和惩罚所占比重相对平衡；同样，前两部分涉及法律专业知识的 18 行，和骆驼作为国王顾问所提出的建言（20 行）也呈现相对平衡。从情感角度讲，斯特鲁贝尔为手抄本原文增加的若干感叹号也许有值得商榷的地方，但一般来说我们还是应该承认其准确性。缪萨尔在讨论法律问题时维持着相对平静的态度，但一提到如何惩罚列那狐、为国王进言的时候就变得激动起来。这种情感变动起到强调的效果，可以看作是在怂恿国王行动。也正是在此意义上，他的情感可以说在间接地针对列那狐。

---

① Deroy, "Les discours du chameau," p. 107.

根据上述考察,我们需要解释以下几点:(1)叙事者对语言和词汇的有意选择,(2)骆驼对司法程序与司法真相的态度,以及(3)缪萨尔所体现的学识法传播和接受情况。

从语言和动词的形态学上来看,骆驼显然喜欢用意大利语或者拉丁语来指称与权威有关的概念,如国王和法。如果我们把迪富尔奈版本中演讲开头的"且听我言"也纳入考虑,我们可以推测,缪萨尔有意或习惯性地使用拉丁语表达关键词语,以博得听众的尊敬,而这句话在《圣经》中的作用进一步佐证了其意图。动词和名词的形态特征不是叙说者随意为之。上文所述名词的拉丁语特征富有深意,也许代表了用新的、学识法的概念来表达和替换原有的封建概念,而动词的(奥西坦语)特征反映的是对所讨论(司法)行为的规范性认识,且这些行为受到外来权威所调节。这样的选择使骆驼得以避开古法语所承载的复杂现实,而创造一个理想的受规范的权力结构。另外需要注意的是,虽然演讲掺杂着诸多外语成分,它大体仍旧保留了古法语的形态,无论是语法结构,具象名词还是人称代词都属于古法语。这也反映出作者在创作文本时,即使多利用拉丁语等外来资源①,却没有完全摆脱古法语的具象世界(这个表述于骆驼缪萨尔同样有效)。

从这些特点我们可以推测出,叙事者的写作流程也许颇为简单:他首先用法语思考和写作,然后将关键词用他所知道的外

---

① 参见 *Ysengrimus*:*Herausgegeben und erklärt von Ernst Voigt*(Halle,1884),其他出处可见 Léopold Sudre,*Les sources du Roman de Renart*(Paris,1893)。

语形式逐一替换。[1] 从这个意义上讲，缪萨尔的角色也许正是法律翻译者，将新概念引入俗语世界，进而改造现实。他的话语因此代表着学识法对俗语词汇结构的影响，[2] 与世俗君主法令的拉丁语化或者法语化进程也有相似之处。[3] 缪萨尔的语言也许并非完全虚构，而是 12 世纪晚期至 13 世纪中叶世俗法庭中的语言现实。法语—意大利语混合语的语言特征也许见证了法国北部和意大利的文化联系，而它的渠道也许正是法国南部奥西坦地区，因为那里有法国最早的法律教育机构。[4] 而即使是在 13 世纪后半叶，菲利普·德·博马努瓦（约 1247—1296）还在懊恼于教士律师拉丁化的语言难以为平信徒律师（avocat laïc）所理解。[5]

且撇开有关语言的讨论，我们不妨进一步提问：在缪萨尔看

---

[1] 这种做法我们不妨称为"逆翻译"。有关 12—14 世纪的法律翻译和俗语法律文本的生产及其发展阶段，参见 Ada-Maria Kuskowski, "Translating Justinian: Transmitting and Transforming Roman Law in the Middle Ages," in Matthew W. McHaffie, Jenny Benham and Helle Vogt, eds., *Law and Language in the Middle Ages* (Leiden, 2018)。

[2] Willy van Hoecke and Dirk van den Auweele, "La première réception du droit romain et ses répercussions sur la structure lexicale des langues vernaculaires," in Andries Welkenhuysen et al., eds., *Mediaeval antiquity* (Leuven, 1995), pp. 197-217. 不过需要注意的是，缪萨尔更多的是代表教会法影响，而非罗马法。不过教会法继承了诸多罗马法传统。

[3] Serge Luisgnan, "Le choix de la langue d'écriture des actes administratifs en France, Communiquer et affirmer son identité," in Claire Boudreau et al., eds., *Information et société en Occident à la fin du Moyen Âge* (Paris, 2004), pp. 187-201.

[4] 我们也不能忘记《马可·波罗游记》最早的文本也是以法语、意大利语混合语的形式流传的。

[5] Philippe de Beaumanoir, *Les coutumes du Beauvoisis* (Paris, 1842), t. 1, pp. 98-99.

来,哪些东西构成了"真相"? 缪萨尔用规范的概念替换了政治关系现实,而其最主要的特点,即用外语的形式将国王、上帝和法律构造成真实的概念,并认为它可以对"没有信仰也没有法律"的狐狸行使天然权威。连续出现的过去分词形式 *escrite*,*publitate*,*violate* 同时揭示了权威的来源和对这些行动的规范性理解。法律早已写明,也已公之于众,而涉及到的问题是"侵犯婚姻"(violation of marriage)。确立司法真相取决于国王一边对案件的考察,以及列那一边的脱罪举动是否有效。因此,在寥寥数语当中,骆驼解释了他对于什么法律适用,案件属于什么范畴,以及由谁确立事实的观点。

不过,他的演讲还有很大一部分是他有关惩罚和理想君主的建议。在故事中,狮王整体上并没有充分的权力惩戒他的男爵,而传统的理想君主强调的是适度与美德。但骆驼通过演讲试图重塑这种理想型。在他看来,君主必须推行司法,而且如果列那被证明有罪,那惩罚不仅应该极其严酷而且毫无周旋余地。在缪萨尔看来,犯罪本质上只与罪犯有关,也就是说,它仅关涉到列那本人,如若列那的罪行得到证实,那也仅列那本人受到惩罚。[①] 他虽然对国王理想的正义有所限定(比方说提到了爱德,圣十字乃至国王对男爵的封建责任),但这些用词都显得颇为笨拙,话语中有自相矛盾之处:因为要做好国王就必须推行法律,

---

① 缪萨尔和伯桑对犯罪的理解与"犯罪个人化"的进程相符。参见 Virpi Mäkinen and Heikki Pihlajamäki, "The Individualization of Crime in Medieval Canon Law," *Journal of the History of Ideas*, Vol. 65, No. 4 (Oct., 2004), pp. 525-542。

而法律的要求即死刑而非宽恕列那狐。[①] 这种奇怪的构造一方面揭示了骆驼的理想国王形象与封建传统并不契合，另一方面也构成了缪萨尔扭曲（tortueux）形象的一部分，这在下面还会继续讨论。而就目前而言，我们只需记得，骆驼认为毫无缓和地推行法律是君主的终极使命。甚至，国王如果做不到就应该放弃自己的位置。因此，他援引的凯撒的形象，也应该更多从负面来解读：中世纪的观念虽然在整体上认为凯撒是君王的典范，但同时也认为，他对绝对权力的渴求必然造成尼禄或者提比略那样的暴政。[②]

最后，我们有必要分析在此 12 世纪末，学识法影响世俗法庭的特点，以及缪萨尔的形象所反映的人们对学识法渗透的态度。在《列那狐》中，缪萨尔被称为"非常智慧非常出色的法学家"（molt saiges et molt bon legistres）。但在《圣经》和维特利的雅克（Jacques de Vitry，约 1180—1240）的众多说教故事中，骆驼的象征意义是虔诚和谦逊。中世纪流传的一些道德说教故事还建议读者学习骆驼而不要学习狗，因为骆驼"更为节制"（de plus grant mesure），而狗在吃了自己的伙食后还要觊觎别人的。[③] 不过，拉丽莎·比勒尔（Larissa Birrer）指出，骆驼的意象还有其扭曲的一面，而且也和无法满足的性欲有关联。另外，"缪萨尔"（musart）这个名字本身在古法语中的意思就是"愚蠢"

---

① 德鲁瓦则认为缪萨尔是把重罚看作是善行，参见 Deroy, "Les discours du chameau," p. 106。

② Gabrielle M. Spiegel, *Romancing the Past : The Rise of Vernacular Prose Historiography in Thirteenth-Century France*(Berkeley, 1993), p. 120.

③ Etienne Barbazan, ed., *Fabliaux et contes des poètes françois des XI, XII, XIII, XIV et XVe siècles, tirés des meilleurs auteurs*(Paris, 1808), t. 2, p. 153.

或者"懒惰"。缪萨尔过分残酷的建议因此背叛了他本应有的虔诚和节制;而他的名字同时也揭示出他根本上是一位愚钝的法学家,对封建政治的运作机制几乎一无所知。此时的法学家群体,依托的往往是拉丁语权威和他们雇主的权力,在世俗宫廷被视作外来而扭曲的成分。扭曲也是因为它的法条主义、概念以及建议正在为人们思考什么是真什么是假造成名副其实的危机。

简而言之,如果我们将缪萨尔看成是法律观念的翻译者,并认可叙事者将这个谦逊而虔诚的动物与司法的残酷性联系在一起,那么,上述细节很好地体现了中世纪人对学识法的语言所具有的危险的(有时也是可笑的)社会改造力的觉知。不过,象征的对置还需要分析法庭上的另一个角色才能完整证明。

(2)伯桑:本土化者

如果说我们正在试图寻找列那狐故事里学识法的影响及其表征,那么在我们所讨论的三个分支中,野猪伯桑可能是骆驼缪萨尔之后最为显眼的形象。虽然有关伯桑的描述零星地分布于各个分支,但我们还是能够给出一个大致的肖像。在分支Ⅰa我们看到伯桑为狮王诺布勒撰写将要送达列那的传票:"国王口授传唤令,野猪伯桑逐一记录,给书信加盖王玺,交与格兰贝尔。"①由此可见,伯桑也许是国王的掌玺大臣。他的主要职责是将国王的命令忠实地记录成文,掌管国王的印章,并主持司法。分支Ⅱ提及伯桑体形硕大(qui a grant le cors)。伯桑可能受过大学

---

① 分支Ⅰa,vv. 945-948,*RdR*,p. 26:Il li devise la matere,/Bauchans li senglers li escrit/ et saiela quanques il dist,/ puis bailla Grimbert le saiel。

教育，而他的肥胖（也就是暗示他贪吃）也许侧面反映出其教士身份。[①] 如果我们相信他是国王的掌玺大臣，那他的学识法训练，尤其是教会法，也就是自然而然。[②] 作为国王法庭的法官之一，对司法程序一丝不苟是他的最大特点。叙事者这样描述他的立场："对法律不愿改变分毫"（De droit en nul sens guencir ne vorroit）。但在我们分析他的角色和演说之前，我们不妨先自问，为什么伯桑是野猪？

在中世纪动物象征中，野猪最初是勇气的象征。这一点继承了罗马传统，因为在罗马，捕猎野猪是英雄行为。但 12 世纪以降，野猪积极的形象逐步转为消极，与鲁莽而盲目的暴力联系在一起。[③] 具体到法律语境，野猪的形象与 iustitia（即正义或司法）恰好相符，因为司法正是法律的强制力和压迫性。此外，野猪的獠牙也有可能与摩西脸上的角混为一谈，后者也是压迫性司法的象征。[④] 野猪象征意义改变也许是受到蔑视暴力的修道院意识形态影响。如果《列那狐》真的采用了 12 世纪以来流行的象征意义，那伯桑应该是盲目的司法的代表。但我们将会见到，虔诚的骆驼和暴力的野猪，这两个角色的象征意义在《列那

---

① 分支 II，v. 1055：Bauçans qui a grant le cors...

② 有关王室文书局（chancellerie）的早期史，参见 Lucien Perrichet, *La Grande chancellerie de France*, *des origines à* 1328（Paris，1912）。

③ Michel Pastoureau, *Une histoire symbolique du Moyen Âge occidental*（Paris，2004），pp. 73-88.

④ 长角的摩西是拉丁文《圣经》对希伯来语《圣经》的误译，但以讹传讹成了中世纪艺术和文学中时常出现的意象。参见 Ruth Mellinkoff, *The Horned Moses in Medieval Art and Thought*（Berkeley，1970）。中古法语文学中也能找到与摩西的司法象征意义相关的案例：Guillaume de Deguileville, *Le Livre du pèlerin de vie humaine*（Paris，2015），pp. 155-156。

狐》中被互换了。象征的对置是否仅出于讽刺的需要并不是我们首要关心的问题。我们要分析的是伯桑形象所代表的学识法影响，及这种影响通过伯桑的言语行为得到的具体表达。

伯桑最精彩的表演见于分支Ⅴc。动物们正在讨论是否可以依据列那的坏名声以及众所周知的罪行判列那死刑，而不经过审判。时常受到列那诡计所害的熊布兰，决意要让列那受到惩罚，而证人的问题自然被提上讨论，因为在此案当中只有艾尔桑和列那是当事人，而伊桑格兰只是碰巧看到列那正在对艾尔桑所做的行径。法官中的某人（原文未明确）依据伯桑的论点，要求伊桑格兰提供第三方证人，因为女人的证词是不足为信的。[①] 女性证词的无效性系中世纪教会法继承罗马法，同时充满了厌女主义色彩——这个主题将在下一章讨论。这里我们仅需说明，追求真理和使用充分证据确立事实是"伯桑派"的终极考量。获取真相的方法，一方面包括评估证据，另一方面也包括考察论点逻辑有效性的法律推理。他与熊布兰的冲突是无法调和的。熊认为伊桑格兰的高贵地位就可以看作是可信度的证明，并在一个长篇但富有情感的演说中指控列那的各种罪行。不过，伯桑的立场太过坚定。熊的长篇大论是在影响公众，从而主导讨论的进程，但伯桑的话语与他完全相反，仅仅关注司法的正当形式：

> 布兰大人，他说道，此案万不可草草收场。适才提起的申诉，还没有搞清事情原委。要是不听取另一方，仅凭一面

---

① 分支Ⅴc，vv. 1255-1258。女性证词的无效性是以厌女主义传统为基础的，这一传统认为女性善于撒谎，也难以控制恶言恶语。它被教会法继承。详见下一章。

之词断案，那是聪明过头了。申诉我们已经听取，现在轮到列那狐出庭抗辩，就各项权利逐一对质，直到得出定论。罗马非一日建成！我说这话不是偏袒列那，但我们不能让人以为我们是在草菅人命，那会是极大的罪与过；如果不把他们两人叫到一块儿，我不知道我们有什么话可说。待列那来到法庭，我们才可以审理伊桑格兰的申诉。那样我们就能马上决断，列那要做怎样的赔偿：这该由审判决定。①

伯桑的这篇演讲主要涉及到(1)审判的先决条件（"适才提起的申诉，还没有搞清事情原委。要是不听取另一方，仅凭一面之词断案，那是聪明过头了。"）(2)好的诉讼次序（"申诉我们已经听取，现在轮到列那狐出庭抗辩，就各项权利逐一对质，直到得出定论。"）以及(3)正当程序的好处（"但我们不能让人以为我们是在草菅人命，那会是极大的罪与过"）。这篇演讲反映了他的理想正义观，也反映出他相信只有通过正当的程序才能产生合法的判决。他的正义观的核心是犯罪与刑罚的比例原则（proportionality，与"罪刑相适应"原则有相似之处，但文化背景和出发点不同），就如猴子宽特雷尔（Cointerel，在中世纪法国人

---

① 分支Ⅴc，vv. 1496-1519，*RdR*，p. 206：Messire Brun，fait il，cils plais/ N'iert pas finés as premiers trais. / Encor voi ge n'est conseüe/ La clamor qui ja est venue. / Molt seroit saiges qui sauroit/ Jugier d'un conte，et il n'auroit/ L'autre partie encore ataint. / Nous avons oïe la conplainte/ Renart devons le conplaint rendre/ Et l'un droit aprés l'autre rendre，/ Tant que on viegne a la parsome，/ En un jor ne fist on pas Rome！ / Nel di pas por Renart tenser/ Mais nuls ne doit a çou penser，/ Que nous le mellomes a cort，/ Que pechiés seroit et grant tort；/ Je ne sai que dire en doions/ Tant que ensamble les aions. / Quant Renars est a cort venus/ Icius clains sera retenus/ Que Ysengrins a esmené. / Lors primes sera ordené/ Comment sera de l'amendise；/ Par jugement i aura mise.

的观念中,猴子也是一种外国动物)在伯桑演说后所补充的:"若是指控超过事实,诅咒将落到指控者的头上!"(Mal dehé ait cils hater1aus se on en dist plus qu'il n'i a!)——也许这是"各得其分"在俗语中的又一变体,不过又与旧的控诉式程序有千丝万缕的联系。伯桑显然沉浸于12世纪以来十分流行的"法庭程序"(ordo iudiciarius)传统。正因为伯桑只关心审判是否符合正当程序,所有其他有关列那的指控,在他看来都与主题无关。这也就是为什么伯桑可以十分"简短地"拒斥熊的煽动性演说。而与熊布兰相反,伯桑根据教会法强调每个人都有权在公正的审判中为自己辩护的权利。[①] 强调审判的公益性和神圣性从理论上实现了法庭活动的去社群化,并为司法提供了无法质疑的正当性。伯桑提出的因此是一种"客观"的正义观,其基础是惩罚的比例原则以及法官的责任。法官在判决中代表着上帝。他需要用理智和智慧,在程序规范的帮助下找到正确的尺度。惩罚如果超出了犯罪事实所允许的比例,那法官也无异于犯罪。同时,寻求仁慈(misericorde)与和解(acorde)也是值得青睐的,因为单纯依靠司法的暴力并不够:

> 抗议!对有罪之人应当仁慈!以上帝的名义,如果列那真有罪过,他的错还没大到不可能和解的地步!大争斗

---

① 在古典罗马法中,被告的权利并不那么重要。但中世纪教会法学家强调受正当程序审判的权利。参见 Anders Winroth, "The Legal Revolution of the Twelfth Century" in Thomas F. X. Noble and John Van Engen, eds., *European Transformations: The Long Twelfth Century* (Notre Dame, 2012), pp. 338-353, 尤其, p. 346。

可有大和解。①

从语言学角度看,他的俗语法律语言简单易懂,最抽象的概念也不过有关诉讼程序的术语。他的语言是行动导向的,对于诉讼需要做什么有明显的提示,而没有提及多少抽象价值。与我们在查士丁尼《法学阶梯》的早期法语译本中所看到的相似,②伯桑并没有字面地翻译学识法的教导。相比于骆驼的拉丁语风格和逆翻译做法,伯桑的"翻译"可谓更本土化。他的根本贡献在于重新定义了许多法语既存术语的规范内涵,如 clamor(喧哗)、complainte(怨诉)和 jugement(审判),而同时帮助他实现这一点的,还有诸如 péché(罪)和 misericorde(仁慈)之类的基督教概念。

我们因此可以称伯桑(有时候还有布里什默)为学识法法律语言的本土化者。如果说,在 12 世纪初,沙特尔的伊沃(Ivo de Chartres)和其他"法庭程序"的作者还在强调审判中的仁慈和衡平,到了 12 世纪的后半叶,"伯桑主义",或者说对正当程序的关切日益占据主导。不过,这种关切还处在很原始的状态,这是俗语天然的局限所致。熊指责伯桑盲目强调程序的做法是在变相帮助列那,这显然是一种社群主义的逻辑,只考虑所采取行动的

---

① *RdR*, p. 207:... Ci a descorde/ De pecheor misericorde! / Por Dieu, se Renars a mesfait,/ Il n'i a pas si grant forfait/ Que bien n'i puis avoir acorde! / De grant guerre vient grande acorde.

② 查士丁尼《法学阶梯》的中世纪法语译本已经由拉韦涅作了初步研究,参见 Claire-Hélène Lavigne, "Literalness and Legal Translation: Myth and False Premises," in Georges L. Bastin et al., eds., *Charting the Future of Translation History*(Ottawa, 2006), pp. 145-162。但是对更早期的(通常也更碎片化的)法律翻译仍待进行抄本研究。

直接效应；而对于伯桑而言，司法是神圣的使命，必须按部就班，严肃小心处置。伯桑的心态经常也以较为温和的版本从担任大法官的布里什默处道出。[①] 这种心态符合当时教会法日益看重程序的发展趋势。不过，"法庭程序"的支持者也面临着天然的挑战，即习惯的、非书面的、由社群主导的法庭程序。[②] 伯桑演说中形似法谚的话也许也揭示了法律观念在俗语中传播的重要形式[③]——即便它们在现代读者看来过于朴实，乃至于简陋。这也许是学识法影响世俗司法实践的一种方式，其媒介是尽可能本土化和生动的俗语法律语言。但伯桑理性的论点并不为大多数动物所接受，因为他们在漫长的诉讼程序中，看到了又一出"恶讼"（mauvais plait）的影子，从中列那又可以找到办法逃脱惩罚。

四、小结

我们所考察的《列那狐》三个分支极其生动地再现了一个封

---

① 布里什默对正当程序的关注见于分支 V c，vv. 1592-1597：Ensi conme li saiges dist，/ Ne por mesfet ne por mesdit / Qui n'est apers ne coneüs / Ne doit ja plais estre meüs / D'ome afoler ne de desfaire，/ Ains Ⅰ afiert la pais a faire。

② Kenneth Pennington，"Due Process，Community，and the Prince in the Evolution of the Ordo Iudiciarius，" *Rivista internazionale di diritto commune* 9 (1998)，p. 10.

③ 谚语作为思想普及和传播的工具，新近研究可见 Élisabeth Schulze-Busacker，*La didactique profane au Moyen Âge*（Paris，2012）；《列那狐》中的谚语研究参见 B. J. Whiting，"Proverbial material from the Old French poem on Reynard the Fox，" *Harvard Studies and Notes in Philology and Literature*，18，1935，p. 235-270。

建习惯（审判的公共性、法律仪式和程序的灵活性）和当时新兴的学识法相互交融与冲突的时期。它们也描绘了一个寻求程序稳定性的宫廷。狮王诺布勒虽然远谈不上拥有绝对权力，但也是令人生畏的角色，足以推行和平。尽管"真相"和"权利"是动物的法律修辞中的两个关键词，由神判所揭示的实质性司法真相是众动物都不愿轻易调用的，因为它们将这种真相看作是一种可怕的迹象，标志着社会关系最终破裂，以及集体接受惩罚的可能性。随着"集权"这一社会关系重组进程的深入以及学识法的渗透，狮王的宫廷爆发了真相危机和社群危机。而经由缪萨尔外国风的语言和伯桑的本土化语言，叙事者通过两个不同的渠道恰如其分地捕捉到了这场危机及其学识法"解答"。此外，我们也不能忘记伯桑所据理力争的正当程序，可以被熊布兰这样的社群思维斥责为"丧失理智"（forsené）。《列那狐》的这几个文本表明，在司法中追求"真相"在 12 世纪末还算不上一条绝对原则。那么，如何在观念上确立"真相"在司法中的关键地位？

第二章　克服认知扭曲:厌女主义与律师批判

　　《列那狐传奇》描绘了一个关系世界。在这个世界里,司法鲜有固定章法,真相不是最值得追求的价值。而我们看来非理性或者迷信的司法仪式,可以从更人性、更现实的角度加以解释。在"法学复兴"刚刚开始扎根的 12 世纪末,公共审判与其他公共事件并无二致,深刻地受到私人和集体政治的影响——这也就是学识法理想受到抵制和鄙夷的原因。

　　那么,如何让"真理"战胜社群主义价值,成为司法统治(état de justice)的基石? 在接下去的两章中,我们将借助不同类型的史料,剖析法律"真理体制"建设的观念铺垫。本章我们首先关注这个过程如何改造人的语言与认知。其中,基督教道德教谕和中世纪认知理论扮演了重要角色。基督教道德教谕主要的关切是真理及其传播,而认知理论界定真理的认识论基础。一个稳定的社会秩序需要有知觉正常的个人,这是司法统治的根本预设。13 世纪以后,众多推广"真理",强调良好语言与认知秩序的文本由拉丁语译成法语,并取得了广泛传播。而许多重要的法国理论家,也强调"真理"在王国司法统治中的重要性。

在推广"真理意识形态"方面,13世纪以降的厌女主义和律师批判具有相似的学理构造。在文学产出中,这两个主题有紧密的联系和显见的相似性。当代学者舒拉米特·沙哈尔(Shulamith Shahar)将女性归为中世纪的"第四等级"[①],而在中古政论家梅齐埃尔的菲利普(Philippe de Mézières,约1327—1405)笔下,法官和律师构成了王国四等级中的第三等级的两个部分(他在同一个"梦"中还批判律师破坏宁静,挑唆争端)。[②] 在道德说教作品中,这两个社会群体的根本相似性在于他们扭曲真理(真相)的能力,尤其体现为滥用语言的方面。为了保护稳定和自然的社会秩序不受认知干扰,中世纪作者强调女性应当服从男性,律师则应当是法官的奴仆。他们由此将两者都转变为真理的工具或者喉舌。

根据上述推理,我们首先讨论中世纪有关女性的讨论所隐含的政治意识形态,指出其与律师行业管制的直接联系(一)。然后我们将详细考察各种女性和律师表征中常见的语言操纵技术(二)。最后,我们考察某些旨在克服社会秩序和司法中的认知扭曲的"观念向量"(三)。

---

① Shulamith Shahar and Chaya Galai, *The Fourth Estate: A History of Women in the Middle Ages* (London, 1983).

② Philippe de Mezières, *Le Songe du viel pelerin*, Joël Blanchard et al., eds. (Geneva, 2015), Chap. 83.

一、真理作为女性和律师批判的出发点

本节我们将证明中世纪厌女主义和律师批判之间的根本联系。厌女主义在霍华德·布洛赫（Howard Bloch）处早已有完整的分析。他指出，厌女主义虽然以谴责和理想化女性为外在表现，但也是一个有社会、经济和法律原因的现象。[①] 事实上，对女性和婚姻的讨论为思考更广义的社会秩序提供了隐喻的基础，而律师也是这广义的社会秩序的一部分。对女性和律师的批判态度都源自对真理（真相）的关切，且两个群体有很多共同特征：恶意运用语言、不服从、扭曲知觉和真相、颠覆正当秩序等。此前的研究也许大多过分关注"性别"而未能突出这里的联系；但对我们而言，强调这种联系可以展现出真理意识形态的范围与广泛性。

（1）厌女主义的政治内涵

中世纪厌女主义的构造在今天已经并不陌生，这尤其当归功于霍华德·布洛赫的贡献。布洛赫指出，厌女主义作者关注女性对视觉的扭曲和她们的语言冲动。博登（Bodden）新近对中古晚期和近代早期英国女性的分析印证了布洛赫的观点，即在

[①] R. Howard Bloch, *Medieval Misogyny and the Invention of Western Romantic Love* (Chicago，1991).

当时的观念中,女性的颠覆力量来自她们的口舌。① 厌女主义主题(topos)的复兴也许始于 12 世纪。我们因此再度见到令人感到奇怪的现象,即书面文化、厌女主义和法律教育几乎在同一时间兴起。虽说我们今天仍然没有充分史料整体性地描述这些同步发展的内在联系,但我们不妨讨论一些我们所确知的东西,如"法学复兴"后的女性概念。

在 13 世纪,有三种主要的思想传统定义着女性及其地位,即《圣经》和教父传统,基督教化的亚里士多德主义以及罗马—教会法。第一个传统布洛赫已经详细讨论,无须赘论。② 普鲁登斯·阿伦(Prudence Allen)修女在《女性的概念》(*The Concept of Woman*)里考察了亚里士多德主义在性格两极化观念形成当中的角色。经由罗马的吉勒(Gilles de Rome,1247—1316)所传播的亚里士多德主义将女性视为"不完美的男性"(mas occasionatus),认为她们天性就不善于理性,因此应当服从于男性。③ 而对于最后一个渊源,即罗马—教会法,勒内·梅斯(René Metz)和苏珊·迪克森(Suzanne Dixon)均已依据法律文本原文作了颇有教益的概览。④ 本节的任务是在上述发现的基础上,考察真理意识形态在中世纪厌女主义文本生产中的角色。

首先看罗马的吉勒。在他看来,最重要的问题是确立"自然

---

① M. C. Bodden, *Language as the Site of Revolt in Medieval and Early Modern England: Speaking as a Woman*(New York, 2011).

② 参见前引布洛赫著作的前两章,第 29—35 页与我们的讨论尤其相关。

③ 尤其见 Prudence Allen, *The Concept of Woman: The Aristotelian Revolution, 750 BC-AD 1250*(Montreal, 1985), pp. 155-156。

④ Susan Dixon, "Infirmitas sexus: womanly weakness in Roman law," *TvR*, 52 (1984), pp. 343-371.

统治",而要实现这一点就需要尊重事物的天性。这里我们遇到了亚里士多德的真理观,其最明确的说明可见于《论君主统治》(De regimine principum)第一卷首章,即语言与事物的耦合。[①]自然在这里因此不过是真理的另一种表述形式。而在古典哲学之上,作者又添加了基督教成分,即不虔诚、不爱上帝的君主不可能触及真理。人的理智与知识(sens et entendement)具有很高的位置,是合法统治的根基,[②]女性也因此由于理性的先天不足,应该服从于体质更好的男性(也就是说男性更能够获致真理和理性,给出好的建言等)。女性的语言和意见必然劣于男性,不能等同视之。

　　女性的理智与认知的不稳定性,也是中世纪教会法继承早期教父的一点,进而导致其限制女性作证及从事其他法律活动:"显而易见,女人服从于男人统治,没有任何权威;女人不可为师,不可做证人,不可做担保,不可做法官。"(C. 33,q. 5,c. 17)。[③] 通用注释将女性证词的无效性限定于刑事案件,但这个原则在一些重要的民事案件中同样适用。[④]

---

① 保罗·克里维利证明,亚里士多德的真理理论是有关断言真理的理论,而将其归为真理的对应理论则不那么准确。参见 Paolo Crivelli, *Aristotle on Truth* (Cambridge,2004),Chap. 2-4。

② Giles of Rome, *Li Livres du gouvernement des rois*, Samuel Paul Molenaer ed. (London,1899),Livre 1,Chap. 5.

③ Mulierem constat, subiectam dominio viri esse et nullam auctoritatem habere; nec docere potest, nec testis esse, neque fidem dare, nec iudicare. 出处为圣安布罗斯。亦可见 Charles J. Reid, *Power over the Body*, *Equality in the Family*: *Rights and Domestic Relations in Medieval Canon Law* (Grand Rapids,2004),pp. 78-79。

④ René Metz, "La femme en droit canonique médiéval," in *La femme et l'enfant dans le droit canonique médiéval* (London,1985),p. 105.

中世纪教会法也继承了《圣经》和早期教父自相矛盾的女性观。一方面它强调男性权力，另一方面又强调女性同意是有效婚姻的要件，而且女性对人类救赎有不可或缺的作用。厌女主义对女性的偏见与中世纪现实有很大的落差，因为在中世纪大部分时间，女性确实可以参与许多公共事务，尤其是贵族女性。不过，中世纪教会法依据《圣经》来定义作为法律概念的女性："因其奴隶身份，女人一切都以男人为尊。"（C. 33，q. 5，c. 11）[1]据此，《格拉提安教令集》及其通用注释建构了一个完整的尊严（dignitas）等级制。它的思想渊源是圣奥古斯丁，奥氏认为女性服从男性有三个理由佐证。首先，男人系按照上帝形象造成，而女人不是；其次，女人所戴头巾是服从的体现；最后，法律规定男人可以自由指控女人通奸，而非相反。[2] 在教会法学家看来，女性应当排除在公共活动之外，尤其是主持审判活动、提起诉讼和担任仲裁人。[3]

　　《圣经》和教父传统的论据进而得到了罗马法"性别弱点"（infirmitas sexus）理论的补充。如苏珊·迪克森所示，罗马法对

---

[1]　Propter conditionem servitutis, qua (mulier) viro in omnibus debet subesse. 参照《以弗所书》5。

[2]　*Gl. Haec imago*："Prima，quia vir ad imaginem Dei formatus est，et non mulier：et vicarius eius est：quia unius Dei habet imaginem. Secunda，quia in signum subiectionis mulier habet caput velatum，et non vir：quia imago est et gloria Dei. Tertia est，qua vir sine metu talionis secundum legem poterat mulierem de adulterio accusare，et non econuerso：secus in aliis casibus. 第三个理由表明奥古斯丁认为女性无法律能力天经地义，以至于用它来论证女性较低的地位。

[3]　René Metz，"La femme en droit canonique médiéval，" pp. 97-105. 事实上，《列那狐》中有类似场景，即伊桑格兰代妻诉讼（甚至是违背艾尔桑意愿而为）。

女性的建构同样不符合罗马帝国晚期社会的历史现实。不过，它的确是思考社会秩序与政治的有力武器。女性无法从事公共活动的根本原因，在于其身体孱弱，富有情感，又多言善变。这些特点排除了女性像男性一样从事公职的可能性。[①] 女性天然的缺陷也意味着女性无法获致和说明真相。

就这样，女性被"辩证"地描述为积极欺骗（最佳代表也许是乔叟的巴斯夫人）或是被动受骗的形象。她们为认识真理制造了麻烦，而最需要指责的是她们的装点和语言，因为它们具有颠覆感官和理性的潜能。就如霍华德·布洛赫所说："女性被描述为一种错误逻辑，一种诡辩，消灭了语法与辩证法，也就是有关真理的学问。"[②] 诚然如此。他继续追问："如果女性被体现为极度多言的，男性厌女主义者又怎能花这么大篇幅讨论女性的多嘴多舌？"但这个问题就不怎么准确了。他们这样做而毫不自知，也许是因为在他们看来，多言并不一定与真理冲突。女性的根本问题并不在于多言本身，而在于用语言操纵真的、自然的秩序，由此颠覆了真理。

通过类比，女性服从男性成了思考社会秩序的工具。（但如罗马的吉勒所说，这种服从也意味着法律与理性的统治，而这种

---

① 参见 D. 50，17，2 及 Suzanne Dixon，"Infirmitas Sexus：Womanly Weakness in Roman Law，"*TvR*，52，1984，p. 357。

② R. H. Bloch，*Medieval Misogyny*，p. 65。

统治的目的在于通过双方的合作共同取得救赎。① 因此在这种思想构造中男性对女性的权力并非绝对。）13 世纪经济繁荣撼动了旧的社会秩序；14 世纪则是灾厄连连，理想秩序几乎毁于一旦。因此在这两个世纪中，社会批判家们更加看重和强调这种服从的美德。在法国与英国的王位继承争端中，女性问题，以及将女性排除于王位继承是当时最重要的法律议题。当时的法国法学家引经据典，详细阐述了诸如尊严及习惯等概念来反驳英国人的继承要求。②

　　女性的形象及其对丈夫的服从因此与 14 世纪有关政治体的理论建构完美契合。而教会法所继承的《圣经》教条恰好成了经典引文："男人是女人之头，女人是男人之躯体。"(C. 33，q. 5，c. 11)。正因为女性的语言以及装点本质上是欺骗性的（也就是

---

① 这一解释也许出自保罗（《哥林多前书》7：14，16）以及奥古斯丁（《上帝之城》12.28）。索邦的罗贝尔的布道文也继承了这一思路。参见 Frans N. M. Diekstra，"Robert de Sorbon on Men，Women and Marriage. The Testimony of his De Matrimonio and Other Works," in Thea Summerfield and Keith Busby eds.，*People and Texts：Relationships in Medieval Literature* (Amsterdam；New York，2007)，pp. 67-86. 从中引申出"女子教育"的题材，例如布鲁瓦的罗贝尔的《妇女训》(*Le Chastoiement des dames*)和梅齐埃尔的菲利普的《论婚姻圣事之利益》(*Livre de la vertu du sacrement de mariage*)。梅齐埃尔的菲利普的文本在讨论女性的情感、弱点和恶习时明显受到当时医学理论的影响，使之与下一章要讨论的"贝利亚诉讼"的文本具有关联性。参见 Marc-André Moreau，"La femme tel un diamant marial：idéal féminin，spiritualité et médecine dans le *Livre de la vertu du sacrement de mariage* de Philippe de Mézières," *Bulletin du centre d'études médiévales d'Auxerre*，21. 2 (2017)，mis en ligne le 07 février 2018，consulté le 10 février 2018。

② Ralph E. Giesey，"The Juristic Basis of Dynastic Right to the French Throne," *Transactions of The American Philosophical Society*，New Series，Vol. 51，No. 5 (1961)，pp. 3-47.

不利于真理的正确认知），①她们在神秘政治体中的角色也应该受限。

身处阿马尼亚克派和勃艮第派内战的法国法学家红地的让（Jean de Terrevermeille，约 1370—1430），在其《三论》（*Tractatus tertius*）或称《反对叛王者》（*Contra rebelles suorum regum*）中系统性地阐述了女性、婚姻、统治以及真理之间的隐喻关系。首先，女性代表着服从，应当服从丈夫，也就是身体的头。"丈夫是妻子的头，就如基督是教会的头"。② 也许是遵循了亚里士多德的观念，将家庭视为一般意义上的社会秩序的自然典型（同时也涉及到保罗在《以弗所书》中提到的婚姻譬喻）③，红地的让经常将神秘体（corpus mysticum）与婚姻关系作比。丈夫对妻子有正当权力，是家庭独一无二的头，是独一的意志（unica voluntas）——就如国王对其王国。此外，一个王国只能有一个头，有两个头是怪异之事。④ 为了在法律上为勃艮第派定罪，让随后提出了不忠（infidelity）和亵渎主君（lese-majesty）的概念。侍奉并没有合法权力的主人，也就是在事实上犯下了不忠和亵渎

---

① 女性的视觉欺骗的话题，亦可见 13 世纪厌女主义文本《马泰奥鲁的悲叹》，参见 A. -G. Van Hamel ed. , *Les lamentations de Mathéolus et le Livre de leesce de Jehan Le Fèvre*, *de Resson*(Paris，1892)，t. 1，p. 20：Je me plaing，car par la veüe/ Fu ma science deceue。

② Uxoris caput est vir，sicut et Christus caput est ecclesie. 参见 Jean de Terrevermeille, *Three Tractates*，Ralph E. Giesey ed. ，Title Ⅲ，Article Ⅲ。拉尔夫·E. 吉塞（Ralph E. Giesey）的最新校勘本可以通过以下网址访问：www. regiesey. com/terrevermeille/terrevermeille_home. htm。

③ *Three Tractates*，3. 3. 4d. 8：uxor sola tota et totaliter debet adherere viro suo qui est caput eius，secundum apostolum ad Ephesi. v [《以弗所书》5，23]。

④ *Three Tractates*，3. 3. 1. 2.

主君,就好比女性"肉体出轨丈夫以外的人"(《三论》3.6.1.8)。至于神秘体的头(caput mysticum),无论指的是上帝,国王还是丈夫,在让看来都是真理的保有者。①

对女性缺陷和邪恶的讨论,加上早期教父所提倡的性别等级制,构成了中世纪知识分子思考女性的基础。最重要的是,女性由于其内在弱点,不能实施统治,而且应该排除在王位继承之外。除了经文和罗马—教会法,这个论点还有王国的习惯佐证。根据自然秩序,丈夫应该统治妻子,女性滥用语言会威胁这一秩序。女性,作为"身体"而非"头",和普罗大众一样,无力独自找到真理和救赎。② 女性扭曲真理的倾向因此需要得到控制,女性应当对其自然统治者忠诚而顺从。

(2)喧宾夺主的律师

在《列那狐》中我们见到的列那也许是声名狼藉的律师的前身。在中世纪法国,律师涵盖两种职业角色:辩护人(procurator litis)是受客户正式委托授权、代替客户在诉讼中行动的律师,其所作所为与客户亲自行为有相同的法律效力。至于代诉人(advocatus),通常坐在法庭的律师席(Barreau),通过陈述法律论点为客户辩护。这种职能区分起源于古罗马,并在12世纪中

---

① 在红地的让看来,"神秘头"也就是真理(veritas)的代表。参见 Jean Barbey, *La fonction royale：Essence et légitimité d'après les Tractatus de Jean de Terrevermeille*(Paris, 1983), p. 207, n. 277。

② Jean Barbey, *La fonction royale：Essence et légitimité d'après les Tractatus de Jean de Terrevermeille*(Paris, 1983), p. 264.

叶的程序法论著中重新流行起来。① 不过,通常情况下古法语"律师"(advocat)的概念十分宽泛,两个角色在实践中完全分离也需要到 15 世纪晚期。因此,在接下去的讨论中,我们大抵可以笼统地采用"律师"一词,而根据具体语境不时加以区分。

若干最有影响力的反对女性和婚姻的文本同时也批判了律师。中世纪的律师形象与难以管束、花言巧语的女性形象有诸多共通之处,而且作者的批判无不出于对"真理"(或真相)的关切。布伦戴奇曾在一篇讨论中世纪对律师行业批判的论文中指出:"律师经常出自中下阶层家庭。他们通过教育和努力向社会上流攀爬,而不是依靠遗产、位阶和家庭联系。他们看上去自然是既有精英阶层成员的威胁。"②律师在那些理想的骑士秩序的鼓吹者看来,与暴怒的妻子同样都是秩序的颠覆者。

布洛涅的马蒂厄(或称马蒂奥鲁,约 1260—1320)的《马蒂厄的悲诉》(Liber lamentationum Matheoluli)以及厄斯塔什·德尚(Eustache Deschamps,1346—约 1407)的《婚姻之鉴》是厌女主义传统中最广为人知的文本。这两个文本都将厌女主义延伸至社会事务,并对律师有尖锐的批判。马蒂厄直截了当地指责律师在贩卖喉舌,因此堪比妓女,甚至比妓女更为恶劣。③ 在厄斯塔什·德尚看来,婚姻也是看待社会及其统治势力的一面镜

---

① James A. Brundage, *Medieval Origins of the Legal Profession*:*Canonists*, *Civilians*, *and Courts* (Chicago, 2008), p. 205.

② James A. Brundage, "Vultures, Whores, and Hypocrites: Images of Lawyers in Medieval Literature," *Roman Legal Tradition*, Vol. 1 (2002), p. 83.

③ 参见 *Les Lamentations de Matheolus*, t. 1, p. 283, vv. 4579-4584. 详细的讨论见 James A. Brundage, "Vultures, Whores, and Hypocrites: Images of Lawyers in Medieval Literature," pp. 68-69。

子。他慨叹女性正在统治男性的现实，而女性本应该服从男性统治。德尚是骑士价值和男子气概的捍卫者，也是国王的邑督。他对贩卖喉舌的律师也难掩蔑视。他认为，理想的情况是学问（étude）与骑士精神（chevalerie）团结一致，让正义得以统治法国。但现实当中，施行统治的是律师，他们通常出身卑微，①但却是对主子溜须拍马的好手。②

不过，要全面观察律师扭曲真相的诡计，也许要看看梅齐埃尔的菲利普的《老朝圣者之梦》（*Le songe du viel pelerin*）。菲利普的梦境描述的是真理王后及其随从三美德的朝圣之旅。在其中的第 88 章，作者借勇气（Hardiesse）之口，道出了律师如何伪造真理的救赎钱币。菲利普延续了明谷的博纳的宣说方式，指出他们所伪造的四种钱币，每一种都代表因为他们的诡计而在司法体系中造成的缺陷。首先，律师善于诡辩、做微妙的立论、泛滥引用法律渊源等。这样的做法时常妨碍法官根据真理作出判决。律师用法律技术在法官的嘴上装了缰绳，阻碍法官接近诉讼的真相。律师的第二个恶习是喜好诉讼，并且违背良心出庭辩护。这导致诉讼不断增多，官司旷日持久，使得那些花了大价钱请律师的人生活陷于窘迫。第三个问题是，喜好诉讼会导

---

① 德尚解释了骑士精神是如何因为骑士受律师统治以及放任自己的农奴从事学问所导致的：Depuis qu'ilz quirent le sejour/ Que leurs enfans n'appreissent pas，/ Ont fait regner les advocas/ Et a leurs serfs donné licence/ D'apprandre les ars et science⋯（Monique Dufournaud-Engel，"*Le miroir de mariage*" *d'Eustache Deschamps*：*Edition critique acompagnée d'une étude littéraire et linguistique*，Ph. D. thesis，McGill University，1975，vv. 8226-8230）。

② 参照马蒂厄对女性谄媚的描写：Que leurs bouches samblent le miel/ En douceur，mais c'est piz que fiel.（vv. 5657-5658）。

致认知障碍,因为争端越多,人们也就越容易"丧失常识而变得盲目"。律师从他们的基督教教友处取得的利润与高利贷无异,他们的口舌就如伪造钱币。最后,律师的贪婪意味着穷人被剥夺获得正义的权利,因此违背了仁慈的原则。菲利普随后又创造了一个司法黄金时代的神话,描述了理想律师的形象:理想律师既不是社会秩序中的不和谐声音,也不会妨碍法官的认知。事实上,从前的律师十分谦逊,穿着也与常人无异,毫无奢靡之风。律师的使命是帮助受压迫者反抗暴君,也就是那些不根据真理统治的人。[①] 他们工作并非为了一己私利,而是在服务上帝。他们的职责是促成和解,而当争端双方不得不上法庭,他们所做的是消除认知障碍,好让法官轻松而高效地作出裁决。正因为当时的律师不出卖喉舌和法律专业知识,"高等法院、法庭助理、其他法官还有高级教士的官员在那个时代工作不多,多有闲暇……"[②]真理对菲利普来说当然是上帝,而其拟人形式——真理王后——是上帝之女。这场朝圣的目的是增加灵魂得救的钱币(besants de l'âme),而要实现这个目标,所有忠于上帝的商人(即统治者)都应该虔诚、说真话、遵照正义生活。真理王后的三位随从分别是快乐(Allegresse),柔情(Amoureuse)和命运(Bonne Aventure)。具体到司法而言,他们的职能是确保真理在司法中传播和实现。[③] 因此,菲利普的理想律师应该是真理的

---

① 这里我们不妨回顾一下罗马的吉勒的观点,即自然统治依靠的是统治者完美的"知觉";如果统治者因为感知和理解力的缺失而变得不明智,他必然会成为暴君。参见 Giles of Rome, *Li Livres du gouvernement des rois*, Livre Ⅰ, Chap. Ⅶ。

② 以上均见 *Songe du viel pelerin*,第 91 章。

③ *Songe du viel pelerin*,第 85 章。

虔诚捍卫者,帮助法官发现真相。

作为小结,女性和律师都被中世纪的道德说教作者视为真理的颠覆者(真理这个概念在这里也意味着神学家和法学家所建构的一个严格的社会等级制)。律师批判通常伴随着女性批判出现,而这一特点的原因,不外乎两者都威胁到了共同体的"头"或者合法统治者。婚姻与社会制度的类比也为中世纪作者思考法律行业提供了方式。但在讨论众多控制和消除认知扭曲的方案之前,我们首先有必要着重考察语言作为认知扭曲工具在中世纪晚期文学文本中的具体体现。

二、女性与律师的语言技艺

邪恶的女性和律师都善于利用人的弱点,都是欺骗的高手。他们能言善辩,又十分险恶。他们的舌头助他们对自然统治者施行暴政,也是有效交流和社会认知的主要威胁。本节我们首先考察他们的压迫性语言,随后考察语言技术如何扭曲人的知觉和认知。

(1)压迫性语言

语言是女性和律师对丈夫和法官实施压迫统治的工具。通过梅齐埃的菲利普所归纳的律师诡计,我们看到了典型的坏律师是怎样工作的。他们的所作所为出于自身的贪婪,是对知识的滥用。无论是律师华丽的外表还是能言善辩的舌头,都受到了中世纪作家的批判,这和后者对女性的批判如出一辙。而其中最显著的,莫过于压迫性的语言,这是奴仆得以实施暴政的关键。

在厌女主义传统中,女性难以控制,易于制造争端的语言是一个文学俗套。奥维德将女性和不受约束的语言联系到一起,进而被安德雷牧师(André le Chaplain,约1150—1220),也就是《宫廷爱情技艺》的作者所继承。① 女性有滥用语言能力的倾向。她们不可能保守秘密,言语轻浮,喜好起誓但从不践履。多言的妻子总是怂恿丈夫与他人争斗,从而满足自己的骄傲(orgueil)。女性的压迫性语言在日常夫妻生活中彰显。中世纪晚期的滑稽剧(farce)常常以家庭中夫妻关系为主题,它们虽然不能代表实际的夫妻生活,但却是神学、哲学作品世俗化的产物。在一部滑稽剧中,男主人公甚至想要学习拉丁语从而可以诅咒自己的妻子,而他的妻子显然更擅长争辩和威胁。最终,他找到了一个保护自己不受语言压迫的办法,也就是不停歇地歌唱,拒绝任何交流。② 在另一部滑稽剧中,丈夫将妻子的要求写在卷轴上。如《伊索寓言》里所说的那样,他只做妻子让他写下来的事,并最终在斗争中取胜。③

除了这种压迫性、暴力性的语言,女性还擅长用各种手段(尤其是情感)为自己争辩。厄斯塔什·德尚不仅将婚姻比作是终生的司法决斗,而且还强调了女性好讼、善讼的特点:

① Andreas Capellanus, *The Art of Courtly Love. Translated with an introduction by John Jay Parry*(New York, 1990).
② André Tissier, ed., *La farce en France de 1450 à 1550*: *Recueil de textes établis sur les originaux* (Paris, 1976), p. 144.
③ 此处,卷轴的法律意味不容忽视,因为它是中世纪法院日常书写行为的最常见物质形式。

女人多么善用自己的舌头，

无论是谁指控她，

都能靠争讼辩赢。

没有女人不耍诡计，

要是争讼不成，

还可以用眼泪达到目的，

或是用爱抚和亲吻，

用秋波和身体。①

就如我们将在下一章所讨论的，情感表演是中世纪法庭文化的一部分。诡计、眼泪和愤怒也是律师为了满足贪欲（但不一定是赢得诉讼）而常用的伎俩。

（2）知觉和交流的障碍

如果说语言滥用构成了认知扭曲的一种形式，使得奴仆得以统治他们的自然统治者，那么"失语"策略是另一种扭曲手段。所谓"失语"策略，我们指意在妨碍正常语言交流的语言策略，如伪装成失去正常语言能力等。它通常具有抑制性，也就是说通过非理性的言语行为，抑制或禁止任何进一步有意义的讨论。在中世纪文学中，失语策略可以表现为不回答、模仿动物叫声、装疯等。本质上讲，这些非理性的言语行为也是人为了达到某些目的所采取的理性安排。中世纪女性和律师的形象建构在这

---

① Deschamps, *Miroir*, vv. 2951-2958: Tant se scet de sa langue aidier / qu'elle ara dorit par son plaidier / encontre cellui qui l'accuse / il n'est riens que femme ne ruse, / et se par plaidier ne l'avoit, / par pleurs et larmes l'obtendroit, / par baisiers, par embracemens, / par regars, par acolemens.

一点上有所区别，因为女性的非理性被认为是天性使然，而律师的技艺就在于利用非理性的言说行为甚至于利用疯癫状态。此外，两者的活动层次不同：女性更多处于家庭内部，而律师活动于法庭这一公共场合。不过，他们都知道如何为人的知觉和交流制造障碍并从中牟利。以女性而言，失语策略主要包括哭泣和媚态，这被认为是性别的天性使然。不过，在这个方面女性的实力还远不如律师。中世纪晚期的讽刺滑稽故事（fabliaux）和戏剧都乐于嘲弄那些说话故意不让人听懂的律师。

律师的技艺在著名的《帕特兰律师滑稽剧》（*Farce de maître Pathelin*）中有相当详尽的总结。这个 15 世纪晚期的作品讲述的是邪恶律师帕特兰的故事。他为一个牧羊人辩护，对手是他曾欺骗过的布商。这部演剧几乎是律师诡计的教科书，它是法庭书记员（basochien）文学的产物，浓缩了各种诉讼技术。[1] 就本章的目的而言，我们不妨关注这部剧作中失语策略最醒目的三个体现：不同语言和方言的切换，律师和妻子的协作，装疯。

多语似乎是中世纪法律职业的重要特征。在《列那狐》中我们就看到法律人通常可以运用多种语言。教皇特使骆驼缪萨说拉丁语、意大利语、奥西坦语和法语。列那狐会说一种法语和英

---

① Marie Bouhaïk-Gironès, *Les clercs de la Basoche et le théâtre comique. Paris，1420-1550*（Paris，2007）；Jonathan Beck，"La mise en scène du faux témoignage dans Pathelin. Analyse pragmatique du discours théâtral et judiciaire，" in Denis Hüe et Darwin Smith eds.，*Maistre Pierre Pathelin：Lectures et contextes*（Rennes，2001），pp. 95-121.

语的混合语。① 但最为戏剧性的，莫过于帕特兰伪装疯癫，在"弥留之际"说了一连串法语方言，最后用拉丁语独白作结尾的一幕。② 事实上，掌握多种语言和方言也许是律师成功的一大因素，因为律师所要处理的事务并不局限于某一个地区。混合语的特征也可见于早期习惯法书的抄本当中。阿达-玛利亚·库斯科夫斯基对此的解释是，抄本作者借此希望赢得更广泛的听众。③ 律师在中世纪晚期长期利用语言和习惯的多样性来蒙骗法官，而法庭语言的标准化要到 1539 年维耶—科特莱（Villers-Cotterêts）法令颁布后才逐步实现。④ 不过，无法理解的语言在布商看来十分邪恶，他认为帕特兰说的不是基督教徒的语言（暗示帕特兰缺乏信仰）。⑤

　　语言选择因此是中世纪律师一直面对的问题。拉丁语是真

---

① 参见《列那狐传奇》分支 I c；Schulze-Busacker, "Renart, le jongleur étranger, analyse thématique et linguistique à partir de la branche Ib du Roman de Renart (vv. 2403-2580 et 2857-3034)," J. Goosens et T. Sodmann éd., *Third International Beast Epic, Fable and Fabliau Colloquium, Münster* 1979： *Proceedings*, pp. 380-391.

② *La farce de Maitre Pathelin*, P. L. Jacob ed. (Paris, 1876), pp. 49-50.

③ Ada-Maria Kuskowski, "Inventing Legal Space：From Regional Custom to Common Law in the Coutumiers of Medieval France" in Meredith Cohen and Fanny Madeleine, eds., *Medieval Constructions of Space：Practice, Place, and Territory from the 9th to the 15th Century*(Ashgate, 2014), pp. 133-155.

④ 不过我们不应该夸大这个法令的效果。有关民族语言与民族法律体系形成的平行进展，参见 Paul Cohen, "L'imaginaire d'une langue nationale：l'État, les langues et l'invention du mythe de l'ordonnance de Villers-Cotterêts à l'époque moderne en France," in *Histoire Épistémologie Langage*, tome 25, fascicule 1, 2003, pp. 19-69。

⑤ *La farce de Maitre Pathelin*, p. 48：Il ne parle pas chrestien/ ne nul langaige qui apere...

理的语言,但日常民众难以理解。此前我们注意到博马努瓦指责过教会律师的拉丁化语言艰涩难懂。[①] 但在俗语世界,由于诉讼的官方语言尚未有明确规定,律师有诸多语言和方言可以选择。帕特兰熟悉拉丁语和各种法语方言也就让他无论是在普通民众还是知识精英眼中都是魔鬼般的人物。因为对以拉丁语权威自居的作者来说,民众的语言如同动物叫声一般难懂。民众叛乱中颠覆和煽动性的语言在编年史家眼中就是非理性的、与野兽并无二致。叛乱的语言不可能为领主和政府准确捕捉和理解。[②] 而对于民众,他又是知识精英的一员。

除了多语表演以外,帕特兰与妻子合作完成失语策略也值得注意。抑制性的语言策略在这部喜剧中包含两个步骤:律师预先谋划,妻子机械地执行律师的命令。这里,帕特兰多次提醒妻子,女性容易无法控制自己的情感,致使诡计失败。同样,在滑稽剧《屁》(Le pet)中,律师建议被丈夫指控放屁的妻子在法官面前不要说任何话,好让他实施自己的策略。[③] 控制语言行为的同时,还要控制情感,因为情感控制也是诡计成功的关键。帕特兰叮嘱妻子在给布商讲述自己"悲惨"的疯癫状态时不要忍不住发笑。虽说谎言差点因为布商一度注意到她的高声调和愉快的神情而被拆穿,帕特兰的妻子终究还是完成了任务(而这也得益

---

① 参见第一章对缪萨尔的讨论。无法理解的语言也在法庭上导致愤怒,见下一章。

② Samuel K. Cohn, *Lust for Liberty: The Politics of Social Revolt in Medieval Europe*(Cambridge, 2006), pp. 14-20; Jan Dumolyn, "'A Bad Chicken Was Brooding': Subversive Speech in Late Medieval Flanders," *Past & Present* (214), pp. 45-86.

③ "Le pet," *Farces françaises de la fin du Moyen Âge*, André Tissier, trad. (Genève, 1999), t. 4, p. 20.

于女性的欺骗力）。不过，抑制性语言策略最戏剧性的效果，是在布商与牧羊人的诉讼上。牧羊人向帕特兰咨询，帕特兰同意做他的律师。他让牧羊人对法官提问只回答"咩"（bee）。牧羊人在帕特兰的协助下赢得了诉讼。但最后他也用同样的伎俩拒绝向帕特兰支付律师酬劳。如汉娜·斯柯达（Hannah Skoda）所说："赢得诉讼的，不仅仅是对法条主义语言的聪明运用，而且实际上也是对语言功能的瓦解（'咩'）。法律与理性的关联被打消了，因为事实证明理性可以被进一步操纵，而通过选择性地利用理性可以最有效地动摇法律。"[1] 疯癫或者失语因此为律师施展诡计提供了空间，让他们得以完全掌控事态进展。女性和未受教育者在语言和推理上的弱点，反过来成了策略的一部分。但律师在法庭上如此进行表演的最终目的，依然是其无法满足的贪欲。[2]

作为小结，本节讨论的两种语言策略都是反叛的象征。女性的语言激起男性的怒火和复仇，从生理和心理上控制男性。律师的语言和诡计捉弄了"正义的牧师"（le prêtre de la justice），也就是法官。[3] 女性和律师都利用了人的感知和理性

---

① Hannah Skoda，"Legal Performances in Late Medieval France," in Paul Dresch and Hannah Skoda, eds., *Legalism*：*Anthropology and History*（Oxford，2012），p. 303.

② 无法理解的语言也是受压迫者宣泄不满的反抗途径。一出滑稽剧里的鞋匠想要学习拉丁语咒骂妻子（Je veulx aprendre a parler latin/ affin de mauldire ma femme）。不停歌唱的鞋匠通过不参与与妻子的对话，成功实现反抗。在后文将讨论的《圣母的辩护》中，圣母也用到了类似的策略，即她忽略魔鬼的法律推理和疑问，反复而动情地讲述自己见证的耶稣受难场景。

③ Krynen, *L'État de justice*（France，ⅩⅢ^e-ⅩⅩ^e siècle），I：*L'idéologie de la magistrature ancienne*（Paris，2009），pp. 79-103.

的缺陷。通过视觉和语言欺骗，阻碍有效的真理交流，他们的贪欲让他们爬到了他们天然主人的头上。

三、克服认知障碍的几种途径

本节考察中世纪作者针对三种司法中的认知障碍所提供的解决办法。首先是经常与复仇和私力救济联系在一起的社群主义逻辑。其次是财富对司法的扭曲。第三是法律技术或者说法条主义的滥用。基督教神学中厌恶语言的倾向赋予真理以独特的定义，即消除言说和实践的差异，"他说有，就有"（Dixit, et facta sunt，《诗篇》33：9），而这种差异也就是虚假和谎言。因此，在中世纪政治批判话语中，司法腐败和货币减色（debasement）总是一起出现。就如"你们施行审判，不可行不义。在尺、秤、升、斗上也是如此"（Nolite facere iniquum aliquid in iudicio in regula in pondere in mensura，《利未记》19：35），这两个现象都证明王国并没有由真理统治。此前一度占据正统的新柏拉图主义真理观，也就是"存在"（ens）的真理，由于 13 世纪亚里士多德主义的引入而受到调整。阿奎那在这一进程中十分关键，他强调真理是理解力与"存在的行动"（esse）相符。① 这一调整导致中世纪思想家日益关切知识与实践现实的落差。

不过，如何调整司法体系，使之不被邪恶的律师所操纵？有两个概念在克服司法治国内在弱点中有尤为重要的角色，即审

---

① John F. Wippel, "Truth in Thomas Aquinas," in *The Review of Metaphysics*, Vol. 43, No. 2 (Dec., 1989), p. 297.

慎(prudentia)和衡平(equitas)①。这两个概念为司法的实践理性提供了大方针。与此同时,我们也不难注意到一个有趣的现象,即中世纪作者通常通过拟人的女性形象来揭示认识真相、解除社会失序的方式。

(1)审慎夫人与认知稳定性

审慎夫人(Dame Prudence)是《梅里比之书》(*Livre de Melibee*)中的贤妻。她为丈夫梅里比提供了出色的建言,让他放弃报复仇人的念头,并通过聪明的斡旋赢得了和平。《梅里比之书》是布雷西亚的阿尔伯特(Albertus of Brescia,约1195—约1251)所著《慰藉与建议之书》(*Liber consolationis et consilii*)的法语节译。有关布雷西亚的阿尔伯特,我们对他早年生平所知甚少。通常我们认为他是在博洛尼亚受过教育的法学家,但他传世的大多是神学著作。他所述梅里比和妻子审慎夫人的说教故事被译成多种俗语,现存抄本超过300本。② 这个故事在欧洲范围内都十分流行,其法语译者是卢昂的勒诺(Renaud de Louens)。许多中古法语作家都复制了这个文本,用于各自不同

---

① 根据不同语境翻译为"衡平"或"公道"。"衡平"的译语也许出自春木一郎(《儒帝法学撮要重要語纂訳》,刀江書院,1932),并为中文学界所沿用。但它并非明了的译语。

② Angus Graham,"Albertanus of Brescia:A Preliminary Census of Vernacular Manuscripts," *Studi Medievali* 41(2000),pp. 891-924.

的写作目的。① 人们对它的解读自然不尽相同,而且文学史家对它尤感兴趣。② 不过,从法律观念史的角度看,梅里比及其夫人的故事在基督教法律理想传播当中也是标志性作品。它事实上是作者对中世纪多种知识主体的批判性综合,并展示了他对冲突解决、司法和社会秩序的反思。

这个说教故事中最让我们感兴趣的是中世纪"五感"(quinque sensus)理论与社会秩序的结合。但在具体考察作者如何确立这一结合之前,我们要明确,这个故事的意涵主要是政治的,其创作的历史背景即可佐证这一点。③ 因此我们大可以称其为政治说教故事,甚至是君主之鉴。不过,它与其他君主之鉴相比又别具一格,因为它是一个故事,而且作者最常引用的是 12世纪医学家和哲学家皮埃尔·阿尔方斯(Pierre Alphonse,

---

① 这个故事出现于《道德棋局》(*Jeu des échecs moralisés*)和《巴黎家主》(*Ménagier de Paris*)这两部流行著作当中。比较法国国家图书馆法语 1555 号手抄本和《巴黎家主》后,我们发现后者忠实地抄写了更早的手抄本。所以接下去的讨论中我们将使用《巴黎家主》中的现代校勘文本,Jérôme Pichon ed. , *Le Ménagier de Paris*(Paris, 1846)。

② 有关故事的政治内涵,参见 Gardiner Stillwell, "The Political Meaning of Chaucer's Tale of Melibee," *Speculum*, Vol. 19, No. 4, 1944, pp. 433-444。虽然故事最初是为意大利的政治社会背景设计,百年战争的背景使它尤为应景。

③ 这部论著系为谴责意大利城市里的复仇活动所作。参见 Enrico Artifoni, "Prudenza del consigliare. L'educazione del cittadino nel Liber consolationis et consilii di Albertano da Brescia (1246)," in Carla Casagrande, Chiara Crisciani et Silvana Vecchio eds. , *Consilium. Teorie e pratiche del consigliare nella cultura medievale* (Firenze, 2004), pp. 195-216; Christopher Kleinhenz ed. , *Medieval Italy*: *An Encyclopedia* (New York; London, 2004), pp. 9-11。

1062—1140），学识法的引用反而相对稀少。^① 这个故事因此也是有关人类认知和情感的小论著，讨论了人如何正确使用感觉禀赋从而维持社会秩序。

从情节看，这个文本花了很大篇幅为复仇和听取建言之类的事务提供建议。梅里比在召集了邻居、朋友和各种职业人士（包括医生和律师），听取他们的意见以后，打算组织一场报复行动，但被审慎夫人制止。为了说服丈夫不去复仇，她首先证明为什么女性的建议也可能是有益的，为什么听取她的建议不等于丈夫服从于她。随后她评价了梅里比从集会中听到的各种建议，并强调了复仇的害处。审慎夫人的终极关切是稳定性。她因此拿出了经典的命运（fortuna）主题来劝诫梅里比不要过分相信自己的权力与财富。在她看来，唯有权力与"权利"（droit）相结合——也就是推行司法——才能确保社会秩序稳定。但既然梅里比觉得法庭并非让他满意的复仇方式，而复仇又太不稳定，那这起冲突应该交给真正的法官，也就是上帝处理。^② 她还利用"权利"的概念强调复仇是缺乏正当性的："确切说来，我们只能按照权利正当行事；既然根据权利你不应该以自己的权威复仇，

---

① 阿尔方斯是阿拉伯—东方文明与西方文明的桥梁。他出生于伊斯兰教的西班牙，是改信基督教的犹太人。他的作品大大丰富了基督教的思想传统，且广为流传。

② *Le ménagier de Paris*，p. 216：Puis doncques que tu demandes vengence，et la vengence qui se fait selon l'ordre de droit et devant le juge ne te plaist，et la vengence qui se fait en espérance de fortune est mauvaise et périlleuse et si n'est point certaine，tu n'as remède de recours fors au souverain et vray juge qui venge toutes villenies et injures，et il te vengera，selon ce que lui mesmes tesmoingne：à moy，dit-il，laisse la vengence et je la feray．

我们可以说你的权力与意志并不相匹。"①

复仇应该由拥有司法管辖权的法官管理，私人仇杀如同命运一般不稳定，只会造成惨剧。冲突应该从其根源解决，而作者所暗示的办法，不外乎求助于一个有管辖权而且假定为中立的法官，由他为受害者复仇。不过，要实现稳定的秩序和永久性的和解，统治者需要明白如何管理自己的感知。梅里比的三个敌人，分别是物欲、肉体和魔鬼。他们通过身体的窗口进入了梅里比的内心。梅里比受到侵害的女儿隐喻他自己的灵魂，而身体的窗口即五种自然感官：足、手、耳、鼻、口。②

在故事中，梅里比所咨询的医生和律师代表着两种不同的行动逻辑。医生的建议是："根据医学的技艺，疾病应该对症下药，所以战争也应该以复仇应对。"集会中有年轻人，还有与梅里比最近才和解的仇敌。他们都希望从战争中获益，因此十分支持这个论点。律师的建议相反显得十分消极：他们建议安置眼线（espies）和陷阱（guettes）来增强城堡的防御，并建造坚不可摧的防御工事来保卫梅里比一家。至于短期内开战是否有益，律师觉得难以立即判断，要求深思熟虑，因为"好法官耳朵灵但决

---

① *Le ménagier de Paris*，p. 212：Car à parler proprement，nous ne povons riens fors ce que nous povons faire deuement et selon droit；et pour ce que selon droit tu ne dois prendre vengence de ta propre auctorité，l'en puet dire que ton povoir ne se consent point à ta voulenté. 权利、权力与意志的主题我们在最后一章还会涉及。

② 这里的"五感"与一般的说法有差异。正常来说这里的"足"应该改为"目"，对应视觉、触觉、听觉、嗅觉和味觉。但也许出于叙事需要，作者作了一定的调整。参见 Florence Bouchet，"Introduction. D'un sens l'autre，" in Florence Bouchet and Anne-Hélène Klinger-Dollé eds.，*Penser les cinq sens au Moyen Âge*：*Poétique*，*esthétique*，*éthique*（Paris，2015），p. 12。

断慢"①。但在审慎夫人看来，这两个论点都有问题，而她自己的和解策略证明了审慎的美德能够带来怎样的智慧。作者因此勾勒了这样一条思路：从权力和暴力的不稳定性，到用审慎规制人的五感，最后是实现稳定的社会秩序。② 医生的复仇建议断然不能采纳，而律师的建议过于被动和教条，无法从根本上解决问题。

梅里比的故事描述了一个被包围的自我，以孤立而易于受罪恶攻击的城堡为象征。它也以孤立的自我定义了人的社会行为。人处在与他人不断的交流之中，总是需要依赖自己的五感来获取信息。就如阿曼达·沃林（Amanda Walling）所解释的，听取建言的行为也促使梅里比的内在性和自主性得到定义、探索和构成。虽然归根结底梅里比本人要对其自我形成负责，这个过程被认为是在与审慎夫人和其他顾问的交流中辩证地实现的。③ 沃林还提到了另一个相似的文本，即乔叟笔下的《商人的故事》。这个故事翻译自布雷西亚的阿尔伯特的《论上帝之爱与乐》(*Liber de amore et dilectione Dei*)，讨论的也是建言如何因为恶习而败坏。圣维克多的于格（Hugh of St. Victor）认为，人的内在（也就是灵魂）秩序是由保卫其入口的审慎，驱逐敌人的

---

① *Le ménagier de Paris*，pp. 190-191：Le juge est bon qui tost entent et tart juge. 对比第一章伯桑的演讲。

② 到目前为止，讨论最为详尽的是五感与中世纪宗教仪式和宗教艺术的关系。参见 Eric Palazzo，*L'invention chrétienne des cinq sens dans la liturgie et l'art au Moyen Âge* (Paris，2014)。它们的政治和法律意味仍有待进一步发掘。

③ Amanda Walling，"Placebo Effects：Flattery and Antifeminism in Chaucer's Merchant's Tale and the Tale of Melibee，" *Studies in Philology*，Volume 115，Number 1，Winter 2018，pp. 1-24，here p. 7.

强力(Fortitude)以及使人"各得其份"的正义协同维持的。① 这个故事因此也代表着基督教哲学中正在崛起的自我，而社会秩序也逐步有了个人主义的预设。

但究竟什么是审慎？中世纪拉丁语中 prudentia 的定义与现代的理解多少有所不同。托马斯·阿奎那定义审慎为 recta ratio agibilium，丹尼尔·韦斯特伯格(Daniel Westberg)将其翻译为"正确的实践理性"(right practical reason)。这个定义带有很强的目的论色彩，意味着"行动者经历从意图到行动完成的过程"②。故事中的审慎夫人大体反映了这种定义。她强调法律与司法的根本价值，但没有采纳律师的建议，取而代之的是积极实施和解策略，避免了法条主义而且也更为有效。在红地的让的论著中，审慎也是君主最重要的美德。如果说审慎夫人的形象对应的是理想中务实的法学家，红地的让则同时还鼓励统治者借此改造自己的认知。审慎是美德之首，它与知识一道，让握有权力的统治者更接近真理。就如让·巴尔贝(Jean Barbey)所评价的："拥有真正的权力，也就是培育审慎、智慧和学识，使得权

① Hugh of St. Victor, *PL*, t. 177, col. 185. 相关讨论参见 Louise Vinge, *The Five Senses: Studies in a Literary Tradition*(Lund, 1975)。

② Daniel Westberg, *Right Practical Reason: Aristotle, Action, and Prudence in Aquinas*(Oxford, 1994), p. 5. 有关审慎一词在拉丁语和古法语中的含义，亦可见 Carolyn P. Collette, "Heeding the Counsel of Prudence: A Context for the 'Melibee'," *The Chaucer Review*, Vol. 29, No. 4, 1995, pp. 416-433。

力持有者得到美德的装点,像智者和贤者一样,能够成为真理。"①

(2)神圣智慧

在上面这则流行的故事里,作者假定司法神圣而中立,认为司法是解决冲突唯一合法的暴力手段。虽然如此,中世纪神学家也通过强调司法的非中立性来反思司法的原则。在本小节,我们以中世纪的一些流行说教故事为研究对象。研究的文本取自艾蒂安·巴尔巴赞(Etienne Barbazan)编辑的滑稽讽刺故事集。在这些文本中我们再度发现有关女性的讨论与道德和政治教谕同台亮相:一位父亲正在给儿子讲解人生教训,其中很大篇幅涉及邪恶女性。父亲给儿子讲了若干与女性有关的故事,为

---

① Jean Barbey, *La Fonction royale*, p. 206. 值得补充的一点是书面文字对维持认知稳定性的意义。厄斯塔什·德尚在讨论了为什么与习惯法混乱的现实有显著落差的大学法律教育使学生疯狂以后,指出只有通过成文法,法官才能依据真理进行判决:"真正、真实的法官根据成文法,判给每个人他们应得的权利,益善人,损恶人。"(Deschamps, *Miroir*, vv. 4884-4887:Vraiz juges est et veritables, / qui rendra par la loy escripte / a chascun selon sa merite, / aux bons bien, et aux mauvés perte.)这种观念也许是延续了此前罗马的吉勒的建议,即立法应该尽量减少法官自由裁量的余地。习惯与方言的繁多因此也被认为是认知真理的阻碍。作为国王的邑督,德尚提议去除这些"女性"的元素,使得人们得以保全正直的学问,声明和武勇。但梅齐埃的菲利普则认为律师的工作在于注释法律,是很危险的行当,参见 J. Krynen, "Un exemple de critique médiévale du métier d'avocat:Philippe de Mézières," *Revue de la Société Internationale de la Profession d'Avocat*, 1989, N° 1, p. 33。

的就是证明女性若是想作恶，则无人能阻拦。[1] 但既然人应该养成谨慎的判断力，儿子继续向父亲询问，世界上是否有好女人，而哲学家面对类似情况应该如何处理。[2] 父亲于是讲了两个故事，讲的是哲学家如何断案。两个案子都涉及一个不善诉讼的受害者被告和一个更有钱有势的原告。这位智者的名字叫 Aide a besoignox，也就是"困者之助"。他是穷人的保护者，总是能够拆穿法律语言掩盖之下富人的阴谋诡计。不过，他的判断机制多少有些天真：他依靠看面相判断人的好坏。他决定帮助贫穷的被告，是因为他看上去是个善人。[3] 哲学家拥有神奇的预判力，国王最好听取他的意见，而不要被更善诉讼的原告所蒙蔽。少言寡语的穷好人和多言好讼的富人是经典的基督教主题，它揭示出法条主义司法体系内在的非正义倾向，并且构成了基督教司法伦理的重要部分——这一点我们还会在第四章中进一步探讨。

在法语世界，这些故事通常以"父亲对儿子的训诫"（Castoiement d'un père à son fils）命名。它们出自皮埃尔·阿尔方斯的《教士规训》（*Disciplina Clericalis*），而阿尔方斯的这部作品又收录了阿拉伯、波斯和印度的众多寓言。这些故事享

---

① Barbazan ed., *Fabliaux et contes des poètes françois*, t. 2, p. 106: Quant feme velt torner à bien, / ne la peut contrevaloir rien, / Et Salemons granz biens en dist / Es Proverbes que il escrit. / Mais s'ele velt à mal torner, / Nus hom ne l'en porroit garder: / Quar cil qui le quide meillor, / Plus tost en a au cuer tristor.

② Barbazan ed., *Fabliaux et contes des poètes françois*, t. 2, p. 115.

③ Barbazan ed., *Fabliaux et contes des poètes françois*, t. 2, p. 117: Li Filosofes bien le croit, / Que gaires vezieus n'estoit; / Ne tel home ne sembloit mie / Qui féist tele tricherie.

有很高的流行度,也是许多滑稽讽刺故事和说教故事的出处。它们因此成了得到认可的基督教真理交流的一部分。^① 从这个意义上讲,它们促进了基督教理想司法在俗语和民众世界中的传播。这里,法律技术和法律语言扭曲真相的潜力得到了彰显,而这种扭曲通常是财富造成的。这些故事也多少显露出与萨里兹伯里的约翰相似的对法律行业的鄙夷。^② 与许多君主之鉴一样,它们建议以美德和理智纠正这种扭曲。

不过,对哲学家的智慧,我们还需批判看待。它其实是一个理想法官的图景,哲学家有令人钦佩的洞察力和逻辑,几乎全知,也善于发现证据。因此从一定程度上说,他代表了中世纪神圣司法的理念,而人世的法官应该努力致力于认知和道德的完善。^③ 哲学家的形象也与所罗门类似,强调的是法官的智慧和衡平感。案件中涉及的证明方式与学识法毫无联系,而几乎完全依赖法官全知的智慧。既然司法和审判是神圣的,是揭示真相的活动,律师和法律语言在法庭上的角色因此也就被"工具化",

---

① María Jesús Lacarra, "Las fábulas de la *Disciplina clericalis* y su difusión impresa," in Uhlig, Marion, and Yasmina Foehr-Janssens, eds, *D'Orient en Occident: Les recueils de fables enchâssées avant les 'Mille et une Nuits' de Galland (Barlaam et Josaphat, Calila et Dimna, Disciplina clericalis, Roman des Sept Sages)* (Turnhout, 2014), pp. 377-392.

② W. J. Millor, and C. N. L. Brooke, eds, *The Leters of John of Salisbury: The Later Letters (1163-1180)* (Oxford, 1979), Letter 140.

③ 有关神圣司法和人间司法的关系,参见 Barbara Denis-Morel, "Passing Sentence: Variations on the Figure of the Judge in French Political, Legal, and Historical Texts from the Thirteenth to the Fifteenth Century," in *Textual and Visual Representations of Power and Justice in Medieval France* (Ashgate, 2015), pp. 151-170。

因为他们的职责在于清楚地声明事实。① 不过，理想终究是理想。哲学家的断案方式是一般法官所难以复制的。还需要有具体的原则辅佐法官工作。那么，如何将理想与法律科学相结合？

（3）圣母玛丽与司法中的三位一体

中世纪法学家采用了三位一体乃至四位一体的概念模型调和基督教理想与法条主义司法体系之间的落差。四位一体模型的基本表述，自然是《诗篇》84:11:慈爱和诚实彼此相遇；公义和平安彼此相亲（Misericordia et veritas obviaverunt sibi；iustitia et pax osculatae sunt）。② 这一节近来已经受到法国学者的综合讨论。③ 另一个三位一体的模型，是本节讨论的对象，其最经典的阐述，可见于 14 世纪叙事诗《圣母的辩护》（L'advocacie Nostre-Dame，这个文本也花了不少篇幅论证女性的话可以取信）。④ 这部诗作属于"撒旦的诉讼"（processus sathanae）体裁。

---

① 有关律师的"工具化"进程，参见 Krynen，*L'idéologie de la magistrature ancienne*，pp. 104-130。

② 注意，这里慈爱、诚实、公义、平安分别对应我们文中的仁慈、真理、正义、和平。

③ Catherine Vincent ed.，*Justice et miséricorde：discours et pratiques dans l'Occident médiéval*（Paris，2015）.

④ 这个文本在 19 世纪有多个校勘本，并于最近有了英译本。*L' advocacie Nostre Dame et La chapelerie Nostre-Dame de Baiex：poème normand du XIVe siècle imprimé en entier pour la première fois，d'après le ms. unique de la Bibliothèque d'Évreux*（Paris，1869）；英译本：*Our Lady's Lawsuits in "L'Advocacie Nostre Dame" and "La Chapelerie Nostre Dame de Baiex"：Our Lady's Advocacy and The Benefice of Our Lady's Chapel*，trad. Judith M. Davis，F. R. P. Akehurst et Gérard Gros（Tempe，2011）。

关于这个体裁，我们还会在下一章详述，①这里我们仅关注其理论建构。

《圣母的辩护》主要讲的是魔鬼做原告，人类做被告的一场诉讼；玛丽是人类的辩护人。从诗歌情节的发展中我们可以看出作者有充分的程序法知识，对宗教和教会法学说也十分熟悉。这个文学作品对我们理解中世纪理想司法有很重要的意义，而且它还影响到了近代，大量流通的近代印刷本就是明证。尽管19世纪的法律史家对这类文本不屑一顾，但最近的法律史家因发现它的价值而态度大为改观。同样值得注意的是，热拉尔·格罗（Gérard Gros）讨论圣母主题诗歌对法国王室的影响，②而路易·德·卡尔博尼埃（Louis de Carbonnières）则提及了《圣母的辩护》与巴黎高等法院程序实践的相似性。③ 不过，根据我们的研究目的，我们将关注衡平这个在审慎和智慧之外中世纪作者所珍视的概念。它和审慎一道帮助法官接近真相。在《圣母的辩护》的作者看来，能够克服魔鬼滥用法律科学的便是衡平的考量。他的根本理论建构我们不妨称为"司法的三位一体"，三位分别是衡平（equité），严苛（rigour）和正义（justice）。

---

① Karl Shoemaker, "The Devil at Law in the Middle Ages," *Revue de l'histoire des religions* 4 (2011), pp. 567-586; "When the Devil Went to Law School: Canon Law and Theology in the Fourteenth Century," in Spencer E. Young, ed., *Crossing Boundaries at Medieval Universities* (Leiden; Boston, 2011), pp. 255-275.

② Gérard Gros, *Le poète, la Vierge et le prince: étude sur la poésie mariale en milieu de cour aux XIVe et XVe siècles* (Saint-Étienne, 1994).

③ Louis de Carbonnières, *La procédure devant la chambre criminelle du Parlement de Paris au XIVe siècle* (Paris, 2004), pp. 119-120.

这场诉讼在三位一体的法官(圣父、圣子、圣灵)面前进行。争端在于,人类因为蛇的引诱而堕落之后,是否应该永远被罚入地狱。控辩双方不断在圣子、圣父和圣灵之间切换陈述对象。这种切换是情节进展的动力。大体上,魔鬼乐于诉诸圣父、圣灵,而玛丽则不断将目光投向圣子。基督教三位一体与司法的三位一体之间的显著联系在叙事中反复出现。魔鬼所诉诸的圣父、圣灵代表着严苛和毫无仁慈的正义,而玛丽则支持正义中更为人道的方面。魔鬼的立场难免让我们想到缪萨尔和伯桑,即对法律和正义的法条主义理解,要求严格执行程序和法律规则。诗中,撒旦的语言能力尤为值得一提——他是一位孜孜不倦的诉讼者,非常懂得用法律语言"说黑话"(jargonner):

> 大清早撒旦便来了,
> 操一口流利的法语和拉丁语
> 深谙应答和反驳之道,
> 每卷经文都解得头头是道,
> 骗人的伎俩岂止百种。[①]

从最开始抗议法庭程序,反对法官许可人类延期出庭时,魔鬼就展现了他的诉讼方式,而他的方式贯穿故事始终。在人类尚未出庭前,他便不断强调上帝即正义,而且全知全能。他试图说服上帝以缺席为理由直接审判多次传唤不到的人类。他的请求被上帝以衡平为由驳回。正是在这里我们第一次见到了衡

---

① *Advocacie*, p. 16: La vint sathan tres bien matin, / qui bien sceit franchoiz et latin / et sceit responde et opposer / et toute Escripture gloser, / Et fallaces plus de cent a.

平、严苛和正义的组合，而"所有法官的弓上都有这三根弦"。①

但面对迟迟不出庭的人类，撒旦再次试图就正当程序与法官争论，不愿陈述自己的控诉，因为："你知道审判中其实必须要有3人；要有原告和被告，还有听取诉讼、遵照时宜理性裁判的法官。我现在还没有看到被告。"②

魔鬼在强调人类祖先对上帝犯下的不服从之罪同时，要求圣父圣灵履行职责、"伸张正义"（droit fere），而"有罪不纠"不能叫作衡平。③ 在抗议圣母玛丽用情感影响耶稣，从而取得对人类有利的判决时，魔鬼把目光转向圣父圣灵，希望他们修改判决。他强调司法是神圣科学，不应该为情感留任何余地：

> 你们看，这高明的判决，
>
> 每个人都看清楚了，
>
> 血与肉操纵了法官，
>
> 无视了神圣科学，
>
> 才会下达如此的判决。

---

① *Advocacie*, p. 16, vv. 575-592：Quer ta péticion refuse. / Tu scez que juge souvent use, / sans fère ne pechié ne vice, / teil foiz est de pure justice, / et auchune foiz de rigour, / qui est de trop greignour vigour, / et aucune foiz d'equité ; / tu scez bien que c'est verite / Tout juge, se tu t'en recordes, / a bien en son arc ces . iii. cordes ; / de laquele qu'il veut peut trère, / et droit n'est pas a ce contrere. / considères ces . iiii. clauses, / tens et lieus, personnes et causes ; / Juge, qui ce veut regarder, / Y peut bien droiture garder, / En feisant, tout de son office, / equité, rigour ou justice.

② *Advocacie*, p. 36 ：Tu scéz qu'avoir doit vraiement / . Ⅲ. persones en jugement ; / l'auctour faut, et le deffendant, / et le juge, qui entendant / doit est a jugier par rèson, / quant il en est tens et sèson. / Le deffendant ne voy je pas. （vv. 815-821）用俗语韵文介绍罗马法基本原理的做法值得注意。

③ *Advocacie*，p. 43, vv. 1270-1271. 这个推理模式也许类似缪萨尔。

是他的母亲,靠泪水

让正义荡然无存,

靠喊叫,还有靠喧闹。①

　　对作者来说,魔鬼的错误在于从表面上罪恶的行动事实出发,要求为人类定罪和惩罚,而掩饰了这种行动发生的深层原因,也就是魔鬼对夏娃的教唆。魔鬼的立论以法律文本,事实以及严厉而没有情感的推理为基础,而它的出发点是对人类的恶意。魔鬼同时是男性和多言的结合体,不仅强调女性的语言非理性,而且否认女性有足够尊严从事男性的职业,即律师,因为"这种职务属于男性"。② 除了女性不能做律师出庭为人辩护之外,他也强调圣母与圣子的母子关系会影响正义:"疑点显而易见。"③

　　不过,作者通过玛丽的演说对恶魔作了如此定义:"坏而邪恶的律师"(Advocat mauvèz, deputaire)。④ 恶魔是坏律师,无中生有构陷他人,最好应该闭嘴。的确,如果上帝知道一切的善与恶,魔鬼也应该知道一切的恶,但囿于天性而不去行善。玛丽为人类辩护,主张他们不应该因为亚当、夏娃的罪而永远落入地狱。在总结了魔鬼的推理方式后,玛丽说明了人类与魔鬼的区

---

① *Advocacie*, p. 52, vv. 1532-1539: Or regardez; beau jugement / Chescun peut bien avoir véu, / que sanc et char l'ont si méu, / non pas la devine science, / a pronuncier teile sentence. / c'est sa mère qui, par plourer, / a fet justice demourer, / et par crier et par tencier.

② *Advocacie*, p. 30, vv. 857-862: Ta mère ne doit estre oye / en fèt qui soit d'advocacie. / adverti toy que Droit commande / fame ne peut fère demande / n'estre pour autre; c'est la somme; / tel office apartient à homme.

③ *Advocacie*, p. 30, v. 865: ... le soupechon est tout voiable.

④ *Advocacie*, p. 64, v. 1884.

别所在：人的罪过是因为其脆弱天性，而魔鬼的本性就是恶。尽管上帝是全知的，人却因为是血肉之躯，必然容易误入歧途。撒旦则不然。[①]

衡平是连接法官与上帝的桥梁，是人模仿上帝的手段。如果精确地惩罚一切犯罪的上帝司法只不过是理想，那就不可能指望它能完全完美地在人间王国实施。圣子以其肉身，为人类理解上帝提供了机会和媒介。[②] 而这也正是司法中最引人争议的部分。如果经文和法律汇编本质上不会犯错，包含一切真理，那为什么仅凭诠释学和理性手段还不足以实现正义？如果允许人的情感影响司法，上帝和人类还有什么区别？要回答这三个问题，我们需要考察作者细致安排的圣母玛丽的形象与行为。

根据热拉尔·格罗的研究，圣路易也许是玛丽崇拜在法国官方化的始作俑者。这个进程对法国的政治和法律思想有很大的影响。就如《圣母的辩护》所反映的，如果说人觊觎上帝的权力是自负，通过圣母，通过同情，人才能推行公平的司法。玛丽用自己的泪水和悲伤对抗虚假的世界（faus monde）[③]。她首先是一位悲伤的母亲，而这一根本特征让她成为"温柔的律师，仁慈的律师"（douce advocate, misericorde advocate）——措辞也

---

① *Advocacie*, p. 64, vv. 1872-1875: Quer le cors l'ame décevoit. / Mès Sathan doit bien avoir peine, / qui avoit science certeine / de mal fuyre et de bien eslire.

② Ceslas Spicq, *Esquisse d'une histoire de l'exégèse latine au Moyen Age* (Paris, 1944), p. 19.

③ *Advocacie*, pp. 91-92.

难免让人联想到"温柔法兰西"（douce France）①。尽管玛丽也具备充分的法律知识，她倾向将法学研究与良好判断力对立起来，如她描述魔鬼"深谙教规与法律，用它们来妨碍审判"②，但在证明人类不应该被判为魔鬼的财产时，玛丽也展现了她依据规范权威进行推理的能力："……这就是法条和注释。我所说无半句虚假，句句皆出自权威……"③

她的论点提起了规范性文本及其解释的问题。虽说帝制罗马时代那种解释垄断④在法律多元的中世纪基本上只是幻象，衡平依然是中世纪法学家泼墨甚多的争论点。罗马法文本的矛盾性成了解释的焦点。"衡平优先于法条"（Placuit in omnibus rebus praecipuam esse justitiae aequitatisque quam stricti iuris rationem，C. 3,1,8）和"所有问题，尤其涉及到权利的问题，应该考虑到衡平"（In omnibus quidem，maxime tamen in jure，aequitas spectanda sit，D. 50,17,90）两则都说明衡平的重要性，但乌尔比安又认为，"虽然这的确苛刻，但法律就是这样写的"（Hoc quidem perquam durum est，sed ita lex scripta est，D. 40,

---

① 这个概念后来又与政治体理论结合，产生了将法兰西比为"名夫人"（dame renommée）的观念。参见 Daisy Delogu, *Allegorical Bodies*: *Power and Gender in Late Medieval France*（Toronto，2015），pp. 45-84。

② *Advocacie*，p. 27，vv. 762-763：Il sceit assez Canon et Loy / Pour troubler . I. bon jugement.

③ *Advocacie*，p. 75，vv. 220-222：. . . c'est texte et glose. / Quanque je di est vérité；/je ne di fors auctorité. . .

④ C. 1,14,1：Inter aequitatem iusque interpositam interpretationem nobis solis et oportet et licet inspicere.

9,12,1)。注释法学家对不同法条的强调形成了不同的学说派别。① 法国法学家青睐更为灵活的模型。就如路易·德·卡尔博尼埃所说，"仁慈司法"是巴黎高等法院人（Parlementaire）所发展出来的概念，它是"高卢程序"的核心要素（他用"高卢程序"指巴黎高等法院刑事庭的程序）。除此之外，他还观察到，"这种对法与司法的法国式观感也影响到了保留司法（justice retenue）和国王的恩赦。正是在 14 世纪后半叶，'仁慈'成了法语撰写的赦免令中的动机用语，并取代了罗马法意味更浓厚的'出于确知'（ex certa scientia）的表述。"② 由此可见，圣母崇拜的普及以及《圣母的辩护》成文的年代与巴黎高等法院程序法的发展大体同时也许并非巧合。

总结而言，《圣母的辩护》的作者确实有可能像此前学者推测的一般，是高等法院人中的一员。他以一种表演的、俗语的方式，为读者提供神学和法学教谕。他设置了两种正义观：一种认为衡平与理性有根本矛盾，而另一种强调衡平、严苛和正义的三位一体。这种三位一体如何维持，或者说它应该如何付诸实践，作者并没有系统论述，因为衡平和宽松的界限总是难以捉摸。在诗中，我们看到玛丽对魔鬼取得了几乎压倒性的胜利。支持她的，有她的情感姿态，也有过硬的神学和法学背景，让她最终

---

① E. M. Meijers, "Le conflit entre l'équité et la loi chez les premiers glossateurs," *TvR* 17 (1941), pp. 117-135. 有关法的解释及衡平作为法的灵魂，亦见 Jacques Krynen, "Le problème et la querelle de l'interprétation de la loi en France, avant la Révolution: essai de rétrospective médiévale et moderne," *RHDFE*, 86 (2008), pp. 161-197。

② Louis de Carbonnière, *La procédure devant la chambre criminelle du Parlement de Paris au XIVe siècle*, p. XXIII.

以学识法的语言驳倒魔鬼的诡辩。（我们在下一章会看到，法语韵文译本与它的拉丁语散文体原文在情感模式上有很大的差异，这可以揭示古法语《圣母的辩护》的"法国"特征。）作者尝试用文学的方式为法官设立工作原则：法官在工作中应当以司法的所有三方面为基础，模仿上帝的三位一体做出判决，而不应该让法律技术战胜人道的推理。他也呼吁律师用虔诚规训行为，克服好讼的冲动，避免恶言恶语，尽力做"仁慈的律师"和"温柔的律师"。

四、小结

在中世纪，女性和律师都被视为阻碍真相发现的认知障碍。他们因此颠覆了社会秩序，对各自的天然统治者实施暴政。如果女性威胁到了以家庭为基本单位的社会，律师的活动范围则局限于法律事务，局限于他们通过挑战骑士精神而取得声望和成功的法庭。与女性作为认知干扰这一主题相伴的，是魔鬼律师的形象。他们利用法律体系显见的矛盾和认知弱点，让它瘫痪而为自己所操纵。女性和律师似乎都知道什么是"善"，但选择邪恶似乎是他们的天性使然，这是致命的罪。

克服认知扭曲的办法，主要是审慎，也就是正确的实践理性，外加衡平和智慧。真理（真相）至上对大部分作者而言都是不言自明的，而旨在发现真相的司法体系自然被构造为神圣而中立的制度。但他们也承认人间司法内在的不稳定性。为了让这个体系不偏离真理之路，中世纪神学家和法学家强调司法的神圣性，并在此基础上建立了司法的伦理规范。从这个角度看，律师和女性一样，在理论上被工具化、被剥夺了表演的空间。如果女性问题可以推广到对一般社会秩序的思考，律师的存在则与法律体系的有序运作息息相关。律师更像是测试工具，他们将现实复杂化、制造对现实的错误印象、诱导法官通过逻辑做错误的现实推定。以此，他们揭露出体系的不稳定性以及法官的易错性。不过，除了语言以外，情感也是法庭中的一大影响因素。我们将进一步发现，法庭情感的标准和控制可以揭示变动中的法律程序及理想律师的形象。

第三章 律师的得体情感：以"撒旦的诉讼"为中心

管制情感是正在降临的法律"真理体制"的另一个侧面。在"法学复兴"以前，法庭是社群性的公共演出，剧烈的情感在其中扮演不可或缺的角色（我们在《列那狐》中也可以看到各种煽动情感的演说技巧）。而随着学识法影响在 13、14 世纪的深化，理想的法庭设定也随之改变。虽然在实践中，法庭仍然可能充斥律师和控辩双方的情感表演，但基督教和学识法的司法伦理帮助法兰西王国确立了法庭情感规范。激烈的情感被认为是法官发现真理的阻碍，诉讼必须以理性、得体的情感及语言进行。

那么，如何捕捉这一历史变迁？本章采用的是情感史的方法。什么是情感史？它有怎样的研究方法？这里有必要作简要的学术史回顾。

情感史是当代史学中一个正在崛起的领域。其雏形也许见于吕西安·费弗尔所讨论的"感性史"（l'histoire des sensibilités）①。随后，情感史得到了福柯范式下的身体史的助力，成为新文化史中的一个支柱。虽然相比身体史和感觉史，情感史的探究相对而言还并不那么充分，但在最近十几年中，法国史学界在中世纪情感史方面已经有了可观的产出，尤其是在文化史学家阿兰·科尔班（Alain Corbin）的推动组织下，三卷本《情感史》（*Histoire des émotions*）已全部出版。此外，中世纪情感（EMMA）研究项目的成果可见于达米安·布凯（Damien Boquet）和皮洛斯卡·纳吉（Piroska Nagy）共同撰写的《感性的中世纪：一部西欧中世纪情感史》（*Sensible Moyen Age：Une Histoire des émotions dans l'Occident médiéval*）。

早在 20 世纪 80 年代，彼得和卡罗尔·斯特恩斯（Peter，Carol Stearns）便发表了研究情感史的具体方法论。两位作者生造了"emotionology"一词来指称历时的情感标准。用他们自己的话来说，"情感标准"的意思是"一个社会或社会中一个可以界定的群体，对基本情感及其得体表达所持的态度或者标准；社会制度在人类行为中反思和孤立这些态度的方式，如求婚作为表达婚姻情感的行为，或者员工讨论会反映工作关系中的愤怒等"②。更晚近一些，彼得·斯特恩斯详细回顾了情感史研究的历史，以及它与其他研究领域的关系。在其回顾的基础上，他得

---

① Lucien Febvre, "La sensibilité et l'histoire：Comment reconstituer la vie affective d'autrefois?"*Annales d'histoire sociale*, 3(1-2) (1941), pp. 5-20.

② Peter N. Stearns and Carol Z. Stearns, "Emotionology：Clarifying the History of Emotions and Emotional Standards,"*The American Historical Review*, Vol. 90, No. 4 (Oct. , 1985), p. 813.

以宣布情感史已经是一个成熟的史学领域。① 史学理论和其他时段的历史写作中,情感史都在突飞猛进,但如果我们考察中世纪法国司法体系,尤其是法庭上的情感时,直接与情感的运用、展示、记录和规范有关的研究就显得有些稀少了。丹尼尔·洛德·斯梅尔(Daniel Lord Smail)所研究的中世纪马赛虽然并不算法兰西王国的领土,但提供了不少有趣的见地,如将法庭看作是播报仇恨和将情感公众化的工具。② 斯梅尔的发现应该在欧洲其他地区也有存在,因为情感行动和表演的有效性是通过相对应的社会情感预期模式所保障的。③ 而要控制情感,也就是在调整权力结构本身。对我们来说,法庭中的情感及其约束,是中世纪法国法律文化另一个关键方面,这个法律文化受到欧洲范围内普遍传播的学识法的影响,正在将自己导向"真理"。不幸的是,上面提及的两部中世纪法国情感史的综合性新作都未能单独而详尽地讨论司法中的情感,而只是讨论到了神学家对国王得体情感行为的建议。④ 虽说如此,法庭情感及其控制的主题,可以为我们重新审视诺尔伯特·埃利亚斯(Norbert Elias)所说的西方文明转折点(即开始约束情感表达的 17 世纪)提供重

---

① Peter N. Stearns, "History of Emotions: Issues of Change and Impact," in M. Lewis, J. M. Haviland-Jones, and L. F. Barrett, eds., *Handbook of Emotions* (New York, 2008), pp. 17-31.

② Daniel Lord Smail, *The Consumption of Justice: Emotions, Publicity, and Legal Culture in Marseille, 1264-1423* (Ithaca, 2003).

③ 这里不妨参考马克思·韦伯论情感行动,参见 *Economy and Society: An Outline of Interpretive Sociology*(California, 1978), p. 25。

④ Alain Corbin et al., eds., *Histoire des émotions: I. De l'Antiquité aux Lumières*(Paris, 2016).

要线索。① 当然,16 世纪的新教运动很大地撼动了西方人的心态。但是,我们需要注意到这一发展也和法学训练有或多或少的联系(例如加尔文,又如活跃于巴黎高等法院的新教法学家们)。大学法学训练影响法庭情感乃至更广泛意义上的社会情感标准的具体机制,我们无法在单独一章中充分讨论。就我们的目的而言,我们只需强调,历史学家应该认真思考中世纪司法领域的情感标准,从而从更宏大(但也更隐晦、更深层)的脉络把握西方文明变迁。

那么,我们应该如何追溯中世纪晚期法庭中的情感标准?翻开中世纪的法语史诗文学,法律场景中充斥着情感。不过,罗马—教会法革命中法律与基督教理想的结合逐渐让情感丧失了正当性和价值,但情感在此之前一直都是社群生活的核心要素。随着"法学复兴"的展开,得体情感经历了重构,产生了一系列对法庭情感具有教谕和规范效力的文本。因此,我们首先有必要考察这些文本,来尝试描绘法庭情感标准的发展:程序法论著,国王法令,法庭程序惯例(stylus),以及作为程序法教程、十分生动具体的"撒旦的审判"(Processus Sathanae)题材。简洁起见,本章主要关注"愤怒",而约束愤怒是大的认知和情感改造项目中不可或缺的成分。

---

① 参见 Norbert Elias, *On the Process of Civilisation*: *SocioGenêtic and PsychoGenêtic Investigatins*; Stephen Mennell, Eric Dunnin, Johan Goudsblom and Richard Kilminster eds., *The Collected Works of Norbert Elias*, Vol. 3 (Dublin, 2012), p. 57 及 pp. 85-86。亦可参见 Robert van Krieken, "Norbert Elias and Emotions in History," in David Lemmings and Ann Brooks, eds., *Emotions and Social Change*: *Historical and Sociological Perspectives* (New York, 2014), pp. 19-42。

一、程序法论著及国王法令中律师的得体情感

教会法的各个程序法文本对法庭情感的关注各不相同。不过，利用古典、经文和教令渊源，教会法学家提出了具体的律师从业伦理，其中包括如何在法庭或者诉状（libellus）中恰当使用语言和情感。许多早期程序法著作，如博洛尼亚的坦克雷德（Tancred of Bologna，约 1185—1230）的著名论著《法庭程序》（*Ordo Iudiciarius*）对情感讨论甚少，而更关注各个程序步骤的性质以及参与者的资质。但到了 13 世纪后半叶，律师行业的大部分情感规范，都有了详细的表述，尤以纪尧姆·迪朗（Guillaume Durand，约 1230—1296）的巨著为其集大成者。我们将看到，教会法影响在国王法令中只有部分体现。因此，要追溯变动中的法庭"情感标准"，就需要将其他类型的文本纳入考量。

（1）教会法程序中的情感：博洛尼亚的坦克雷德和纪尧姆·迪朗

教会法从很早就对法律从业者的激情有具体规范。它的发展一部分又以罗马法的资源为基础，而它对正在 12、13 世纪采

用罗马—教会法程序的世俗法庭的影响已有讨论。^① 律师从业伦理的整体细节，布伦戴奇在其中世纪法律行业的综论中以"职业礼节"（Professional etiquette）为小标题作了整理。^② 他采用的文献主要有波纳吉达（Bonaguida）的《教会法庭律师职责导论》（*Summa introductoria*），纪尧姆·迪朗的《司法之鉴》（*Speculum iudiciale*）以及德罗盖达的威廉的《金色大全》（*Summa aurea*）。这里我们首先查找 13 世纪早期教会法程序的综合者坦克雷德在其程序法论著中所涉及的情感，随后考察迪朗百科全书式的《司法之鉴》。

整体上讲，以坦克雷德为代表的"法庭程序"写作传统对法庭辩论可能出现的情感没有多少提及。这个特点也许是写作目的及写作结构所决定的。坦克雷德的文本文字十分精简，难以找到法庭情感的描述。他对律师职能的表述也不过是"辩护或陈词"（advocare vel postulare），额外再列举了禁止从业的群体，如有残疾或心理疾病者、女性、农奴以及异端等。在讨论法官时，他指出法官的职责之一是缓解证人的恐惧（因为证人可能担忧受到报复而不敢作证）。^③ 但与我们期望相悖的是，在文本其

---

① 有关教会律师规范对世俗的影响，参见 H. Vidal, "L'avocat dans les décisions conciliaires et synodales en France（Ⅻ^e-Ⅷ^e siècles）," *Revue de la Société internationale de l'histoire de la profession d'avocat*, 3（1991）, pp. 1-21。亦可见 Jacques Krynen, "La déontologie ancienne de l'avocat（France：Ⅷ^e-ⅩⅧ^e siècle）," in Jacques Krynen ed., *Le Droit saisi par la Morale*（Toulouse, 2005）, pp. 333-352。

② James Brundage, *The Medieval Origins of the Legal Profession*, pp. 424-430.

③ Frideric Bergmann ed., *Pillii, Tancredi, Gratiae Libri de iudiciorum ordine*（Gottingen, 1842）, p. 94：Omnem timorem debet a testibus removere. 参照 C. 3, q. 8, c. 20。

他地方很难找到直接提及情感的段落。

迪朗的程序法百科全书相比之下则具体得多，详尽地讨论了律师恰当的行为方式。从律师同时是骑士（milites）和教士（sacerdotes）的论点出发，迪朗认为律师的外表着装应该反映他们的身份、能力和精神状态。[1] 他细致地讨论了律师应该如何与其职业活动中不同类型的对象接触，如客户、法官等。迪朗尤其看重律师的美德，也如厌女作家那样认为律师多言的口舌应该受到约束，而谦逊的美德就如明亮的光线，帮助他们找到真相。[2] 律师的言辞应该是"温柔的"（dulcis），而且"激情和愤怒不属于平实语言"。[3] 发怒的人容易犯下罪恶，进而影响真理认知，因为司法真理的发现需要法庭中原告（actor）、被告（reus）和法官（iudex）的合作。迪朗援引了《格拉提安教令集》中若干章节[4]论证愤怒对律师的损害，同时又引述了《加图曰》（*Dicta Catonis*）中的两节类似格言的拉丁语韵文："愤怒妨碍神识，让人无法洞察真相。"[5]语言和情感的控制因此反映出律师的尊严及心智成熟程度。

就如布伦戴奇所说，中世纪晚期的法国程序法著作以及诸多习惯法书都大量借鉴了教会法学家，如迪奥的约翰内斯

---

[1]　Guillaume Durand, *Speculum iudiciale*, Pars prima (Lyons, 1539), fol. 196 rᵒ.

[2]　谦逊引人走近真理，是明谷的博纳的布道文中一个详尽讨论的主题。第四章还会讨论。

[3]　*Speculum iudiciale*, Pars prima, fol. 200 rᵒ: Furor autem et ira seu indignacio non tractantur humili sermone.

[4]　尤其见 C. 2, q. 3, c. 5 及 C. 8, q. 2, c. 8。

[5]　Impedit ira animum, ne possis cernere verum. Dionysius Cato, *Dicta Catonis* (Harvard, 1934), pp. 604-605. 此前半句是：Iratus de re incerta contendere noli。

(Johannes de Deo)的《诡辩》(*Cauillationes*)和阿雷佐的波纳吉达的《导论》。① 迪朗的巨大影响自不用说。② 不过,这些有关情感的讨论在法国国王法令中是否有所反映?

(2)国王法令中的愤怒

13 世纪后半叶以降,学识法程序对法兰西王国的法律实践有了日益明显的影响。最早的规范律师行为的国王法令也许是腓力三世的 1274 年 10 月 23 日法令,其立法目的是使"各人的权利在诉讼和纠纷中得以更简便更自在地维护"③。这则法令规定了律师的宣誓义务并限制了律师薪酬。1291 年美男子腓力的一则法令更新了其父的法令,并增加了一些新要素,如明令禁止"争讼和侮辱性词语"(verba rixosa seu contumeliosa),有意识地陈述虚假事实以及恶意拖延诉讼等行为。根据这则法令,律师的职责是向法庭直白、简单地陈述事实及法理。④ 两则涉及律师行业的根本性法令中,规范律师行会的 1327 年 2 月 13 日法令几乎没有提及情感;1344 年禁止律师提出自己不相信为真的习惯及援引罗马法的法令也没有涉及情感。再看 1454 年司法改革法令,我们也只能找到法令中不断重复的禁令,即禁止律师在诉讼中使用恶意中伤的言辞。⑤ 禁止不实中伤在巴黎高等法院

① Brundage, *The Medieval Origins of the Legal Profession*, p. 313.
② 参见 Beatrice Pasciuta, "Speculum iudiciale," in Serge Dauchy et al. , eds. , *The Formation and Transmission of Western Legal Culture : 150 Books that Made the Law in the Age of Printing* (Cham, 2016), pp. 37-40.
③ *ORFTR*, t. 1, p. 300.
④ *ORFTR*, t. 1, p. 322.
⑤ 参见这则法令的第 54 条。

有长期实践,比如让·勒科克的巴黎高等法院庭审记录《让·勒科克问题集》(*Quaestiones Johannis Galli*)就记录了若干律师因为恶语中伤被处荣誉罚金的案例。①

由上可见,国王法令的主要出发点是加速和改善司法,它尤其关注言语行为、程序的合理运用以及律师的法庭论辩这些明确而且直接影响法庭进程的方面,但对律师行为规范本身并不明确。不过,如克里内讷所示,14世纪以后,高等法院的律师团体形成了定期的演说仪式,在开庭前提醒律师自己的职责所在。这些演讲也许受到了强调律师应是理想演说家的人文主义影响,但它们也在重复教会法的关切。这些演说通常以真理作为律师的终极导向,激情则被认为是真理的障碍。② 在这里,"真理"再度成了话语的向量。

作为小结,在11、12世纪,教会法程序虽然与以表演和情感行为为特征的世俗司法实践有很大落差,但逐步对后者施加了影响。不同类型的规范性文本都吸收了教会法作者有关律师得体语言、服饰和情感的论述。如果说国王法令中涉及情感的内容很少,这也许是受其文本类型的局限。不过,推广理想律师,将其移植到世俗舞台还有其他手段。在后面几节中,我们首先将对几个"撒旦的诉讼"文本作交叉对比,随后在前两节基础上对纪尧姆·迪布勒伊(Guillaume du Breuil)的《高等法院法庭程序惯例》(*Stilus curie parlamenti*)中有关律师得体行为和情感的著名段落加以评价。

---

① 例见 Jean Le Coq, *Questiones Johannis Galli*, Marguerite Boulet ed.(Paris, 1944), pp. 295-297。

② Krynen, *L'idéologie de la magistrature ancienne*, pp. 116-130.

二、法庭中变动的情感规范

上一章中我们已经简要介绍了"撒旦的诉讼"的体裁。但在我们看来,"撒旦的诉讼"不仅是初学者的程序手册,而且反映了作者对法庭情感的态度。在这个体裁中,有一个题为《撒旦对人类之诉》(*Processus sathanae contra genus humanum*)的拉丁语文本。一度人们以为它的作者是巴托鲁斯(Bartolus),但由于其成文年代过早,如今已排除了这种可能性。[1] 这个文本传抄版本众多,标题也在不断变化,但内容大体相近。[2] 它有一个法语改写译本,也就是前一章中有所讨论的《圣母的辩护》。这个法语韵文文本的成文时间大约在 1320 年,有 19 世纪的学者推测它是巴约和巴黎司铎、巴黎高等法院助理法官让·德·朱斯蒂斯(Jean de Justice)所作,但这一说法也没有充分证据。这个文本的写作目的是为读者提供有关法庭程序的教育(同时也包含若干重大神学命题的论证),对诉讼中应该如何按照程序进展有完整介绍。由于韵文体改编译本的存在,比较两个文本的情感模式是尤为有趣的任务,可以让我们更深入具体地了解中世纪法律观念的翻译和传播。另一对需要比较的文本,是特拉莫的雅

---

[1] 参见 Karl Shoemaker, "When the Devil Went to Law School," p. 268。

[2] *Tractatus procuratoris sub nomine dyaboli editus* (Venezia 1478);其他名称还有如:Processus contemplativus quaestionis ventilatae coram D. n. Jesu Cristo, Processus Sathanae contra genus humanum, Processus iudiciarius inter Mariam et Diabolum 等。参见 Francesco Mastrobertied., *Il Liber Belial e il pocesso romano-canonico in Europa tra XV e XVI secolo*, p. 67。

各布(Jacobus de Theramo，1349—1417)于 1382 年撰写的《基督与贝利亚的诉讼》(*Litigatio Christi cum Belial*)。大约一个世纪后的法语译本对这个文本有精确的指称：贝利亚的诉讼(procès Belial)。① 上述四个文本构成了一个组，允许我们进行跨时段的比较研究。此外，我们将看到，早晚文本及其译本反映了不同的情感标准，其缘由我们将在下面一探究竟。我们认为，这些拉丁语文本的翻译与传播见证了法庭中变动的情感规范。我们首先比较伪托巴托鲁斯的《撒旦的辩护》和更为"文学"、富有情感色彩的《圣母的辩护》，然后再比较成文更晚的贝利亚文本。

(1)《圣母的辩护》中的情感

本节虽然以法语译本为讨论中心，但我们首先考察拉丁语原文中，情感在法庭中的呈现方式及程度，以此进一步衬托法语文本独特的情感特征。拉丁语文本的一个整体特点是对情感作了单一维度的描述，也就是说，它赋予玛丽、魔鬼和三位一体的法官以单一的情感模式。拉丁语文本的情感标准因此颇为明确。不过，后面我们会看到，法语改写本在情感模式上更难以解释。

拉丁语文本《撒旦对玛丽之诉》从最开始就描绘了一个喧哗的魔鬼形象。魔鬼是邪恶地狱的辩护人(procurator nequitie

---

① 贝利亚是撒旦的别称。

infernalis），见到人类迟迟不出庭，便"开始喧哗起来"（cepit vociferare）。① 魔鬼要求法官判决人类拒绝出庭应诉、蔑视法庭，但被"看穿内心"（qui novit abscondita cordis）的上帝法官驳回。法官援引了衡平，认为衡平比严格执行规则更重要。对此魔鬼"大声呼喊：……你们的正义在哪里！"②在此关键时刻，人类的辩护人玛丽现身了。她的身边还陪伴着众多天使。玛丽的出庭让魔鬼大吃一惊，在看玛丽等众人走入法庭时，魔鬼"抬眼看她都不敢"。③ 用作者的原话来说，玛丽的光芒照到了魔鬼，而"为恶的人厌恶光亮"。④ 此处描述指出了中世纪对律师应当为正义案件辩护的规范（律师不能违背良心辩护），以及律师应该对其案件及陈述的正当性和真实性有信心。作者如此描述黑暗遇上光明的反应，也同时是将严格的道德操守与透彻的、毫无阻碍的知觉能力（这里用视觉作比喻，光明是基督教真理最常用的隐喻）关联起来。魔鬼知道一切善恶，但故意选择恶，所以有这样的反应也是合情合理。在法庭辩论中，魔鬼总是带着愤怒地回应玛丽的论点。在辩论最后，玛丽强有力地论证了人类不应该下地狱成为魔鬼的财产，而对此魔鬼的反应是："咬牙切齿，手

---

① *Processus contemplatiuus questionis ventilate coram domino nostro hiesu christo tanque iudice & inter advocatam hominis scilicet beatissimam virginem Mariam ex una. et dyabolum partibus ex altera super possessorio humani generis* (Leipzig, c. 1495), fol. 3 v°.

② *Processus*, fol. 4 r°: Exclamavit voce magna：... ubi est iustitia vestra!

③ *Processus*, fol. 4 v°: Elevatis oculis non audebat eam aspicere...

④ *Processus*, fol. 4 v°: Qui male agit odit lucem.

伸进提包，拿出一本书从头开始读了起来。"①咬牙切齿是愤怒难以把持的表现。而魔鬼阅读权威文本的行为则指向了故事的核心主题，即非文字的衡平比严格的文本解释更优越。当圣母指责魔鬼应该为亚当夏娃的堕落负责，因此没有资格诉讼，应当被逐出法庭时，魔鬼"怒火中烧"(inflammatus)。与愤怒的魔鬼律师相反，玛丽的反应总是十分平静。她反复用温柔的语言，提醒圣子他们之间的母子之情："我的儿，听我的话，不要听信魔鬼的妄语。"②又见："听着，我的儿，你是严苛正义，也是公道之极，充满温柔与仁慈。"③

母子关系是衡平，"温柔"以及仁慈概念的延伸和具体体现。这种亲情关系的考量，又与"人类的女律师"(advocata mundi)平和的语言和行为互为表里。由此可见，拉丁语文本描述的是仁慈的律师，她在法庭上受到很好的支持和建议，自信而平和地驳斥了魔鬼律师的控诉。魔鬼律师明知诉讼之不义，但却意图依靠权威文本和司法程序来取胜。但他在整个过程中都被愤怒所掌控。

之前已经说过，法语文本是较短的拉丁语文本的改编。它的篇幅大大增加，而且情感模式也与拉丁语文本中的单一维度有很大差别。在法语文本中，情感描写更为丰富，主要角色被赋

---

① *Processus*, fol. 7 r°: Stridens dentibus missa manu ad marsubium extraxit foras librum et cepit legere in genesi…参照《圣路易定法》中禁止习惯法地区律师引用成文法，从而控制冗长的诉讼的内容。

② *Processus*, fol. 7 r°: Attendite fili mi carissime ad verba mea et non consideretis parabolas demonis.

③ *Processus*, fol. 7 v°: Audite fili mi benedicte vos estis rigor iustitie，necnon summa equitas et plenus dulcedine et misericordie.

予了多种情感——这也就增加了解释的难度。法庭情感描述的丰富性，以及韵文诗歌的形式，也许说明它是中世纪俗语文学传统的延续（尤其是武功歌和传奇）。这种富于情感的特点是否更符合14世纪早期法国世俗法庭的现实，是个仍待质疑和商讨的问题。不过，这个文本本身就值得我们研究，因为它是一个见证了学识法法律文化通过俗语传播的"文学"文本，而比较其中反映的情感模式可以帮助我们理解这种传播的核心特征。

俗语文学所描述的法庭充满情感。但我们也应该在很大程度上承认，情感表演也是中世纪法庭的根本现实。在《圣母的辩护》中，有三种值得注意的情感行为：笑、愤怒和泪水。整体上，俗语文本与拉丁语文本相比，情感描述要丰富得多。虽说我们可以用《辩护》篇幅大大超过了拉丁语文本来解释，但下面的比较将证明，两个文本其实有不同的情感模式。与上述"怒火中烧"的魔鬼的设置不同的是，这里，愤怒是双方共同运用的情感。一处，撒旦以愤怒对圣母，圣母也还报以愤怒。① 而在另一处，玛丽转头怒斥魔鬼，"以十分的愤怒说道……"②

玛丽本应该是"温柔"的律师，这里却也经常表现出愤怒（ire）。这一点是俗语文本作者的发明。而其缘由也许一方面在于俗语写作更贴近现实，另一方面也在于既有的文学创作惯例。

与拉丁语文本一样，玛丽也援引了母子之爱，而法官将此纳入考量等同于"爱"（amer）的行为。在若干场合，玛丽转向耶稣，

---

① *Advocacie*，vv. 970-972，vv. 981-983：Par grant ire lui respondi；/ "Tu ne le seras pas encore；/ j'en demant interloqutore" /... Mès el dist aussi com par ire：/ Or die ceu que voudra dire/ Cel desloiyal procuratour.

② *Advocacie*，v. 1697.

强调她是他的母亲，儿子爱母亲而不爱魔鬼是最自然的："如果爱撒旦胜过爱我，那会是非常违背天性之事。"[1]看到玛丽的策略奏效，魔鬼旋即转向法官，宣称神圣科学被无视了，玛丽的情感策略成功了。[2] 将"神圣科学"（devine science）与情感对立，潜藏着的论点是法官不应该被"血与肉"（sanc et char）所"扰动"（meu），而应该仅仅依照理性做出判决。不过，魔鬼发现他的理性论点并不成功以后，突然变得丧失理性，开始声嘶力竭地抗议。于是我们见到魔鬼绝望地反对对其不利的判决："魔鬼充满懊恼，愤怒至极，抗议和咒骂起来。"[3]

三位一体法官的立场似乎介于玛丽和魔鬼之间，他既容易被玛丽的情感所"扰动"，也在强调程序严格性以及法律推理的有效性。玛丽反复讲述耶稣受难来回应魔鬼对人类罪恶及不服从上的指控，但这样的宣说被圣父和圣灵驳回，因为："天后，这样的回答并不充分；你还要说明其他理由。法律规定每个人都按照罪行受罚。"[4]

对圣父和圣灵来说，问题是确立罪恶并处以相应的惩罚（这难免又让人想到缪萨尔和伯桑）。与前两者相反，圣子总是富有同情，尤其是在看到玛丽"痛苦"（angoisse）的时候。[5] 作者赋予

---

[1] *Advocacie*，vv. 1498-1499.

[2] *Advocacie*，vv. 1532-1539. 译文见第二章。

[3] *Advocacie*，vv. 2249-2250.

[4] *Advocacie*，vv. 2130-2134：Rayne des cyex，ce n'est mie / response qui doie souffrir；/ autre chose te convient dire. / c'est drois que chescun soit blechié / du fortèt，selon le péchié.

[5] *Advocacie*，v. 2060：le filz vit a sa contenance / la grant angoisse qu'elle avoit，/ quer responde bien n'i savoit.

圣父、圣子、圣灵不同的角色，因此对应了正义、衡平、严苛的三位一体。但圣子的情感表现还有一个十分有趣的地方，即玛丽步入法庭时：上帝见母亲到来，禁不住笑了起来……①

对玛丽"笑"是什么意思？圣子是怎样笑的？是微笑还是大笑？厌女主义作者乐于批评女人的笑。笑是一种女性的情感表达，通常被视为视觉欺骗的一种（如马蒂厄）。中世纪神学家认为笑是邪恶的。修道院传统认为笑是"最可怖、最淫秽的"的破坏寂静的方式。② 许多修道院院规中，笑在众多禁止行为中排在很高的位置。不过，宾根的希尔德加（Hildegard of Bingen）在《病因与疗法》（*Causae et curae*）中认为，笑可能出于愚蠢的喜悦（inepta laetitia）或者诚实的喜悦（honesta laetitia）。③ 虽然阿布莱希特·克拉森（Albrecht Classen）指出，"古代和中世纪思想者通常认为笑属于底层人群和简单的乡村生活，也就属于喜剧的世界。所以，他们主要将笑看作罪恶，是应当谴责的"④，这里作者赋予耶稣的，应该是一种神圣的、诚实的笑，出于爱德的笑（虽然笑与爱德在中世纪观念里似乎略有冲突）。

---

① *Advocacie*，vv. 745-746：Quant Dieu vit sa mère venir，/ De rire ne se peut tenir...

② Jacques Le Goff，"Rire au Moyen Age," *Les Cahiers du Centre de Recherches Historiques*［En ligne］，3（1989），mis en ligne le 13 avril 2009，consulté le 09 septembre 2018. URL：http://journals. openedition. org/ccrh/2918.

③ Laurence Moulinier，"Quand le Malin fait de l'esprit. Le rire au Moyen Âge vu depuis l'hagiographie," in *Annales*：*Histoire*，*Sciences Sociales*，52ᵉ année，N. 3，1997，pp. 457-475，此处 p. 470。

④ Albrecht Classen ed.，*Laughter in the Middle Ages and Early Modern Times*：*Epistemology of a Fundamental Human Behavior*，*its Meaning*，*and Consequences*（Berlin，2010），p. 10.

最后,作者强调玛丽用泪水和悲伤战胜了这个"虚假的世界"(faus monde),她悲伤的情感帮助她更好地论证真理①——这个主题与拉丁语文本相同。

至此,我们可以大致归纳一下比较的结果。俗语翻译和改写版本相比简洁的拉丁语文本有更丰富而复杂的情感模式。受到俗语叙事传统的约束也许是部分原因。不过,即使这种约束存在,情感流在 14 世纪早期的法庭上也许依然十分常见。对拉丁语文本的作者来说,愤怒几乎是魔鬼的专利,而温柔的律师应该极力避免愤怒,因为他应当像纪尧姆·迪朗所建议的那样,培育温柔的言语和情感,为正当事由辩护,并提醒法官衡平的原则。在俗语文本中,对愤怒则没有类似的约束,因为愤怒被认为是法庭中正常的情感表达。即使是"温柔律师"玛丽也动辄发怒,辩驳魔鬼时丝毫不顾礼节。更为"感性"的法语文本因此也许是多种法庭情感标准在学识法程序影响日盛时相互交汇的见证。

(2)"贝利亚诉讼"中的情感

在比较了魔鬼对玛丽的诉讼之后,我们接下去比较另一组文本。这组文本也由一个拉丁语原始文本和一个法语译本构成。文本题为《基督与贝利亚的诉讼》(*Litigatio Christi cum Belial*,又名 *Consolatio pauperum peccatorum sive Processus Luciferi contra Jesum Christum*),以"贝利亚的诉讼"为题翻译入法语。所谓贝利亚,其实是魔鬼的代名词。通常认为,原始拉

---

① *Advocacie*,vv. 2464-2480.

丁语版本系特拉莫的雅各布所作,但真正的作者至今仍存在争议。其成文年代大约比魔鬼审判晚半个世纪。法语文本的译者是皮埃尔·费尔杰(Pierre Ferget),成文于 15 世纪后半叶。贝利亚的诉讼的情节和法庭设置与撒旦的诉讼有所不同:贝利亚和摩西分别是地狱和耶稣的辩护人。案情大致是地狱主张对人类的所有权,认为耶稣非法夺走了人类。其篇幅相比撒旦的诉讼要长很多,因为它介绍了诉讼中所有可能的程序,甚至包括上诉(而描写上诉的大量篇幅又变成了反思人类道德和情感的神学-哲学论文)。与"撒旦的诉讼"文本一样,"贝利亚诉讼"的文本也广为流传,被认为是"欧洲罗马-教会法程序的学习手册(vademecum)",对法律史研究有不容忽视的价值。[①] 费尔杰的散文体法语译本颇为忠实地反映了拉丁语原文。两者的情感描写因此大同小异,我们在接下去的讨论中大可以费尔杰的 15 世纪中古法语译本为底本展开。

就在"撒旦的诉讼"的半个世纪后,特拉莫的雅克的文本提供了颇为不同的情感模式。在"贝利亚诉讼"中,魔鬼变成了成熟而自信的雄辩律师,"此辩护人谈吐自信,大声而清楚"[②]。贝利亚是骄傲的辩护师,对法条也了如指掌。不过,与此前的魔鬼不同,贝利亚十分善于掌控情感,其行为姿态可谓完美地体现了司法理性。相比之下,他的对手摩西则更为情感化,语言也要激

---

① Stefano Vinci, *Liber Belial*: *A Vademecum for Roman-canonical Procedure in Europe* (12. February 2015), in *Forum historiae iuris*, https://forhistiur.de/2015-01-vinci/,2018 年 9 月 10 日访问。

② Jacques de Teramo, *Cy commencent* [*sic*] *le Procès de Belial à l'encontre de Jhésus*, [Compilé par Jacques de Ancharano et translaté de latin en francoys par Pierre Ferget], (1481), fol. 6 v°.

烈得多。贝利亚的诉讼和此前韵文形式的《圣母的辩护》的最显著差异在于,贝利亚文本充满了各种学识法引用,并在情节中插入了众多书写规范的诉状,因此基本不适合公共演出,内容也没有《圣母的辩护》那么激动人心。[①] 法律推理构成了其大部分内容,反复出现的"因此"(adoncques 和 doncques 等)之类的逻辑连接词最能体现这一点。这些连接词将文本与学识法权威直接关联起来,对读者而言有很好的学习功能。这次,法语译本忠于原文,细节没有多少改变。文本中有大量的"哦!"(O!)指示情感受到激发,而这个感叹词是贝利亚和摩西都乐于使用的。"哦"也是反论的发语词。双方反论的策略大同小异,主要是贬低对方的论点违背真相或者出于恶意。以下我们用法语译本概括贝利亚和摩西的情感模式,寻找作者对法庭中不同情感的态度。

首先,贝利亚在诉讼中的情感控制,以及法律推理的伪装,被摩西和所罗门看成是中伤的一种。在诉讼最开始,贝利亚请求法官拒绝摩西出庭为耶稣辩护。在颇为耐心地听了摩西为自己的辩护后,贝利亚发起了一连串言语攻击:"哦,摩西,你是那么伟大的法学家;你被骗了……错了……真相被弹压了……"他的推理最终得出的结论是,摩西是杀人罪犯,因此没有做辩护人的资质。[②]

从文本中我们看到,贝利亚的这段话的直接后果是使摩西大为震惊,不知如何回应,"说了这番话,摩西似乎震惊了,默不

---

① 这种安排势必导致文本不适合演出或者改编,所以法语译者采取直译也是情有可原。

② *Procès*, fol. 11 r°.

作声"。① 见状，所罗门履行了法官的职责，即安抚诉讼双方，"见到双方中伤话语增多，便想利用法官职权，让他们平静下来"。② 贝利亚过激的言语被认为是在干扰法官，需要受到约束。

在其他大多数片段中，贝利亚也总是急于使用字面的法律论点支持地狱对人类灵魂的"权利"，而他的这种不耐烦被摩西点破，"我求你耐心听我讲。贝利亚思忖着嘲弄摩西，说道：大人您说，您的仆人在听候吩咐"。③ 贝利亚的回应体现了他伪装的谦逊，自称"仆人"尤其令人感到讽刺。而他的虚伪又出自其骄傲，是骄傲让他对自己的论点如此自信。事实上，贝利亚是一个不仅懂法律而且面对上帝毫无惧色（sans paour④）的魔鬼。⑤ 他的谦逊（当然是伪装的）也用在乞求所罗门撤回不利于地狱的判决："贝利亚跪倒在地，双手合十，泪如雨下，乞求所罗门改判。"⑥ 这里，他伪装的情感与肢体语言的关系值得一提。原文中"les mains ioinctes"（双手合十）是封建效忠宣誓的姿态。这个表述表示贝利亚（伪装的）对法官所罗门的服从。这里它不过是赢取法官怜悯的策略，而如果所罗门不收回成命，贝利亚早已做好上诉的准备。贝利亚虚伪的情感和态度指向了作者所批判的主

---

① *Procès*，fol. 12 r°：Lesquelles parolles estre dictez moyse comme sil fust esbahy se teust.

② *Procès*，fol. 12 r°：Voyant accroistre iniures et parolles entre ces deux parties：voulut user de son office et reduyre les parties a concorde...

③ *Procès*，fol. 26 r°：Je te prye que tu me ouyes paciemment. Belial se cuidant truffer de moyse dist：Mon seigneur parlez vostre serviteur vous escoute.

④ *Procès*，fol. 66 r°.

⑤ 对照心中"既无律法也无信仰"的列那。

⑥ *Procès*，fol. 34 v°：... et belial a genoulz les mians ioinctes a grandes larmes se recommande a salomon en son droit...

题,即律师的谄媚(flatterie)。摩西在读了贝利亚的诉状后,"谦逊地行了礼,说道:贝利亚善于欺骗,言辞虚假而谄媚,口蜜腹剑,你的口和你的舌就如熊熊烈火"。① 在上诉中作者也提及贝利亚的谄媚,"他请求大卫,用甜言蜜语极尽谄媚……"②受骄傲驱使、毫无畏惧的律师贝利亚伪装出谦逊和悲惨的外表,从而影响判决。他只有在见到不利判决后,才展现出一定的情感激动。表示抗议的情感表达是喊叫,"如绝望般叫喊起来……"③

　　喊叫也是开启上诉的仪式的一环。在得知所罗门的判决后,"贝利亚开始高声喊叫,面红耳赤如绝望的狮子一般……"④这里的描述十分生动,尤其是"绝望的狮子"的比喻。即便是情感表达在司法仪式中不断式微的中世纪晚期,这里的描述在日常司法实践中也许还能见到。但反复出现的喊叫也可能暗示叛乱者的喊叫,因此也就是一种反叛的姿态。⑤

　　以所罗门好色为由,⑥贝利亚决定上诉。他宣称所罗门的

---

① *Procès*, fol. 13 vᵒ: [Moise] se inclina humblement et dist decevables parolles, flateries du decevable belial. Dehors il porte miel en parolles, et dedens il est plein et venin... Ta bouche et ta langue est comme une fornaise embrasee.

② *Procès*, fol. 80 vᵒ: A david lequel il pria et flata moult doulcement...

③ *Procès*, fol. 15 rᵒ: ... comme desepere sescria...

④ *Procès*, fol. 63 vᵒ: Belial a haulte voix commenca a crier et rugir comme lion desespere et parla en la maniere que sensuit contre salomon...

⑤ "喊叫"的社会及法律内涵,参见 Didier Lett et Nicolas Offenstadt eds., *Haro! Noël! Oyé! Pratiques du cri au Moyen Âge* (Paris, 2003); Jan Dumolyn, "'Criers and Shouters'. The Discourse on Radical Urban Rebels in Late Medieval Flanders," *Journal of Social History*, Vol. 42, No. 1, 2008, pp. 111-135。

⑥ 《列王记上》11:1-5。

"血与肉"①导致他做了错误判决:"你并不想也并没能隐藏你的意图,因为你是为了你的血才下的这判决,而现在我明白你是被血与肉引入了歧途。"②

这一指控直指法官所罗门的道德,而这种粗俗的指控完全违背了法庭礼节。因此所罗门回应:"你恶言恶语,错误而无理由地诽谤诋毁我们。不过,既然你觉得自己受了害,你可以上诉宗主法庭。"③

随即在第二天,"贝利亚写下上诉,带一名书记员和若干证人到所罗门处,并将上诉状丢在他面前"。这着实是令人印象深刻的举动——和上面的"喊叫"一道,这两个情感化的行为也许代表着"判决证伪"(faussement de jugement)仪式的残留影响。④

抗议的喊叫和"丢"(gecter)的动作构成了发起上诉所需的情感化行为。由于整体上贝利亚的诉讼十分理性化、文书化,这

---

① 通过表达对血与肉身的蔑视,这里贝利亚相当于反对了道成肉身和三位一体的神学教义。所罗门的好色又与此有关。参照《朗德里塔骑士之书》(*Le chevalier de la Tour Landry*,1372):Le touchier et le bayser esmeuvent le sanc et la char telement que ils font entroblier la crainte de Dieu et honneur de ceste monde... 参见 Alexandra Velissariou, "Comment elles se doyvent contenir: règles de conduite et codes gestuels dans le Livre du Chevalier de La Tour Landry pour l'enseignement de ses filles," *Le Moyen Français* 65 (2009), pp. 53-78。

② *Procès*, fol. 64 rᵒ: Tu na pas voulu ne peu recondre ta voulante car tu as gecte la sentence pour ton sang, et maintenant ie congnoys que ton sang et ta chaire te ont seduit.

③ *Procès*, fol. 64 rᵒ: Tu dis mal et nous imposes faulcement et sans cause crime et villanie. toutefois si tu se sens greve, appelle au souverain car tu le peulz faire.

④ 但这个举动应该也很常见,就如法语中上诉的说法依然保留着"丢"的动作:rejeter un appel。

种细节也许是情感和仪式表达在当时法学家中少有的残余,而且颇为负面地与贝利亚联系在一起。不过,贝利亚究竟是否真的感到"绝望"是难以解答的问题。他也许只是根据法庭的习惯用这些姿态表明自己受到了不公平对待,而且他也定然预期自己的剧烈反应是有效的。从这个意义上讲,作者对这些表演性质的姿态持批判态度,认为法官不应该受这些举动欺骗。

与贝利亚虚伪的情感控制成鲜明对比的,是更为情感化,更为激动的摩西。摩西为人单纯而诚实,但从辩论中可以看出他也接受了相当程度的法律训练。作者以他为诚实的情感的代表。与骄傲的魔鬼律师不同,摩西是模范律师,他的情感模式揭示了律师的伦理准则。让我们吃惊的是,在贝利亚文本中,更容易展现愤怒的是摩西,而摩西的反驳有时候完全算得上是谩骂。不过,摩西的愤怒出于他的谦逊,这一点作者从诉讼开始就点明了。法官是上帝的代表,受任于上帝而行审判之神圣权力。摩西正是通过其对法官的谦逊,从而提出符合真理的论点。他的愤怒正是模仿上帝之怒,是真理之怒。

有多处场景摩西以"谩骂式"的语言展露自己的愤怒。一度,贝利亚根据《圣经》主张上帝此前对人类所有权问题的判决无效,并要求摩西提出那次审判的法庭记录作为证据。摩西对此大为恼怒。也正在此时,贝利亚利用了摩西的谩骂,贝利亚道:"哦,摩西,请你冷静,想说什么便说,但在法官面前,不要有谩骂言语，因为我已准备好洗耳恭听。"①

贝利亚试图将摩西的反应定义为缺乏耐心以及恶言恶语，从而在法官面前贬低摩西的品格和职业素养。但摩西在驳斥贝利亚时似乎还是我行我素，至少有以下两处愤怒的谩骂："你这寡廉鲜耻、居心叵测的恶徒!"②"哦! 贝利亚，你的话太疯狂太莽撞，你竟敢大口朝天，毫无顾忌地批评上帝不可言说的成就!"③

贝利亚反复利用权威文本的字面意思为自己辩护，不断要求摩西提供确凿的证据。对此，摩西经常愤怒得难以自控，用并不应该出自富有经验、训练有素的辩护师之口的语言谴责贝利亚。不过，对作者来说，摩西的愤怒只是在回应贝利亚的疯狂言语。④ 摩西指出贝利亚执着于文字的表面因而扭曲了真理之路，以此捍卫了上帝不可言说的杰作。"哦! 贝利亚，你受自己的花言巧语扰动太深了。"⑤ 在前面我们已经见过类似的表述。这句话中的"扰动"(esmeus)一词与"言语"(parole)同时使用值得注意。古法语中，"estres esmus"的表述出现于 13 世纪，在 14 世

① *Procès*, fol. 28 r°： … Adoncques dist moyses a belial, O treffeaulx et mauvais dis moy. Dist belial, O moyse soyes sage et dys ce que tu vouldras, mais devant le juge ne parle pas vitupereusement, car je suys delibere de te ouyr pacientement.

② *Procès*, fol. 30 v°： Belial stating that God's judgment is only aimed at King of Egypt and others, rather than Satan and the hell； adoncques luy dit moyse： meschant paillart remply de mauvaitie.

③ *Procès*, fol. 36 v°： O belial comment follement et temerieusement tu as parle, et comment tant temerellement as tu ose mectre ta bouche au ciel en parlant contre loeuure de dieu ineffable.

④ *Procès*, fol. 48 v°： … tu es fol en tes paroles.

⑤ *Procès*, fol. 49 v°： O belial tu te esmeus fort subtillement en tes paroles.

纪时更多是表示一种涉及"一人及其内心"的状态。① 如果说人可以被言语所"扰动",那么也就是说语言进入了人的内在。而就贝利亚而言,其骄傲的语言构成了他丧失理智的原因。

根据上述讨论,我们在贝利亚的诉讼中发现了与"撒旦的诉讼"不同的情感模式和情感标准。贝利亚文本是书面文书的世界,两位辩护人的表演空间十分有限。作者突出了贝利亚虚假的情感和姿态,而摩西虽然经常看似并非贝利亚那么出色的律师,却表达了正当的、诚实的愤怒。从"怒火中烧"的魔鬼到情感同样激昂的玛丽,再到成熟的辩护师贝利亚和愤怒的摩西:情感标准的变迁可以根据不同作者在不同年代和语境下的不同关切而勾勒出来——首先是限制被认定为非理性的情感表达(尤其是愤怒),随后是法庭中爱与衡平的重要性,最后是告诫法官不要被邪恶的完美掩饰所欺骗。这种变迁也许见证了学识法渗透入世俗司法实践过程中遇到的不同语境和问题,以及伦理表述的相应调整。需要补充的是,与不同的律师情感模式相对应的,两组文本也呈现出不同的法官。贝利亚文本极其详尽地描述了下级法庭到上诉法庭的各个诉讼步骤和所需撰写的诉状,所以对读者而言显得极为冗长。在贝利亚的诉讼中,法官的情感十分罕见,而在《圣母的辩护》中,法官尤其是圣子是富有情感的——以至于爱的情感可能是理想法官的要求之一。

---

① *Histoire des émotions*, t. 1, p. 129.

三、情感标准与律师行业的身份意识

从上一章的知觉改造，到这一章的情感改造，我们已经大体勾勒了"真理体制"降临时宏大的人格改革方案的两大方面。这两者有密切的联系，并为形成中的王国司法体系打造了根基，确立了其推进路线和方向。这些改造也直接影响了法律从业者的身份意识(1)，并在社会产生广泛深远的影响(2)。

(1)Curialiter:"合乎法庭规范地"

上面讨论的情感模式，与传统的法庭程序史料（如纪尧姆·迪布勒伊《巴黎高等法院法庭程序惯例》）相比，又有何异同呢？根据菲利普·帕歇尔（Philippe Paschel）的分析，迪布勒伊有意识地组织了文本结构，让读者能够迅速把握法庭的所有步骤。这个文本以往虽然被认为是巴黎高等法院的习惯，但其实也受到学识法的深刻影响，尤其是"法庭程序"的传统。[①] 文本成文于 1330 年左右，也就是比"撒旦的审判"晚了几年。但两者关注相似的实践问题。对我们而言，最为醒目的是有关律师得体情感的表述，写在《巴黎高等法院法庭程序惯例》的最开端：

Habeas，advocatus modum et gestum maturos cum

---

① Philippe Paschel，"Les sources du 'Stilus curie parlamenti' de Guillaume du Breuil,"*RHDFE*，Vol. 77，No. 3，1999，pp. 311-326. Philippe Paschel，"Guillaume du Breuil et son *Stilus curie parlamenti*,"*Droits*，Vol. 49，No. 1，2009，pp. 159-190.

vultu leto moderate; sis humilis et curialis secundum
statum tuum, retenta tamen auctoritate status tui,
refrenans motum animi sui ab ira. Cum partes tediabunt te
prenimio eloquio vel alias, instrue partes ne te onerent
supervacuis et quod inspiciant locum et tempus loqundi
tibi.[1](作为律师,你应该有成熟的举止和仪态,神情愉悦而
有节制;根据你的地位,你应该谦逊有礼,但也要保持你的
地位所应有的威严。你应该控制感情,远离愤怒。若是对
方用恶语激你,你应该告诉对方,不要说无用的话添你的负
担,并让他们注意与你讲话的地点与时间。)

在马克·富马罗利(Marc Fumaroli)看来,《程序惯例》的这
个段落代表着法国司法演说术的起源,也是未来三个世纪内高
等法院律师最根本的行为准则。[2]迪布勒伊简短的开篇暗示了
若干个应该限制愤怒的理由。首先,律师应该拥有"成熟的举止
和仪态,神情愉悦而有节制"。他的谦逊和礼貌意味着他应该避
免任何暴力的、反叛的行为。他应该时刻牢记他在法官面前的
地位。这个段落因此与我们上文所述纪尧姆·迪朗的文本内容
相仿。而这个段落在大约半个世纪后,以法语的形式出现在了
阿布莱热的雅克(约 1350—1402)的《法兰西大习惯法书》第
三卷:

Advocat doibt avoir port et manière, viaire lie, riant

---

① Guillaume du Breuil, *Stilus curie parlamenti*(Paris, 1909), p. 2.
② Marc Fumaroli, *L'Age de l'éloquence : Rhétorique et "res literaria" de la
Renaissance au seuil de l'époque classique* (Geneva, 1980), p. 437.

et attrempé, estre humble et humain, toutesfois en gardant l'auctorité de son estat, refraindre le mouvement et challeur de son couraige, qu'il ne s'esmeuve à ire, mesmement quand les parties l'esmeuvent et eschauffent par discordantes ou desraisonnables parolles...（律师应举止有礼有节、神情愉悦、带笑而且节制；应该谦逊而人道，但同时要保持自身地位应有的威严，约束其内心的运动和热度，不让它受愤怒扰动——即使对方用不和谐或者不理性的话去扰动、刺激它。）[①]

Vultu leto moderate 翻译成了 viaire lie, riant et attrempé，其中 riant 一词对现代读者来说尤为怪异，也许更多指的是微笑愉悦的神情。Attremprance（节制）是重要的美德，与审慎、勇气和正义构成"四大美德"，而其动词形式可以指让某事回归和谐的行动。温良的面相能够反映出身体内在四元素的平衡。我们通常会认为中世纪是个悲伤幽暗的世纪，但这里我们看到，作者建议律师保持欢愉平和的外表，让人回想起前面讨论的"温柔律师"。Refrenans motum animi sui ab ira 译为 refraindre le mouvement et challeur de son couraige，则可能揭示了拉丁语－基督教概念中的 ira（指的是复仇冲动）与俗语中 ire（语义上更接近于疼痛）之间的差异。俗语翻译因此考虑到了拉丁语愤怒所具有的积极的、能动的一面，所以选择了 mouvement 一词对应

---

① Jacques d'Ableiges, *Le grand coutumier de France : et instruction de practique, et manière de procéder et practiquer ès souveraines cours de Parlement, prévosté et viconté de Paris et autres jurisdictions du royaulme de France* (Paris, 1868), p. 399.

翻译,同时将非理性的、复仇的行为,归入了 couraige,也就是"心灵"一词的语义域。此外,作者用热度比喻愤怒,而心灵竟然是可以"加热"(eschauffer)的。

另一个吸引我们注意的词是 curialis,它在《法兰西大习惯法书》中翻译为"humain"(人道,而不是我们容易猜测到的courtois)。当然,"人道"也是这个词的定义之一。[1] 不过,我们需要指出的是,围绕 curia 一词衍生出来的中世纪拉丁语词十分繁多,并在 12 世纪以后含义逐步明确,使用日渐增多,其中有curialis,curialiter,curialitas 等。在拉丁语"撒旦的诉讼"文本中我们发现 agere curialiter(合乎法庭规范地行动)的表述。Curialiter 的形容词形式 curialis 意思是"属于同一个宫廷/法庭的"。Curialis 一词在古典拉丁语中与某种贵族身份有关,在 7世纪以后其用法不断增多、异化,10 世纪的意大利这个词转变为公证人的意思。[2] 10 世纪以前它也是教皇法庭的某种书写形式,也叫作罗马体(littera Romana)。11 世纪这个词重新出现,最初指的是教皇政府的公证人,但也指法庭文书的书面介绍。[3]这个词的非文书含义需要到宫廷理想和御临法庭(curia regis,或译"王会")的崛起后才逐步明确。从此往后,各类法律记录中不难找到它的身影,而在《曾经》中,巴黎高等法院人总是强调"我们的法庭"(curia Nostra)。史料称博尼法斯八世被"人道地"

---

① "4 curialis"(par C. du Cange, 1678), dans du Cange, et al. , *Glossarium mediae et infimae latinitatis*, éd. augm. (Niort, 1883-1887), t. 2, col. 670c.

② Christopher Wickham, *Framing the Early Middle Ages: Europe and the Mediterranean*, 400-800(Oxford, 2005), p. 72.

③ G. Evans, *Law and Theology in the Middle Ages*(London, 2002), p. 91.

（curialiter）囚禁，①而这个词同样也经常出现在刑讯记录中。在15世纪，它也可以用于修饰好外交官。② Curialiter 及相关词语因此语义宽泛含糊，是 humain 这个译语所不能充分企及的。而最主要的是，它代表着人在某个特定 curia（如宫廷、法庭）之中的意识，而 curialis 或者 curialiter，根据不同的 curia 设定，可以指代不同的行为准则。

（2）真理人（Homo Veritatis）的诞生？

Curialis 和 Curialiter 的词义变迁，以及他们在法律文本中的使用，暗示了一个群体的自觉。这个群体，由于其身份和职能，被期望以自信、积极而有礼节的方式行事，从而帮助确立事实，获致司法真理。如果说在《列那狐》中，法庭与宫廷还没有区分，而审判只是各类公共活动的一种，巴黎高等法院，也就是"我们的法庭"的确立，意味着法庭的专业化，从而让法律人也可以"合乎法庭规范"地思考和行动。微笑的"推销员"的理想，与其说是现代资本主义的产物，不如说是中世纪法学家的悠久构想。不过，就如我们比较所得的不同的法庭情感标准所示，这种理想建构不无内在张力。

如何理解中世纪的这种情感管制与正在形成的群体自我意

---

① Jean Coste, ed. , *Boniface Ⅷ en procès: articles d'accusation et dépositions des témoins* (1303-1311)(Rome, 1995), p. 162.

② Stéphane Péquignot, "Figure et normes de comportement des ambassadeurs dans les documents de la pratique: un essai d'approche comparative (ca. 1250-ca. 1440)," Stefano Andretta, et al. , eds. , *De l'ambassadeur: Les écrits relatifs à l'ambassadeur et à l'art de négocier du Moyen Âge au début du ⅩⅨ^e siècle* (Rome, 2015).

识的关系？我们需要再次考察真理这个概念在其中的调节作用。根据中世纪的五感理论，管制激情本质上也就是约束人的感知，而感知转而又会影响人的社会行动。出于扭曲的感知而进行的错误行为（如复仇）应当受到法律与理性的制裁。法律与理性的规范真理体现在判决活动中产生的司法真理。而审判如果要获致司法真理，就需要法庭中的各个角色各司其职，帮助法官认清真相。法官在审判时应该时时有上帝在眼前，而律师则应该依靠他们的诚实以及在法官面前的自觉。

学者们很早就确立了情感与认知之间的联系。本章的故事因此也就与如何将感官的认知转变为社会认知有关。对玛格达·阿诺德（Magda Arnold）来说，情感是对一个处境的认知评估的结果。[①] 更进一步，她理解情感的进路又可能是受到了阿奎那的影响，因为后者区分认知（cognitive）灵魂和欲望（appetitive）灵魂。[②] 也正是从这个角度，我们得以推测中世纪认识论与理想司法的务实建构之间的根本性联系。迪朗不也曾论述过礼拜仪式，在其《圣事原理》（*Rationale divinorum officiorum*）中论述过五感？[③]

建立在感知基础上的情感，也能揭示自我和社群的观想模式。就如芭芭拉·罗森魏恩（Barbara H. Rosenwein）在《中世纪早期的情感共同体》（*Emotional Communities in the Early*

---

① Magda B. Arnold, *Emotion and Personality*(New York, 1960).

② Randolph R. Cornelius, "Magda Arnold's Thomistic Theory of Emotion, the Self-Ideal, and the Moral Dimension of Appraisal," *Cognition & Emotion*, Volume 20, Issue 7, 2006, p. 980; Thomas Aquinas, *Questiones disputatae de veritate*(Leonine, 1970-1976), p. 26.

③ Guillaume Durand, *Rationale divinorum officiorum*(Naples, 1859).

Middle Ages)序言中所说:"我假定'情感共同体'的存在:它指的是这样一个群体,其中的人们遵循相同情感表达规范,认同或者不认同相同或者相关的情感。"①重新定义情感及其规范,因此也就在重新定义自我与共同体。上面讨论到的 ire 一词就很能说明问题。其语义变迁对我们理解正在形成的法庭文化不可或缺。根据 1970 年代乔治·克莱伯(Georges Kleiber)的研究,在古法语中,ire 一词的语义域和语义网络极其广泛,它也通常与"痛苦"(dolor)或者"折磨"(torment)一起出现。②布鲁诺·梅尼埃尔也指出了愤怒与疼痛在中世纪的密切关联。③古法语中更晚的表述如《圣母的辩护》里的"emeu par ire"却没有被克莱伯收入。不过,拉丁语-基督教作家的 ira,定义更接近于现代人的理解。圣奥古斯丁定义 ira 为"不受约束、常想复仇且从不仁慈的意志"(voluntas irrefrenata semper ulciscendi et numquam miserendi)。他的定义奠定了基督教有关约束愤怒的教谕,给愤怒以很小的空间。正当的愤怒,有如宗教热忱之怒(ira per zelum)④和国王之怒(ira regis),都应该模仿上帝之怒(ira Dei)。在上面考察的法律-文学文本中,应该说是基督教的 ira 概念占据上风。

---

① Barbara H. Rosenwein, *Emotional Communities in the Early Middle Ages* (Ithaca, 2006), p. 2.

② Georges Kleiber, *Le mot "ire" en ancien français（XIe-XIIIe siècles）: essai d'analyse sémantique*(Paris, 1978), p. 87.

③ 愤怒(ire 和 corrouz)可以指精神折磨,苦恼与愤怒。参见 Bruno Méniel, "La colère dans la poésie épique, du Moyen Âge à la fin du XVIe siècle," *Cahiers de recherches médiévales*, 11 spécial (2004), pp. 37-48。

④ Paul R. Hyams and Susanna A. Throop, eds. ,*Vengeance in the Middle Ages: Emotion, Religion and Feud*(Ashgate, 2010), p. 191.

法律的宗教基础，以及法律作为"社会联系"（lien social）的属性共同促成了法律人（homo iuridicus）的诞生。[①] 但西方意义上的"法律人"同时也是"真理人"（homo veritatis）。如果真理体制的建构必然要求改造人格，构造出独立且超越于身边关系世界的理想人，那么这种改革的策源地，在于一直寻找真理的教会、在于政治角斗场、在于法庭。法庭被假定为中立的舞台，律师则需要通过自我完善来与对手竞争。这种模型自称有神圣基础，它切断了人的社群纽带和表演冲动，产生了一种新的身份意识，也就是根据法庭行为准则行事的法律从业者。

四、小结

语言和情感控制是稳定人的感知这一宏大的神学项目的延伸，在司法世界尤为明显。在奠定了社会秩序的思考方式的上帝和平意识形态以外，"真理"也在塑造人的行为。在中世纪晚期的几个世纪里，司法中的人的情感标准经历了多个步骤的变迁。在俗语文学传统中，情感可以说定义了人的性格和社会存在。在那里，情感行为造就了人，而自足自立的自我概念还没有清晰浮现。[②] 基督教思潮中的修道院主义和经院哲学推动了得

---

① 参见 Alain Supiot，*Homo juridicus*：*essai sur la fonction anthropologique du droit*（Paris，2005）。

② 参见 Walter Ullmann，*The Individual and Society in the Middle Ages*（Baltimore，1966）。他将个人从团体意识中崛起定位在 13 世纪，个人由此从团体（universitas）的组成部分变成了社会（societas）的成员。

体情感的全面重构。这个发展重构了君主教育，也触及到司法和更广义的社会秩序领域。有关法官恰当心态和律师得体情感的规范，不外乎是一种"理性化"或者"文明化"的过程。从长时段看，它事实上构成了改造"社会"，将其纳入共同的文本和话语框架的利刃。发挥着重要作用的，是仁慈和谦逊之类的基督教价值，它们设定了司法的限度，是审判活动的道德要求。至于律师的得体情感，中世纪作者并没有提出一个直截了当的方案（也许是因为实际情况的复杂性），尽管真理一直都是他们约束律师行为的出发点。他们因此没有片面约束愤怒，而是在情感之上增加了善意和诚实的维度。三位一体或四位一体的司法模型使得法律话语附属于神学话语，也为法律从业者制订了伦理规范，其影响将远超中世纪。因此，中世纪晚期法庭情感规范的历史，也许向我们点明了真理体制建立时一些最为重要的媒介。

第一部分小结

在第一部分,我们探讨了"回避真理"的法律文化向"拥抱真理"的法律文化转变的认识论基础。《列那狐传奇》为我们呈现了这两种法律文化在 12、13 世纪之交的交融与冲突。"拥抱真理"的法律文化意味着司法社群主义的衰落,且必然预设真理是可以正确认知的。为此,基督教神学和学识法共同作用,为新的体制提供理论支持和伦理规范。在这个阶段,我们看到多种独特的语言现象,而有序而有效的语言与认知成了法律体系不可或缺的"原料"。在这个阶段,法国民族法律文化是欧洲共同宗教-法律文化的衍生,不少"法兰西特性"都可以找到学识法的渊源:以仁慈为特色的"高卢程序"难以逃脱相关学理讨论的影响;而高等法院的理想律师不过是教会法理想的翻版。管制"五感"和情感意味着人格和社会关系的大改造,也意味着新的共同体的诞生。基督教理想为这个共同体定下了出发点,而这种"真理体制"在法兰西王国的传播与实践呈现出制度与话语的多样性——这将是第二部分的内容。

第二部分

"真理意识形态"的
传播与实践

第四章　圣路易与王国法律"真理意识形态"

　　在第一部分,我们揭示了 11 世纪末、12 世纪初"法学复兴"以来法国法律文化的奠基性因素。法国法律文化首先建立在共同的宗教和法律话语之上,而"真理"是改造社群主义现实、重组共同体的关键概念。在第二部分,我们将进一步讨论,法国法律"真理体制"是如何传播与付诸实践的。这一传播与宗教意识形态有密不可分的联系,其形式在各地不同,而且遇上了不同的阻力。本章的任务是论证宗教"真理意识形态"如何经由圣路易的形象建构,而成为王国法律统治的"真理意识形态"。

　　路易九世(圣路易)在万塞讷森林的橡树下听取诉讼、进行审判的形象是法国人历史记忆中的重要一幕。虽然科莱特·博纳(Colette Beaune)在《法兰西民族的诞生》中指出,万塞讷森林的情形迟至 17 世纪中叶才逐渐流行起来,但我们仍然无法忽视路易九世为中世纪盛期到晚期的法国所留下的精神和制度遗产。然而，即便有关圣路易的传记极其丰富，[①]历史学家依然承认研究这位圣徒君主的难度和复杂性。正如雅克·勒高夫所说，不同写作传统笔下有不同的圣路易，比如方济各会和多明我会笔下的圣路易，抑或圣德尼修道院的圣路易，"前一个圣路易更像是一位托钵僧，后一个圣路易则更像是一位'民族的'模范国王"[②]。那么，理解圣路易形象的构造，是否还能另辟蹊径？

此前与勒高夫讨论圣路易究竟是"传统君主"还是"中世纪君主"的让-菲利普·热内[③]，在其组织的"近代国家起源"的研究课题中，开始关注如"合法性""真理"等"观念向量"（见导论）。而"真理"话语的跨领域传播是其中重要的研究方向。[④] 事实上，圣路易的历史形象塑造在这一导向中不容忽视（但热内主编的论文集中并未予以讨论）。通读圣路易的各部传记可以发现，中世纪作者通过将圣路易的精神和品行同"真理"（veritas）关联（这个词根据语境翻译为"真相""真话""诚实"等），讨论了理想君主与法律秩序的关系及其实践手段。而其中尤为重要的，是基于"真理"的圣路易法律形象的构造。正是以圣路易为媒介，法国国王有了统治、主导法律的充分依据：一方面，法国国王是

① 有关圣路易的主要几部传记都收录在了《高卢与法兰西历史学家文集》（*Recueil des historiens des Gaules et de la France*）卷 20 当中。其中，路易九世的告解神父博利厄的若弗鲁瓦的拉丁文传记成文最早，也被认为是封圣调查时的主要参考书。而圣德尼修道院僧侣囊吉斯的纪尧姆的传记，则因为《法兰西大编年史》的半官方性质而被认为是民族记忆建构中的里程碑。香槟邑督茹安维尔的传记，以其个人性和回忆录特征而受到史家的重视。

② 勒高夫：《圣路易》，许明龙译，北京：商务印书馆，2011 年，第 7 页。

③ 热内在结论中认为"封建而且近代"可能是对圣路易最好的概括。Jean-Philippe Genêt, "Saint Louis: le roi politique," in *Médiévales*, N°34, 1998, p. 33.

④ 参见 Jean-Philippe Genêt, ed., *La vérité*。

最虔诚的国王(rex christianissimus)①；另一方面,真理超越于任何现有法律秩序之上。法律秩序的改革因此得以在真理的话语下展开,圣路易朝的国家建构也许向福柯所说的"真理体制"迈出了根本性的一步。

本章因此将以"真理"为主线,讨论不同类型历史文本所体现的圣路易法律形象。圣路易是促成真理意识形态与法兰西王国统治意识形态融合的关键性人物,也是王国教会学形成中不可忽视的阶段。圣路易的传记作家在 13 世纪圣徒性理论的转变中将圣路易生平标准化,并从信仰和言行角度确立了他与真理的联系(一)。在此基础上,圣路易是模范的法官和立法者(二)。圣路易的基督教美德使之拥有智慧,得以看清真相,让正义不受扭曲(三)。法国国王的虔诚使得监督法律实践、改造法律习惯成为其责任,其具体手段是各种形式的调查(四)。最后我们需要强调,圣路易所处的是法律走向专业化的时代(以巴黎高等法院的出现为标志),他代表的是基督教理想与法律实践的完美结合,而非单纯一个一去不复返的黄金时代(小结)。

一、圣路易与"真理"

格列高里改革以来,"真理"即成了基督教共同体的核心关切。神学家们从经文和基本经典出发,思索和辩论如何确立"真

---

① 圣路易与最虔诚国王的联系,参见 Jacques Krynen, *L'Empire du roi: Idées et croyances politiques en France*, XIIIe-XVe siècle(Paris, 1991), pp. 345-383.

理",从而为教皇也即真理之至高无上的传授者（doctor veritatis）服务。为了传播"真理"，改革后的教会也设计了多种社会改造机制。① 这场"真理意识形态"的运动使神职人员明确了自身的身份和目标：引导灵魂，带其得救。"真理意识形态"进而以多种渠道传播到了王公贵族乃至小民百姓中，成为中世纪中后期政治活动者最常诉诸的关键概念。在法国，这一进程的引入当归功于国王身边的神学家、教会法学家和更晚些的托钵修士，他们重新定义了国王与法律规范之间的关系。② 圣路易与真理的关系既是其法律形象的骨架，也是其得以封圣的根本原因。圣路易的传记作家从圣路易的德行出发，描述了一个完美无罪的圣徒国王形象。在他们的笔下，圣路易的虔诚贯穿始终，各种美德随着年龄不断增进。在圣路易的圣徒人格构造上，热爱真理是其中的核心。圣路易的虔诚不仅仅表现在他对基督教真理的不懈钻研和追求上，而且也流露于他的日常言行和治国理政之中。因此，从圣路易的宗教热情延伸出两个方面的行为特征。一方面，在日常生活中，圣路易的行为符合基督教所规定的模板；另一方面，在司法事务中，圣路易强调找出真相，不偏不倚。

　　首先来看传记作家如何将圣路易与真理关联。延续圣伯纳的观点，他们认为两者之间的纽带是谦卑（humilitas）的美德。

① Jean-Philippe Genêt，"La vérité et les vecteurs de l'idéel，" in Jean-Philippe Genêt ed.，*La vérité*，pp. 9-45.

② Jean-Marie Carbasse，"Non cujuslibet est ferre leges：'Legiferer' chez Gilles de Rome，" in *Le prince et la norme*：*Ce que légiférer veut dire*（Limoges，2007），p. 69.

谦卑是骄傲(superbia)的反面。如明谷的伯纳在《谦卑与骄傲的阶梯》中所说,在"谦卑的顶峰"可以看到真理。谦卑意味着在各方面的自我约束和否认,也就使人得以避免致命的罪恶,履行爱德,智慧不会受到罪恶阻挠,最终得以接近真理、理解事物的真相。"完备的谦卑即知晓真理"。① 博利厄的若弗鲁瓦(Geoffroy de Beaulieu)在传记中最初列举的美德即是谦卑。谦卑的最直观体现是厌世态度(对物欲的禁绝,乃至放弃王位投身信仰的意愿)以及身体力行救济穷人。"谦逊是一切德行的荣光"(Omnium virtutum decor humilitas)。② 除了日常的宗教修为和慈善之举外,圣路易将谦卑的品格贯穿人际交往始终。他不苟言笑,说话时也必定小心谨慎、只说真话。在这一点上,玛格丽特王后的告解神父圣帕丢斯的纪尧姆(Guillaume de Saint-Pathus)的描述比若弗鲁瓦的更为生动,例如在第 15 章,他赞美圣路易过着善生活,言语诚实,信仰圣洁而纯粹,其言行堪称榜样。圣路易从来不以神起誓,如果要强调一件事的真实性,他只会说"正是如此"。这位国王是"极其诚实之人"(homme de si grant verité),"嘴里只有真话"(en sa bouche len ne pooit apercevoir fors verité)。③ 圣路易的诚实甚至于在与异教徒往来时也不会打丝毫折扣。所以,当他从随从处得知给萨拉森人的赎金分量有水分后,立即命令属下补偿萨拉森人应得的部分。

① Bernard de Clairvaux, *Oeuvres complètes de Saint Bernard. Traduction nouvelle par M. L. Abbé Charpentier*(Paris, 1866), t. 2, Ⅶ, Ⅰ, Ⅰ, 1.
② "Gloriosissimi regis," in Cecilia Gaposchkin, *Blessed Louis, the Most Glorious of Kings: Texts Relating to the Cult of Saint Louis of France*(Notre Dame, 2012), p. 48.
③ *RHGF*, 卷 20,第 108—109 页。

至此,纪尧姆再度评价道,他的做法展现出其极为"诚实而守信"
(de grant verité et estabilité)。

圣路易的谦卑为他带来了爱德和慈悲。他怜悯和救助穷
人,保护穷人和教会的利益。在诉讼中照顾穷人才能保证真相
不被贪欲(avaritia)所扭曲。圣路易在司法层面追求真理也正是
以此为出发点。正如他临终写给儿子(后来的腓力三世)的《教
导》中所说,对待子民要公正,正义的准绳不偏不倚、不左不右:
"诉讼中优先照顾穷人,直到真相水落石出。若有人与你争讼,
最好先支持对方,直到真相显明。"①真相高于身份等级和社会地
位,也高于国王自己的利益。为了确保司法实践真的服务于真
相,圣路易强调了调查程序的作用:遇事不明,当由审慎之人查
清 真 相 (Si res obscura est, veritatem inquiri facias per
discretos)。圣路易的慈悲以及将调查引入司法和官员监督体
系,被认为是"王因仁慈和诚实得以保全他的国位,也因仁慈立
稳"(《箴言》20:28,Misericordia et veritas custodiunt regem,et
firmatur clementia thronus eius)②的现实体现。

将国王与真理关联并非这些为圣路易修传记的托钵修士的
发明。事实上,在圣路易生前,备受圣路易青睐的方济各会士图
尔奈的吉贝尔(Guibert de Tournai,约 1200—1284)就曾尝试整
合基督教伦理和国王统治的准则。在其论著《国王与贵族教育》
(*Eruditio regum et principum*)当中,他称国王为"神圣真理在

---

① *RHGF*,第 9 页(拉丁语版本),第 26 页(古法语版本)。
② 博尼法斯八世在布道文引用了这一句。参见 *RHGF*,卷 23,第 149 页。

人世的反映"（in terris quamdam esse divinae ymaginem veritatis)①，国王的职责是规范基督徒的生活，净化共同体，从而获得救赎。其论著的结构反映了从虔诚国王出发进行基督教良善统治的基本思路：从宗教性到约束个人品行，再到整顿吏治，最后博爱臣民。罗马的吉勒的论著出于同样的编排：君主先管好自己，然后是自己的领地，最后是城邦和国家。② 最胜任的君主一定是德行最充分的君主；理想的君主应该接近上帝。众多作者们采用"veritas"这个词并非无意。"我就是道路、真理、生命。要不是借着我，没有人能到父那里去。"（《约翰福音》14：6，Ego sum via et veritas et vita nemo venit ad Patrem nisi per me）。经由谦卑等美德，圣路易从治理自身出发实现了国王与真理的结合，并通过对子女的教育将之传承至后代国王。

博尼法斯八世在圣路易封圣仪式上的布道文也许可以作为圣路易作为"真理国王"的总结。布道文尤其突出了圣路易"真"的一面：圣路易存在于真理之中，因为他曾真实地（vere），公平地（iuste），神圣地（sancte）统治。作为普通的人，圣路易过着"真"的生活——他驾驭了自己，让肉体服从精神，让肉欲服从理性。作为"真"的国王，他善于统治臣民，尽一切正义与公平保护他们。作为"真"的基督教国王，他甚至指导了教会事务，维护教会权利与自由不受侵犯。③ 博尼法斯八世的演讲也是在告诫圣路易的孙子腓力四世，因为后者的政策多走到了"求真"的圣路易

---

① Guibert de Tournai，*Le Traité Eruditio regum et principum de Guibert de Tournai*，A. De Poorter ed.（Louvain，1914），p. 49.

② Giles of Rome，*Li Livres du gouvernement des rois*，pp. 6-7.

③ *RHGF*，卷23，第152页。

的反面：亲信法律顾问，教会权益受到损害，钱币减色和改易（alteration）等。圣路易的形象和"真理意识形态"本身一样，在日后的政治斗争中为不同势力所利用。

二、维护"真理"的司法与立法

圣路易以其虔诚的举止，堪称真理的化身。就其法律形象而言，如何获致真理体现在他的司法和立法活动两个方面。在司法上，他一方面展现强力的惩罚能力，另一方面极力避免法律制度的滥用。至于他的立法活动，则是立足政治共同体的救赎，在王国范围内开创了"改革"立法的先河。

阅读众多传记，圣路易的法律有两点给人以深刻的印象：严苛和不问地位。圣路易不遗余力地维护宗教的权威性。他在戒除自己言语罪过的同时，对非议上帝者予以重罚。最令人印象深刻的例子，莫过于 1254 年大改革法令颁布后，用烙铁烫一位对上帝出言不逊的巴黎市民。这个案例发生在 1255 年，大编年史的记录如下："法令颁布后，某出身平平的巴黎市民大声发伪誓亵渎上帝；国王公正而无怜悯地下令用烙铁烫其嘴唇，让他永远记住自己的罪过，并以此为他人戒。"①

这则简短的叙述反映了圣路易司法的策略。通过破坏这位出言不逊的巴黎市民的肉体，圣路易不仅以物理的烙印让那位市民永远记住自己的罪，而且经过口口相传令人对国王的权威

---

① *RHGF*，卷 20，第 398 页。

与虔诚产生畏惧，从而建立自己严格的司法国王形象。① 也正是如此，《大编年史》用的描述是"公正而无怜悯"（rex iustus absque misericordia）。这是圣路易司法的"强力"（potentia）的一面。②

　　传记作者传播的第二个断案故事，是圣路易处罚库西领主昂盖朗四世一事。这个事件通常被看作圣路易追求司法平等的一个侧面。根据封建政治的原则，传唤贵族出庭需要由同等级别的贵族前去，有关贵族案件的法庭，也应该有其同侪在场。而正是在路易九世的时代，这些传统被一个日益强大的王国司法体系所冲破。处置昂盖朗的案例反映了圣路易对国王司法权威的维护，对法律程序和原则的坚持，并被描绘成其推动法律平等的一个方面。昂盖朗受传唤出现在国王的法庭时，提出了一个对于贵族极为自然的要求，"根据贵族裁判的习惯"，进行同侪审判。③ 然而，路易九世的司法官员经过调查发现树林并非昂盖朗所有。旋即，国王下令让自己的廷臣而非贵族同侪或者骑士将昂盖朗处死。④ 圣路易坚定地要处死昂盖朗（原文中连用三个"iu"字头词语：Erat regis intentio iustum iudicium iudicare inflexibiliter），在众多贵族的多番苦劝之下才决定以罚金加朝圣

<hr>

① 例如，茹安维尔便不是这件事的亲历者，但也还是在他的传记中援引了此事，并加上了"我听说"字样。

② 博纳引用了法国国家图书馆 13754 号拉丁语手稿中的一个证道故事：在一个圣日周五，有人向他请求恩慈赦免一位犯人。照理，在圣日，司法活动是暂停的，但此时圣路易读到了《圣诗集》中的一句话"时时行正义"，于是叫来了巴黎司法长官，在其建议之下处决了这名罪犯。参见 Colette Beaune, *Naissance de la nation France*（Paris，1985），pp. 150-154。

③ *RHGF*，卷 20，第 398 页。

④ *RHGF*，卷 20，第 398 页。

替代;罚金用于为三个孩子的亡魂祈福。对于此事,楠日的纪尧姆(Guillaume de Nangis)评价称这是为其他君主立下的司法典范,即使地位如此之高的贵族,被穷人指控,也很难免性命之虞。① 虽然有研究认为这三个孩子其实是佛兰德尔贵族子弟,但在当时通行的观念里,这个事件代表了圣路易平等对待穷人,利用调查程序维护司法公平的品质。

教会作家们将司法定为君主的义务,并为圣路易创造了理想法官的形象。茹安维尔笔下有万塞讷的橡树下判案的场景:"夏天,他多次在做完弥撒之后,前去万塞讷树林一棵橡树旁落座,让我们也坐在他身边;所有有诉讼的人都来与他申诉而无须惊动司法官员或者其他人。"②而将此情形图示化、官方化的,应该是早于茹安维尔写作前几年博尼法斯八世就圣路易封圣所作的布道文。"他坐在褥垫上(super lectum)听取诉讼,勤而不辍,尤其是穷人和孤儿的案子,向他们展示正义的完满。每个人都得到了所应得的。"③君主是正义的源泉,司法是君主的第一义务,而只有司法能带来和平。在基督教会的写作传统中,圣路易最主要的法律形象并非其具体的制度建设,橡树下的圣路易预

---

① *RHGF*,卷20,第400页: Magnumque fuit aliis regibus exemplum iustitiae, quod vir tantus tamque spectabilibus ortus natalibus, quasi a pauperibus factore accusatus, inter suos tam nobilies vix vitae remedium in facie cultoris iustitiae potuit invenire。

② *RHGF*,卷20,第199页。

③ Sedebat enim quasi continue in terra super lectum, ut audiret causas, maxime pauperum et orphanorum, et eis faciebat exhiberi iustitiae complementum. Unicuique etiam reddebat quod suum est. 这里的lectum(床或者褥垫之意)也许预示了日后的"御临法庭"(lit de justice)。参照 F. L. Cheyette, "Suum cuique tribuere," *French Historical Studies* 6 (1970), pp. 287-299。

示了国王和高等法院对法令有效性的争端。他们满足于一种图示化的概括：强力而审慎，简明而智慧的司法。在圣路易之后的五六个世纪中，编年史家、政治理论家以及"君主之鉴"的作者们，"赞颂圣路易富有君王风范、父权式的处理纠纷的作风，赞颂他的司法没有形式主义，没有程序的繁文缛节"①。圣路易因此也成为遏制法律制度滥用的榜样。"他以正义与慈悲迅速判案。"②他的司法严峻有力（正义的一面），但帮助穷人（慈悲的一面）；追求真相又兼顾速度。这句赞美出自圣路易封圣之后拉科鲁瓦的皮埃尔（Pierre de la Croix）编写的日课文本，可谓圣路易司法最简洁的概括。

转到圣路易的立法活动。1254年，刚从圣地回到法国的圣路易颁布了著名的大改革法令。最初，这个法令只是针对新近纳入王国版图的法国南部。但很快它便取得了全国性的效力。③这个法令不仅仅是行政改革和反腐败那么简单，它深层次的出发点是清洗王国的风气和道德，从而实现得救。前述圣路易的司法行为，根源是他的宗教热忱，而他也努力通过立法定义王国司法的目的、范围与道德准则。延续第四次拉特兰会议的结论，1258年法令废除了司法取证中的司法决斗程序，并在理论上规

---

① Jacques Krynen, *L'idéologie de la magistrature ancienne*, p. 25.
② Gaposchkin, *Blesed Louis*, p. 190：... mediante iusticia et plerumque misericordia faciebat celeriter expediri.
③ 有关这个法令文本具体成文历程和实施情况，参见 Louis Carolus-Barré, "La grande ordonnance de 1254 sur la réforme de l'administration et la police du royaume," in *Septième centenaire de la mort de Saint Louis. Actes des Colloques de Royaumont et de Paris*（*21-27 mai 1970*）(Paris, 1976), p. 85-96。

定了国王司法官员的活动超越于封建关系和贵族身份之上的原则。① 圣路易二度东征（也就是其去世）前一两年的一项法令系统性地重申了其以法律净化国家的方针，要求在王国内严惩言语亵渎上帝、圣母和圣徒的行为。圣路易严刑峻法针对的是信仰和道德犯罪者，以及王国政府内的贪官污吏。② 此外，保护教会利益是圣路易法令中另一项重要内容。他如实践行了自己给长子的教导。不过在日后法王与教皇的争端中，高等法院人伪造了 1268 年法令，用以支持法国的高卢宗传统。这份伪造的法令也收录于最早的国王法令汇编中。③ 圣路易因此将是教会和王国共同争夺的象征资源。

除了严惩宗教犯罪、贵族平民一视同仁之外，圣路易的立法活动还以改造习惯法为形式进行。所谓改造习惯法，即根据基督教教义、教会法或者"理性"（ratio）检讨领地内通行的习惯。习惯一方面包括各种捐税，另一方面也指法律习惯。有关习惯法改造的具体讨论放在第四节。这里我们仅提两部私人编纂的习惯法书：方丹的皮埃尔（Pierre de Fontaines）的《给朋友的建议》（*Conseil à un ami*，约 1253 年）和无名氏的《圣路易定法》

---

① 但法令中申明，此举仅限于王室领，而且受到了颇大的阻力。又如范·卡内冈指出，司法决斗虽然被路易九世明文废除，但到了腓力四世时期（1306）又因为贵族的压力而恢复。参见 R. C. van Caenegam, "La preuve dans le droit du moyen âge occidental," in *RSJB*, t. 17, p. 722。贵族们坚持采用司法决斗背后的原因在于他们普遍敌视王室官员执行的纠问程序，将其看成是对贵族身份的侮辱。

② 以上法令均可见于《第三朝法国国王法令集》（*ORFTR*），第 1 卷。

③ Patrick Arabeyre, "Le premier recueil méthodique d'ordonnances royales françaises: le *Tractatus ordinationum regiarum* d'Étienne Aufréri (fin XVᵉ-début du XVIᵉ siècle)," in *TvR*, t. 79 (2011), pp. 391-453. 第七章还会讨论。

（*Les Etablissements de Saint Louis*，1272 年左右）。方丹的皮埃尔是圣路易信赖的顾问，他通晓学识法和习惯法，受王后嘱托编写了《给朋友的建议》，旨在让君主掌握法律知识。[①] 也许是受方兴未艾的奥尔良学派影响，方丹的皮埃尔将罗马法体系和术语用于认知地方习惯法，并将罗马法中绝对帝权的理念引入习惯领域："君主意志有法律效力"（ce qui plest au prince a force de loi）。圣路易过世后不久出现的《圣路易定法》汇编了安茹、缅因和奥尔良地区的法律习惯。虽然它并非圣路易本人主持编纂，但托名圣路易的做法使圣路易在习惯法领域的立法活动在中世纪的观念中成了确有其事。这部习惯法书在最开始援引了圣路易 1258 年废除司法决斗的法令，而废除司法决斗也是日后论者举例废除坏习惯时最经典的案例。[②]

总而言之，圣路易强力、智慧、公正的法官形象对中世纪的听众具有极强的吸引力。诉讼之冗长、法官之腐败、律师之奸诈——圣路易朝以后，这是人们对司法制度经久不衰的批判。因此，后世国王颁布改革法令，往往要提及圣路易。1303 年和 1353 年改革法令均声称以圣路易为榜样。而宗教热忱使得国王积极立法并运用司法手段实践"上帝之城"成为正当和必要。进而言之，国王要对法兰西的风俗进行系统性的改造，其中包括地方法律秩序，即多样而变动的法律习惯。显然，宗教的目的（也就是追求和捍卫基督教真理及其在人世的实现）有助于塑造一个中立的立法与司法形象。仅以生命力顽强的司法决斗为例，博马努瓦的菲利普在《博韦习惯法》中给了我们一定的提示：决

---

① Pierre de Fontaines，*Le Conseil de Pierre de Fontaines*（Paris，1846），p. Ⅵ.
② 参照 Philippe de Mézières，*Songe du viel pelerin*，第 2 卷，第 280 章。

斗其实是领主盈利的一种途径。[①] 相比之下，圣路易因司法所得的罚金，基本全部捐给了教会或穷人。从穷人也可平等地享受法律保护，到司法的"非营利性"，圣路易以宗教为依托实践了国王的司法义务，并营造了自身司法活动的中立形象。而巴黎高等法院从御前会议中脱离，成为独立的、最高法院性质的建制，更兼司法过程的程序化、成文化和理性化，圣路易一朝毫无疑问开启了"法律国家"的时代。然而，法律制度和法律技术并非获得真相的唯一手段。在宗教写作传统所营造的圣路易法律形象中，圣路易的制度建设并没有他所代表的司法"黄金时代"那么显赫。在那些作者看来，君主的法学知识，相比起宗教知识而言是次要的；而为了获致真相，单纯依赖法律顾问定然会造成"真理认知"的混乱。

三、理想法官与易于扭曲的真相

"真理"与"虚假"（fausseté）这对矛盾贯穿了中世纪中后期对理想司法的讨论。圣路易的司法之所以简便、迅速、公道，是因为他具有神圣的智慧，能够把握司法的强力和审慎之间的平衡，从而维护真理。围绕着强力和审慎，13世纪以后的论者在基督教经典的框架下发展出了纷繁复杂的理论，为法官实践提供了伦理准则。所谓强力是执行法律不心慈手软，一视同仁。所谓审慎，即强力也受到实践理性的约束。基于暴力强制的司法

---

① 参见 Philippe de Beaumanoir，*Coutumes de Beauvoisis*，Chap. 61。

制度本身不足以获得真相，而必须要以衡平和仁慈来矫正其盲目性。圣路易的法官形象，以及他所推动的"政治宗教化"很大程度上引导了这些讨论。

在一篇 14 世纪初赞美圣路易的布道文中，道明会布道士洛桑的雅各（Jacob de Lausanne）以水为譬喻讲述了司法扭曲真相的情况：就好比一根再直的棍子，放到水中也会显得弯曲；一样东西在水中，重量也似乎有所改变那样，穷人的案子，无论如何正义，也必然因为"善骗的律师和善骗的助理法官"（falsos advocatos et falsos consiliarios）而变得扭曲（tortuosa）。如《阿摩司书》5∶24 所言，"惟愿公平如大水滚滚，使公义如江河滔滔"（Revelabitur iudicium in aqua et iusticia quasi torrens fortis），司法好比急流，它无法冲走高塔，但冲得走微小的事物。它因此必然有利于富人，而不利于穷人和地位卑微的人。① 这篇布道文包含了对美男子腓力借助法律顾问进行统治的批判，今天，穷人的利益受到扭曲，而在圣路易时代，国王"向众民秉公行义"（《撒母耳记下》8∶15，Quod faciebat iudicium et iusticiam omni populo）。洛桑的雅各用视觉和河流作了类比，前者反映了中世纪人对司法非中立性的认识，而后者则反映了他们对司法强制

---

① Gaposchkin, *Blessed Louis*, p. 239：Nota quod baculum, quantumcumque rectus, si ponatur in aqua apparet tortuosus. Item in aqua non apparet proprium pondus rerum；videntur enim maioris ponderis quanta sint. sic causa pauperum quantumcumque recta sit apparet tortuosa per falsos advocatos et falsos consiliarios. Nec ius eorum ponderatur quantum deberet ponderari. Illud est iudicium in aqua. Iusticia est quasi torrens fortis qui si obviet turri forti non trahet eam secum. Sed res minutas trahit, sic exequtio iusticie, nunc non trahit magnos dominos potentes, sed parvos et pauperes.

力的直观感受。只有拥有谦卑而虔诚的心灵，按照圣路易所推崇的司法资源分配原则，才能消除司法本身具有的偏向性。

此外，圣路易推动的圣母崇拜既是其虔诚和仁慈的反映，也将成为约束司法制度的缰绳。圣徒圣路易形象的构造当中，虔信圣母是圣路易的一大特点。在某道明会士的《文芳采编》（*Rosarius*，法国国家图书馆法语 12483 号手抄本）中，有为教育1328 年继位的瓦鲁瓦的腓力所作的教导文。其中有连续的两章：《圣路易对圣母的虔诚》（De la devocion saint loys a nostre dame）和《话说法国国王教育》（Dit de l'instrucion du roy de france）。圣路易正式将圣母崇拜纳入法国国王教育，他教育子女阅读圣母时祷书，唱圣母赞美诗。[1] 将圣母引入国王教育其实也是将神学中有关正义和仁慈辩证关系的讨论带入到政治与法律当中，教导君主在多种品质之间把握均衡，从而实现善政。在圣奥古斯丁看来，正义是火，仁慈是水。但在"法学复兴"的时代，英诺森三世对两者进行了调和：正义是酒，慈悲是油，两者交融而不相损。[2] 法律原则的适用和慈悲之间如何协调，也就是大部分神学家、法学家的关切。"慈爱和诚实彼此相遇，公义和平安彼此相亲。"（《诗篇》84：11）在明谷的博纳处，四者化身上帝之女，展开了慈悲（与真相同道）和正义（与和平同道）之间的辩证

---

[1]　*RHGF*，卷 20，第 20 页。

[2]　François Durand，"Innocent Ⅲ entre justice et miséricorde," in Catherine Vincent ed.，*Justice et miséricorde: Discours et pratiques dans l'Occident médiéval*（Limoges，2015），pp. 116-117.

讨论,是谓"姐妹的诉讼"(litigatio sororum)。① 上帝则四者兼具。圣路易是其模仿者,也堪称人世国王的楷模。进而,所有法官作为国王的代表,审判时眼前也应该只有上帝(prae oculis habeant solum Deum),且必须牢记福音书的教导:"你们用什么标准来评断,也会同样地被评断"(《马太福音》7:2)。而在 14 世纪初的《圣母的辩护》中,圣母在天堂法庭出庭与指控人类的恶魔辩论,以其悲伤的情感和与恶魔相比毫不逊色的神学、法学论据赢得了诉讼。这部作品与上述"四位一体"不同,提出的是一个三位一体的模型。法官的弓有三根弦:正义(justice),严苛(rigour)和衡平(équité),三者不可偏废,且衡平应时时优先于正义(第 574—598 行)。② 这里对衡平和正义的讨论一定程度上是阿奎那理论的文学呈现。阿奎那认为,衡平是正义的一部分,但它高于"法律正义"(iustitia legalis),即遵守字面法律;同时它又不与严厉(severitia)相矛盾,也就是在应当遵循成文法的时候遵循的原则。③ 因此上述三者不可割裂看待。④ 圣路易所推动的圣母崇拜在日后发展为反对法条主义和用宗教伦理规范法官实践的通道。它是神学思辨与审判实践的结合,同时经由阿奎那融入了亚里士多德主义。三位一体的理论在梅齐埃的菲利普的

---

① 有关"上帝之女"的争论可对照第二章。详见 Jean Rivière, "Le conflit des 'filles de Dieu' dans la théologie médiévale," in *Revue des Sciences Religieuses*, tome 13, fascicule 4, 1933, pp. 553-590; Marielle Lamy, "Justice versus Miséricorde: la querelle des 'Filles de Dieu' dans les Vies du Christ de la fin du Moyen Âge," in Catherine Vincent ed., *Justice et Miséricorde: Discours et pratiques dans l'Occident médiéval*, pp. 121-150。

② 见第三章的讨论。

③ Aquinas, *ST*, II a-II ae, q. 120.

④ *ST*, II a-II ae, q. 60, art. 5.

《老朝圣者之梦》中变成了三驾马车，只有驾驭得当王国才能稳步前行；圣路易及其先任国王则都是司法的典范。

圣路易所代表的整套从宗教修为到司法实践的进路主导了中世纪晚期的法官伦理。直到 15 世纪，我们依然能在对法官的教育中看到圣路易的身影。查理七世的左膀右臂、双法博士于尔桑的让·朱韦纳尔（Jean Juvénal des Ursins，1388—1473）旁征博引，归纳了法官必备的几点品格：

1. 好法官当心灵纯洁清白（《罗马书》2：1，《马太福音》7：5）；

2. 当为人诚实，内心拥有且探求真理（《约翰福音》7：51，《出埃及记》18：21—23）；

3. 当有执行正义的动能、美德和意愿（《传道书》7：6）；

4. 当言语诚实不轻佻（《出埃及记》18：21）；

5. 实施正义时当充分诚恳且利落，管住双手不收受贿赂（《传道书》20：30，《西番雅书》3：3）；

6. 不当四处游走，这样需要伸张正义者可以找到他（《出埃及记》18：13）；

7. 当有大公道（grande équité）在心，不偏不倚（《申命记》16：18—19）。①

对比圣路易的生平，于尔桑的让·朱韦纳尔列举的每一条都可以在圣路易身上找到对应：圣路易极度虔诚，为人真实；实施法律毫不手软，却同时兼具公道；且定期在万塞讷树林的橡树下判案。正如洛桑的雅各所说，圣路易依靠的是神圣的智慧，他

---

① Krynen，*L'idéologie de la magistrature ancienne*，p. 287.

的统治不是法学家国王的统治,而是神学家国王或者哲人王的统治。不过,象征体系中的"劳动分工"使得圣路易执法严厉的一面被查理曼所掩盖。正如查理七世1454年委托绘制的巴黎高等法院耶稣受难图展现的模式那般,圣路易和查理曼象征着国王法权的两个方面。圣路易象征的是高卢教会的首领,目光投向受难的耶稣,是慈悲的化身。查理曼则身着铠甲,手持巨剑,目光投向法庭,是正义的化身。

虽然观念上讲国王与审判活动有密不可分的关系,但圣路易的时代也是近代司法制度初现雏形的时代。圣路易因此也预示了日后的神学家与法学家之争。他与法律亦合亦离的关系,很大程度上塑造了后世法国国王的自我定位。罗马的吉勒强调君主应该具备全面的知识(perfectione scientiae),而君主的法学知识居于次要的地位。14世纪亚里士多德《政治学》的重新发现和解释,确立了政治科学的地位,也为国王的个人修养制订了纲领。国王需要掌握的是政治艺术,他是活法(lex animata),是正义的源泉(fons iustitiae),但他本人却不必成为法学家(raro princeps iurista invenitur)。法学家是政治白痴,政治的艺术高于法学。[1] 但另一方面,圣路易越来越多地依靠法律顾问统治,一定程度上预示了其孙美男子腓力一朝的情况。圣路易司法的理想形象处在一个大的思潮当中,即寻找约束法律制度和法律技术的、超越于这两者之上的原理。司法制度不仅不能确保真相,甚至有扭曲它的必然性。也正是因为如此,国王的司法应当向普通民众倾斜,而司法的暴力本质必须受到衡平和仁慈的约束。

---

① Krynen, *L'idéologie de la magistrature ancienne*, p.56.

四、依据"真理"重构法律秩序

就审判的技艺而言,慈悲和衡平有助于发现单纯依靠司法制度所无法获致的真相,从而对抗善骗的律师,消除对穷人的不公。而法国国王还面临着另一个宏大的难题,即如何构建一个合乎真理的法律秩序。地方法律习惯的盛行是中世纪法国的根本现实。问题也就是如何认识这个"不确定"(incertus)的法律秩序,并依据真理和理性对其进行改造。为此,圣路易又是具有象征性的君主:在教会法传统的基础上,他将破除坏习惯视为国王的责任,并以调查程序作为认知并改造习惯法的切入点。何为"习惯"(法语:coutume;拉丁语:consuetudo)? 根据马蒂纳·格兰贝尔(Martine Grinberg)的梳理,在中世纪早期,"习惯"一词的意思是习惯法,到加洛林时代有了"征收"的这层含义。在11世纪左右,单数的习惯指某地独有的规则,相当于不成文法。也是在这个时期,领主开始颁发习惯(复数)或者特许状。坏习惯一般用复数形式表示(malae consuetudines),针对的是领主的某些权利、征召和征收。① 作为规范的"习惯"随着11、12世纪学识法的兴起而在教会法和罗马法中有了繁多的讨论。

在13世纪之前,教会法学家既已对法律规范的等级制有颇为明确的认识:"耶稣说我是真理,而没有说我是习俗。"(D. 8,

---

① Martine Grinberg, *Écrire les coutumes. Les droits seigneuriaux en France XVIe - XVIIIe siècle* (Paris, 2006), pp. 67-68.

c.5）多变的习惯因此不可能高于真理与律法。习惯要有法律效力，必须符合理性，并得到了较长时间的遵守。英诺森四世更规定，习惯法的成立需要有"立法者知晓，仅凭其容忍是不够的"[①]。教会法的习惯法理论通过法国国王身边的神学家和教会法学家而为王国所采纳。博韦的樊尚（Vincent de Beauvais，1184—1264）引用奥古斯丁和格列高里七世而指出："如真理辨明，习惯服从真理。"（Veritate manifestata，cedat consuetudo veritati）在其《学说之鉴》（*Speculum Doctrinale*）第58章，他又阐述了应该遵守或废除的习惯（De consuetudine bona servanda，et mala abolenda）。[②] 认知和改造各地习惯是国王的职责，而日益明确的上诉制度使得习惯被牢牢掌握在国王的法律人手中。

在13世纪前的封建法观念中，所谓上诉针对的是法官本人（或者说法官的"虚假"），因此不乏不满判决的一方提起上诉，与法官进行司法决斗的案例——即所谓的"判决证伪"。[③] 它因此与现代意义上的上诉有着截然不同的性质。但作为王国进行精神改造的一个方面，巴黎高等法院在1254年法令之后应运而生。圣路易努力维护国王和平，力图用一元论的基督教理性克服王国内的暴力。上诉制度随着高等法院的设立而渐次得到实践：法理依据和理性取证取代了"试探上帝"，而高等法院受理贵

① Jean Gaudemet，"La coutume en droit canonique，" in *RSJB*，t.52，p.55.

② Jacques Krynen，"Saint Louis législateur au miroir des Mendiants，" in *Mélanges de l'Ecole française de Rome. Moyen-Age*，Tome 113，N°2，2001，pp.953-954.

③ 参见 François-Louis Ganshof，"Étude sur le faussement de jugement dans le droit flamand des XIIIᵉ et XIVᵉ siècles，" in *Bulletin de la Commission royale des anciennes lois et ordonnances de Belgique*，XIV，1935，pp.115-140.

族领的上诉使国王的司法权威顺理成章地从王室领扩展到整个王国。①

在建构这样一个法律权威等级制的过程中,圣路易有着活跃的身影。在巴黎高等法院最早的四卷记录,也就是著名的《曾经》中,我们可以鲜明地看到圣路易的存在:记录中不乏"听取邑督陈述"(audita relatione baillivi)或者"听取并理解记录"(audita et intellecta carta)的字样,也就是说,圣路易在高等法院成形之初积极地履行法官国王的角色,施加自己的个人影响。②而面对诉讼双方所声明的"习惯",高等法院必须有相应手段确定哪一方所声明的习惯是真实的。这个手段即习惯法调查。

习惯法调查是圣路易调查③的一部分。圣路易进行大规模调查受到其传记作家和相关宗教文本的赞赏。调查的首要目的是查明真相,它同时也是"告知主君"(ad informandum conscienciam domini regis)的手段。调查主要可以分为司法和行政两方面。司法方面,也就是我们熟悉的纠问式程序;它与此前的誓证或司法决斗不同,有鲜明的罗马—教会法特征,十分依

---

① 但从程序上看,中世纪晚期的上诉依然保留了"判决证伪"的若干特征。参见 R. C. van Caenegem, "History of European Civil Procedure," in *International Encyclopedia of Comparative Law*, ⅩⅥ, 2 (Tübingen, 1973), pp. 11-36。有关巴黎高等法院与上诉,参见 Jean Hilaire, "La procédure civile et l'influence de l'Etat: autour de l'appel," in *Droits savants et pratiques françaises du pouvoir* (*XIe-XVe siècles*), pp. 151-160。

② Jean Hilaire, *La construction de l'état de droit dans les archives judiciaires de la Cour de France au XIIIe siècle* (Paris, 2011), p. 23.

③ 在拉丁文中,inquisitio(动词 inquirere)既指司法意义上的调查(亦译为纠问),也指更广泛意义上的调查。对于宗教和司法语境,我们采用"纠问",而一般语境用"调查"。

赖书面记录,旨在通过调查和问讯寻找理性证据,确立事件真相,帮助法官判决。而行政调查的出发点是净化官员的行为,制止腐败和卖官鬻爵等现象。调查不仅局限于当前的滥权,而且可以牵涉到以前的领主和王室官员,时间可以上溯40多年之久。① 除查清审判所需事实真相、整饬官员或者厘定国王利益外,调查的功能十分广泛,认知习惯法也包括在内。事实上,圣路易时代的学说和实践,反映出当时对"习惯"的定位并不清晰。有观点认为习惯是一种法(ius),因此需要法官去发现;而另一种观点认为,习惯只是一个事实,需诉讼双方负责举证。观念混乱的状态反映在巴黎高等法院的实践中。在最早的一些案例中,双方援引的规范几乎都是习惯。② 而获取真相的办法,在法官调查和当事人举证之间摇摆不定。教会法学家轻视习惯的取向使得民法学家更早明确阐述了习惯的法律地位以及证明方式。③ 而在圣路易统治的尾声,1270年圣蜡节(2月2日)法令将来源罗马法的群体调查(enquête par turbe)引入习惯法举证。④ 法令的实际效力虽然值得质疑,群体调查却在一定程度上为日后的习惯法编纂做了铺垫,因为它是借助人民同意来认知习惯的初步尝试。不过,它仅是国王的法律人所掌握的诸多工具的一种。

---

① 有关圣路易纠问最新的研究参见 Marie Dejoux, *Les enquêtes de Saint Louis*: *Gouverner et sauver son âme*(Paris,2014)。

② Hilaire, *La construction de l'état de droit*, p. 95.

③ Pissard Hippolyte, *Essai sur la connaissance et la preuve des coutumes en justice dans l'ancien droit français et dans le système romano-canonique*(Paris,1910), p. 18.

④ 除了伊波利特的著作外,对此法令较新的讨论参见 L. Waelkens, "L'Origine de l'enquête par turbe," *TvR*,53,Issues 3-4,1985,pp. 337-346。

就如克里内讷评价圣路易时代的情况时指出:"国王司法已经拥有了来自罗马—教会法的充分的技术资源来控制法律规范……(巴黎高等法院)或是批准诉讼方证明习惯,或是不让他们证明,或是宣称无须证明,而不通过任何程序承认其存在。"[①]将习惯正式归入法的领域还需等到13世纪末雷维尼的雅克(Jacques de Révigny,1230—1296)对习惯和风俗的区分。习俗或者风俗(usus,mores)仅具有描述功能,而习惯(法)旨在调节人类活动。根据《学说汇纂》其中一条(D. 1,3,32,1)的注释,立法权力早已从人民转移到皇帝,[②]而国王在法兰西王国内即是皇帝(rex est imperator in regno suo)的原则出现在13世纪50年代。[③]

虽然圣路易时代国王主宰习惯的理论和制度道路都已经铺好,但圣路易的年代在贵族和教会眼中代表的是国王守护习惯的黄金时代,成了对抗司法不公的贵族和民众最强烈的企盼。所以1303年美男子腓力迫于政治压力,要求各地调查圣路易时代的习惯。1314年至1316年间的改革法令又承诺将财政体制回归到圣路易时代。美男子腓力——这位被法律顾问环绕的国王,因破坏了习惯而受到最严酷的指责。而事实上,圣路易朝的黄金时代与其政府的现实并不完全相符。圣路易立法之多远超过此前任何一位国王,而两次十字军东征所消耗的财力、人力也

---

① Jacques Krynen, "Entre science juridique et dirigisme: le glas médiéval de la coutume," *Cahiers de recherches médiévales*, 7, 2000, pp. 170-187.

② Laurent Mayali, "La coutume dans la doctrine romaniste au Moyen Âge," in *RSJB*, t. 52, p. 14, n. 10.

③ 参见 Marguerite Boulet-Sautel, "Jean de Blanot et la conception du pouvoir royal au temps de Louis Ⅸ," *Septième centenaire de la mort de Saint Louis*, p. 57-68。

十分可观。从制度上讲,圣路易与美男子腓力之间更多的是连续性而不是断裂。调查的常态化标志着法律国家的认知机器正式启动。而除了神学家之外,越来越多的法学家在为圣路易庞大而雄心勃勃的立法活动出谋划策。到了腓力四世时代,国王的立法权威拥有了充分的理论和实践工具。只要是事出有因(ex causa)、出于确知、为了公共善,君主即可凌驾习惯法;借助从教廷借鉴而来的例外条例(nonobstante),国王得以依据自己的意志修改法律,而习惯之有效性取决于君主许可(permissio principis)。[1]

五、小结

至此,我们以"真理"为主线,分析了圣路易法律形象的四个方面。勒高夫评价圣路易形象时总结道:"尽管打上了他那个时代的政治结构和价值观的标记,体现在他身上的理想终究是植根于过去的理想,而不是植根于未来的理想。……圣路易以后的国王是法治、政治和经济国王,是法学家国王、亚里士多德国王和危机国王。圣路易是一个政治理想的国王,这种政治理想在另一个时代来临之际寿终正寝了。"[2]他的评价简明扼要地说明了圣路易的多重形象。的确,就其法律形象而言,圣路易以其

---

① Sophie Petit-Renaud, "Le roi, les légistes et le parlement de Paris aux XIVe et XVe siècles: contradictions dans la perception du pouvoir de 'faire loy'?" *Cahiers de recherches médiévales*, 7, 2000, pp. 143-158.

② 勒高夫:《圣路易》,许明龙译,北京:商务印书馆,2002年,第1069—1070页。

简单公道的司法、超越常人的智慧而成为司法黄金时代的代言人。他的这一形象被美男子腓力的反对者们利用，抨击日益依靠法律顾问的王国统治。然而，如我们在讨论中可见，圣路易并不完全代表一个时代的终结。相反，他恰恰也是后一个时代的开创者。圣路易朝实现了宗教话语向世俗政治－法律话语的移植，用调查制度探求真相，依据真理－真相－理性改造法兰西王国。从象征意义上讲，圣路易代表了基督教理想对法官伦理的规范；但就法律实践而言，圣路易更大的贡献在于"真理体制"的常态化。借助高等法院的法律人，王国得以确立了规范等级制，并在一定程度上掌控了习惯。因此，圣路易不是一个时代的终结，而更应该是一个时代的开始。① 这是一个国王积极立法并通过司法实现集权的时代，而圣路易的垂范时刻提醒着后世国王和法官这个体系的神圣伦理和终极目标，即追致真理。

---

① 有关观念的连续性，还可参见 Jacques Krynen, *Idéal du prince et pouvoir royal en France à la fin du Moyen Age（1380—1440）: étude de la littérature politique du temps*(Paris, 1981); Claude Gauvard, "De la théorie à la pratique: Justice et miséricorde en France pendant le règne de Charles Ⅵ," *Revue des langues romanes* 92 (1988), pp. 317-325。

第五章　十字军征伐后的朗格多克:真理体制的常态化

在第四章,我们说明了法国王权如何经由圣路易形象而与真理挂钩,以及这一真理意识形态如何影响王国的司法和立法政策。然而,真理体制还需要其具体的实践和话语表达,这也因此引导我们在王国境内寻找可以比较的案例。虽说圣徒君主的理想建构在法国出现是 13 世纪晚期的事,但路易九世的大改革在 13 世纪上半叶的朗格多克就已有雏形。尤其是路易八世统治到路易九世统治早期,这个地区是大规模社会改革的试验场,而改革的名义当然就是根除异端,净化领地。朗格多克也是若干日后将在全国范围内推行的统治形式率先付诸实践的地区,尤其是"依据调查统治"(gouvernement par l'enquête)。

朗格多克异端及其所受的迫害,早已是着墨繁多的主题。但本章的目的是寻找真理的制度性传播媒介,从而加深我们对正在建设当中的真理体制的理解。由于任何意识形态的终极目的是社会行动,因此关注社会行动才能更好理解观念和社会关系是如何互动的。迫害异端是一场教界、俗界合作的运动，考察异端在其中如何被"社会性"地理解，也许可以揭示出真理体制有关权力、犯罪、个人与社会等方面的根本预设。因此，本章不会格外关注清洁派和当时其他若干异端的信仰内涵。我们将异端迫害和宗教纠问看作是根据多个层面的"真理"重新定义个人及其社会关系的过程。宗教纠问是清洗社会疾病的手段，而其具体的社会方针是消除和改造那些被视为有害的社会关系（一）。这种"社会工程学"政策放到个人层面，也就是根据纠问所追求的真相（也就是取得口供，确立最充分证据［probatio plenissima］）重新定义自我意识及个人的社会存在（二）。最后，我们会考察世俗统治者如何借力宗教运动，在这片新征服的土地上维持统治；我们的比较对象是西蒙·德·蒙福尔（约1175—1218）和普瓦捷的阿尔方斯（1220—1271）（三）。

一、异端的病理学及"根治"手段

阿尔比十字军以及宗教纠问常态化对于朗格多克还有西方文明的历史意义，是令数代学者着迷的话题。不同的理论、宗教和政治立场在这个问题上有不同的结论。① 它究竟是宗教统治

---

① "1950年后，阿尔比事件凝聚并整合了时代的所有关切：自由与极权主义，殖民与民权，占领与抵抗。"参见 Jean-Louis Biget, *Hérésie et inquisition dans le Midi de la France* (Bruxelles, 2007), pp. 8-9。

的黑暗写照,还是一场理性运动?[①] 是大规模杀戮还是温和的社会纠正?[②] 另外,学者们早已通过异端迫害看到了现代极权主义国家的起源。[③] 最近的研究成果,尤其是英美的相关史学研究,更多体现出修正主义和后现代主义取向。它们尤其关注纠问记录文本与异端个体的关系;而在纠问中个体更多以被动形象出现,是供纠问官作真相建构的原料和牺牲品。这些研究通常采用话语分析的方法,努力解读纠问记录的隐藏信息。不过,我们在本章将纠问看作是真理体制建立的一个过程,是它认知和规范社会关系、控制人的社会和宗教存在的实践。也就是说,根除异端不仅仅是制造告解的主体(confessing subject)的过程,而且也是根据多层次的真理重构社会、重新定义人与生活世界关系的过程。[④] 宗教纠问从一开始就带有极强的社会关切。这种关切建立在对异端的病理学认知基础上(1)。异端能够自行传播,教会将其视为污秽或传染病;而为了根除异端,有必要采取社会强制(2)。

(1)异端:具有传染性的关系

通常认为,阿尔比十字军征伐前的朗格多克有着颇为自由的文化氛围。从某种意义上讲,这个地区更为"先进"或者"近代",因为它有较高的识字率和城市化水平,其制度也更为个人

---

① Henry Charles Lea, *A History of the Inquisition of the Middle Ages* (New York, 1887).

② 例如博韦主教杜埃的 *L'Inquisition: Ses origines-sa procédure* (Paris, 1906)。

③ R. I. Moore, *The Formation of a Persecuting Society* (Oxford, 1987).

④ Chris Sparks, *Heresy, Inquisition and Life-Cycle in Medieval Languedoc* (York, 2014)

主义。朗格多克处在多种文化(最显著的是意大利和伊斯兰)的交汇点上,是游吟诗人的故乡,也是法国最早的学识法教育的发源地。至于朗格多克的法律体系,学者们通常认为它受到了罗马法的广泛影响。它也是"法学复兴"之后,王国中最早接受并实践新兴法律科学的地区。[①] 与北方以土地和人身关系为中心的法律框架不同,图卢兹地区的法律最主要的特征,用菲尔曼·拉费里埃(Firmin Laferrière)的话来说,体现在继承法、土地所有权和个人自由上。罗马法中的继承自由得到继承;自由地(franc-alleu,也就是对领主免于任何义务的财产)的规则约束了封建领主的权力,而享有显著自治权的城市乐于保护那些弃离了领主及土地的人们。[②] 朗格多克的统治贵族也是游吟诗人的赞助者,对异端信仰持较为宽容态度。今天,我们通常称朗格多克异端为清洁派。不过,这个词本身在当时的历史文献中是无法找到的,而且也掩盖了更为多样的现实。[③] 在中世纪语境中,清洁派或是简单地被称为"异端",或是被称为"新摩尼教徒"(Manichei moderni temporis),因为他们除了相信一善一恶两个上帝之外,还反对婚姻和肉欲。这个异端的组织者称为"善人"(parfait),宗教仪式也围绕这些人展开。

卡伦·沙利文(Karen Sullivan)认为,正统信徒和异端的根本区别在于阅读经文的方式。但尽管基督教正统批判异端根据

---

① 参见第一章对缪萨尔的讨论。

② Firmin Laferrière, *Mémoire sur les lois de Simon de Montfort et sur les coutumes d'Albi des XIIIe, XIVe et XVe siècles* (Paris, 1856), p. 13.

③ 有关同时期异端观念的新作参见 Jacques Berlioz ed., *Le Pays cathare : Les religions médiévales et leurs expressions méridionales*(Paris, 2016)。

自己的想象解释经文,即使是最负盛名的神学家,也会一不小心滑入异端。可以说,在一个假定神圣文本涵盖完备知识的体系中,异端也必然会因为"真理"的解释问题而自然产生。异端"让基督教身份分裂为若干对立的阵营,以此抵制被纳入想象的统一体中"①。由此,他们也不断在警告这个体系可能会发生的"知识危机"。不过,就清洁派异端而言,值得注意的一点是,最近校勘出版的中世纪奥西坦语《圣经》(俗称"清洁派《圣经》")在翻译上似乎大体秉持了忠实的原则。② 问题因此不仅仅在于文本本身。

就如许多学者所说,对教会而言,异端最危险的方面在于其组织潜力。异端的活动通常偏离了标准的信仰实践,并且难以归类。事实上,如果没有深入接触或拷问,辨明异端信徒都是有困难的。清洁派异端挑战教会权威,以及教会圣事的有效性。所以观察他们的信仰活动,也就是与宗教共同体的关系,才能对他们的真实信仰有所把握。但"制造异端"以及异端的制度性迫害,只有在格列高里改革之后才成为可能。改革后的教会围绕诸如圣餐等宗教仪式,建构了一个清晰明确的目的论体系。③ 在这个体系中,基督教"真理"的传播方式备受重视,而异端正是侵蚀了正统宗教真理传播形式的正当性。因此,在教会看来,异端所代表的交互方式是"不健康的","无效的",应该摧毁的。

---

① Karen Sullivan, *Truth and the Heretic: Crises of Knowledge in Medieval French Literature* (Chicago, 2005), p. 9.

② Yvan Roustit, ed., *Nouveau Testament occitan et rituel cathare, XIIIe siècle* (Albi, 2016), introduction.

③ Florian Mazel, "Vérité et autorité: y a-t-il un moment grégorien?" in Jean-Philippe Genêt, ed., *La vérité*, pp. 323-348.

异端是宗教真理的直接威胁。格拉提安在奥古斯丁的基础上将异端定义为"创造或追随虚假或新奇观点之人"（C. 24, q. 3, c. 28）。[1] 破坏教会和平的人称为裂教者（schismatics），异端则是扭曲正教真理之人。异端不仅是个人信仰，而且也是社会关系。作为社会关系的异端，被教会视为危险而有传染性的关系，是污染的根源，应当从共同体剔除出去。[2]《哥林多前书》5:6 用食物比喻异端："一点面酵能使全团发起来。"（Modicum fermentum totam massam corrumpit）后世的作者强化了这一认识，甚至将异端比为更丑陋、更令人恶心的事物。教会用"污秽"（foeditas）一词修饰异端。第四次拉特兰大公会的第三条教规（Ⅹ. 5, 7, 13）表达了教会对世俗统治者协助清理异端的呼吁。它首先解释称所有异端组织都有一个共同点，即自负（vanitas）。[3] 但这个词翻译成自负并不能涵盖其意思的全部。它还应该放入格列高里改革以来教会所倡导的宗教实践的目的论构想，及其垄断有关因果律的真理声明的大背景下去考虑。语义上，自负常与放荡（luxuria）和骄傲（superbia）连用，指的是（故意）出于幻想而拒绝真理的心智状态。早期教会的苦行僧就

---

[1] Qui alicuius temporalis commodi et maxime gloriae principatusque sui gratia falsas ac novas oppiniones vel gignit vel sequitur. Ille autem, qui huiusmodi hominibus credit, est imaginatione quadam veritatis illusus.

[2] R. I. Moore, "Heresy as Disease," in *The Concept of Heresy in the Middle Ages* (*11th-13th C.*)(Leuven, 1983), pp. 1-11.

[3] Condemnantes haereticos universos, quibuscumque nominibus censeantur, facies quidem diversas habentes, sed caudas ad invicem colligatas, quia de vanitate conveniunt in id ipsum.

是用自负和放荡批判生活奢靡的主教。① 在英文中它有时翻译为"虚空"（emptiness），在 4 世纪晚期布雷西亚主教圣菲拉斯特留斯（Philastrius）论异端的书中也有出现："加拉塔、塞琉古、赫尔米亚异端的自负是什么?"②他这里用自负指责其所批判的异端并没有他们所宣称的救赎效果，具体说的是他们的偶像崇拜。另一个用于批判异端的词是骄傲。异端知道经文的教导，但他们的骄傲让他们误解了神圣经文。③ 骄傲和自负打消了谦卑，而如上一章所示，只有通过谦卑才能获致基督教"真理"。

如果将格列高里改革后的圣事观，和异端的病理学一同考虑在内，自负的词义在这里也就更为明晰了。既然罪是疾病，那么寻找治疗方法也就自然而然。事实上，教会认为其所规定的圣事都拥有治疗效果。奥弗涅的纪尧姆（Guillaume d'Auvergne，约 1190—1249）甚至称教会为"精神药房"（apotheca medicamentorum spiritualium）④，而第四次拉特兰大公会的第 21 条教规将告解牧

---

① 主教同样以自负指责他们未尽信徒之责任。参见 Virginia Burrus，et al.，*The Making of a Heretic：Gender，Authority，and the Priscillianist Controversy* (Berkeley，1995)，p. 39。

② Saint Philastrius，*De haeresibus liber* (Hamburg，1721)，p. 109：Quae est haec vanitas Galatarum，Seleuci et Hermiae haereticorum?

③ Peter Abelard，*Petri Abaelardi opera theologica* (Turnholt，1969)，p. 202：Non enim ignorantia haereticum facit sed superbia.

④ Nicole Bériou，"La confession dans les écrits théologiques et pastoraux du XIIIe siècle：médication de l'âme ou démarche judiciaire ?" in *L'aveu. Antiquité et Moyen Âge. Actes de la table ronde de Rome* (*28-30 mars 1984*) (Rome，1986)，pp. 261-282，此处 p. 269。

师比作医生。① 异端是出于自负而误入歧途的信仰，必然无效而且邪恶，因为它贩卖的是违背教会权威所规定的真理的"假药"。

这条教规进而讲到了世俗统治者协作根除异端的义务。玩忽职守者将受绝罚——这也预示了后来图卢兹伯爵雷蒙七世被开除教籍一事："世俗统治者若在教会要求和训诫之后，依然玩忽职守，不清理领内的异端污物（suam terram purgare neglexerit ab haeretica foeditate），该教区主教应开除其教籍。"（X.5,38,12）正是在这条教规中我们看到了污秽和异端的联系。Foeditas 是foedus 的名词形式，意为污秽肮脏的东西。② 污秽和清除污秽这一组合构成了对社会活动和社会关系的一种十分本能式的理解，成了根除异端的理论预设。污秽不仅用于修饰异端，它在中世纪也通常与淫秽（obscenitas）和放荡（luxuria）同时出现，用于修饰如剧院等场所。③ 就异端而言，是自负和骄傲造成了污秽，而异端的组织活动以及非正统的信仰传播形式，更使之有了疫病的性质。也就是这条教规后半部分明确所说的："教士不应为这些瘟疫之人行圣事。"④

既然作为社会关系的异端被视为瘟疫，我们也就不难理解为什么扼制异端的举措与预防传染病相似。异端病理学的出现

---

① 露西·萨克维尔注意到这个比喻在 13 世纪日趋明确：罪恶是疾病，罪人是病人，教会则模仿基督，是医生。参见 L. J. Sackville, *Heresy and Heretics in the Thirteenth Century: The Textual Representations*（York, 2011），pp. 171-172。

② 更早将异端比为污秽的文献，参见明谷修道院长马西的亨利（Henri de Macy）致亚历山大三世的书信（1178），*PL*, t. 204, col. 223。

③ Lawrence M. Clopper "English Drama: From Ungodly ludi to Sacred Play," in *The Cambridge History of Medieval English Literature*（Cambridge, 1999），p. 741。

④ Clerici non exhibeant huiusmodi pestilentibus ecclesiastica sacramenta...

也许也有中世纪医学理论的影响，因为后者同样受宗教影响认为瘟疫是集体罪恶导致的。[①]"瘟疫"的比喻有其准确性，因为异端确实会传播，而且常常难以找到根源所在。但它同时也预设，偏离正统的行为是一种疾病，因此需要治疗和清除。正确而符合正统的行动有治疗和救赎效果，而若是对信仰怀有傲慢和自负，那此人就成了社会的疾病。这种医学和神学的结合在今天的人看来也许十分怪异，但在一个相信各门知识本质上具有相互联系的时代，它无疑是合理而有效的。现在的问题是：教会，借助于其世俗臂膀(bras séculiers)，是如何具体根除和防范异端这一瘟疫的？

（2）重建基督教社群的措施

朗格多克的道明会纠问官手头有若干工具，其中最重要的两个莫过于文档管理（建立纠问档案）和强制性的社会政策。文书在宗教纠问中的作用，近几十年里已经有了详尽讨论。保留至今的大量纠问记录抄本清楚地证明这些道明会士是多么善于管理"异端数据库"。而在阿尔比十字军征伐的一个世纪后，数据库管理技能日臻成熟，所以也就有了贝尔纳·居伊(Bernard Gui, 1261—1331)在其《纠问官手册》(*Practica Inquisitionis Heretice Pravitatis*)中十分细致的指导。[②] 纠问官对准确性和真实性有着极为强烈的热情，他们不仅将每个嫌疑人和异端记

---

① Darrel W. Amundsen, *Medicine*，*Society*，*and Faith in the Ancient and Medieval Worlds* (London, 1996), p. 210.

② Bernard Gui, *Practica inquisitionis heretice pravitatis*, Célestin Douais ed. (Paris, 1886), p. 138, p. 193, p. 202.

录在案，而且也毫不疲倦地在"数据库"中搜索是否有复发（relapse）的异端，时间跨度可以达到数十年之久。① 成文于1270—1280 年左右的《论起诉异端法》（*Doctrina de modo procedendi contra hereticos*）收录了撰写纠问各个阶段和不同类型案件所需文书的格式（从审讯到悔过，从回归正信到复发等），堪称纠问官的工具箱。②

而文书系统进而又在涉及地方社群的强制举措中得到使用。异端的名录在公共场所反复宣读，确保当地无人隐匿异端。纠问按照划分好的区块进行，而且在检测异端时主要依靠集体行动：大主教或主教需每年两次（至少一次）巡视报告称有异端居住的教区，要求三人或三人以上品行端正之人（乃至整个地区）起誓并指控异端、秘密集会者或实践信仰方式异于常人者（Ⅹ.5,7,13）。这种探测异端的集体行动让我们想到"日耳曼教会法"（Germano-canonical law）中的"宗教大会证明"（testis synodalis）程序，即主教提名一些人在发誓后指控罪犯或犯罪行为。③ 在朗格多克，也有颇为极端的案例：一度有五千劳拉盖（Lauragais）民众被关押在圣塞尔南教堂的庭院中接受审问。④

① John H. Arnold, *Inquisition and Power: Catharism and the Confessing Subject in Medieval Languedoc* (Philadelphia, 2001), pp. 74-110.

② Edmond Martène et al., eds., *Thesaurus novus anecdotorum*, t. 5 (Paris, 1717), pp. 1797-1822. 参照 Bernard Gui, *Practica*, p. 3。

③ Daniël Lambrecht, *De Parochiale synode in het oude bisdom Doornik gesitueerd in de Europese ontwikkeling: 11de eeuw-1559* (Brussel, 1984).

④ 马克·佩格对此有生动优雅的描绘。参见 Mark Gregory Pegg, *The Corruption of Angels: The Great Inquisition of 1245-1246* (Princeton, 2001)。

惩罚已经去世的异端也具有很强的公共性和剧烈性。① 这种公共性的、集体的检测和惩罚措施有十分详细的记录,因此构成了我们对宗教纠问的第一印象。但对于在人数上占到大多数的回归正信的异端该如何处置的问题,我们知道的还并不充分。

事实上,另一个不那么受注意的文本详细解释了教会应该如何用强制性措施清洗被异端污染的地区。这个文本系 1229 年图卢兹宗教会议所形成的一系列教规。这次会议的目的是为本教区纠问活动的组织提供指导方针。它揭示了教会"清洗"具有污染力的异端的社会政策。在重申地方领主不得隐匿异端的禁令后,它的第六条复述了此前对异端的财产应该如何处理的规定:凡发现异端的住宅当摧毁之;且没收此地基及附属土地。②

这种举措直接反映了将异端视为污秽的观念。摧毁异端住宅是一种象征性的做法,在其他一些将犯罪行为视作污秽的文化中也有出现。③ 单纯依据这一条我们无法判断住宅究竟是如

---

① Célestin Douais, ed., *Les sources de l'histoire de l'Inquisition dans le midi de la France, aux XIIIe et XIVe siècles: mémoire. suivi du texte authentique et complet de la Chronique de Guilhem Pelhisso. Et d'un fragment d'un registre de l'Inquisition* (Paris, 1881), p. 88: Et convocatis Fratribus et clero et aliquibus de populo, iverunt confidenter ad domum ubi dictus hereticus obierat, et eam funditus destruxerunt, et fecerunt eam locum sterquilinii, et dictum Galvanum extumulaverunt, et de cimiterio Villenove, ubi sepultus fuerat, extraxerunt. (1231)

② Jean Hardouin, Claude Rigaud eds., *Acta conciliorum et epistolae decretales ac constitutiones Summorum Pontificum*, t. 7 (Paris, 1714), col. 177: Illam autem domum, in qua fuerit inventus haereticus, diruendam decernimus: et locus ipse sive fundus confiscetur.

③ 可比较日本的案例,参见勝俣鎮夫,"中世の家と住宅檢断",《中世社会の基層をさぐる》(東京,2011)。参照 Bernard Gui, *Practica*, p. 208。

何摧毁的，但焚毁不失为一个可能性较高的猜测。房屋是异端主要的集会和活动场所。在神学家看来，被摧毁的异端住宅是receptaculum sordium，也就是污秽的避难所（露西·萨克维尔[Lucy Sackville]的译语），或者用雷玛·瓦里麦基（Reima Välimäki）的话来说，是周边住户用于丢弃垃圾或者用作公共厕所的"废物堆"（waste-heap）。① 虽然焚毁房屋（也就是纵火）在中世纪是最为严重的犯罪，但在用于清洗异端时，却是完全正当的。

忏悔并回归正信之人不能返回他最初定居的地方，而必须遣送至"正信村"（villa catholica），也就是未探测出异端的村庄。② 这次会议也提及了一些隔离的举措，针对的是那些出于恐惧或者其他原因违心地回归正信的人：

> 因畏惧死刑或出于其他任何原因，违心回到唯一的普世教会的异端，当关押于戒备森严处，由主教指导悔过，使他们失去污染他人的能力。③

---

① Reima Välimäki, "Imagery of Disease, Poison and Healing in the Late Fourteenth-century Polemics against Waldensian Heresy," in *Infirmity in Antiquity and the Middle Ages: Social and Cultural Approaches to Health, Weakness and Care* (Oxford, 2015), p. 144. 参照 Bernard Gui, *Practica*, p. 160。

② *Acta conciliorum*, col. 177: Non remaneant in villa in qua fuerant antea conversati, si villa suspecta de haeresi habeatur; sed collocentur in villa catholica, quae nulla sit haeresis suspicione notata. （第十条）

③ *Acta conciliorum*, col. 178: Haeretici autem qui timore mortis vel aliqua quacumque causa, dummodo non sponte, redierint ad catholicam unitatem, ad agendam poenitentiam per episcopum loci in muro tali includantur cautela quod facultatem non habeant alios corrumpendi. 参照 Bernard Gui, *Practica*, p. 219-220。

值得注意的是,与其他交给世俗臂膀执行的强制措施不同,"隔离"那些违心(non sponte)回归信仰的人、让他们忏悔的任务是主教实施的。至此,异端的病理学有了完整的体系,包括检测、诊断、治疗和预防。将犯罪与传染病相结合也许不是 12 世纪才有的发明。但通过纠问和清洗基督教世界的意识形态,异端的病理学得到了广泛传播,构成了中世纪晚期人们思考犯罪的框架。[①] 这种病理学本质上是将某些形式的组织和社会行动归为邪恶,也许反映了福柯所说的"区别行为"(dividing practices)[②]。而更关键的是,它也暗示相应的社会行动来破坏这些邪恶的关系。阿尔比十字军征伐之后,异端清理成了大规模、系统性的事件,教会也许因此为世俗统治者如何处理他们领地上的传染成分提供了具体的建议。根据统计,真正被处死的异端占到的比重并不高,大部分异端都回归了基督教共同体。从这个意义上讲,上述举措的具体实施情况应该吸引更多历史学家的注意。可惜的是,相关档案匮乏也许是这方面研究不多的原因。

二、获取真相的手段及其所受抵制

虽然在检测异端时教会采用的是集体证词的手段,宗教纠问同时也涉及到秘密审问。要确定异端,纠问官需要找到充足

---

① Gauvard,*De grace especial*,pp. 191-224.

② Michel Foucault,"The Subject and Power,"*Critical Inquiry* 8,No. 4 (Summer,1982),pp. 777-778. 这种区别行为也是将主体变为客体的客体化活动的一部分。

的证据,而异端本人的招供(confession,aveu)是"证据中的王后",是纠问真相的最佳佐证。在获得招供的过程中,纠问官用到了审问技巧,用到了书面记录,也用到了刑讯。对于这些司法工具,中世纪民众和纠问官们有认识上的冲突,这也折射出他们思考自我、文书和真相的不同方式。本节的任务即简要描述纠问真相的建构方式,及民众对此的抵触心态。

(1)获取供词的途径

如第一章我们所分析的《列那狐》情节所示,在 12、13 世纪的世俗司法实践中,犯罪的真相也许并非最重要的关切——更何况 crimen 的本意即"指控"。[①] 真相更多时候是法律演说中的修辞工具,而会导致实质性后果的真相由于意味着社会关系的破裂因此往往受到诉讼者的回避。在 12 世纪前普遍盛行的当事人主义和考验式程序中,司法更多是形式而非实质问题,司法仪式的形式正确与否可能直接决定诉讼的结果,而真相是以全知上帝的名义以极其不确定的方式揭示出来的。不过,随着职权主义和纠问制度的兴起,通过所谓理性证明方式而形成的真相成了司法正当性的核心。新程序有三个特点可以反映出真相观念的对应变革:招供、刑讯和依赖书面文书。所有三个方面都已有丰富的学术讨论,但我们这里主要关注这些观念如何促成了司法中实质性真相的"具体化"或者说"常态化"。

如皮埃尔·勒让德尔所说,招供文化是罗马法与如日中天

---

① Valérie Toureille, *Crime et châtiment au Moyen Âge* (*V^e-XVe siècle*) (Paris, 2013), p. 16.

的格列高里改革相交汇的产物。① 招供与宗教中的告解是同一个词。首要而言,它是一项信仰活动,是官方规定的所有基督教信众的义务,因为拉特兰第四次会议第 21 条教规(Ⅹ.5,38,12)规定基督徒每年必须领圣餐并作告解。取得异端的招供则是宗教纠问的终极目标。在此前的司法实践中,司法供词大多是对一人的诚实和无辜作出声明。但从 13 世纪起,它日益变成了一种承认个人过去行动与思想的私人行动。② 此前盛行的是洗罪(purgatory)程序,也就是一人"通过起誓洗清指控罪名"以及"寻找一定数量的体面人物,作为共誓洗罪人(compurgator)来证明此人的好名声"③。这因此是一种群体性的纠纷解决办法,而不一定需要诉诸终极的、实质性的真相。相反,纠问对于真相的理解是实质主义的,相信真相可以被证明,也值得去证明。一人的罪或无辜应当得到证明,而最完满充分的证明即嫌疑人的招供。在宗教纠问中,确立事实并引导招供的最常见手段是审问。它的建构性学者们早已有充分证明。这里我们甚至可以进一步说,正是通过纠问官的审问设计,个体的自我意识才逐步浮现,而他与异端的接触也得到了范畴化和评判。格拉提安认为,招

① Pierre Legendre,"De confessis Remarques sur le statut de la parole dans la première scolastique,"in *L'aveu*,pp. 401-408,此处 p. 402。

② 福柯对此进程如此描述:从代表其他人赋予某人的地位、身份和价值的供词,转变成了由某人承认自身行为或者思想的"招供"。参见 Michel Foucault,*Histoire de la sexualité*,Tome 1:La Volonté de savoir(Paris,1994),p. 78。我们不妨也回顾一下《列那狐》中有关可信度和真相的观念冲突。

③ H. A. Kelly,"Judicial Torture in Canon Law and Church Tribunals:From Gratian to Galileo,"*The Catholic Historical Review*,Volume 101,Number 4,Autumn 2015,p. 773.

供本质上是与上帝交流："口中所出告解当令上帝满意。"①罗马法又云："招供之事等于既判。"(Confessus pro iudicato est，D. 42，2，1)招供作为"证据中的王后"在 1227 年涉及朗格多克宗教纠问事务的纳尔榜大公会上得到全面认可。

审问还有一个补充工具，帮助纠问官取得供词——刑讯。刑讯在拉丁文中常写为 quaestio，俗语中常用 gehine。② 不过，与一般想象不同的是，刑讯并非宗教纠问带来的结果。格拉提安早已认可刑讯在刑事和民事案件中的适用性，③民法学家也支持刑讯(这批人在南方习惯法编纂中的影响不容忽视)④。刑讯被认为与真理有根本联系："刑讯当理解为用于挖出真相而对肉体施加的折磨与疼痛。"(D. 47，10，15，41："Quaestionem" intellegere debemus tormenta et corporis dolorem ad eruendam veritatem.)罗马时代刑讯仅用于奴隶。但在中世纪，刑讯又与神判有观念上的混淆，因此具有极为强大的威慑力。刑讯带来的痛苦被认为对受害者有益，因为这些痛苦其实是"上帝之鞭"(Flagella Dei)，它对灵魂有升华效果。放到这个语境下，刑讯于是与招供紧密相连，当时的人认为它自然而然，以至于没有人质

---

① C. 33，q. 3，d. 1：…absque oris confessione quisque possit Deo satisfacere...

② 有关中世纪"刑讯"的用语详见 Faustine Harang，*La torture au Moyen Age*：*Parlement de Paris*，XIIIe-XVe *siècles*(Paris，2017)。

③ H. A. Kelly，"Judicial Torture in Canon Law and Church Tribunals," p. 757.

④ J.-M. Carbasse，"Les origines de la torture judiciaire en France du XIIIe au début du XIVe siècle," in B. Durand et al.，eds.，*La torture judiciaire*(Lille，2002)，Vol. I，pp. 381-419.

疑刑讯产生的真相的有效性。[1] 不过,在整个中世纪,刑讯主要还是一种特别程序,其使用十分受限。圣路易 1254 年大法令便禁止滥用刑讯。Multorum querela[2] 和 Nolentes 等教令(Clem. 5,3,1-2)也规范了纠问官的权力。对于刑讯滥用的反思也在各纠问官手册中有所体现。

在这审问、刑讯和招供的复合体系中,个人的自我被塑造成真相生产的工具,或者用福柯的话说,成了"招供动物"(bête de l'aveu)。纠问程序助长了对真相的实质主义理解,导致了司法裁判对象(justiciable)的个体化。从宗教信仰的拷问出发,真理体制的司法体系正逐步展开。

(2)如何记录异端关系

真相的"常态化"进程,通常被描述为更为"理性"的证明方式取代神判的进程。当然,这个进程在欧洲并非同质、同步进行的,这一点范·卡内冈和爱德华·彼得斯早已指出。[3] 宗教纠问强烈依靠说出真相的行动,而言说主体既可以是嫌疑人也可以是证人。纠问的目的,是确立充分证明,而为了达到这个目的,可以采用各种审讯技巧。在纠问审讯刚开始,嫌疑人(suspectus,

---

① Esther Cohen, *The Modulated Scream*: *Pain in Late Medieval Culture* (Chicago, 2010), p. 43.

② 由于教令标题一般是正文的起始字句(类似《论语》中的"学而""里仁"等),故在无法按照字面意思翻译的时候保留原名。

③ Edward Peters, *Torture* (Philadelphia, 1996), p. 43:"刑讯现象并非单纯靠 12 世纪罗马法研究的复兴及其运用或者早前的蛮族习惯的延续所能够解释。是社会和政治权力复杂变换的组合以不同方式影响了新的法律程序。"亦见 R. van Caenegem, *The Law of Evidence in the Twelfth Century*: *Intellectual Background and European Perspective* (Ghent, 1966)。

notatus，diffamatus，accusatus）要发誓"说出完整纯粹的真相"①。同样重要的一点是，任何问题他都应立刻回答（sine dilatione），只有个别场合才允许嫌疑人出于善意在思考后作答。然而，贝尔纳·居伊也指出，异端回避问题或者愚弄法官的事不在少数，这使得纠问官的良心也感到不安，陷于自责。为此，他归纳了大致的几种诡计，并提供了应对建议。

那么，究竟如何确定某个人是异端？约翰·阿诺德（John H. Arnold）指出，早期朗格多克宗教纠问的供词没有14世纪的那么个人化。起初，纠问官的问题大多集中在人的行动而非人的"内心"信仰。② 而到了14世纪，"招供的主体……被允许——或者更确切说，被要求——讲述除了与清洁派接触的简单事实以外的许多事"③。较早的证词大多涉及嫌疑人是否与异端共进餐食，或者是否从"善人"那里接受过"祝圣"的面包等行动细节等。贝尔纳·居伊的手册就清洁派及瓦尔德派等异端的生活细节，提供了一系列可以审问的问题。

寻找证据也就意味着动态的、语境化的、灵活的关系概念应当被确立为事实。正是在这个意义上，这些证词可以看作是人为"建构"的。也正是因此，在未受过神学和法学训练的普通民众看来，这种做法天然就容易曲解他们的本意。因此，受到质疑和攻击，攻击的对象除了建构的实施者（也就是纠问官）外，还有建构的储存媒介，也就是纠问文书。

事实上，朗格多克宗教纠问最初阶段的主持者，也就是那些

---

① Bernard Gui, *Practica*, p. 235.
② *Power and Inquisiton*, Chap. 3, p. 112.
③ *Power and Inquisiton*, Chap. 3, p. 107.

入驻图卢兹的道明会士，深刻地卷入到了城市政治之中，不断受到当地民众攻击。地方权力与异端的共谋常常为他们的活动制造障碍。道明会士本身自然也不是天使般的存在，他们的滥权和奢靡也受到了英诺森四世以及普瓦捷的阿尔方斯的批判。1233—1273 年的图卢兹纠问危机①迫使道明会纠问官暂时撤出了图卢兹，直到获得教皇全力支持为止。而地方民众表达不满的方式，也可以是购买、偷窃和摧毁纠问文书。实质性的真相观，以及社会行动和关系的书面记录，并非我们所认为的那么中性。纠问官与地方政治的纠葛意味着这些看似理性复杂的程序也不能摆脱关系的束缚。

三、根据教会模范塑造世俗世界

在本章最后一节，我们的问题是："十字军征伐后的朗格多克世俗统治者，以其'征服者'的身份，在协助纠问的过程中，如何维持其统治？"②这个问题也就意味着要考察教会的真理体制如何用于世俗统治，也就是我们第二部分的主题。这里我们将尝试比较两种不同的统治方式，分别以西蒙·德·蒙福尔和普瓦捷的阿尔方斯为代表。西蒙是来自法兰西岛的贵族，他深陷于朗格多克十分陌生而不同的地方政治当中。虽然有教会支持，他的统治冒险并不成功，他的悲剧性结局就是明证。普瓦捷

---

① Yves Dossat, *Les crises de l'Inquisition toulousaine au XIIIe siècle* (1233—1273) (Bordeaux, 1959).

② 近期的学界动向是修正"侵略史观"，将这种史观视为一种浪漫化南方的方式。

的阿尔方斯却能够远程地维持相对稳定的统治。这种差异的原因在哪里?

（1）信仰与习惯:西蒙·德·蒙福尔失败的历险

信仰与习惯也许是形容西蒙·德·蒙福尔的统治的两个关键词。信仰,指的是他的军事活动完全打着灵魂得救（salus anime）的旗号;而习惯,指的是他试图在朗格多克维持北方式的更为封建的关系。西蒙的统治本质上是受教会支持的军事政权,它自始至终强调自身以清理领地以及为西蒙灵魂得救为目标。在信仰的伪装下,西蒙采用了一系列社会－政治措施,试图维持稳定统治。

《帕米耶条约》（1212）展现了西蒙·德·蒙福尔的社会政策,其中尤其值得注意的是对巴黎习惯的强调。帕米耶条约是西蒙统治的"宪法性"文献,大致可以分为四个部分:（1）宗教组织;（2）封建关系和军事政策;（3）财产和封地;（4）司法。扶持教会的条款放在条约顶端。但大多数条款涉及到的是规范北方骑士和南方社会群体的互动。最引人注目的是第 46 条,它禁止 10 年内北方出身的骑士与当地女性通婚。[①] 这种规定可以视为西蒙在征伐胜利后大规模分配封地的自然结果,这一情形也类似于后征服时代的英国,以及耶路撒冷地区的十字军国家,带有殖

---

① 详见 Timbal, *Un conflit d' annexion au Moyen Age : L' Application de la coutume de Paris au pays d' Albi* (Toulouse, 1950), pp. 16-27.

民主义色彩。[①]

皮埃尔·坦巴尔(Pierre Timbal)界定了巴黎习惯法在朗格多克的适用区域：巴黎习惯法的适用范围局限于雷蒙七世领地与博凯尔(Beaucaire)邑之间，也就是阿尔比部分地区和卡尔卡松及贝济耶(Béziers)邑。[②] 帕米耶条款所部分展现的巴黎习惯很大程度上维持着属人法的特点，试图将征服者一方固定为一个特别而孤立的社会群体。西蒙·德·蒙福尔曾前往圣地东征，同时也属于英国贵族。他对于法律移植的实践因此应该并不陌生。不过，老的做法似乎对统治朗格多克而言还远远不够。

即便我们不能单纯依靠《帕米耶条约》，以及他悲剧性的死亡来评判其统治策略的有效性，他颁布的众多令状多少为我们理解其统治方针如何运作提供了暗示。西蒙将新征服的、从旧日特朗卡维尔(Trencavel)贵族处夺得的土地分派给北方骑士换取他们的效忠，并在帕米耶法令中强调了南方原本并不发达的"封建义务"（尤其是军事领域）。他还召开了帕米耶议会，其子西蒙·德·蒙福尔六世日后将成为英国议会制的先驱。虽然在领地分配和封建关系上，西蒙的举措与诺曼征服后的英国有诸多类似，但他似乎并无主导朗格多克教会的意图，在激烈的异端

---

① Marjolaine Raguin-Barthelmebs, "Simon de Montfort et le gouvernement：Statut des femmes dans les Statuts de Pamiers（art. 46）avant la *Magna Carta*," *Medieval Feminist Forum：A Journal of Gender and Sexuality*, 53, No. 2（2018）, pp. 38-90.

② Pierre Timbal, *L'Application de la coutume de Paris au pays d'Albi*, p. 34。适用范围在 9 个司法长官辖区（vigueries）和 1 个城堡主辖区（châtellenie）。

迫害举措之外也有妥协的一面。[1]

纵使有教会的支持，西蒙·德·蒙福尔和他所珍视的巴黎习惯失败了。1219 年西蒙在图卢兹郊外战死，标志着其权力终究难以压倒图卢兹城的独立自主。几年后，教皇特使、指挥十字军征伐及纠问运动的阿尔诺-阿莫里（Arnaud-Amaury）自愿将其在图卢兹伯爵领的权利让渡给法国国王。坦巴尔将其失败归咎于那个时代有利于属地法而不利于属人法的发展。但我们也可以补充一点，即他所试图维持的歧视性社会等级制，在更为平等、社会组织形式迥异的南方难以实施。十字军征伐前的南方似乎已经为真理体制降临做好了铺垫。[2]

（2）超越关系世界：普瓦捷的阿尔方斯

西蒙因为深陷报复性的关系网络而最终丧失性命和领地。这无疑为新的统治者敲响警钟。1228 年路易八世亲征标志着王权降临。雷蒙七世去世后，图卢兹伯爵领由普瓦捷的阿尔方斯夫妇继承，而阿尔方斯是路易九世的弟弟。这位亲王大多数时间都呆在巴黎，对朗格多克领地实施着远程统治，日常管理都交给他的代理官员。不过，他无须事必躬亲的统治却显得十分有

---

① 相比其父"屠夫与圣骑士"这一毁誉参半的形象，小西蒙·德·蒙福尔是英国史上的传奇人物，是历史想象的中心。参见 Michel Roquebert, *Simon de Montfort*：*Bourreau et Martyr*（Paris，2005）；Adrian Jobson, *The First English Revolution*：*Simon de Montfort*，*Henry Ⅲ and the Barons' War*（London，2012）。

② 长时段的制度连续性，参见 Elaine Graham-Leigh, *The Southern French Nobility*。

效,乃至于成为整个王国的典范。①本节我们考察导致这一结果的三个可能的因素,即改革立法、调查治国以及建立以新城(bastides)为代表的新的政治空间和政治关系。我们将会看到,在 13 世纪,法兰西王权在对待法律多样性时所采取的举措,与英国普通法的模式十分不同。普通法意思就是整个王国共通之法,是国王法官统治习惯的手段。而在法国,两种十分不同的法律文化并存似乎并不影响王国的统一性。

阿尔方斯的立法活动可以看作是宗教纠问的社会政策在世俗统治中的延伸,与之相伴的是犯罪与正义观念的根本性转变。他的立法主要目的之一即促成犯罪的"具体化"(concretization),也就是说,针对一人的犯罪做出相应的惩罚(多少与《列那狐》中的野猪还有猴子的观念相似)。1251 年 7 月,阿尔方斯颁布一项政令,规定了图卢兹伯爵领内邑督、管领和法官的职责与义务。其中有一条禁令值得注意:肉刑不可轻易改易为金钱惩罚。②禁止用金钱改易惩罚展现了宗教和世俗权威所共享的信念,而显然这是后者借鉴了前者。根据这种观念,犯罪是亵渎上帝的行为,它直接关系的不是社群,而是神圣性和救赎,因此也就有必要对之作准确的处罚。我们不妨回顾上一章讲到的昂盖朗案。可以说,这种犯罪和正义观实际上在司法执行者和受制裁者之上设

---

① 以往的研究往往将阿尔方斯视为圣路易的忠实追随者,但最近的研究开始强调其统治方式的独特性。参见 Gaël Chenard, *L'Administration d'Alphonse de Poitiers*(*1241-1271*)(Paris,2017)。

② P.-Fr. Fournier et P. Guébin, eds., *Enquêtes administratives d'Alfonse de Poitiers, arrêts de son Parlement tenu à Toulouse et textes annexes*(*1249-1271*)(Paris,1959),p. 59:... ut pene corporales in pecuniarias non facile convertantur vel commutentur.(第二十一条)

立了一个更高的权威,也使得司法本身具有中立性和客观性可言。金钱改易或者其他改易惩罚的手段,是 13 世纪前的纠纷解决中长期存在的做法,而且也颇为流行和现实。不过,真理意识形态的兴起,以及以真理为名进行的集权化正日渐使得两种不同的犯罪和正义观无法共存。对普瓦捷的阿尔方斯的代官们而言,犯罪应当根据其程度得到相应惩罚,而理想状况下,事件的真相应该预先通过调查查明。调查也就因此与罪与罚的观念有相同的逻辑。1254—1255 年的一则法令再度禁止了未经伯爵同意而接受和解金(compositions)的行为。它重申金钱不能代替肉刑,规定原告不能在未经法官允许的情况下选择和解,放弃诉讼。① 这些禁令在当时颇具创新,即便在更为"近代"、更为"个人主义"的南方也难以完整推行。不过,它们的确反映了统治者追随教会理想的努力。

　　既然犯罪应该根据其性质和程度施以相应的惩罚,其最关键的预设即人们对于犯罪能有确凿的知识。在这一点上,宗教纠问为世俗的纠问式司法提供了典范。刑事司法向近代模式的演进并没有受到真正的阻力,因为早在十字军征伐之前,朗格多克的统治者就已经推行出于职权的调查,并依靠文书进行统治。普瓦捷的阿尔方斯同时也以自身以及其岳父雷蒙七世的灵魂得救为名推行行政调查。② 与宗教纠问不同的是,行政调查旨在纠正政府官员和地方领主的滥权。行政调查在诺曼底早有先例,

---

① Edgard Boutaric, *Saint-Louis et Alphonse de Poitiers*: *étude sur la réunion des provinces du midi*(Paris, 1870), p. 361.

② *Enquêtes administratives d'Alfonse de Poitiers*, p. 63: ... Ut animam prefati comitis penitus liberetis.

而与阿尔方斯的时代更接近的有金雀花王朝的亨利三世在加斯科涅（Gascogne）的调查。[①] 1253 年 3 月 6 日阿让地区改革法令为王国纠问官的职责作了典型定义："检视辖区，改革我们想要改革的事务……为主和伯爵的荣耀、为其辖区的舒适与安宁提出多种纠正办法。"[②]纠问官执着于真理，而相应的表述在纠问记录中随处可见，如"勤勉调查真相"（inquirere diligenter veritatem）、"调查更完整的真相"（inquirere plenius veritatem）等。这些调查的目的主要是维护国王权利，纠正地方官员行为，[③]而且是救赎计划的一部分。此外，在圣路易的系统表述之前，阿尔方斯即已根据基督教教条强调了穷人对司法的权利。

普瓦捷的阿尔方斯成功实现远程统治的最后一个因素，也许在于他积极地建构了新的社会－政治关系。他的这一举措进而又可以分为两个方面，即重构物理的公共空间，以及掌控对法律规范的解释。我们首先看第一个方面，其最好的体现在于建立被称为"巴斯提德"（bastides）的新城（villes neuves）。Bastide

---

① Dossat, *Les crises de l'Inquisition toulousaine au XIIIe siècle*, p. XXI。菲利普·奥古斯特也在征服诺曼底后延续英国的先例进行了调查。参见 John W. Baldwin, *The Government of Philip Augustus: Foundations of French Royal Power in the Middle Ages*(Berkeley, 1991), pp. 248-256。这些调查涉及集体起誓，厘定国王在新领地的权利。

② *Enquêtes administratives d'Alfonse de Poitiers*, p. 64: Ad statum terre sue videndum et ea que reformanda viderimus reformandum … correctionis remedio plurimum indigebant, ad honorem Dei et ipsius domini nostri comitis et terre sue comodum et quietem.

③ 拉卢根据调查的内容将调查分为两种：领地调查（enquête domaniale），也就是关于国王权利的调查（*super regiis iuribus*）和改革调查（*contra iurium regiorum occupatores*）。参见 Élisabeth Lalou, "L'enquête au Moyen Âge," *Revue historique*, Vol. 657, No. 1, 2011, pp. 145-153。

一词也许源自中世纪拉丁语词 bastire（参照现代法语中的 bâtir），居里-桑布勒（Curie-Seimbres）将其定义为"在一个固定日期，根据既有方案，通常按照统一的形式，大多集中于 1250—1350 年间全新建立，一蹴而就的新建城镇"。其另一个重要特点是，新城的建立几乎都是公权力代表与世俗或教会领主之间订立组织契约的结果，双方成为共同领主，封建法中称为"共治"（paréages）。① 弗洛朗斯·皮若尔（Florence Pujol）在反思新城的历史写作传统时指出，20 世纪对新城的流行观感，如有序的城市规划、市民阶级的存在，还有民主自由等，在今天全面的调查面前是站不住脚的。② 但我们仍需承认这种大规模建城的社会和精神意义，因为它不仅仅是针对完全新建的城市，也存在于一些老城，如南方重镇、纠问活动的中心、管领的座城卡尔卡松。在英法边境，新城也是用于确立边界的要塞。从这个意义上讲，新的城镇帮助属地原则的形成，甚至对地方的其他小领主构成竞争，因为它吸引那些领主的臣民到这些据点生活。阿尔方斯 1254 年的一则法令禁止地方领主未经其同意修建新城。由于伯爵在新城中有排他权力，他授予各个新城的特许状因此可以看作是理想规范最纯粹的表达。这些特许状模板统一，对新城司法和经济活动有详细规范，但一般不涉及政治自由或政治权利。

---

① 参见 Alcide Curie-Seimbres, *Essai sur les villes fondées dans le sud-ouest de la France aux XIIIe et XIVe siècles sous le nom générique de bastides*（Toulouse，1880），p. 42.

② 例如城市规划呈规则几何图形的新城在统计上就并没有那么显著。而规整地建立定居点的原因，很可能是出于经济考量。参见 Florence Pujol, "L'élaboration de l'image symbolique de la bastide," *Annales du Midi*, Tome 103, 1991, p. 347.

即便新城的城市设计并没有我们以前所想象的那么整齐划一，它们的法律地位可以说几乎是相同的。

至于领内的法律规范，阿尔方斯努力阻止规范的多元解释，通过其对司法的掌控逐步促成了成文法体系的崛起，从而对抗地方习惯所代表的多元声音。[①] 某种意义上讲，授予新城的特许状和习惯已经揭示出国王控制规范的理想模式，以及在特定物理空间的具体适用。当然，这也可以理解为 12 世纪以来颁发习惯特许状的运动的延续。[②] 在南方，"习惯"（consuetudo）的词义在 12 世纪下半叶发生转变，并连续有若干习惯法编纂颁布：《佩皮尼昂习惯》（1162）、《蒙彼利埃习惯》（1204）、《纳尔榜习惯》（1232）等。[③] 不过，这些城市大多属于阿拉贡联合王国（Crown of Aragon），朗格多克地区相比之下较为迟缓。南方城市追求自治，[④]政治地位摇摆不定。这使得建立一个统治地位的规范框架颇具挑战性。最极端的例子也许是乌利亚克所讨论的阿让。阿

---

① 有关乌利亚克和克里内讷对此论点的积极立场，及卡尔巴斯的修正，参见 Jean-Marie Carbasse, "Les origines de la torture judiciaire en France du XIII⁵ au début du XIV⁵ siècle," p. 387; "Droit romain et royal. À propos du droit de confiscation à Millau à la fin du moyen âge," in *Droits et justices du Moyen Âge : Recueil d'articles d'histoire du droit* (Paris, 2017), pp. 147-164。

② 参见 André Gouron, "Les étapes de la pénétration du droit romain au XII⁵ siècle dans l'ancienne Septimanie," in *Annales du Midi*, Tome 69, N°38, 1957. pp. 103-120。

③ Hélène de Tarde, "La rédaction des coutumes de Narbonne," *Annales du Midi : revue archéologique, historique et philologique de la France méridionale*, Tome 85, N°114, 1973, pp. 371-402.

④ Vincent Challet, "Les entrées dans la ville : genèse et développement d'un rite urbain (Montpellier, XIV⁵-XV⁵ siècles)," *Revue historique*, Vol. 670, No. 2, 2014, pp. 267-293.

让因其独特的政治和地理位置，对地方习惯法有强烈的要求。①
1249 年，图卢兹市民要求阿尔方斯任命的官员宣誓保障他们的
习惯和权利。② 而到了 1270 年，阿让民众在一个上诉中要求适
用地方习惯而非成文法——巴黎高等法院以法律确定性和周知
性为由予以拒绝：遵守成文法符合公共利益，成文法已经获得长
期遵循；我们承认其公平且众所周知，且其存在受到调查承认，
是有很多人见证的习惯……③

虽然阿尔方斯时而会向地方利益妥协，④但他的妥协以保护
伯爵权利、维持规范及其解释的确定性为原则。围绕成文法，阿
尔方斯统治时期有若干制度发展，如 1270 年摄政法庭改革
(conseil de régent)以及当时仍是临时性的图卢兹高等法院。就
在"成文法地区"(pays de droit écrit)彻底明确的同时，巴黎高等
法院也设立了成文法听审法庭(auditorium)，旨在通过调查确定
适用的成文法。⑤ 教区框架化(encadrement paroissial)的进程
在南方也有同步的发展，即地方裁判所(judicature)的设立。原
则上，裁判所是审理涉及伯爵和国王的民事案件的初审法庭。

---

① 其地理位置在英国、法国边界，所以有这种要求习惯法的动机。P. Ourliac, *Les coutumes de l'Agenais*(Montpellier，1976-1981)。

② Boutaric, *Saint-Louis et Alfonse de Poitiers*，p. 509。

③ Boutaric, *Saint-Louis et Alfonse de Poitiers*，p. 535. 巴黎高等法院对罗马法的心态也可见 Albert Rigaudière, "La royauté, le Parlement et le droit écrit aux alentours des années 1300," in *Comptes rendus des séances de l'Académie des Inscriptions et Belles-Lettres*，140ᵉ année, N°3，1996，p. 890。这里高等法院认为成文法"有限而且确定"(finitumetcertum)而习惯"存疑且不确定"(dubieetincerte)。

④ Boutaric, *Saint-Louis et Alfonse de Poitiers*，p. 509；*HGL*，t. 3，preuves1265.

⑤ Albert Rigaudière, "La royauté, le Parlement et le droit écrit aux alentours des années 1300," p. 891 及 p. 902。

不过,它很快成了地方的行政和军事框架,并在腓力三世的时代覆盖了南方领土全境。①

如果我们将新城的特许状看作是统治者所控制的规范的理想型,现有地方社群的习惯法编纂则必然带有对话性质。编纂是书面知识的一种形式,有意正当化和维持某种权力结构。在阿尔方斯的时代,王国的"确切知识"(certa scientia,最后一章的讨论主题)还没有覆盖习惯。不过,阿尔方斯十分注意确定规范的解释原则。与想要用不同的属人习惯法统治的西蒙·德·蒙福尔相反,阿尔方斯跟随乃至引领了同时代法国的制度发展,而可能是朗格多克"罗马化"的重要推力。就这样,一位超越于地方政治的统治者确立了成文法的首位性,以及以神圣目标为依据的统治。就如教会禁止俗语经文传播,仅允许俗人拥有诗篇和时祷书,王国政府也不愿意放弃拉丁语而采用当地的奥西坦语(这也许是少数沿袭西蒙·德·蒙福尔的政策)。吕西尼昂的研究表明,除了少数例外,有关朗格多克的大部分国王法令都是以拉丁语书写,使得当地的主教和官员不得不自行将法令翻译成奥西坦语。② 而语言政策上长期的保守态度,也不过是北方王国对南方的"他者"心态的反映。

① Jean Ramière de Fortanier,*Chartes de franchises du Lauragais*(Paris,1939),pp. 44-45.

② Serge Lusignan,"Le choix de la langue d'écriture des actes administratifs en France. Communiquer et affirmer son identité," in Claire Boudreau et al., eds.,*Information et société en Occident à la fin du Moyen Âge*(Paris,2005),pp. 193-194.关于世俗权力运用拉丁语和俗语的问题,我们还会在下一章中讨论。

四、小结

朗格多克的异端迫害同时也是一场社会改革运动。宗教纠
问因此不能仅仅看作是信仰问题,因为清洗和防范异端的社会
措施是宗教纠问的整体组成部分。纠问以寻找个人信仰的真相
为目的,也导致了真相(或真相言说)的"常态化",并使所有促成
司法真理的技术合法化。以清洗整个王国为目的的社会改革随
后在世俗统治中推行,普瓦捷的阿尔方斯和接管朗格多克的法
国国王,通过控制规范解释,建立新的政治空间,大体上避免了
危险的反抗和叛乱。

这里我们再度发现,教会的政治实践和政治理想移植到了
世俗统治。教会在此之前的两个世纪里已经成功实践了远程统
治,而阿尔方斯统治的相对成功,部分也当归因于移植的成功。
不过,他手头还有更多的武器。南方是法学家的训练营。虽然
这些南方法学家通常在教会问题上持山外主义立场,但他们对
国王的事业极尽忠诚。① 王国政府作为教会的"世俗臂膀",与教
会密切合作,也乐于利用教会的人才资源,因此教界、俗界之间
有极强的人员流动性。13 世纪以来这种常态化的流动性,最好
的代表莫过于居伊·富科瓦(Guy Foucois)——朗格多克改革

---

① Patrick Arabeyre, "Un prélat languedocien au milieu du XVe siècle: Bernard de
Rosier, archevêque de Toulouse (1400-1475)," *Journal des savants*, 1990, N°
3-4, pp. 291-326.

者、纠问官、日后的克莱芒四世(1265—1268)。①

在我们所考察的 13 世纪，国王还不那么关心如何维护习惯法。实践理性决定了他的政策，法律统一也并不是一个迫切的问题，就如当时的大部分观察者乐于说法国分为在语言和法律上不同的两个部分。② 而阿尔方斯对领主权益一丝不苟的维护让这种实用主义更为凸显。从这个意义上讲，我们可以说在 13 世纪后半叶的朗格多克，法国统治者们仍乐于维持普世主义的话语，只要它不妨碍他们的有效统治（它甚至还可能是他们的统治工具）。从这个意义上讲，兼并的成功也得益于统治者较好地混合了实用主义和普世主义。不过，日后将要构成法国民族法律意识形态的特别主义在哪里？

---

① Y. Dossat, "Guy Foucois, enquêteur-réformateur, archevêque et pape (Clément Ⅳ)," in *Cahiers de Fanjeaux*, 7, 1972, pp. 23-57.

② Paul Meyer, "La langue romane du Midi de la France et ses différents noms," in *Annales du Midi : revue archéologique, historique et philologique de la France méridionale*, Tome 1, N° 1, 1989, *Langue et littérature d'oc et histoire médiévale*, pp. 3-17.

第六章 1300年左右的佛兰德尔：真理话语的冲突

在上一章，我们指出了宗教真理的传播体系与世俗司法统治之间的联系。具体而言，我们考察了伴随宗教纠问而来的强制性社会改造。异端被教会定义为虚假而且具有传染性，教会也借此重申自己独一无二的掌控真理和救赎的能力。虽然宗教纠问的历史意义容易被夸大，但它的确代表了将社会关系范畴化并予以管制的努力。这种管制本质上是一种歧视性的行为，其根据是特定某些关系具有邪恶性的预设。13世纪纠问的制度化也改造了人的自我意识：现在，自我由个人的良心和与真理的关系所定义，而不再关乎社群主义的行为准则。朗格多克在很大程度上可以算作是远程统治的试验场，而南北的语言和法律文化差异似乎并不构成严重的问题。从这个角度看，朗格多克的案例可以视为普世真理框架的实践探索，是引导灵魂计划的一部分。

雷蒙七世去世后的朗格多克，王权所面对的境遇与北方相比颇为简明。而在北方，国王更多地受制于封建关系——即便12世纪晚期以降，国王权力已经显著扩张。在13世纪末，佛兰德尔伯爵也许是法兰西国王的权力与权威最大的挑战者。虽说佛兰德尔伯爵的始祖取得显赫地位的手段"并不那么光彩"（"铁臂"鲍德温一世"绑架"了西法兰克国王秃头查理的女儿朱迪特），[①]但12世纪逐步形成的政治神话赋予伯爵以极高的地位：他位列法兰西十二大同侪（douze pairs de France）之首，是王国的大元帅，在国王加冕和王国政治事务中扮演重要角色。12世纪以降，佛兰德尔经济繁荣，是欧洲北部的经济中心，而其独特的地理位置，使之成为多条国际贸易路线的交汇点。这个伯爵领因此对王国的外交政策更为敏感，而佛拉芒语和法语双语并存的情况使之与其他北方地区（可能布列塔尼除外）有所不同。因此，佛兰德尔也许展现了王国北部最为复杂的局势，这进而体现为中世纪法国编年史家对佛拉芒人的看法：易于叛乱且善变。[②] 佛兰德尔伯爵领，尤其是它的大城市，产生了数量庞大的习惯法文本。这些文本作为不同政治势力斗争和协商的结果，是复杂多变的社会－政治关系的反映。在我们所研究的时段，

---

① 在当时的观念中，这种做法甚至是光彩的，是提升社会地位的常见途径。"铁臂"鲍德温的成功也得益于教皇尼古拉一世的斡旋。

② 我们所研究的这个时期正是佛拉芒民族意识形成的关键时期。有关这个时期法国人对佛拉芒人的看法，参见 Isabelle Guyot-Bachy, *La Flandre et les flamands au miroir des historiens du Royaume (X^e-XVe Siècle)* (Villeneuve d'Ascq, 2017), pp. 226-236。

佛兰德尔的城市化程度超过了 30%,①而以五大城市区域为中心的习惯法体系,相比周边的伯爵领(埃诺)和公爵领(布拉班),要丰富而繁杂得多。②

不过,上述复杂性以及政治斗争并没有妨碍真理体制在佛兰德尔的生长与巩固。本章我们将试图从两个方面捕捉这个真理体制,两者都直接与真理的交互(communication)有关。其中一个方面体现在规范等级制以及以"真理"命名的司法制度的确立;另一个方面涉及在政治斗争中,人民、伯爵和国王如何作规范真理声明,以及他们的声明又如何相互冲突。在具体分析中,我们会主要考察若干次斗争中所产生的交互性文本的话语,看与规范有关的真理声明是如何构成的,以及这些话语的基本预设。我们将比较不同群体在何种情境、利用何种思想依托、以何种方式说出真理。如果如伊安·迪莫林(Jan Dumolyn)所说,15世纪的叛乱中,真理(真相)是叛乱者和统治者共同利用的话语,③我们还能进一步说,真理的具体化也许在 13 世纪末就已发生。其具体机制和形式我们不妨称之为"复合规范声明"(composite normative claim),它是中世纪行动者应对多元法律渊源的办法。不过,在对某些最有代表性和戏剧性的文本作话

---

① Marc Boone, "Le comté de Flandre au XIVͤ siècle: les enquêtes administratives et juridiques comme armes politiques dans les conflits entre villes et prince," in Thierry Pécout, ed., *Quand gouverner c'est enquêter. Les pratiques politiques de l'enquête princière* (*Occident*, XIIIͤ-XIVͤ *siècles*) (Paris, 2010), p. 461.

② 可参考 19 世纪的丛书《比利时旧习惯法集成》(Recueil des anciennes coutumes de la Belgique)的编排,其中布鲁日和根特的历代习惯占很大比重。

③ Jan Dumolyn, "The Legal Repression of Revolts in Late Medieval Flanders," *TvR*, 68, 4 (2000), pp. 479-521.

语分析之前,我们首先要简要陈述 1300 年左右佛兰德尔的法律体系,而这里我们尤其关注围绕"真理"展开的司法制度。

一、真理等级制的建立

12 世纪以来开始主导佛兰德尔法律体系的两个关键词,"sens"(意见)和"verité"(真相),与我们第二章涉及的"感觉"(sens)以及真理这一整体研究主题有着惊人的巧合。在 12、13 世纪的佛兰德尔,所谓"意见头"(chef de sens)体系,是佛拉芒市镇之间的一个准规范等级制。[①] 而不同权力所推行的"真相"推动了司法国家及其认知机器。规范的等级化以及争夺通过"真相"制度认知真理的权力构成了 13 世纪晚期佛兰德尔政治冲突的制度背景。本节我们将首先讨论拉丁语中难以找到直接对应的"意见"概念,随后讨论拉丁语文献中更为常见的"真相"。

(1)"意见"体系的成立

在佛兰德尔市镇中,小城镇向大城市(阿拉斯[②]、圣奥梅

---

① 史料中的各种相关表述形式参见 Van Caenegem, *Geschiedenis van het strafprocesrecht in Vlaanderen van de XIe tot de XIVe eeuw*(Brussel,1956), pp. 301-313。

② 1191 年因《阿拉斯条约》成为国王领地。

尔①、杜埃、里尔、根特、伊普尔、布鲁日）的市政官②寻求法律咨询或者判决的做法具有一定的普遍性，"意见"的网络也因此确立。我们所讨论的这种咨询活动，在当时的语言中被称为"找意义"（法语 aller au sens，佛拉芒语 ten hoofde gaan），而受到咨询的大城市被称为"意见首领"（chef de sens，或者 kievetain）。虽然这个制度的起源仍有争议，但我们大抵应当承认，伯爵的推动是其确立的部分原因，而诉诸"意见首领"通常意味着某个城市的特许状与其"意见首领"之间的依附性（如滨海布洛涅依附图尔奈，圣迪济耶依附伊普尔）③。起初，"意见首领"制度并没有强制性，也不可以视为一般的上诉体系。更多情况下，它的作用是意见首领对某个法律点下达预先裁决。④ 此外，意见首领并不一定仅限于大城市，根据具体情况，也可能是某个并不那么重要的市镇的市政官法庭。默尼耶（R. Monier）将意见首领体系的出现归因于小城市法庭缺乏法律专业知识，所以自然向大城市的同僚求助。⑤ 但这个制度从最开始便带有政治色彩，尤其是到了

---

① 1212 年因《万丹桥（Pont-à-Vendin）条约》划入阿图瓦伯爵领。

② 所谓市政官（拉丁语 scabini，法语 échevin），即由伯爵任命、在代官（bailli）引导下，以伯爵名义进行审判的城市统治者。参见 Van Caenegem, *Legal History: A European Perspective*(London, 1991), p. 41。

③ R. Monier, "Le recours au chef de sens, au moyen âge dans les villes flamandes," in *Revue du Nord*, Tome 14，N°53，février 1928. pp. 5-19, 此处 p. 11；L. A Warnkönig, *Histoire de la Flandre et de ses institutions civiles et politiques jusqu'à l'année* 1305(Brussel, 1836), t. 2, pp. 288-289.

④ 参见特许状中的一例（Lamminsvliete）：Cil qui plaideront pardevant nous eschevins devant dis, porront devant no jugement appeler de nous à eschevins de Bruges no kievetein devant diz. Louis Gilliodts van Severen, ed. , *Coutume de la ville de Bruges*(Brussel, 1874), t. 1, p. 260。

⑤ Monier, "Le recours au chef de sens," p. 6.

13世纪后半叶,大城市强行推行这个制度引来的争端可能需要伯爵干预方能平息。

　　古法语 sens 的词源是拉丁语的 sensus,但拉丁语词本身没有法律意义。法律层面的意义是在 13 世纪佛兰德尔语境下产生的。同时期文献中另一个常用术语 cognaissance(审理),也就是拉丁语中的 cognitio,具有罗马法所赋予的法律含义,①但拉丁语中的 sensus 却无法和这里的 sens 对应。在拉丁语特许状中,caput(头)是"意见首领"(chef de sens)的标准对应语。在 13 世纪古皮卡底法语的法律习惯文本中,chef 写作 kief,而 kievetein(也写作 chevetain)指的是起意见首领作用的城市,小城市要去那里寻求法律"意见"。诉诸意见首领,也就是寻求"头"的"意见、建议和深思熟虑"(avis, deliberacion, conseil)。尽管意见首领体系得到伯爵认可,而伯爵给小城镇颁发以大城市为模板的特许状时总会扩大这个体系的范围,"最高"的意见首领不再有更高的权威可供诉诸。如果伯爵与五个城市中的任何一个发生争端,那么其他四个城市"对此当有案件审理权"(en auroient la cognaissance)。② 意见体系本质上是一个基于判例法的体系,可以被视为通往规范等级制的第一步。其日益增强的约束力表明这个等级制在不断发展,因为我们看到,小城镇法庭起初是接受"建议"(consilium),但逐步不得不接受其意见首领的"判决"

---

① 罗马法含义参见 Andrew Borkowski, Paul du Plessis, *Textbook on Roman Law* (Oxford, 2005), p. 80。

② Georges Espinas ed., *Privilèges et Chartes de franchises de la Flandre* (Brussel, 1959), t. 1, V.

(iudicium)。①

随着其约束力日渐增强,这个体系被视为判决前上诉(apiel devant jugement)的一种形式。② 这个术语按照我们现代对上诉的理解似乎是自相矛盾的,但中世纪史料似乎并不以为然。这个制度在一定程度上可以保护地方法官,因为它能够减少判决证伪,也就是"判决后上诉"的一种早期形式。③ 概念模糊的情况显而易见,但放到 13、14 世纪这个不同形式上诉并行的时代,则是可以理解的。如菲利普·霍丁(Phillipe Godding)指出,在 14 世纪,"上诉"意见首领既可以指诉诸意见首领,也可以指诉诸判决证伪,或者诉诸一般的上诉程序。④ 从这个意义上讲,1300 年左右是佛兰德尔司法体系走向集权的时期,而多种语义的存在意味着这个制度本身十分容易被复杂的政治斗争所利用。

(2)真理的多个层次

虽说在法律的"意义"层面,伯爵承认有一个准等级制,但现实往往难以归纳。除了规范地解释问题之外,佛兰德尔伯爵自 12 世纪以来也试图建立司法管辖权的等级制,而他的手段是推行"真理"制度,即一种司法调查的形式。出现这种二元的发展

---

① Van Caenegem, *Geschiedenis van het strafprocesrecht*, pp. 305-306.

② 案例参见前引书第 276 页。亦可见 Beugnot ed., *Les Olim* (Paris, 1842), t. 2, pp. 718-853。

③ J. Lameere, *Le Recours au chef de sens dans le droit flamand* (Brussel, 1881), p. 8. 亦见此处他对博马努瓦的菲利普的引用。

④ Philippe Godding, "Appel et recours a chef de sens en Brabant aux XIVe et XVe siècles: Wie Hoet Heeft, Die Heeft Beroep," *TvR*, 65 (1997), p. 283.

理由显而易见：寻找适用的法律是一个问题，而案件审理（cognitio）①是另一个问题。主动了解犯罪"事实"也必然意味着引导司法的方向，因此也就意味着控制司法体系本身。我们在第一章看到，12世纪晚期的俗语中 verité 一词有某种找出真相的司法程序的意味。而之所以用"真相"指代制度本身，也许就是因为其指向的结果，即案件的事实真相。

12世纪以降，佛兰德尔出现了若干种"真相"机制，其中尤为重要的有自由真相（franches verités）、市政官真相（veritas scabinorum）和寂静真相（coie verité）。"真相"制度的源头也许是加洛林时代的纠问制度，它在阿尔萨斯的菲利普的政治大改革时成为常设制度。② 当时，菲利普在伯爵领宣布整体和平，并不遗余力改革司法制度与程序。其多数举动在当时来看无不具有原创性。就"真相"而言，拉丁语文献中的 veritas 似乎是根据俗语用法对译而来。而将大多数刑事程序称为"真相"似乎是集中于佛兰德尔地区的现象。③ 迪康热（Ducange）将 veritas 定义为提供证词（depositio testis），但这个定义并不准确，也不能完全涵盖这个词所指向的复杂现实。但他给出的语例无不与12、

① 在古典罗马法中，特别审理（cognitio extraordinaria）简化了原有的形式主义，将法律审理和事实审理合二为一。这种审理形式在帝国晚期常态化。在12、13世纪佛兰德尔的制度中，市政官主要负责法律审理，代官负责事实审理，但市政官通过"市政官真相"这一调查形式对事实审理也有一定权限。

② 参见 L. M. De Gryse 的博士论文，*The Reform of Flemish Judicial and Fiscal Administration in the Reign of Philip of Alsace（1157/63-1191）*（Ann Arbor，1980）。

③ Van Caenegem，*Geschiedenis van het strafprocesrecht*，p. 39.

13 世纪的佛兰德尔有关。① 香槟城市圣迪济耶的语例也许让人眼前一亮,但它其实也是佛兰德尔伯爵的封地(因为纪尧姆·德·丹皮埃尔与佛兰德尔女伯爵玛格丽特的婚姻),伊普尔是其"意见首领"。

且抛开"真相"的词源这个无解的问题。我们不妨更近地考察上面提及的几种形式的"真相",从而更好把握 12—14 世纪佛兰德尔的制度和心态的关键演进。首先,阿尔萨斯的菲利普(1143—1191)的"大特许状"(Great Charter)见证了他向各大城市施加司法统治的举动,也正是这一重要文本定义了市政官调查真相的角色:"若有侵犯发生,但没有指控,如伯爵要求此事真相,市政官当调查真相。"②这就是市政官真相,也称为市政官调查,即由市政官法庭派代表对犯罪现场和周边进行调查,并将结论报告给常设市政官法庭。城市的市政官法庭,通常认为由菲利普创设,本意是伯爵的工具。尽管市政官的任命权掌握在伯爵手中,这个群体在 13 世纪上半叶乘伯爵权力衰弱的机会获得了相对的独立性。这个官职于是被城市精英所盘踞,他们有了

---

① "1 veritas"(par C. du Cange, 1678), dans du Cange, et al., *Glossarium mediae et infimae latinitatis*, éd. augm., (Niort, 1883-1887), t. 8, col. 281c.

② Van Caenegem and Ludo Milis eds., *Edition critique des versions françaises de la Grande Keure de Philippe d'Alsace, comte de Flandre, pour la ville d'Ypres* (Ghent, 1982), pp. 20-21: Quod si aliiassultuiinterfuerint, de quibus clamor factusnon sit, si comes super hoc veritatem requisierit, scabini veritatem inquireredebent.

足够的权力与伯爵协商,在城市外交和司法上享有自主权。① 市政官实施调查的权力和他们对城市的司法管辖权是"市政官真相"的构成要素。

为了维护伯爵的利益,确保其对大城市的管辖权,阿尔萨斯的菲利普也设立了代官(bailli)②制度。这些伯爵代官(baillis comtaux)是伯爵的代理人,主管封地事务,有检察官和警察职能。作为伯爵在城市的代表,他们时常对抗市政官的权力,因为他们的职责是决定哪些案件归市政官,哪些归伯爵审理。代官不担任法官,但可以在听取证词后,"受理申诉和指控,随后启动司法程序",将案件提交市政官审理。③ 代官的司法角色颇为有限,因为他既不能审判,也不能在没有市政官允许的情况下拘捕城市居民。在伯爵与大城市冲突达到高潮的 13 世纪末,有些城市特许状要求代官发誓遵循城市的习惯,如布鲁日 1304 年特许状。④ 因此,代官是另一群用于认知和审理真相的人。前面我们看到,市政官既有调查职能,也有产生规范真理("意见")的功能。相比之下,代官更多时候是事实真相的调查者,就如里尔市

---

① F. L. Ganshof,"La Flandre," in Ferdinand Lotand Robert Fawtier, eds., *Histoire des institutions françaises au Moyen Age*(Paris, 1957), pp. 343-426,此处 pp. 375-376。其中最有名的也许是根特的市政官团体。在 13 世纪,根特由"三十九人团"统治,这是一个打破了伯爵所规定的市政官轮换制的寡头统治。

② 本书中,相同的 bailli 一词,我们作区别翻译,国王的称"邑督",下级领主的称"代官"。

③ Henri Nowé, *Les baillis comtaux de Flandre : des origines à la fin du XIVe siècle* (Brussel, 1929), p. 282. 伯爵代官具体的司法职能亦可见 De Gryse,"Some Obeservations on the Origin of the Flemish Bailiff (Bailli): The Reign of Philip of Alsace," *Viator*, 7 (1976), p. 248。

④ 但这要考虑到伯爵在与国王斗争后,势力相对衰微的背景。

特许状所述,"向市政官传达事实与事件的真相"①。学界一度依据亨利·皮朗的推测认为代官源自更早期的书记员,但德·格利泽(De Gryse)已经根据 13 世纪代官功能,在 12 世纪寻找了"前代官"(pre-bailiff)的几种形式,并指出代官是在 12 世纪代理统治制度大发展后正式确立的。②

面对日益独立的城市市政官,伯爵不得不让代官负责另一项任务,即组织"自由真相"(franches verités,durghinga)。这种真相具有普遍的管辖权,其调查和起诉的犯罪范围广泛。③ 从这个制度我们可以看到早期控诉式程序的残留,因为自由真相的早期形式就旨在收集申诉,使得罪犯不会因为没有控诉者而逃避惩罚。在最开始,受到地方控诉团(jury)指控的嫌疑人可以通过神判或者共誓为自己洗脱罪名。但控诉团的证词在 12 世纪后半叶发生了性质上的转变,转而具有了证据的作用。④ 自由真相也许继承自加洛林时代的帝国集会(placitum)。⑤ 由于在其举行期间所有人都要作证,所以也被称为共同真相(communes verites)。最初它用于发现重大事实(magna facta),但在 13 世纪逐步延伸至次要事实(facta minora)。作为一种扩展权力的有

---

① Nowé, *Les baillis comtaux*, p. 288:faire venir as eschevins le veritet dou fait et del avenue. 原文见 Jean Roisin, *Franchises*, *lois et coutumes de la ville de Lille*(Lille, 1842), p. 118。

② 有关亨利·皮朗的假说,参见 Nowé, *Les baillis comtaux*, pp. 35-38。德·格利泽论"前代官"参见 De Gryse, "Some Obeservations on the Origin of the Flemish Bailiff (Bailli)," p. 254 et *infra*。

③ Van Caenegem, *Geschiedenis van het strafprocesrecht*, p. 40.

④ Van Caenegem, *Geschiedenis van het strafprocesrecht*, p. 45.

⑤ Lameere, *Les 'Communes vérités' dans le droit flamand*(Brussel, 1882), p. 10.

效手段,伯爵或其下的封建领主都乐于增加其召开次数。① 它本质上是一种出于职权的调查程序,在代官监督下举行,并由代官根据其发现提起控诉。

不过,伯爵通过其代理人所推行的"真理"在最开始并不受城市欢迎。它们尽一切努力让市民免受这些真理的牵扯。12、13世纪的程序革命也在1240年左右带来了另一种形式的真理,即寂静真相(佛拉芒语 stille waarheid,古法语 coie verite)。这种真理也被称为盲目真理(ceca veritas)或者神秘真理(occulata veritas),范·卡内冈定义其为"时人对秘密调查的称呼。它本质上是一种举证程序,用于调查某嫌疑人(及未知罪犯)的罪行"②。它的初衷也许是为了减少证人在公共调查中必然存在的社群压力。寂静真相因此是由代官秘密而单独进行的。最受城市民抵制的正是这种真相。与寂静真相结合后的共同真相标准程序大致如下:代官发起,秘密证词,单个证人就能引起司法诉讼,尽管调查是秘密性质,但依然可以诉诸意见首领。③ 这种"共同真理"遭到如布鲁日或者根特等大城市的严重抗议,但在日后也受到这些城市的采用,直至法国大革命前都是佛兰德尔法律体系的组成部分。

如范·卡内冈指出,各种形式的真相背后并没有什么大的原则或者学说。我们也很难为它们定性究竟属于控诉式还是纠问式。多种形式混杂是12—13世纪佛兰德尔制度演进的根本

---

① Lameere, Les "Communes vérités" dans le droit flamand (Brussel,1882), p. 14.

② Van Caenegem, Geschiedenis van het strafprocesrecht, p. 211.

③ Lameere, "Communes vérités," p. 19.

特点。这些"真相"本身在 13 世纪也不断发生演变。但对我们来说,各种以"真相"命名的制度集中出现在佛兰德尔也许正反映了阿尔萨斯的菲利普和他的继任者们采取了"拥抱真相"的策略(而非"回避真相"),希望通过调查制度让所有犯罪都得到惩罚。这些真理当然不是中性的司法制度,也必定在其推行过程中遇到阻力、引发一系列政治冲突。

最后,在讨论了市政官和伯爵的真理之后,我们不妨将国王及其法庭对伯爵领行使法律权威的制度基础称为"国王真理"(veritas regis)。覆盖了整个王国的"好城市"(bonnes villes)体系让国王在理论上成了王国最重要城市的保护者。[1] 因此在很多场合,城市市政官会与国王合作,而平民则与伯爵结盟(不过这个表述不能绝对化)。伯爵与城市统治精英之间的摩擦进而反映为市政官向巴黎高等法院上诉。冈绍夫指出,"佛拉芒上诉"最早的案例是在 1224 年。尽管佛兰德尔伯爵总是强调只有同侪法庭才能审理与他利益相关的案件,他也不得不承认同侪法庭的构成是国王决定的。[2] 冲突最终以国王一边胜出,而 14 世纪以后,巴黎高等法院的佛拉芒上诉也成为常态。[3]

随着 13 世纪末国王与伯爵冲突的加剧,国王为了彰显自身作为如布鲁日和根特等大城市保护者的角色,支持这些城市抛弃伯爵的特许状,制定自己的法律。居伊·德·丹皮埃尔

---

① B. Chevalier, *Les bonnes villes: l'Etat et la société dans la France de la fin du XVe siècle* (Orléans, 1995), pp. 15-26.

② Ganshof, "La Flandre," p. 362.

③ Serge Dauchy, *Introduction historique aux appels flamands au Parlement de Paris (1320-1521), avec indexes* (Brussel, 2002), p. 39.

1281 年为布鲁日颁布的新习惯法严重损害了城市统治阶级的利益。以此为由，美男子腓力于 1296 年 6 月要求他派驻城市的护卫带四五位市民到巴黎商讨习惯法编纂事宜。这些市民应当"善于讲述该城市旧的和新的法律与习惯，由数量充足的辩护人律师作支持，向伯爵证明该城市的旧法"①。这个举动可以视为 13 世纪末习惯法证明的案例，而按照国王一方的说法，这次编纂为的是恢复 1280 年布鲁日大火中焚毁的特许状。② 它不仅承认市政官的绝对司法权，③而且宣布寂静真相无效。国王法律人的理由是寂静真相破坏了正当程序的原则，对消除犯罪没有实效，反而容易因为证据不足而殃及无辜：它不传唤也不听取被告辩护，定罪无辜却放过了真正的罪犯。④ 国王高等法院的担忧让我们想到野猪伯桑。不过，它下达这样的判决，没有偏离

---

① *Coutume de la ville de Bruges*，t. 1，p. 267：... mielx sachent parler des loys et des costumes de la ville，viez et nouvelles，et qui il veignent garni de procuracion et de procureurs soffizant pour soustenir et monstrer，contre le conte dessusdit，l'ancienne loy de la ville，et de monstrer.

② 居伊·德·丹皮埃尔不顾中下平民的呼声，于 1281 年 5 月 25 日颁布了比以往更为严格的特许状。参见 Jan Dumolyn，Georges Declercq and Jelle Haemers，"Social Groups，Political Power and Institutions Ⅰ，c. 1100-c. 1300" in Andrew Brown and Jan Dumolyn，eds.，*Medieval Bruges*，c. 850-1550（Cambridge，2018），p. 147。

③ Sealed letter of Philip the Fair，January 1297，*Coutume de la ville de Bruges*，t. 1，p. 270.

④ 参见 *Olim*，t. 2，p. 28 及 *Coutume de la ville de Bruges*，t. 1，p. 271：Inter alia inconveniencia contineat hunc errorem，videlicet que in criminibus，ubi maius versatur periculum，absque citationis edicto nec partis defensione audita，indifferenter processum intollerabilem coye verite vulgaliter nuncupatum，recipit et admittit，hujiusmodi autem processus frequenter talis est exitus，quod innocens qui nihil mali meruit condempnatur，qui foret potius absolvendus；cum esset longe satius nocentem impunitum relinquere，quam innocentem dampnare。

它一如既往对公正性和程序正当性的追求。① 这也许就是"国王真相"的伪装。

二、抗议的话语：复合规范真理声明

本节我们将归纳主要几种支持封建下级对抗上级的法律话语。第一个案例是根特市政官抗议伯爵滥用权力，向圣奥梅尔的市政官寻求仲裁时所用的论据。第二个案例比第一个案例要剧烈得多，是伯爵居伊·德·丹皮埃尔宣布与法国国王断绝封建关系。最让我们感兴趣的是这些下级如何构思和表达规范真理，从而为自己反抗的权利做辩护。我们发现，这些规范真理声明具有复合性，反映了当时仍然十分强劲的法律多元主义意识。

(1)人民的声音

13世纪晚期的佛兰德尔局势动荡，1280年的"达默喧哗"（Klacht van Damme）和布鲁日的"穆拉马耶"（Moerlemaye）预

---

① 长期以来巴黎高等法院对有关佛兰德尔伯爵的诉讼似乎没有偏见。参见 Warnkönig ed. , *Documents inedits relatifs à l'histoire des Trente-neuf de Gand , suivis d'éclaircissemens historiques sur l'origine et le caractère politique des communes flamandes* （Ghent，1832），p. 39。

示着麻烦重重的世纪尾声。① 在这一连串的起义和叛乱中,城市平民努力发声,越发无法容忍城市精英的滥权。平民的话语很大程度上依赖 meentucht(群体)这个概念。佛拉芒语词 meentucht 也写作 ghemeen 或者 meente,是拉丁语 communitas 的对应词,有两层含义,即平民以及平民集会的权威。也就是说,他首先指除了统治者外的城内市民共同体;其次指古老的民众集会观念,以共誓(coniuratio)为基本特征。② 它因此是一个具有具体社会意涵的概念,而且代表了其参与者的具体结社形式。

社群意识在一定程度上也反映为集体的暴力行动。事实上,复仇的意识形态即使在 13 世纪晚期还没有在佛兰德尔消失,甚至还保存于其公法之中。即便是旨在限制私斗、维护和平的特许状中,我们仍然能发现类似以牙还牙的规定,将公共司法视为复仇的另一种形式。在镇压 1280 年布鲁日叛乱时,居伊·德·丹皮埃尔的长子罗贝尔亦威胁称"我们将以我们的力量复

---

① "达默喧哗"参见 Antoine De Smet, "De Klacht van de 'Ghemeente' van Damme in 1280: Enkele gegevens over politieke en sociale toestanden in een kleine Vlaamse stad gedurende de tweede helft der XIII^{de} eeuw," in *Bulletin de la Commission royale d'histoire*, Tome 115, 1950, pp. 1-15。"穆拉马耶"参见 Thomas A. Boogaart II, "Reflections on the Moerlemaye: Revolt and Reform in Late Medieval Bruges," in *Revue belge de philologie et d'histoire*, Tome 79, fasc. 4, 2001, pp. 1133-1157; Jan Dumolyn and Jelle Haemers, "Reclaiming the Common Sphere of the City: The Revival of the Bruges Commune in the Late Thirteenth Century," in Jean-Philippe Genêt ed., *La légitimité implicite* (Paris-Rome, 2015), pp. 161-188。

② Jean-Philippe Genêt ed., *La légitimité implicite* (Paris-Rome, 2015), pp. 161-162.

仇"(nous le vengerons a no pooir)①。

强烈的社群主义以及将司法视为复仇手段(因此本质上不是中性而客观的)的观念,必然使得任何垄断暴力和正义的尝试受到妨碍。② 在各个司法管辖层级上推行的"真相",因此常常招致愤怒与憎恶。一方面,城市精英的真相通常是民众叛乱的肇因,而民众的要求又被精英认为是在僭越他们的权力。叛乱民众的法律话语,以及对它们的弹压,伊安·迪莫林已有详细分析。③ 这里我们要考察的是自称"共同体"代表的城市精英。他们将如何陈述规范真理声明,反对伯爵的司法干涉?

我们要讨论的文本是 1290 年佛兰德尔伯爵与根特"三十九人团"向圣奥梅尔寻求仲裁的仲裁判决。这里,根特的市政官声称自己是为"他们的群体"申诉,罗列了伯爵代官主要的一些滥权。在 10 多条纠纷要点的陈述中,我们发现市政官宣称伯爵没有尊重正当司法权、正当程序、法律、习惯、特权和习俗:"未经市政官审判"(第一条);"违反根特城习惯"(第二条);"违反法律,未经审判"(第五条);"违反法律与习惯"(第六条);"违反根特习惯"(第八条);"违反根特特权与习俗"(第九条)。最引人注意的当然是抗议伯爵代官推行寂静真相的一条,它批判这种真相"违反上帝,违反共同法,违反城市的习惯"。根特市政官控诉寂静

---

① *Coutume de la ville de Bruges*, t. 1, p. 240.

② "和平化"及国家暴力垄断的进程至 14 世纪末才基本实现,参见 Marc Boone, "Le Comté de Flandre au XIVᵉ siècle: Les enquêtes administratives et juridiques comme armes politiques dans les conflits entre villes et prince," pp. 461-480.

③ Jan Dumolyn, "Les 'plaintes' des villes flamandes à la fin du treizième siècle et les discours et pratiques politiques de la commune." *Le Moyen Âge* 121 (2015), pp. 383-407.

真相的非常规程序：它仅依靠证词或者名声或者道听途说为证，而且不传唤被告，使得根特市民时时都有人身和财产之虞。①

根特城市民和市政官反对这种纠问形式有很明显的政治利益。而仲裁判决在这一点上将之归结为法律的属人性还是属地性问题。市政官所代表的根特市民声明他们仅受市政官的审判，即便他们是在城外犯罪。这一点在 1297 年会写入城市特许状。② 不过，圣奥梅尔市政官的仲裁判决采取了折中的方案，区分两种情况：是否是现行犯罪（flagrant délit）。如果根特市民被抓到现行犯罪，那应该按照属地原则，如果是在犯罪之后被捕，他可以选择根据何种法律审判。③ 这样做似乎规避了市政官与伯爵的司法管辖权之争。但对我们而言，下面这个问题更为有趣：为什么寂静真相被认为是"违反上帝，违反共同法"（encontre Dieu et encontre droit commun）？

上文中援引的巴黎高等法院的判决也许可以给我们一些提示。寂静真相剥夺了被告的权利，因此违背了正当程序的基本

---

① Warnkönig ed., *Documents inedits relatifs à l'histoire des Trente-neuf de Gand*, p. 3：... est teile li coie veriteis ke se li tesmoignage se vient ou truevent ou fame en est ou kil tiegnent sour leur mieus ke chi lencontre qui on le fait sont soupechoneus de chou ke li baillieus leur met seure la quele coie verite est encontre Dieu... et de perdre toute le vile et en peril de leur cors et de leur avoirs et chele coie veritei fait on sans apeler partie...

② Gheldolf, ed., *Coutumes de la ville de Gand*, t. 1, pp. 426-495. 简述可参见 Marc Boone, *Gent en de Bourgondische hertogen, ca. 1384-ca. 1453：Een sociaal-politieke studie van een staatsvormingsproces*（Brussel，1990），pp. 140-145。

③ 原文见 *Histoire des trente-neuf de Gand*, p. 9。仲裁判决进而又说明，市政官的司法活动应该由代官辅助和配合，并且证人应该能在根特城内自由通行，以便向市政官作证。

原则。"法庭程序"传统的影响显而易见,而其深层的理由在于《圣经》中对上帝审判亚当夏娃的描述。上帝审判亚当夏娃依然需要有程序。这一形象生动的传说很快成了正当程序的论证依据。除此之外我们还需考虑到寂静真相承认单个证人的证明效力,而这恰恰违背了"孤证不立"(testis unus,testis nullus,C. 4,20,9)的原则。[①] 在宣称规范时,双方的律师都注重事实与规范的协调。在此 13 世纪的末尾,城市精英以根特市民共同体的名义,援引法律。习惯、共同法乃至上帝。这种做法揭示出规范真理声明的内在次序和组合方式。事实上,我们在下一章中要分析的文本(即伯爵对抗国王时所作的规范真理声明),也具有类似的话语机制。

(2)封臣的声音

如果说城市真理话语的核心在于"公共善",伯爵为了捍卫自身利益,为对抗国王提供合法性采用的则是"权利"(droit)的概念。1297 年 1 月居伊通过让布卢和弗洛雷斯两修道院院长向法国国王递交了一封断绝封建关系的文书。与城市的"申诉"一样,它采用俗语(古法语皮卡底方言)写作,在罗列了伯爵所受种种冤屈后宣布他和法王的封建关系已经解除。正如埃尔伯特所言,这份备忘虽然可谓居伊的宣战书,但其内容之复杂,风格之浮华,就如律师的一纸诉状。[②] 其中最鲜明的特点,即反复强调

---

① 这也许就是共同法所指,参照《约翰福音》5:32。

② Dirk Heirbaut, "Le cadre juridique: institutions et droit en Flandre vers 1302," in 1302, *Le Désastre de Courtrai: Mythe et réalité de la bataille des Éperons d'or* (Antwerp, 2002), p. 107.

伯爵各项"权利"。文本按照经济、司法权、封地事务的顺序进行。权利首先是具体的：国王妨碍自由贸易，操纵货币损害了佛兰德尔伯爵的经济权利；国王在根特安排护卫，唆使城市对抗伯爵，损害了伯爵的司法权；伪造文书，剥夺伯爵领地，且拒绝安排同侪审判，损害了他的封建权利。文本反复强调国王所作所为"违背权利"，伯爵在国王的法庭既不能得到权利，也得不到理性。这里我们再次看到与《列那狐》中司法论辩相似的情况：权利、理性和真相通常会混用——其所反映的，是调和（concorder）不同规范渊源而自然会产生的复合性，我们在下文还会进一步阐释。

　　不过，权利受侵犯并不构成反叛的充分理由。要有充分理由废除封建关系，就需要有反复不断的告知行为。文本中也多次强调，伯爵早已以这些委屈向国王申诉，但国王丝毫不愿倾听，而是继续一意孤行，乃至听信谗言加害伯爵。[①] 因此，伯爵宣布解除一切封建关系（"切断接触，解散与您的一切关系——结盟、义务、契约、服从、服务以及所有需向您缴纳的贡赋"）后，称已经做好准备，在上帝、朋友和亲族的帮助下，用自己的权力伸张理性（这个词再次带有权利和真相的含义），维护祖先的遗产和权利。[②]

---

① 表述如"Vous ne l'en vousistes onques oir"或者"Onques ne l'en vousistes oir"。这里使用动词"vouloir"，也许是在突出一点，即不听取伯爵申诉是国王意志使然、一意孤行。显然这比"您没有听取"更为绝对、不留余地。

② Comte Thierry de Limburg-Stirum，ed.，*Codex diplomaticus flandriae* (Bruges，1879)，t. 1，p. 134：Se tenra li quens，à l'aide de Dieu，de ses amis es des siens，à l'éritage et au droit qui li est venuz de ses ancheseurs，et qu'il a et poursieuvra sa reson à son pooir.

不过,这份备忘录最引人注目的是伯爵论证为什么只有同侪审判可以公平地解决他与国王的冲突。其依据首先是"共同法"——Nul n'estjuge en sa cause(任何人不可以是自己案件的法官)。这显然是俗语版本的 Nemo iudex in causa sua,系一则罗马法原则的提炼:"任何人不可审判自己的案件,也不能裁定自己的权利。"(C. 3,5:Ne quis in sua causa iudicet,vel ius sibidicat)《圣路易定法》第二卷红字标题"论做自己的诉讼的法官"(D'estre juge en sa propre querele,XXⅧ)①之下也有类似表述,并明确援引了罗马法。我们之前已经注意到,学识法的传播通常以法谚为形式,因为法谚容易记忆且朗朗上口。这里我们进一步见到这类法谚的重要地位——即便没有明确指出其罗马法出处。这种现象有可能是意识形态斗争的结果,但也可能反映了罗马法在习惯法法律秩序中内在化的过程,而这个过程也许作者本人都没有注意。不过,在习惯法的实践中,这个原则也并非时时遵守。此外,这个文本的作者很自然地解释为什么这则共同法原理与习惯还有封建法是协调的:"法国的习惯、您与他之间的契约对此都有相同规定。"②当然,这里作者的论点多少与伯爵自己在领地内试图推行的绝对司法权威有所冲突。

同侪审判则是共同法原则最主要的推论:"如果争端涉及领主及其附庸,法庭法官当由附庸的同侪担任,尤其是涉及剥夺全

---

① 参见 *Etablissements de Saint Louis*,t. 2,pp. 421-422。本文区分两种情况,如果涉及与主君的债务或者契约,原则适用;如果涉及封地、遗产及其他所领,则不然。

② *Codex diplomaticus flandriae*,t. 1,p. 142。

部封地的争端。"①随后,同侪审判必要性又得到了复述,不过其处理剥夺封地(dessaisine)案件的合法基础不断扩展。作者继续在其他规范框架内证明其合法性,如习惯与封建契约:"根据契约亦然,因为自古以来,法国国王与佛兰德尔伯爵之间就已作了协议和约定。"②至于定义国王与伯爵封建关系的古老"契约",应指 1226 年的《默伦条约》。③ 根据作者,这一契约规定:"如果国王与伯爵之间发生争论,国王应该予以处置,由法兰西大同侪审判。"④而这一古老的契约代代更新:"这些契约历代国王与伯爵都予以延续和更新。"⑤

共同法、习惯和封建契约这三个要素放在一起,构成了完整的规范真理声明。它同时也揭示出中世纪律师对法律的不同渊源的认识。此外,我们还将在下文中看到,不同的规范渊源组合

---

① *Codex diplomaticus flandriae*,t. 1,p. 142:Si ceste querele est entre le seigneur et le vassal dou fyé,li per de la court en doivent estre juges,einsi comme la querele fust de la dessaisine de tout le fyé.

② *Codex diplomaticus flandriae*,t. 1,p. 142:Par convenance,car ancienement,il fu acordé et convenancé entre le roy de France et le conte de Flandre...

③ 《默伦条约》由法王路易八世与佛兰德尔女伯爵君士坦丁堡的让娜签订,从法律上确立了国王—封臣关系。正是这个条约反映了冈绍夫笔下经典的"人格封建主义"(personal feudalism)。迪克·埃尔伯特对封建制和冈绍夫的评论参见:Dirk Heirbaut,*Over heren*,*vazallen en graven*:*Het persoonlijk leenrecht in Vlaanderen ca*. 1000-1305(Bruxelles,1997);Dirk Heirbaut,"Zentral im Lehnswesen nach Ganshof:das flämische Lehnsrecht,ca. 1000-1305,"*Zeitschrift der Savigny-Stiftung für Rechtsgeschichte*:*Germanistische Abteilung*,Vol. 128,1,2001,pp. 300-347。

④ *Codex diplomaticus flandriae*,t. 1,p. 143:Si débaz ou contenz mouvoit entre les roys et les contes,li roys en devoit faire droit et penre droit par les piers de France.

⑤ *Codex diplomaticus flandriae*,t. 1,p. 143:···lesqueles convenances ont esté continuées et renovelées de roy en roy et de conte en conte...

可以揭示对不同渊源赋予的相对重要性,因此也就能从不同的政治和意识形态立场出发呈现不同的法律话语。事实上,调和不同或者冲突的规范正是中世纪律师的基本技能,而他需要作这样的规范真理声明,则表明律师的工作本质上具有对话性质,因为任一法律渊源的要素都指向某些有待说服、有待协调的社会权力。而将早年的立法当作习惯的普遍现象,[①]也反映了这些规范在当时的法律观念中本质上是可以互换的。

但这里还不是讨论"习惯法话语"的时机。在此之前,我们有必要解决一些基本问题:(1)为什么伯爵用法语而非拉丁语与法国国王对话(而且文本是由两位修道院长递交国王的)?(2)同侪法庭真的是伯爵所说的悠久制度?

首先看第一个问题。12世纪阿尔萨斯的菲利普的改革产生了大量规范性文本,通常被归为特许状(法语 charte 或者佛拉芒语 keure)。这些特许状是伯爵的立法,起初几乎完全用拉丁语写作。采用法语写作公共文件是13世纪法国北方城市的发明。佛兰德尔伯爵随后也采用法语(约1250年以后),而王室文书局的法语法令出现则要晚得多。布丽吉特·贝多斯-勒扎克(Brigitte Bedos-Rezac)认为,国王文书局长期保留拉丁语,应该从拉丁语所具有的神圣化效果来解释。[②] 而佛兰德尔有多种不

① Dirk Heirbaut, "Thirteenth-century legislation on mortmain alienations in Flanders and its influence upon France and England," in *Law in the City* (Dublin, 2007), p. 56.

② Brigitte Bedos-Rezac, "Civic Liturgies and Urban Records in Northern France (Twelfth-Fourteenth Centuries)," *City and Spectacle in Medieval Europe*, ed. *Kathryn Reyerson and Barbara Hanawalt* (Minneapolis and London: University of Minnesota Press, 1994), pp. 34-55.

同的权力来源存在。一方面,城市精英乐于用法语宣布他们的决定,而平民用母语也就是佛拉芒语交流。另一方面,私人封建主义是伯爵集权的工具,[①]也是抵制日益增多的国王干预的最佳理由。对伯爵来说,法语既是他在领内行使世俗权威的语言,也是一种封臣的语言,因为他的权利与利益是由他与国王之间的私人承诺所保障的。

我们将目光转向文本中关系最重大的同侪审判。如果我们因他要求同侪审判,而将居伊看作是封建贵族的代表的话,那也许太过片面。事实上,"法国十二大同侪"迟至 12 世纪后半叶才告确立。[②] 居伊所说的历代相传只能是一个很短的时间跨度,说它是古已有之的习惯在文献上看并不站得住脚(这其实也是大部分诉讼方引证所谓"习惯"的特点;[③]当然,通常而言,通行 40 年以上的习惯会被视为有效的习惯,所以伯爵的声明并非完全无理)。他的核心论点因此是共同法,而同侪审判是最便利的替代国王法庭的办法。但我们也许不能假定居伊真的相信这个法庭能够保障自己的利益,因为在差不多相同时期,美男子腓力调

---

① Dirk Heirbaut, "Flanders: a Pioneer of State-oriented Feudalism? Feudalism as an Instrument of Comital Power in Flanders During the High Middle Ages (1000-1300)," in Anthony Musson, ed., *Expectations of the Law in the Middle Ages*(Woodbridge, 2001), pp. 23-34.

② 根据让-弗朗索瓦·尼厄(Jean-François Nieus)的综合,同侪法庭最早是在佛兰德尔伯爵与城市统治者发生冲突时受到援引的。在 11 世纪末,所有贵族在法庭上都应该有其 12 位同侪的支持。参见 Jean-François Nieus, "Du donjon au tribunal: Les deux âges de la pairie châtelaine en France du Nord, Flandre et Lotharingie (fin XIᵉ-XIIIᵉ s.) (2e partie)," *Le Moyen Age*, Vol. Tome cxii, No. 2, 2006, pp. 307-336. 关于同侪审判在西欧,尤其是 12 世纪后的传播,参见 B. C. Keeney, *Judgment by Peers*(Cambridge, 1952), pp. 5-34。

③ Cohen, *Crossroads of Justice*, pp. 39-40.

整了十二大同侪的构成,使之更具现实操作性。具体的调整涉及删除香槟、诺曼底和图卢兹(均已成为王室领),加入安茹公爵、阿图瓦伯爵和布列塔尼公爵。[①] 也就是说,曾经十分可疑,难以组织的法庭,现在因为美男子腓力才有了可操作性。从这个意义上讲,伯爵的要求更多是为叛乱寻找借口,而援引同侪法庭也应该看作是一种修辞手段,其目的是建构完整的规范复合体谴责美男子腓力。即使真的召开同侪审判,国王操纵的可能性依然很大。居伊抵制国王的司法等级制即使在 14 世纪早期也是情有可原的,因为这个问题还没有明确结论。虽然巴黎高等法院在实践中经常"褫夺"贵族的权利,居伊的备忘录展现了一种相信"国王真理"应该受到约束的观念,强调共同法原则对国王权力的"宪法性"约束。国王的绝对司法权力与"任何人不能做自己的法官"的共同法律原则之间的矛盾是难以调和的,但高等法院人在论述他们的职能和所受任的权力时,也论证了国王的法律超越于一般原则之上。这个理论在《圣路易定法》中既已出现,而其最佳的概括当属 16 世纪法学家安托万·卢瓦塞尔(Antoine Loysel,1536—1617)的《习惯法提要》。在该书开头,他就申明,对于有关国王的案件,国王做自己案件的法官是正当的:"高等法院的日常协助及其委任就构成了让我们相信国王的任何审判皆为正当的充分理由。"[②]——也就是说,只要有高等法院在为他服务,我们就必须推定国王可以在这类案件中作出公正判决。

---

①   Ferdinand Lot, "Quelques mots sur l'origine des pairs de France," *Revue Historique*, t. 54, fasc. 1 (1894), pp. 34-59, 此处 p. 50。

②   Antoine Loysel, *Institutes coutumières* (Paris, 1846), t. 1, p. 13.

佛兰德尔伯爵居伊·德·丹皮埃尔的这封信在布鲁日、科特赖克、奥登纳德（Audenarde）、根特、里尔和杜埃等地的公共场所宣读。这封旨在决裂封建关系的书信为我们呈现了规范真理声明的组织方式。作为国王的封臣，伯爵以"他"的指称在文本中出现，试图穷尽所有规范渊源为自己伸张权利：无论是封建法、习惯法还是共同法。这种话语反映出对规范多元性的认识，也意图调和尽可能多的规范，从而在客观的基础上论证伯爵叛乱行为的合法性。不过，我们不能忽略，这种规范声明的组合，或者复合规范真理声明，具有一定的内在次序。上帝和共同法是最先的考量，这与前述仲裁案例的模式如出一辙。可以说，规范真理的声明从普世的预设开始。但对这两个文本的作者来说，他们都认为，规范真理论证的成功与否取决于多好地调和各种规范。现在，尽管"王在国内为帝"（rex in suo regno imperator est）以及法国国王没有世俗上级的原则均已形成并用于政治实践，伯爵仍然决定绕过国王向教皇法庭上诉。这一次，在教皇法庭，他会呈现怎样的话语？

三、与教皇对话：伯爵与他的法学专家

"拥抱真理"的司法体系在12、13世纪的佛兰德尔是以实用主义路线实现的。伯爵在不同场合所采用的不同法律话语也能够反映这种实用主义。他雇佣了法学专家为他在不同场合制造规范真理声明，而这些文本也构成了其外交的重要组成部分。在一个法律正在主导各种统治形式的时代，伯爵小心而实用地

运用他的法学专家。

(1)居伊·德·丹皮埃尔的浪漫形象

有一个神话也许在中世纪就已传开了,即将居伊·德·丹皮埃尔与美男子腓力的冲突描绘成封建理想与国王身边邪恶的法律人的斗争。与此同时,这个迷思也不无冲突地与另一个军事史事实相关,即 1302 年的金马刺之战(Bataille des Éperons d'or,即科特赖特之战)标志着职业骑士在步兵面前的衰落。伯爵居伊似乎代表着一个封建理想的过去,一个良善并由古老习惯统治的过去。伯爵本人也许也是圣路易神话的推动者,以此来约束美男子腓力。不过,封建理想转变为法律人的统治难免过于简单化,甚至于表明我们落入了中世纪法律争论的修辞圈套。事实上,冲突并非在于法的各个渊源,甚至不在于司法权(因为伯爵也热衷于确立对他有利的等级制)。对伯爵而言,如果有封臣与他发生冲突,他也势必会采取国王的立场。法律话语背后是赤裸裸的政治实际。

从现实来看,即便是习惯法的佛兰德尔也难以避免欧洲共同的法律文化影响。但影响的渠道并没有固定的制度基础。就如 1300 年以前,佛兰德尔大多数司法制度都是不同制度遗产的混合体,居伊·德·丹皮埃尔的幕僚也混合了各类大学毕业的法学专家。吉里森(Gillissen)的研究表明法学教授(legum professores)扮演了重要的顾问角色;[①]而冈绍夫也指出,居伊及

---

① John Gillisen, "Légistes en Flandre aux XIIIe et XIVe siècles." *Bulletin de la Commission Royale des Anciennes Lois et Ordonnances de Belgique* 15, fasc. 3 (1939), pp. 118-231.

以后的伯爵法庭通常由在国外受过法律训练的人士组成,甚至常有外国人(如法国人和意大利人)。[①] 不过,埃尔伯特的档案研究表明,伯爵居伊的法律人更多地还是驻扎在其他政治中心(如巴黎和罗马),在那里为伯爵的事务服务并支取薪水。这些法律人因此更多是伯爵的代言人,需要负责用通用的语言和风格陈述伯爵的立场。

既然伯爵本人也任用了大量法学家,为什么他们在美男子腓力的法学家面前却显得黯淡无光? 问题也许出在有关美男子腓力的文学描述上。美男子腓力的成功被归因于他的法学家的诡计,而这群人被过分地类型化和理想化。拉鲁的群像研究表明,法学家在国王身边只占到很小部分,而他们的坏名声很有可能是当时及日后的作者出于偏见所作的描绘。[②] 从事后来看,13世纪末还远不是集权司法体系的时代,学识法的影响也并不系统。

1297 年 1 月 13 日居伊·德·丹皮埃尔下令停止他的法学家在巴黎的一切活动。这些法学家并不直接管理伯爵领,而是驻扎在巴黎作为伯爵在高等法院的代诉人。[③] 伯爵在与国王决

---

① Ganshof, "La Flandre," p. 388.
② 美男子腓力朝法律人形象在现当代的建构,参见 Elisabeth Lalou, "Les légistes dans l'entourage de Philippe le Bel," in F. Attal, J. Garrigues, T. Kouamé, J-P. Vitu, eds., *Les universités en Europe du XIIIe siècle à nos jours: Espaces, modèles et fonctions. Actes du colloque international d'Orléans*, 16 et 17 octobre 2003(Paris, 2005), pp. 99-111,此处 p. 104。从群像的角度考察,国王文职人员(clercs du roi)中很少有法学家,而且多分管内务。同前,第106—107 页。
③ Heirbaut, "Institutions et droit en Flandre ver 1302", p. 137.

裂后也旋即终止了他的法律代表的活动。① 不过，退出巴黎高等法院并不意味着伯爵再也没有法律人为他服务。事实上，他雇用这些人与他的内部政策一样是出于实用主义。1299年，伯爵的法学家请求教皇以受理上诉的形式干预伯爵与国王的冲突。为此，伯爵的法学家制造了一份文书，与上两个文本的话语十分不同。如果说此前的"宣战书"也许可以视为是有习惯法实践经验的律师所作，1299年的文本则表明，伯爵也有教会法学家为他服务，能够用纯粹的学识法话语体系撰写诉状。

（2）伯爵的教会法学家

停止法学家在巴黎的活动并不意味着伯爵彻底不再任用法律人。例如，他的教会法学家就没有被遣散。1299年12月29日伯爵送交教皇的备忘录也许就是伯爵正在任用他们为自己申诉的证据。这个文本的目的是请求教皇博尼法斯八世受理他的上诉。它用纯粹的学识法语言写就（虽然俗语习惯的影响似乎也时而可见），大量援引了教会法和罗马法来证明教皇对争端拥有司法管辖权。如埃尔伯特所说，这个文本也许是伊安·卡尔

① Nous vous mandons et deffendons ke, de nulle querelle ou de nulle besongne à nous appertenant, n'ales avant pour nous au parlement le roy de France, ne ore ne en autre tans, et tout le poir ke nous avons donneit par procuration, à qui ke ce soit, par lequel on porroit faire procheit de aler avant devant le roy, comme devant seigner u juge, ne devant cheaus ki de par li sont et seront, soit en parlement soit hors parlement, nous le rapielons, et volons ke li porteres de ces lettres puist chou dénonchier au Roy et à cheaus ki de par lui sont, se bon li samble. 注意这里使用的"法国国王的高等法院"（parlement le roy de France）表述耐人寻味。

瓦德(Jan Calward)受伯爵所托在罗马所作。① 在简要陈述事件要旨和伯爵所受不公对待后,伯爵向教皇寻求仁慈,请求教皇受理上诉,纠正国王的罪过。文本随后着手论证教皇是否是具有管辖权的法官(iudex competens)。理由一共有六条:

其一,教皇是宗教和世俗事务的最高法官;

其二,教皇能够审判罢黜皇帝,而皇帝是最高的世俗君主;

其三,任何受压迫的信徒都可以自由地向罗马教宗上诉;

其四,法国国王在佛兰德尔伯爵领侵犯了教会权益;

其五,法国国王杀害教士和神职,亵渎教会;

其六,法国国王拒绝组织同侪审判,再无有效世俗法庭,因此推及教会司法。

相比之前法语的"宣战书",拉丁语文本相对平和地叙述了国王的罪恶行径,其主要目的是构成允许教皇干涉的信仰事由(ratio fidei)。拉丁语的描述因此与法语文本中对伯爵所受折磨(souffrance)的生动描述相去甚远。相反,它试图将这起冲突与教会的利益与关切关联起来,并在结论中援引了教皇至高无上的权威以及维持和平的职责。不过,最为醒目的差异在于规范真理声明。相比俗语中更趋向指代具体的自由权和特权的

---

① 有关委任伊安·卡尔瓦德在罗马组织上诉的文书现藏北方省档案馆(里尔)。卡尔瓦德此前还负责领内死手让渡(mortmain)的清查任务。参见 Dirk Heirbaut, "Thirteenth-century legislation on mortmain alienations in Flanders and its influence upon France and England," p. 64。

droit,这个拉丁语文本中作者仅诉诸一种而非多种规范。在俗语文本中,droit 有三层含义:具体的权利、作为理性同义词的权利,以及规范性的"权利"(如 droit commun)。在俗语文本中,伯爵通过调和多种规范证明自己的案件只可以受同侪法庭审判。他的论证更多地是历史的而非学理的,因为除了那条未明确引用罗马法的共同法论据,他还不得不额外补充历来的实践,即国王与佛兰德尔伯爵之间代代相承、反复更新的契约。那个文本没有必要援引学识法文本,因为它还有另外一个传播的功能,也就是要给伯爵的臣民宣说,将事实和伯爵与法王斗争的正当性公之于众。这也就是为什么在俗语文本中,伯爵特意强调他的痛苦,而在拉丁语文本中,更多的笔墨用于论述司法管辖权的等级制(涉及到教皇、皇帝和国王各自的权力和限度)。伯爵的教会法学家引用了格拉提安(C. 15,q. 2,alius)和《耶利米书》1:10("我今日立你在列邦列国之上",Constitui te super gentes et regna)①,从而规避了 Per Venerabilem 教令(这则教令规定法国国王不承认任何上级[nullum superiorem recognoscit])。正因为国王的暴虐,人间最高的法官——教皇——有权受理伯爵的上诉。问题因此被界定为法官缺失(deficit iudex)的问题。Ⅹ. 2,2,10(规定平信徒民事诉讼不可由教会法庭受理,除非世俗司法缺失或有相应习惯)让伯爵的上诉尤其合理,而国王拒绝组织同侪法庭更加深了这一点。文本随处可见的 ius 一词,指的仅是

----

① 这句格言最初是英诺森三世用于支持自己干涉腓力·奥古斯特婚姻的理由,是"教皇绝对主义"的一部分。14 世纪法学家埃夫拉尔·德·特雷莫贡的反驳参见其《果园之梦》的拉丁语版 *Somnium viridarii*(Paris, 1993),Livre Ⅰ,Chap. 149。

教会法和罗马法的法体。Ut dicunt iura, de iure quod, cui favent iura——在这些表述中, ius 的意思仅限于"神圣"的法律文本, 它们是法律论证的唯一渊源, 因此也就排除了援引习惯等其他规范并予以调和的必要性。这些法本身就具备真实性和合法性, 因此论证同侪法庭也无须其他论据。这里, 伯爵的教会法学家仔细地描绘出一个受压迫的基督徒, 他为了反抗邪恶国王的判决而向教皇法庭上诉。

四、小结

本章我们讨论了 13 世纪晚期佛兰德尔法律体系的两个侧面, 即制度与话语。从制度层面看, 12 世纪以来佛兰德尔就有建立规范和司法管辖权等级制的倾向。大城市掌控了"言说"规范或者给予"意见"的权威, 而它们的基本权力结构反过来又是由他们的特许状决定的。伯爵为了通过司法对大城市实施有效统治, 设立了市政官真相, 但很快这个制度的权力被市政官所攫取。另一种纠问性的程序是寂静真相, 原意是限制市政官的独立性, 确保伯爵的刑事司法管辖权。中世纪佛兰德尔的政治行动者们很清楚地认识到真相与权力之间的关系。

要维护自己的利益, 就需要证明自身权利的真实性。在法语写就的两个文本中, 我们发现规范真理声明具有复合性, 是多元规范的调和。伯爵的"权利"(droit)因此是现实与学理的综合, 反映了他面对规范多元所采用的话语策略。最后, 在他与教皇的交互中, 我们看到他的法学家以不同的方式写作。在所涉拉丁语文本中，我们发现法的习惯和封建渊源消失了，取而代之的是权威法律文本构成的权利（iura）。在这里，有关权利的真理成了纯粹的文本和学说产物，而无须指涉任何现实。

尽管我们所考察的文本可以鲜明反映出话语的"实用主义"，但从事后来看，历史发展走的是与法律多元相反的路径。1300年左右的政治冲突，以及居伊最终的落败，颇为矛盾地确立了等级制的法律秩序。从这个意义上讲，本章所考察的篇章也是国王与其封臣在权力集中化背景下的漫长斗争的尾声。国王要面对的是复合规范真理声明，其中基督教权威和共同法作为普世规范被置于比国王法律权威更高的位置。如果国王作为"王国内的皇帝"，想要宣告自己对此规范多元主义的上位性和优越性，他应该采用怎样的话语机制？这就是第三部分的问题。

第二部分小结

　　圣徒国王路易九世的法律形象标志着法兰西王国全面吸收教会的"真理意识形态",将其付诸王国的立法和司法实践。圣路易一朝奠定了王国法律意识形态的基调:他追求真相,维护好习惯,是理想法官和立法者。然而,圣路易所凝聚的宗教司法理想,在具体历史语境中并未得到千篇一律的实施。在惩治犯罪、实施远程的司法统治方面,法国的世俗统治者大量借鉴了教会的模范。西蒙·德·蒙福尔的那种人格化的习惯统治看似已越来越不合时宜。而在通行习惯法的佛兰德尔,伯爵早已通过"意见"和"真相"的制度建立起了准司法等级制。在13世纪末的各种冲突中,法律人扮演了重要角色,生产了大量规范真理声明。实用主义是这些声明的话语特征,而国王的法律权力在此时仍然面对着上帝和共同法的约束。在中世纪晚期纷繁的政治斗争中,为了捍卫国王的权利,国王的法律人决定将"王在国内为帝"的原则推进到底。在前两部分,我们已经说明了司法国家的学理、伦理和制度基础。接下去的问题是,如何让历史、司法和规范真相"法国化"？这将是法国法律文化从欧洲共同法律文化中实现蜕变的关键。

第三部分

"真理"的王国化与民族化

第七章　历史与规范真相的王权基础

　　在前两部分,我们说明了法国自 13 世纪以来,如何受到欧洲共同的宗教－法律意识形态的影响、并如何将其付诸实践。而在前一章我们注意到,13 世纪晚期,佛兰德尔伯爵在与法国国王的斗争中提出了一种复合的真理声明来捍卫自己的利益,其中上帝和共同法是王权的根本约束。

　　在第三部分,我们将目光主要投向王国动荡不安、王权备受考验的中世纪晚期。面对日趋激烈的国内、国际政治斗争,法兰西王权迫切需要意识形态的支持。这种需要促使法国理论家思考将"真理意识形态"王国化乃至民族化的方式。在我们看来,这场"思想改革"在中世纪末期实现了,国王在"历史""司法"和"规范"三个方面掌控了"真理"。

　　本章将讨论中世纪晚期法国王权如何获得"真相(真理)赋予"(truth-conferring)的特性,尤其关注历史真相和规范真相这两个方面。事实上,正是在中世纪最后两个世纪,法国国王开始对历史与规范的有效性宣称采取绝对控制。首先,就历史而言,司法治国的发展，以及王国统治日益依赖档案与法律人的现实导致了"历史"的重新定义。而在民族国家形成历程中（主要以一系列政治斗争为外在形式），王国的政论家发现历史是巩固和扩张王权的关键概念。这种历史有别于沿袭自古典时代的传统观念，本质上是一种有关国家及其制度的历史；它的叙事框架则是由王国的规范文献以及司法档案所奠定的。我们将看到，如此重新定义历史也导致了真理的"历史化"。它同时也选择性地为特定类型的文献赋予"真实性"：那些由王权"批准"的文本被认为是真实的，因此也就可以用作历史论据。16世纪法国法学家的历史写作被认为是现代史学批判的前驱。但他们的写作方式，可以在权力与真理相拥的中世纪晚期寻到雏形。

随后是规范。习惯法作为意识形态工具的兴起也应当放到规范真理领域的历史化进程中去理解。整体来说，在中世纪晚期的法国，习惯的地位是受到质疑的，但王国的政论家发现，国王批准的习惯是论证国王权力的有效理论武器。这一发现意味着国王的法律人有必要找到一种权威地确立习惯的方式，而这个问题我们会在最后一章详述。习惯的兴起也意味着罗马法的相对化和历史化——考虑到当时的整体思想氛围，这无疑是大胆的举动。但所有的思想建设都围绕着一点，即国王敕令（constitutio regia）至上的原则。而历史真相与规范真相因此都有共同的基础，即王权的真理赋予力。

最后，我们将考察一个颇为复杂的案例，即中世纪晚期有关"萨利克法"起源与性质的讨论。从这个案例我们可以看出历史真相、国王敕令、习惯三者如何相互连接，相互作用。萨利克法是百年战争期间一项重要发现，但它为法国政论家提出了认知和描述上的挑战。不同的论述思路因此可以看作是在"反普世主义"浪潮中重建规范秩序的不同尝试，而法兰西近代国家所承认的"正统"，也能揭示出王国规范重构的指导原则。

一、"历史"的概念变迁：
从"我所见"到"国王批准的历史"

"历史即我所见"（Historin，id est video），这是继承自古希腊并长期以来主导中世纪思想的主流观念。所以，中世纪历史写作在很长一段时间里都是第一人称叙事。而与此同时，历史也代表着《圣经》诠释学中最为基本的意义层级。在中世纪观念中，《圣经》是最权威的史书，而理想的历史即上帝的业绩（gesta Dei）。长期以来，历史的两层含义（作为个人见证的历史和作为文本字面意思的历史）相安无事，而神学家们也小心翼翼地维持经文的历史与精神解释的相对平衡（1）。不过，在美男子腓力和博尼法斯八世的冲突中，法国法学家借助神学的理论发展，显著提升了历史的地位，将其作为争论中唯一有效的素材。将首要性归于历史之后，某种历史批判感产生了。而这种历史批判的基础，是文书在王权批准之后取得真相地位的推定（2）。

（1）历史的传统意义与地位

古典时代继承下来的观念认为，历史应该忠实描述一人的见证。一如既往，塞维利亚的伊西多礼是观念传承的桥梁："历史是希腊人的称呼……意为看见或者知道；古代人只有亲身经历才会写历史……而亲眼所见比道听途说更为可靠。"①这里，伊西多礼不仅定义了历史，而且还提出了一个相对朴素的历史批判观，即所见胜于所闻。中世纪盛期的历史书写者对这个原则再熟悉不过。12世纪史学家吉贝尔·德·诺让（Guibert de Nogent，约1055—1124）在选材上便强调亲身经历和见证的第一性。② 我们也不妨回想一下圣路易传记的作者茹安维尔，他也一直强调自己所述是亲身经历。而如果信息只是听闻所得，他也会在叙事中说明。

不过，基督教释经学中历史还有另一种含义。对教会而言，《圣经》是神圣历史，也是真正的历史本身。③ 但历史（historia）作为字面（literaria）的同义词，也是释经学传统中经文的四层意思之一，另外三层分别是隐寓（allegoria）、德喻（tropologica）和提喻（anagogia）。因此，中世纪作家在历史的两种含义之间切换并不少见，而释经学给出的范例甚至引导了他们的历史写作。释经学中的历史本质上缺乏现代意义上的历史性，而且与其他几层意思无法分离，更多地是触及文本精神意义的工具。在探寻《圣经》精神意义的过程中，神学家承认历史的根本性角色，如

---

① Isidore of Seville, *Etym.*, Ⅰ. xli. *De historia*; Stephen A. Barney et al., trans., *The Etymologies of Isidore of Seville* (Cambridge, 2006), p. 67; Dicta autem graece historia... id est, a videre et cognoscere; apud veteres enim nemo conscribebat historiam, nisi is qui interfuisset... melius enim oculis quae fiunt deprehendimus, quam quae auditione colligimus.

② Jacques Chaurand, "La conception de l'histoire de Guibert de Nogent," *Cahiers de civilisation médiévale*, Juillet-décembre, 1965, pp. 381-395.

③ Bernard Guenée, *Histoire et culture historique dans l'Occident médiéval* (Paris, 1991), p. 30.

哲罗姆在一封书信中说，"历史真相是精神理解的基础"①，不知道字面（历史）真相则不足以讨论精神真相。又如圣格列高里："拒绝按照字面接受历史之言者，无异于窃取了真理之光将它藏在自己身边。"②彼得·阿伯拉尔则更喜欢历史是根系的比喻："首先……我们需把根种下，也就是已完成之事的真相或者历史。"③但历史作为基础（fundamentum）的角色只是相对的，因为神学家很少赋予其优越于精神意义的地位。事实上，经文诠释学是一个整体，而历史意义的探究必然要导向其他层次的解释。

在 13 世纪经院哲学成熟之前，字面和精神意义之间的关系通常被理解为基督的人性和神性的关系。前者是看得见摸得着的肉身，后者代表不可见的神性。这种保罗式的二分法也体现于比德（Bede the Venerable）的释经学理论中。比德将字面解释形容为"肉体地"（carnaliter）或者"根据身体感觉地"（secundum sensus corporeos）解释，因而与精神的解释方式呈鲜明反差。④这种二元理解也许可以解释为什么经文诠释者热衷于找出每一句经文的精神意义，而这一倾向要到经院哲学家采用了更偏向

---

① *Hier.*，Ep. 129，n. 6：Historiae veritas，fundamentum intelligentiae spiritalis.

② Henri de Lubac，*Exégèse médiévale：les quatre sens de l'écriture*（Paris，1959），t. 2，p. 473：Qui verba accipere historiae iuxta litteram negligit，ablatum sibi veritatis lumen abscondit.

③ Victor Cousin et al.，eds.，*Petri Abælardi opera*（Paris，1849），t. 1，p. 627；Henri de Lubac，*Exégèse médiévale*，p. 473：Primo…rei gestae veritatem quasi historicam figamus radicem.

④ *Claude de Turin*，prol. In. lev. Et in matth，PL，t. 104，col. 617 及 836。转引自 Ceslas Spicq，*Esquisse d'une histoire de l'exégèse latine au Moyen Age*（Paris，1944），p. 19。

语文学的立场后才有所纠正(见下一小节)。

考虑到上述因素,我们也许就能理解为什么中世纪盛期的历史著作通常并不满足于简单的历史写作。在吉贝尔·德·诺让看来,一部完美的历史应该揭示上帝的业绩,而他也将释经学的模型用于根据普世历史解释历史事件(十字军东征)。[①] 现代观念中,历史真相可以通过合理充分地利用史料来逼近,而中世纪的诠释学历史依赖《圣经》的"绝对真理"。当然,这种真理是建立在复杂的权威解释体系上的,而在 13 世纪,教会比以往都更为关切如何用它来支持自己的活动。其中,更为宽泛的精神意义为教会提供了众多政治论辩依据。[②] 面对教会对精神意义的"滥用",法国国王的支持者们有必要采用历史论据回击。

(2)历史的首要性与历史批准

在国王与教皇冲突的刺激下,法国的政论家(多数是国王的法学顾问)显著提升了历史的地位,因为他们在对权威文本作历史解释时能够取得大量有利于王权独立性的论据。这场争端使得中世纪晚期法国的政治写作的核心议题逐步鲜明起来。国王与教皇的争论,从其文本形式上看,着实是中世纪大学训练的现实版,而最鲜明的体现,莫过于大量以"辩疑"(questiones

---

① Guibertus a Novigento, *Guibert de Nogent: Dei gesta per Francos et cinq autres textes*(Turnholt, 1996).

② Othmar Hageneder, *Il sole e la luna: Papato, Impero e Regni nella teoria e nella prassi dei secoli XII e XIII*(Milano, 2000).

disputatae)格式写作的论辩体文本。① 这反映了冲突双方共同的思想框架和推理技术。其中最为有名的文本,也许有巴黎的让(Jean de Paris,约 1255—1306)的《论教皇权力》(*Quaestio de potestate papae*),无名氏的《教士与骑士的争论》(*Disputatio inter clericum et militem*)、《双方问答》(*Quaestio in utramque partem*),以及数十年后查理五世委托埃夫拉尔·德·特雷莫贡所作的集大成之作《果园之梦》(*Songe du vergier*)。中世纪神学与法律的相互影响在这些文本中有充分展现。② 法国的理论家(大多是巴黎大学的神学家和教会法学家)强调历史的重要性,从而说明他们对权威文本的解释才是正确的。但如何证明这种历史的首要性?

巴黎的让在证明教皇方面的某个论点无效时直截了当地表达了历史意义在论辩中对其他意义的首要性。在其《论教皇权力》(*Quaestio de potestate papae*,亦名 *Rex pacificus*)③中,他

---

① 从现代哲学角度看,这是一种递归式论辩方法(recursive argument method),参见 Christopher I. Beckwith, *Warriors of the Cloisters: The Central Asian Origins of Science in the Medieval World* (Princeton, 2012),第二章。亦见 Olga Weijers, *In Search of the Truth: A History of Disputation Techniques from Antiquity to Early Modern Times*(Turnholt, 2013), pp. 71-98.

② 参见 Alessandro Giuliani, "L'élément 'juridique' dans la logique médiévale," pp. 540-570; Hermann Kantorowicz, "The Quaestiones Disputatae of the Glossators," *TvR*, 16 (1939), pp. 1-67.

③ 有关这个文本的作者问题,参见 Paul Saenger, "John of Paris, Principal Author of the Quaestio de potestate papae (Rex pacificus)," *Speculum*, Vol. 56, No. 1 (Jan., 1981), pp. 41-55;原文见: Dupuy ed., *Histoire du differend d'entre le pape Boniface VIII et Philippes le Bel Roy de France* (Paris, 1655), p. 663 et infra. 他与《论国王与教皇权力》的联系,参见 Joannes Parisiensis, *On Royal and Papal Power*, John Anthony Watt ed. (Toronto, 1971),序言。

推理反驳 Solita 教令（Ⅹ.1，33，6）。这则教令的大意是，教皇是给予光的太阳，而国王是月亮，他的光仅来自太阳；国王（即月亮）因此是教皇（即太阳）的下级。这个文本是其《论国王和教皇权力》的早期版本，①但为经文诠释和论辩规则提出了指导原则。巴黎的让力证：

> ……神学博士认为，《圣经》有两重意义，即历史，也称字面意义，神秘，也称精神意义；神秘意义又分为三层，即提寓、隐寓和道德……但就如奥古斯丁在书信《反多纳图斯派》等所言，除了历史的或者字面的意义，所有这些神秘意义都不是论辩性的，即不能从中抽取出证据。因此我说，Solita 教令有关两种光芒的陈述并不触及历史或字面意义，而不过是神秘的、精神的，也就是隐寓的。因此从中无法提取任何论据。因为如果不是通过字面意思，也就无法摧毁错误：其他意义都是通过类比来理解：而类比的言说不能用于论辩。这也就是为什么狄奥尼索斯在书信《致提图斯》中

---

① 这个文本很可能是受国王及其御前会议的咨询所作，回应《至一至圣》教令。参见 Paul Saenger, "John of Paris," p. 42.

说，象征神学不是论辩性的。[1]

通过声称论辩中仅有历史或字面意义是有效的，巴黎的让得以跳过象征神学，让整个争论变成一个历史真相的问题。让在这里也许用到了亚里士多德的逻辑三段论，几乎完全排除了其他三层意义在论辩中的作用，因为与历史意义不同的是，其他三层意义只不过建立在相似性的基础上。但通过譬喻或者类比来推论在中世纪思维中并不罕见，我们在第二章讨论女性与真理的关系时也见过其经典例子。如果将让的立场推到逻辑终点，那么很大一部分中世纪思想活动都会是无效和无意义的。同时，他在文本中也没能解决另一个必然随之而来的问题：既然根据相似性得出的论据在论辩中应该被彻底抛弃，那我们如何获取历史真相，从而做有意义的论辩？巴黎的让在这个文本的后面章节提供了自己的工作范例。在《论教皇权力》第三问中，让评论了教皇扎迦利（Zacharias）是否罢黜过法国国王希尔德里克三

---

[1] Dupuy ed., *Histoire du differend*, pp. 676-677： ... Assumunt Theologi Doctores，quod duplex est sensus sacrae Scriptuae，scilicet，historicus，qui dicitur literalis：et mysticus，qui dicitur spiritualis：qui dividitur in tres，scilicet，anagogicum，allegoricum，et moralem... Sed inter omnes praedictos sacrae Scripturae sensus，non est nisi unus argumentativus，scilicet，historicus vel literalis，ex quo posset trahi argumentum，sicut dicit Augustinus in Epistola *contra Vincentium Donatistum etc.* Dico ergo，quod illa expositio duorum luminarium，quae ponitur in Decretali，*Solita*，non est expositio tangens sensum historicum，sive literalem，sed solummodo mysticum，et spiritualem，videlicet，allegoricum. Unde ex hoc non debet trahi aliquod argumentum. Quia ad destructionem errorum non proceditur，nisi per sensum literalem：eo quod alii sensus sunt per similitudines accepti：et ex similitudinariis locutionibus non potest sumi argumentatio. Unde etiam Dionysius dicit in Epistola *ad Titum*，quod symbolica Theologia non est argumentativa.

世一事。格拉蒂安的讨论可见于 C. 15，q. 6，c. 3，而马格努斯·瑞安（Magnus Ryan）解释道："格拉蒂安解释这则教令，间接受到 1081 年格列高里七世致梅斯的赫尔曼的书信影响，因此将希尔德里克的让位看作是教皇高于世俗统治者的例子。"[①]不过，巴黎的让在这里采用了一些注释法学家的意见，认为这一历史叙事"并不真实"（non verum），因为"法兰西王国的男爵们绝不会允许"（nunquam enim permisissent Barones regni Franciae）。他援引了条顿的约翰（Joannes Teutonicus）的注释，将 deposuit（罢黜）解释为 id est，deponentibus consensit（即，同意罢黜）。随后，他给出了自己的历史叙述，并开始详细讨论何为"同意"。以常识性的解释（即法国的男爵不会同意教皇罢黜国王）和这则教令的通用注释为依据，巴黎的让提出了他所认为的历史真相，即教皇在这个案例中更多是因为其高贵地位和名望而受到丕平的咨询。[②]不过，不乏讽刺的是，巴黎的让虽然强调法国国王从未向教皇的要求低头，却没有花功夫否认教皇罢黜神圣罗马帝国皇帝腓特烈二世一事的真实性。

---

① Magnus Ryan, "Feudal Obligation and Rights of Resistance," N. Fryde et al., eds., *Die Gegenwart des Feudalismus*(Göttingen，2002)，p. 58.

② ... secundum veritatem historiae, magis deberet glossari, Deposuit, id est, deponere volentibus consuluit. 丕平找教皇是因为教皇是智者，是为了获取教皇的意见：···quia consilium eius, ratione status Summi Pontificii, videbatur esse multum authenticum, sicut apparet ex verbis illius historiae, quae sunt ista...

  克里斯·琼斯在讨论巴黎的让的引用来源时指出，让超越了特罗波的马丁和博韦的樊尚的叙述，将多个叙事史料混合在一起，形成自己的创作。参见其 "Historical Understanding and the Nature of Temporal Power in the Thought of John of Paris," in Chris Jones ed., *John of Paris: Beyond Royal and Papal Power*(Turnhout，2015)，pp. 98-99.

虽然让在文本中援引的是圣奥古斯丁和伪狄奥尼索斯，但是我们不能认为"精神"解释不是论辩有效素材的观点是让的发明。斯皮克(Spicq)早已指出，12世纪经院哲学的兴起推动了有关精神解释的限度和使用条件的讨论。[1] 巴黎的让的立场不过是代表了巴黎的大学思想氛围，因为神学家们都在试图摆脱传统的四义释经学，引入更逻辑更语文学的方法研究经文。精神解释现在被视为无关论辩乃至可笑的。这种倾向的最佳代表也许是托马斯·阿奎那，他拒斥了基于精神意义的论据的有效性。[2] 而如此前的研究表明，亚里士多德和阿奎那对让的写作影响甚大。

从上面两处文本我们可以看到，巴黎的让将神学－政治争论导向历史争论。但我们发现他似乎没有为历史解释提出什么章法。他依靠的是常识论证，对法国国王从未受教皇罢黜的证明并不那么令人信服。如蒂尔尼(Brian Tierney)所说，他的贡献更在于将原本没有关联的文本联系到一起，形成了一个大胆的综合。[3] 不过，他所强调的历史意义，为正在崛起中的"王国特别主义"(royal particularism)提供了理据。所谓"特别主义"，一方面是"王在国内为帝"这个原则的副产品，另一方面也是罗马－教会法传统中的一些内在倾向与亚里士多德主义政治哲学

---

[1] 他将释经学分为7—11世纪和12—14世纪两个阶段加以讨论。参见 Spicq, *Esquisse*, introduction。其他几部政治争论作品也反映了相似的大学风格。参见 Jean Rivière, "Le problème de l'Eglise et de l'Etat au temps de Philippe le Bel," *Etude de théologie positive* (Paris, 1926), p. 133。

[2] Spicq, *Esquisse*, p. 287.

[3] Brian Tierney, *Foundations of the Conciliar Theory: The Contribution of the Medieval Canonists from Gratian to the Great Schism* (Leiden, 1998), p. 149.

结合的产物。巴黎的让鼓吹特别主义的统治，将王国看成是一个自足的、依据自然法创立的共同体。这种逻辑与释经学的历史转向颇为契合。但问题在于，如何确立历史的真相？

(3)历史真相的来源

我们上面提到，巴黎的让在国王与教皇权力之争中的贡献，除了亚里士多德主义之外，也应该看作是罗马－教会法传统中某些内在倾向的进一步发展。而这种倾向的方法论，如唐纳德·凯利指出，强调一手和书面证据的价值，依据史料讨论和评估文本权威，并热衷于为文本作语法与字面解释（grammaticaliter et ad literam）。此外，教会法学家也承认人间法本质上是根据地理和历史多样性而不断变动的，而这个见地也同样影响到了阿库修斯等民法学家。[①] 至于法国的奥尔良学派，以使用逻辑和语文学研究法律为特色，关切文本基本特征的同时也关照法律实践，乃至于催生了新的教学方式——评注。

从这个意义上说，法国国王与教皇在 14 世纪初的大辩论也许刺激了历史论据的生产，而巴黎的让的历史推论在这个方面具有一定代表性。现在的问题转变为历史素材的生产及其相应的解释。对于众所公认的权威文本，历史的真实性和解释都没有多大争议（尽管对立的解释依然可能存在）。但从宗教意义上讲既非神圣也不那么权威的世俗文本，如何获取一定程度的真实性？

问题的解答也许在于王权对文书的真理赋予力。我们最直

---

① Kelly，*The Foundation of Modern Historical Scholarship*，p. 154.

接能想到的自然是中世纪盛期在西方社会中重新出现的公证人（notary public）制度。公证人的职能是验证和保存文书。公证人制度在罗马帝国广泛推行（Nov. 44，73；D. 22，5，11；C. 6，33，3），在中世纪早期日渐衰落，到 12 世纪在意大利复兴。① 它的重出江湖并非历史巧合，而更多是"法学复兴"的结果，因为这场革命也复兴了罗马帝国晚期对书面记录的依赖。

书面文化的兴起为历史真相添加了新的维度，即由公权力证明的文书。模仿教会的实践，王权的批准与文本真实性的根本联系在中世纪最后三个世纪里得到确立。菲利普·奥古斯特吸取了弗雷特谷（Fréteval）之役（1194）的惨痛教训后设立国王档案局的神话虽然夸大了历史事件的影响，但依然反映了 13 世纪以降，对系统地保存文书、维护王国利益的关切。② 纪尧姆·德·诺加莱在送呈教皇克莱芒五世要求将博尼法斯八世定为异端的文本中，向教皇提出了一个要求：博尼法斯八世对国王的宗教指控已经由本笃十一世撤销，而诺加莱要确保这份撤销文书收录在教廷的记录当中，而且"我们请求核查并检视这些记录"。③ 保留文书的做法十分普遍，而且不仅限于王国政府的实践。贝尔纳·格内就给出了若干保管文书和历史记录用于解决潜在争端的例子。弗勒里的艾穆安（Aimoin de Fleury）为他的修道院写了一部历史，用的是教会法学家的方式，制作了记录卡

---

① 参见 James M. Murray，*Notarial Instruments in Flanders between 1280 and 1452*（Bruxelles，1995），pp. 3-15。

② 丢失的档案主要涉及领地权利和封建收入；在此之后文书库不再随军出征。参见 *ORFTR*，t. 1，p. lv。

③ Dupuy，*Histoire du Differend*，p. 323：Petimus super iis per nos inspici，et videri.

片、账目而且援引了资料来源。① 西多会士佩雷格兰（Pérégrin）也希望自己修道院的历史能有人续写，那样它的财产就可以得到更好保护。② 在中世纪晚期，各行各业的行会不断涌现，并在社会政治生活的各个领域活跃。这些团体通常也会妥善保存他们的创始特许状，以及与他们的组织相关的证书。③ 书面记录已经成了证明权利不可或缺的方式。也正是在美男子腓力的时代，公证人成为由国王控制，覆盖全国的制度（虽然不无抵制）。④

记录或者私人编纂的历史，其真实性日益与"批准"（approbation）的概念相联系。到了15世纪，历史批准的观念已是不言自明，而1410年圣德尼修道院与巴黎圣母院就圣物所有权的诉讼正是完美的案例。格内在其史学史著作中讨论了这个案件的记录。最引人注目的是圣德尼一方如何证明其修道院所编《大编年史》反映了真相。圣德尼一方辩称，《大编年史》有国王和王国的高层贵族阅读，因此可以看作是他们"批准"的。权力与历史真相的密切关系在这个推论中充分显现。正是通过国王与国家权力的批准和承认，历史文本才从单纯的叙事变成具有真实性的文本，因此可以作为历史论据用于争论和诉讼。权力与真实性的关系也是国王威严（majestas）的至高无上和神圣性的逻辑延伸，而国王的威严具体体现在其司法权（iuris-dictio，

---

① Guenée, *Histoire et culture historique dans l'Occident médiéval*, pp. 34-35.

② Guenée, *Histoire et culture historique dans l'Occident médiéval*, pp. 34-35.

③ 参见 Julie Claustre, "La prééminence du notaire (Paris, XIVᵉ et XVᵉ siècle)," in *Marquer la prééminence sociale*(Palermo，2012)，pp. 75-91.

④ 1291年美男子腓力试图垄断公证员的任命权，并将文书经盖章方才有效的规定推广到一直以来公证员签名即有效的南方。参见 Edgard Boutaric, *La France sous Philippe le Bel* (Paris, 1861)，pp. 220-222.

也就是言说权利)以及担保和核准(cautionner et confirmer)①的行为。国王出于其威严,有权决定何为真相,而任何拒绝其权威行使的行为都可以算作是亵渎主君(lèse-majesté)之罪。② 在特雷莫贡的《果园之梦》中,骑士指责教士无视真实而且受到批准的法国历史:"您不明白法兰西王国真正的、完整的历史,或者说,您嫉妒法国的权势,嫉妒伟大而杰出的国王陛下……所以,在您大放厥词前,请先看看备受批准的有关圣查理曼的记录与历史。"③历史的领域因此触及王权的根基,而一人的论据应当以"备受批准的记录和历史"为基础。

不过,批准这些记录和历史的任务并不一定属于国王本人。事实上,国王的高等法院在这个方面最为积极。也正是高等法院人最早系统地整理国王法令,以此炮制王国"真实"的历史。在国王与教皇之争中,立法文献可能就得到了系统性地组织,而其成果要到 15 世纪以法令集的形式出现。④ 这种整理汇编活动

---

① Albert Rigaudière, "Le Religieux de Saint-Denis et le vocabulaire politique du droit romain," in *Penser et construire l'Etat dans la France du Moyen Âge*, ⅩⅢᵉ-ⅩⅤᵉ *siècle* (Paris, 2003), p. 129.

② Jacques Chiffoleau, "Le crime de majesté, la politique et l'extraordinaire. Note sur les collections érudites de procès de lèse-majesté du ⅩⅦᵉ siècle français et sur leurs exemples médiévaux," in Yves-Marie Bercé ed., *Les procès politiques* (ⅩⅣᵉ-ⅩⅦᵉ *siècle*) (Rome, 2007), pp. 577-662.

③ Trémaugon, *Songe*, t. 1, p. 56: Vous ignorés lez vraies et plaines histoires du royaume de France, ou vous avés envie de sa puissance et de sa tres grant et tres excellent majesté... Avant, donques, que vous mettés la bouche es cieux, regardés les Registre et lez Hystoires tres apprové de saint Charlemaigne.

④ Patrick Arabeyre, "Le premier recueil méthodique d'ordonnances royales françaises: le Tractatus ordinationum regiarum d'Etienne Aufréri (fin ⅩⅤᵉ-début du ⅩⅥᵉ siècle)," *TvR*, t. 79 (2011), p. 391-453.

背后的信念，即国王立法承载着历史真相。高等法院支持国王的高卢宗立场时，这种真相的用处就尤为明显。我们且采用维克多·马丁（Victor Martin）在其经典著作中对高卢宗正式起源的判断：确切来说，高卢宗指的是国王与神职人员就法国教会生活及运作达成一致，与教皇保持距离，并声称享有古老的自由权。它产生于大分裂开始后 30 年左右的查理六世统治时期。更具体来说：它是随着有关 1408 年 5 月 25 日中立性宣言的前期辩论而产生的。[①] 不过，高等法院高卢宗的历史基石，是依据一系列法令建构的王国立法史。立法史的结构最能体现在 1461 年巴黎高等法院为抵制路易十一废除 1438 年《国事诏书》（*Pragmatique Sanction de Bourges*）[②]的决定时所作的进谏法令（remontrance）。这个文本后来被迪普伊（Dupuy）增订入皮埃尔·皮图（Pierre Pithou）的《论高卢教会权利与自由》[③]，作为其第一份证明文件。他的安排意图也许反映了这篇中世纪晚期文本的代表性。它为 16 世纪的高卢宗法律人提供了基本的理论组织结构，总结了前两个世纪的争端，同时确立了高等法院的历史观。那么，它是怎样对中世纪最后 3 个世纪中诞生的法令进行标准化的解释的？

文本首先是强调法国国王自克洛维以来日益增进的虔诚信仰。法国国王一直以来都是教会的保护者，并向教会做了大量

---

① Victor Martin, *Les origines du gallicanisme*（Paris, 1939），t. 1，p. 38.

② 即 1438 年 7 月 7 日，查理七世在布尔日颁布的法令，规定了高卢教会与教皇之间的关系。该《诏书》的原文及科姆·基米耶（Cosme Guymier）的评注，参见 Cosme Guymier, *Caroli Septimi Pragmatica Sanctio a Cosma Guymier glossata*（Lyon, 1488）。

③ Pierre Pithou, *Traitez des droits et libertez de l'Eglise Gallicane*（Paris, 1731）.

的施舍。正是在国王和人民的支持下，法国才有那么多雄伟的修道院和教堂。国王是高卢教会的缔造者和保护者，有权在高卢教会的自由权受罗马教廷侵害时召开高卢教会圣会（congrégation de l'Eglise gallicane），对侵害进行纠正。圣会与三级会议相仿，①创制了若干"伟大而富有权威的法令"②。首先是圣路易 1268 年的《国事诏书》，查理六世 1407 年法令，然后即查理七世 1438 年的《国事诏书》。在讨论历史沿革后，本文向国王进谏：撤销 1438 年《国事诏书》也就是脱离了原来这些神圣法令，并会明显导致四大弊端。随后文本又对这四大弊端给出了相应的解释，同时补充了查理曼、腓力·奥古斯都、美男子腓力、高大者路易（路易十世）的教会政策。文本最后论证，由于这些虔诚的先王使用过这些法令，且在他们治下法国越发昌盛，所以国王继续沿用它们不能看作是不服从于教会。

　　尽管高等法院人热衷于利用法律历史文献来为法国历史的框架提供新的写作风格，他们的工作本质上还是出于实用考量的。他们不加批判而援引圣路易的《国事诏书》，而这份《国事诏书》如后世研究证明，纯属出于政治意图伪造的文书。③ 但他们的创新在于相信国王立法拥有某种真相，所以将它们编在一起就能书写历史。如唐纳德·凯利评价："高卢宗传统蕴含着历史

① ... par grande deliberation de Messeigneurs du sang，des gens d'Eglise，et autres subjets du Roy.

② Pithou，*Traitez*，p. 4：Belles et notables ordonnances de grande authorité，qui ont esté le temps passé gardées et observées le plus qu'on a peu...

③ 有关这场学术史的争论，参见 Patrick Arabeyre，*Les idées politiques à Toulouse à la veille de la Réforme*，*Recherches autour de l'œuvre de Guillaume Benoît* (*1455-1516*)（Toulouse，2003），pp. 463-465。

主义的一种初步形态,在人文主义的支援下,将成为独特而全面的欧洲史解释的基础。人文主义法学家主导的 16 世纪民族历史书写,不过是这种高等法院人历史观更复杂的继承者。"①

总而言之,历史从精神意义解放出来是中世纪晚期法国思想界的一大创新。但历史转向本身并不能解决历史真相和真实性的问题,而解决办法则是国王所具有的真理赋予力。随之而来的新型历史写作因此比以往都更受君主权力的影响。就如洛朗·阿弗祖(Laurent Avezou)注意到,中世纪晚期法国历史写作的整体倾向与多样化相悖。②"受批准的历史"的观念也塑造了近代的历史批判,甚至在今天也有其影响力。③

二、"习惯法意识形态"的兴起

本节讨论另一个与"历史"有相似发展的概念。我们将看

---

① Kelly, *Foundations*, p. 160.

② Laurent Avezou, *Raconter la France : Histoire d'une histoire* (Paris, 2013), p. 147.

③ 但我们也不能忽略私人历史写作在中世纪晚期的发展。这种历史写作通常的出发点是政治实践,希望通过讲述自身职业生涯的教训让读者获益。最知名的代表,也许是菲利普·德·科米纳(Philippe de Commynes)和他的《回忆录》(Philippe de Commynes, *Mémoires*, 2 Vols. [Geneva, 2007])。最近的研究涉及到法学训练对他的写作的影响。但这一分支的历史写作与当时的法律议题有怎样的关联性不是本研究的关注对象。参见 Joël Blanchard, "L'histoire commynienne : Pragmatique et mémoire dans l'ordre politique," *Annales : Économies, Sociétés, Civilisations*, 46ᵉ année, N. 5, 1991. pp. 1071-1105; Joël Blanchard ed., 1511-2011, *Philippe de Commynes : droit, écriture : deux piliers de la souveraineté* (Geneva, 2012)。

到，在 1300 年左右，习惯开始被王国的法律意识形态所吸纳。与历史一样，习惯需要证明与批准才成为真实。与此同时，习惯必然是历史的，因为它是长时期的反复实践，其证明需要运用集体记忆。国王派的政治宣传，在古典作家的影响下，开始强调每个民族的独特性以及相对应的政府形式的多样性。习惯从这个角度讲是十分便利的工具。但国王的法学家十分小心地确保习惯受到国王法律的控制，由此避免了棘手的人民主权或者人民意志的问题。从这个意义上讲，习惯法意识形态的兴起不过是将规范真理移交法国国王的副产品(1)。国王的批准是真理的源泉，这也就意味着自称"普世"的世俗法律真理——罗马法——也应该放到以国王为中心的民族历史的尺度上去衡量(2)。

(1)美男子腓力与博尼法斯八世之争中的习惯与真理

重新评估习惯在规范等级制中的位置意味着重构这个等级制。虽然在 1245 年与教皇的冲突中路易九世用历史论据和"悠久而古老的习惯"(longaevus usus et prisca consuetudo)来维护王国的教会政策，他的时代更多还是共同法的时代。[①] 而我们在第四章也已讨论过，宗教理想塑造了王国对习惯法的态度。改革和核准习惯是 12 世纪起西欧各地开始的一场运动。[②] 若干学

---

① Jacques Chiffoleau,"Saint Louis, Frédéric Ⅱ et les constructions institutionnelles du ⅩⅢ^e siècle,"*Médiévales*, N°34, 1998, pp. 13-23.

② R. Van Caenegem,"Considerations on the Customary Law of Twelfth-Century Flanders," in *Law*, *History*, *the Low Countries and Europe* (London, 1994), pp. 97-106.

者已经指出,教会法中的周知性(notoriety)理论在这个过程中发挥了关键作用。[1] 其影响进一步又反映在王国的法律政策上,如普瓦捷的阿尔方斯于 1255 年的一个法令中要求邑督尊重"良好而受批准的习惯"(consuetudines bonae et approbatae)。[2] 圣路易也一直在寻找"好习惯"。他的调查以及在第二次十字军东征前改革习惯证明方式的举措,都反映了他对认知和改造习惯法律秩序的热心。

不过,在 13 世纪后半叶,习惯日益被融入王国的真理意识形态当中,而不再是等待接受真理意识形态批判和改造的客体。雷维尼的雅克认为,当法律和习惯发生冲突,应当选择更符合理性的规范。[3] 这样的话,习惯也是独立的法律渊源。而早在 12 世纪,"国王制定的习惯"(consuetudo constituta a domino rege)这个概念就已在腓力·奥古斯都的法令中出现。[4]

在 14 世纪初,习惯正式进入王国官方的规范真理声明。朗格多克法学家纪尧姆·德·诺加莱与若弗鲁瓦·迪·普莱西一道向克莱芒五世施压,要求裁定已故的博尼法斯八世为异端。他们呈交教皇的文本,也许是 14 世纪早期对法国国王对高卢教

---

[1] R. Van Caenegem, *History of European Civil Procedure* (Tübingen, 1973), p. 19.

[2] André Gouron, "Ordonnances des rois de France et droits savants, XIII°-XV° siècles," *Comptes rendus des séances de l'Académie des Inscriptions et Belles-Lettres*, 135° année, N°4, 1991, pp. 851-865, here p. 853.

[3] L. Waelkens, *La théorie de la coutume chez Jacques de Revigny* (Leiden, 1984), p. 566.

[4] Gérard Giordanengo, "Consuetudo constituta a domino rege: coutumes rédigées et législation féodale," in *El dret comú i Catalunya: actes del V simposi internacional*, Barcelona, 26-27 de maig de 1995(Barcelona, 1996), p. 70.

会的权利最全面的陈述,而且也申明了法国国王没有世俗上级的原则。陈述的每一条都有齐整的形式。为了表明每个陈述的权威性或者有效性,有两种表述组合最为常见:"确凿无疑,众所周知,无可置疑"(certum est,notorium,et indubitatum)以及"对此不存在相反记忆"(de cuius contrario memoria non existit)。此外,相似的表述还有"出于众所周知的习惯","长期习惯","自先祖既已有之"等。[①] 以这些理由,诺加莱反复宣称,集体记忆和习惯的确定性和周知性足以维护国王权利。与早些年前佛兰德尔伯爵居伊·德·丹皮埃尔的教会法学家提交教皇的上诉请求(见第六章)相反,这位朗格多克法学家并不认为完全以习惯作为论据有何不妥,对他来说,众所周知、长期实施的习惯似乎与其他权威的法律渊源具有相同的约束力。不过,只有当习惯法能够被认知、被固定,它的自立地位才能确保。我们也正是要从这个角度考察王国的真理体制如何吸收习惯法。

在这个问题上,诺加莱本人的个性也许已经颇具说服力。伊丽莎白·布朗(Elizabeth A. R. Brown)详细分析了他的真理观。布朗指出,诺加莱对自己知晓真理有很强的自信,相信自己受到真理的启发,并善于运用"真理"的名义攻击国王的政治对手。[②] 博尼法斯八世的"丑闻"损害了信仰的大业(negocium christi),而诺加莱对教皇的所作所为正是为了帮助国王践行其实现真理的使命。他因此谴责博尼法斯八世是真理之路的诽谤

---

① Dupuy, *Histoire du différend*, pp. 315-324.

② Elizabeth A. R. Brown, "Veritas à la cour de Philippe le Bel de France: Pierre Dubois, Guillaume de Nogaret et Marguerite Porete," in Jean-Philippe Genêt ed., *La vérité*, pp. 425-445.

者。克里内讷认为,这位南方出身、在蒙彼利埃接受法学训练的法学家,对基督教正统有很鲜明的感受,同时善于援引多种类型的法律规范,可以说"代表了中世纪晚期文人统治者典型的国家意识"①。

真理代言人的意识又与习惯法意识形态的发展是怎样联系的? 我们也许可以从这个角度重新审视著名的 1312 年 7 月法令。这则法令的重要性在于确立了王国的规范秩序。法令序文所援引的《圣经》表述也许能体现纪尧姆·德·诺加莱的个人影响(当时他是国王的掌玺大臣,一年后去世):"我们追随先王脚步,生活在正信,也即作为道路、真理和生命的天主当中……"②在解释了国王创立大学学园(studium)保护真理之路后③,法令如此定义了罗马法在规范等级制中的地位:

> 对于不涉及精神或圣事的事务及司法诉讼,我们的王国首要是依据习惯和风俗统治,而非成文法,即便在王国的部分地区,我们的臣民出于我们先王及我们的允许,在诸多事宜中使用成文法;这并非因为他们受成文法的约束,而是

---

① Patrick Arabeyre et al., eds., *Dictionnaire historique des juristes français*, Ⅻ^e-ⅩⅩ^e siècle, p. 771.

② *ORFTR*, t. 1, p. 501: Nos Progenitorum nostrorum sequentes vestigia, fidem catholicam, per quam in Domino Jesu Christo, qui via, veritas est, et vita, vivimus, ex toto corde faventes, iusticiam per quam regnamus in Domino... 参照《约翰福音》14:6,"我就是道路、真理、生命。若不借着我,没有人能到父那里去"(Ego sum via et veritas et vita nemo venit ad Patrem nisi per me)。诺加莱的其他文本也有类似的风格。

③ 有关大学、真理与王权的关系,参见 Serge Lusignan, "*Vérité garde le roy*": La construction d'une identité universitaire en France (Ⅻ^e-ⅩⅤ^e siècle)(Paris, 1999)。

因为习惯中引入了与成文法文本相同的风俗。[①]

在这个强调法律现象相对性，以及国王同意作为法律规范有效性基础的法令中，南方所通用的罗马法被定义为习惯的一种。罗马法在南方的适用仅仅是"出于我们先王及我们的允许"（ex permissione nostrorum progenitorum et nostra）。罗马法并非普遍适用，它仅作为习惯在王国某些地区具有约束力，且得到国王的明确首肯。这个声明极大挑战了我们在第六章中所见的规范真理声明结构。这里，国王没有采用规范的对话式调和，而是强调国王表述规范的至高权力，协调也仅局限于国王知识与规范的不同变体之间。在当时，这个结构是个创新，而且也亟须完善——如习惯的非成文性迫使法令在定义罗马法为习惯时额外补充了一句解释（iuxta scripti iuris exemplar moribus introducta）。我们在本章第三节中还会讨论到，这个"国王统治习惯"的结构取得普遍接受还需很长的时间，而 14、15 世纪的理论家在那个"真理危机"的时代，在建构和调整新的规范真理声明复合体时还有诸多困难。但在这里我们只需指出，诺加莱一代的法律人抬升了习惯在规范等级中的地位。对他们而言，习惯是自然而普遍的现象，它会根据共同体的公共善自我调整。与此同时，他们也承认国王在国内世俗法律秩序中垄断规范真理声明的原

---

① *ORFTR*，t. 1，p. 502：Ceterum super negotiis，et causis forensibus que spiritualitatem，et fidei sacramenta non tangunt，regnum nostrum consuetudine moribusque praecipue，non iure scripto regitur，licet in partibus ipsius regni quibusdam，subjecti，ex permissione nostrorum progenitorum et nostra，iuribus scriptis utantur in pluribus，non ut iuribus scriptis ligentur，sed consuetudine，iuxta scripti iuris exemplar moribus introducta...

则——这将进而导向"国王敕令至上"的观念。而为了进一步支持这个观念,国王的政论家还需要将罗马法历史化。

(2)《果园之梦》中罗马法的相对化和历史化

既然罗马法在法国不过是作为习惯而得到接受,因此不具备普世效力,那么罗马法也就不能支持任何宣称教皇或皇帝高于法国国王的论点。但罗马法——也就是法学家们所珍视的"成文理性"——的相对性和历史性如何证明? 通用注释在解释《格拉提安教令集》中法王不承认上级的内容时指出,这是"事实上"(de facto),而不是"法上"(de iure)的情况,因为按照"法"的规定,国王要承认皇帝。[①]《双方问答》作者对此的回应是:"此事实已成习惯……而此习惯受批准,且至今为止受和平遵守;教皇和皇帝对此均无异议,受誓言和协议的巩固,且已是长期的定则。"[②]之所以国王与教皇的争端会牵扯到皇帝,是因为教皇宣称自己有权罢黜皇帝,而皇帝又是国王的世俗上级。对此,Super

---

① 通用注释:Verum est de facto, sed non de iure: Quia de iure debet recognoscere Imperatorem. 关于这个文本的讨论,参见卢兆瑜:《西欧主权国家萌芽的前奏:不承认有上级的君主》,《史学集刊》2017年第3期,第119—128页。

② Melchior Goldast, *Monarchia Sancti Romani Imperii* (Frankfort, 1614), p. 98: Respondeo, illud factum versum esse in consuetudinem, quae dat iurisdictionem, ut dicit Innocentius extra de iudic. cap. novit, super verbo, consuetudinem: Nota, inquit, consuetudinem dare iurisdictionem supra de arbitr. delect. Et ibi praemittitur in Glossa: Nota iurisidictionem pacificari iuri et privilegio 10. quaest. 3. cap. conquestus. Quia ista etiam consuetudo est approbata et hactenus observata pacifice; nec a Papa nec ab Imperatore impugnata, imo iuramentis et pactionibus foederata, et ex longissimis temporibus iam praescripta.

specula(Ⅹ.5,33,28)教令是在法国政论家最容易想到的防御武器。① 与此同时,他们需要让法国独立于罗马法普世秩序的这一点毋庸置疑。最直接的史料来源当然是《圣经》,如巴黎的让利用《圣经》说明了王国的起源。此外,罗马法和教会法也都被视为是富有权威的史料。罗马法中最基本的历史叙事莫过于《论法的起源》(D.1,2)。在这个标题下,注释法学家详细阐述了罗马的旧法、共和国法和帝国法的沿革,以及他们与中世纪法律的差异。奥尔良大学的法学家们也在一定程度上阐发了罗马法的历史性。② 在 13 世纪晚期和 14 世纪早期,皇帝和普世帝权因为国王与教皇的争端而被牵扯进来,并被正在兴起的法国民族国家理论猛烈打击。后者是中世纪辩证法和法学教育在政治领域的实践与延伸。在这个框架下,法国法学家将历史和习惯法抬到了最高。如果 13 世纪的博韦的樊尚还依旧撰写着普世史,一代人之后的圣维克多的让(Jean de Saint-Victor)认为帝国对世界秩序意义不大,所以不应追求普世史。③ 历史观念的改变也让负责政治宣传的法国法学家去寻找支持法律相对主义的工具。埃夫拉尔·德·特雷莫贡的《果园之梦》即是综合了若干代法国

---

① 以往认为这则教令是在法国国王要求下所为,但这个论点基本不再受学界支持,参见 Jacques Krynen, "La réception du droit romain en France: Encore la bulle *Super specula*," in *Revue d'histoire des facultés de droit et de la culture juridique du monde des juristes et du livre*, Vol. 28 (2008), pp. 227-262.

② Marie Bassano, "*Dominus domini mei dixit...*"; *Enseignement du droit et construction d'une identité des juristes et de la science juridique. Le studium d'Orléans* (c. 1230-c. 1320), Thèse doctorale sous la direction de Corinne Leveleux-Teixeira et de Albert Rigaudière, Paris Ⅱ.

③ Jean-Marie Mogelin, *L'Empire et le royaume, entre indifférence et fascination, 1214-1500*(Lille, 2011), p. 292.

政论家和法学家政治宣传作品的集大成之作。

将罗马法相对化的倾向在特雷莫贡的《果园之梦》中有明确体现。这里我们感兴趣的是特雷莫贡具体是如何说明的。首先,在第10章,特雷莫贡借骑士之口陈述了这样一种"法学家史观"。骑士不乏嘲讽地说,国王古已有之,而在那个时候,你们的罗马皇帝还不知道在哪里。[①] 罗马法在特雷莫贡看来不具有永恒性:在第一卷第36章第22—34节,骑士讨论了人间法(droit humain)的四种形式(自然法、万民法、市民法和教会法)后,指出皇帝拥有的是市民法,也就是后于确立国王法权的万民法之后出现的对法的控制权(titre)。市民法是多变的。从中不能得出国王对全世界有领主权(seignorie)。市民法是各个城邦的法律,所以每个国王每个城邦都有不服从皇帝的法律,阿拉贡国王禁止领内通用民法就是例子。其次,所谓市民法是罗马人在君主制时代的法律,已是作古之调(une vois morte);而且即使他们说皇帝是世界之主,也不能置信,因为他们相当于在为自己的诉讼作证(D.22,5,10)。随后,骑士继续引用罗马法,论证从历史上讲,罗马皇帝不是法国国王的上级。皇帝也许是教皇的封臣,但法国国王,还有西班牙国王就不是。至于法国国王为什么不叫皇帝,埃夫拉尔·德·特雷莫贡的解答是这样的:国王的称呼在《旧约》时候就能找到,比皇帝更悠久,法国国王可以叫作皇帝,叫国王是出于习惯,而且国王的头衔比皇帝更高贵。[②]

---

① Evrard de Trémaugon, *Le songe du vergier*, Marion Schnerb-Lièvre ed. (Paris, 1982), t. 1, p. 50.

② Evrard de Trémaugon, Le songe du vergier, Marion Schnerb-Lièvre ed. (Paris, 1982), t. 1, pp. 154-155.

这一系列从不同类型的法的归类出发的论点，有很强的时代性。这样的立场一来是政治需要，二来也许与 14 世纪人们对古典时代的了解更为深入有关。与此前的争端一样，这里特雷莫贡强调了国王悠久而自然的统治。不过，这种思路并非完全是法国人的创造。有关法的时间顺序，以及罗马法体系的演进，评注法学家都烂熟于心——即使他们所依据的彭波尼（Sextus Pomponius）的文本在今天的学术研究看来是错谬百出的。尽管骑士的论点粗糙而简单，它们却代表了罗马法的历史解释框架，也为如何利用这个框架为国王服务提供了很好的范例。历史击败了文本，历史性成为了文本的意义基础。在这一历史结构中，漫长的实践和现实融为一体：国王的统治是出于上帝意志，而与此同时罗马皇帝的法律早已过时了。当然，学识法并没有被完全抛弃，论证也是在学识法的文本和话语框架内进行的，尤其是特雷莫贡的文本中反复出现的如"根据法与理性"（selon Droit et selon raison）、"根据法"（selon Droit）或者"根据成文理性"（selon raison escripte）等表述，更是彰显了这一点。

既然世俗法律秩序是多变而相对的，那么它必然取决于一国的历史条件。正是因为这个思路，亚里士多德主义的"自然"观变得日益重要。[①] 特雷莫贡关心如何证明法国国王连续而自然的统治，十分注意区分自然统治和暴力统治。最值得注意的是他对查理曼帝国三分后，法国国王拥有皇帝权力的证明。虽然法兰西王国的起源是暴力征服，暴力和暴政"已经随着时间的

---

① Jacques Krynen, "Naturel: Essai sur l'argument de la Nature dans la pensée politique à la fin du Moyen Âge," *Journal des Savants* (1982), pp. 169-190.

流逝而清除"①。具体说来，法国人民罢黜希尔德里克三世，扶持
丕平上位之后，这种清洗就告成了。因此，丕平之后的统治者都
是"真实的，由上帝和神圣经文确立的"。而在王室家系中甚至
出现了圣徒（即圣路易，但也可以将查理曼考虑在内，1165 年受
对立教皇帕斯夏三世封圣，民众称他为圣查理曼②）。今天的法
国"是真实而自然的王国，没有暴力、没有强迫、没有暴政，是根
据上帝意志所建"。至于帝权（imperium），它已经转移到了法
国。③ 法国是查理曼帝国三分的产物。就如民法中房子一分为
二，每一半都依然叫作房子，法国也可以称为帝国。称王国是出
于习惯，而根据《彼得前书》2：17（"敬畏神，尊敬君王"，Deum
timete，regem honorificate），"国王的名号更古老更崇高，因为
它同时受到旧法和新法的批准，而皇帝的名号是后来才出现
的"④。与罗马一样，法国也可以称为帝国，国王称皇帝，因为法
兰西王国是帝国的一部分，拥有与帝国相同的权威和特权。⑤ 且
查理曼分国是因其完满权力而实现的，其完满权力也意味着它
不仅可以做任何有益于公共善的事，也可以做任何无损于公共

---

① Trémaugon，*Songe*，p. 54.

② 查理曼受腓特烈一世扶持的对立教皇封圣。有关查理曼在中世纪的形象，参见
Robert Morrissey，*L'empereur à la barbe fleurie：Charlemagne dans la
mythologie de l'histoire de France*（Paris，1997）；对比德国：R. Folz，
"Charlemagne en Allemagne" in *Charlemagne et l'épopée romane. Actes du VIIᵉ
Congrès international de la Société Rencesvals*，*Liège*，28 *août*-4 *septembre*
1976，Madeleine Tyssens et Claude Thiry，eds.（Paris，1978），t. 1。

③ 有关帝权转移（translatio imperii）观念，参见 Goez，*Translatio Imperii：Ein
Beitrag zur Geschichte des Geschichtsdenkens und der politischen Theorien im
Mittelalter und in der frühen Neuzeit*（Tübingen，1958）。

④ Trémaugon，*Songe*，pp. 154-155.

⑤ Trémaugon，*Songe*，p. 56.

善的事。①

不过,同样的逻辑也可以被法国的政敌利用,来论证将吉耶那(Guyenne)从王国分离出去的正当性。既然查理曼可以将国家一分为三,为什么吉耶那不能根据《加莱条约》②从法国分离出去?一个棘手的问题来了:如果坚持认为吉耶那是法国不可分割的一部分,那么法国的主权以及审理上诉权,也应该归属于帝国。(此外,巴黎高等法院的一大理论贡献就是王国领土的不可割裂原则,而这条原则似乎也适用于帝国的分割。)对此,骑士提出了两种反驳方式,一种即法国从未从属帝国,或者,即使它曾经从属帝国,也是因为圣查理的命令和权力;而"根据成文理性",他可以将法国从帝国分出,恢复其原有的特许权和自由权,使之本身成为帝国(D. 50,17。根据这一章节,此事再自然不过)。而这与违背人民同意,在国王不知情的情况下订立的《加莱条约》是两回事,因为后者是有悖于"自然"的武力和暴力统治。

市民法的相对性、自然统治,以及人民在其中的角色,是特雷莫贡的论点中引人注目的内容。只有在确立了罗马法是相对的市民法后,自然的、法国的市民法才有可能诞生,而习惯构成

---

① Trémaugon, *Songe*, p. 156. ; Charlemaigne, en tant que il fust Impereur, ot si plaine aministracion ez choses de l'Empyre que il povet non mie seulement ce qui estoit profitable a la chose publique, mez povet aussi tout ce qui ne tournet mie en prejudice de la chose publique.

② Trémaugon, *Songe*, p. 273.《加莱条约》系 1360 年 5 月英王爱德华三世与战争中被英军俘虏的法王让二世之子查理(日后的查理五世)签订的和约,其中规定将吉耶那与加斯科涅等地主权让与英国。条约详细介绍及文本参见 Eugène Cosneau, ed., *Les grands traités de la Guerre de Cent Ans* (Paris, 1889), pp. 33-68。

了其主要成分。特雷莫贡在理论中引经据典，展现了其博古通今的一面。相比半个多世纪前的作品，他的论著完全称得上史料丰富。作为帮助国王理解争端主要问题的百科全书，《果园之梦》不仅复制了奥卡姆的威廉、帕多瓦的马西利乌斯、托马斯·阿奎那还有特雷莫贡的老师让·德·勒尼亚诺（Jean de Legnano）的作品，还罗列了古典和中古的众多史籍。特雷莫贡熟悉大多数流行的编年史，包括博韦的樊尚，以及"贪吃者"彼得的《经院史》（*Historia scolastica*）。他对古典文本的熟悉程度也令人印象深刻，提到过如提图斯-李维、瓦雷流斯·马克西姆斯、西塞罗、普鲁塔克、苏埃托尼乌斯和奥卢斯·格利乌斯等。他的兴趣甚至还包括动物志（historia animalium）。特雷莫贡使用习惯捍卫王国主要政治方针，在一定程度上还承认人民在制定习惯中的作用。但要说在 14 世纪晚期，习惯既已成为正在形成的法兰西民族国家不可置疑的法律意识形态还为时尚早。下一节中我们将会看到，与特雷莫贡几乎同时期的作者对"萨利克法"的起源与性质有不同的看法。而这些差异能够体现出历史批判、政治立场以及王国法律意识形态三者之间的动态关系。

三、有关"萨利克法"起源的讨论与形成中的王国规范等级制

在 14 世纪英法王位继承争端中走上历史前台的"萨利克

法",对中国学者来说应该并不陌生。[①]《萨利克法典》虽然成文于中世纪早期,但却是中世纪晚期法国民族国家观念形成史中的关键性名词。它于14世纪被重新发现,进而融入法兰西王国的政治意识形态当中。不过,有关"萨利克法"的起源与性质,中世纪晚期法国的法学家和历史学家们似乎在最开始并没有统一的认识。阅读众多史料后,我们发现中世纪晚期有关"萨利克法"起源大致有三种说法:(1)法兰克人悠久的习惯;(2)法国先王制定;(3)罗马起源。这三种起源说又对应于三种对"萨利克法"性质的定义:(1)习惯(coutume);(2)国王敕令(constitution);(3)移植后的罗马法。根据不同说法在14—16世纪的浮沉,我们可以从侧面窥视正在成型的王国规范等级制和法律意识形态。

本节首先以让·德·蒙特勒伊(Jean de Montreuil,1354—1418)对"萨利克法"的独特定性为讨论对象。让·德·蒙特勒伊纠结于萨利克法的多种渊源,他的论述因此显得杂糅。但最值得注意的是,他点明了萨利克法的"罗马"起源,并为后世一些史家继承。随后,将概括萨利克法是国王敕令这一观点的构造和历史依据。事实上,萨利克法"国王敕令论"的基础是法拉蒙制法的神话。但这种观念长期受到法国旧制度王权的认可。在"国王敕令论"之后我们讨论将萨利克法看作纯粹的法兰克人习惯法的观点。这派观点历史悠久,影响广泛,试图为王国统治提

---

① 陈文海:《〈撒利克法典〉在法国中世纪后期的复兴和演化》,《历史研究》1998年第6期,第108—121页。汤晓燕的《〈萨利克法典〉"神话"与十六七世纪法国排斥女性的政治文化传统》(《世界历史》2017年第4期)在其前半部分对萨利克法"神话"的源流作了详尽的文献梳理。

供"自然"的基础。最后,萨利克法"国王敕令论"在近代早期占据主流的事实,可以反映出"国王敕令至上"意识形态的崛起,这对理解中古法兰西王权如何摆脱法律多元主义,成为近代法权国家的过程有不可或缺的意义。国王统治规范即掌控规范真理(相),有关萨利克法的历史讨论,因此标志着历史真相和规范真相的相互作用。

(1)让·德·蒙特勒伊不断修改中的文本

讨论首先从法国早期人文主义者、国王秘书让·德·蒙特勒伊开始。让·德·蒙特勒伊可谓萨利克法的观念中枢。之所以这么说,是因为他对萨利克法起源与性质的认识有一个渐变的过程,而在其不同创作阶段,他采用了不同的观念来解释萨利克法的起源与性质。考察他所创作的文本的演变,可以看出在15世纪初,法国论者对萨利克法的定性还犹豫不决。但让·德·蒙特勒伊将萨利克法的起源定在罗马的举动耐人寻味。

让·德·蒙特勒伊作为国王秘书,参与文书局工作和诸多复杂的外交谈判。他的功绩使他受封里尔教务长,支取不菲的年俸。虽然是景仰古典拉丁文传统的人文主义者,其拉丁文书信依然体现了他在文书局工作的影响。① 文书局工作使其接触了文书库中大量记录,并养成了娴熟的技巧将其用于写作和论辩。② 如上所述,系统地留存文书,研讨文书真伪,并在文书基础

---

① Jean de Montreuil, *Opera*, Volume 2: *L'œuvre historique et polémique*. *Édition critique par N. Grévy*, *E. Ornato*, *G. Ouy*(Torino, 1975), p. XⅧ.

② 关于王国档案在外交中的作用,参见 Jean-Marie Moeglin ed. , *Diplomatie et "relations internationales" au Moyen Âge* (Paris, 2017), pp.139-146。

上撰写某个团体(如某修道院抑或整个王国)的历史,从而在必要时用于维护权益是中世纪晚期历史写作的一大动向。也正是因其深谙文书、抄本和外交,他才得以在一系列官方核准的客观事实的基础上,宣称自己在《反英国人书》中所述是"真相的证言"(témoignage de vérité)。① 又,作为人文主义者,让·德·蒙特勒伊的作品多为法国诗歌和演讲艺术的成就呐喊助威。他是《玫瑰传奇》之争的参与者,与克里斯汀·德·皮桑及让·热尔松针锋相对,为让·德·默恩(Jean de Meun)辩护。② 相比让·热尔松的宗教理性主义,让·德·蒙特勒伊相信自然的优越性。我们将看到,理性与自然之间的调和也许是他在《反英国人书》中对萨利克法定性犹豫不定的重要原因。

让·德·蒙特勒伊全面系统讨论萨利克法起源与性质的文本是其著名的《反英国人书》。《反英国人书》成文于1409—1413年。其抄本根据时序和文字特征大致可分为三个阶段,语言依次为中古法语、拉丁语、中古法语,大致由三部分内容构成:英王爱德华三世不可经由母亲继承法国王位;英王与法王的封建关系与封地纠纷;若干条约的效力。在这个文本之前,圣德尼修道院编年史家莱斯科(Lescot)有已佚同名著作。而在1406年至

---

① 作为侧面佐证,人文主义、修辞学、司法档案之间的联动,参见 Claude Gauvard, "Les humanistes et la justice sous le règne de Charles Ⅵ," in *Pratiques de la culture écrite en France au ⅩⅤ ᵉ siècle*:*Actes du colloque international du CNRS. Paris*, 16-18 mai 1992(Turnholt, 1995),pp. 217-244, 此处 pp. 221-222。

② 让·德·蒙特勒伊参与辩论情况及其书信的成文时间,参见 Eric Hicks and Ezio Ornato, "Jean de Montreuil et le débat sur le Roman de la Rose," *Romania* 98 (1977), pp. 34-64, and pp. 186-219;Hult, *Debate of the Romance of the Rose* (Chicago,2010).

《反英国人书》成文之间，德·蒙特勒伊写作了一个有关上述争论的概述文本，附于《致全体骑士》之后。当然，作为一位中世纪作者，他的写作很大一部分是汇编先前内容。在他撰写《致全体骑士》和《反英国人书》之前，王室文书局就已经对英法两国争端制作了一份陈述事态发展与缘由的文献（收录于《文集》第三卷附录）。他在上述两部政治宣传作品中都运用了这个文件所定的事实，而同时也许吸收了莱斯科所代表的圣德尼编年史传统。

学者们早已注意到让·德·蒙特勒伊对萨利克法的认知并非前后一致。[①] 早期概述文本和《反英国人书》前两个阶段的文本差异（第三阶段和第二阶段文本相似度较高）反映了让·德·蒙特勒伊对萨利克法的认识的演进。以下先看三个文本的原文（着重号为笔者所加）：

早期概述文本：Combien que j'ay oy dire au chantre et croniqueur de Saint Denis, personne de grant religion et reverence, qu'il a trouvé par tres anciens livres que ladicte coustume et ordonnance, qu'il appelle la loy *Salica*, fu faicte et constituee devant qu'il eust oncques roy chrestien en France. Et je mesmes l'ay veu, et leu ycelle loy en un ancien livre, renouvelee et confermee par Charlemaingne empereur et roy de France. Laquelle loy, entre plusieurs autres (choses) qui sont tres grandement a nostre propos, dit ainsy et conclut en ceste propre forme：mulier vero nullam in regno habeat portionem. （我多次从圣德尼的唱经和编年僧侣——这位极其信教虔诚之

---

① Colette Beaune, *Naissance de la nation France*, pp. 264-290；Jacques Krynen, *L'Empire du roi*, pp. 127-135.

人——那里听说,他从极其古老的书籍中发现了一则习惯和法令,他称其为萨利卡法,早在法国有基督教国王之前就已制定。我更是在一部古书中亲眼见过、读过这部法律,由皇帝、法国国王查理曼重新核准颁布。与我们的主题有极大关系的是,这部法律明文规定:妇人不可有王国丝毫份额。)

中古法语(第一阶段抄本):Combien que nous(avons)sceu et veu par tres anciens livres que ladite constitution et ordonnance qui est appellee la loy salique, qui vint jadiz des Ronmains, fu faite et constituee en France des devant qu'il y eust roy crestien et confermee par Charlemaigne. Laquelle loy salique contient en latin cestre propre forme de parole: Nulla portio hereditatis mulieri veniat, sed ad virilem sexum tota terre hereditas perveniat, qui exclut et forclot femmes de tout en tout de pouoir succeder a la couronne de France, comme icelle loy et decret die absolument que femme n'ait quelconque portion ou royaume, c'est a entendre a la couronne de France. [1] (古书上记的萨利克法我们知道、看到得清清楚楚,这部敕令和法令从前来自罗马人,在法国国王尚未皈依基督教前就已制定,且由查理曼核准。这萨利克法有这句拉丁语原话:继承份额不可丝毫予妇人,土地之继承权唯男性是从。这部法律和法令完全排除了女性继承法国王位的权力,因为它绝对地说明,女性不能继承王国丝毫领土,即不能继承法国王位。)

拉丁语(第二阶段抄本):Estque verum, et in antiquissimis

---

① Jean de Montreuil, *Opera*, t. 2, p. 168.

libris ac regestris reperitur, dictam constitutionem seu legem factam fuisse priusquam Francia regem haberet christianum, et Karoli magni imperatoris et regis Francie auctoritate firmatam; quequidem lex, salica nominata, a Romanis trahens ortum, cum plerisque non parum ad hec facientibus, determinative hoc modo concludit: Nulla portio hereditatis mulieri veniat, sed ad virilem sexum tota terre hereditas perveniat. [①]（复次，循古书史记所录，此敕令或曰法律，制成于法兰西之有基督教国王之前，后有皇帝兼法兰西国王查理曼颁行；众人皆曰，此法名萨利克，源出罗马人，有如是定论：继承份额不可丝毫予妇人，土地之继承权唯男性是从。）

明了起见，我们将有关萨利克法起源与性质及其具体引文放入表 7-1：

表 7-1　萨利克法起源与性质及其具体引文

文本	指称	性质	起源	引文
早期概述文本	loy Salica 萨利卡法	coustume et ordonnance 习惯与法令	faicte et constituee devant qu'il eust oncques roy chrestien en France	mulier vero nullam in regno habeat portionem
第一阶段	la loy salique 萨利克法	constitution et ordonnance 敕令与法令	qui vint jadiz des Ronmains, fu faite et constituee en France des devant qu'il y eust roy crestien	Nulla portio hereditatis mulieri veniat, sed ad virilem sexum tota terre hereditas perveniat

---

① Jean de Montreuil, *Opera*, t. 2, pp. 226-227.

文本	指称	性质	起源	引文
第二阶段	lex salica 萨利克法	constitutionem seu legem 敕令或法律	factam fuisse priusquam Francia regem haberet christianum；a Romanis trahens ortum	Nulla portio hereditatis mulieri veniat，sed ad virilem sexum tota terre hereditas perveniat

从表 7-1 可以看出，在成文最早的概述文本中，让·德·蒙特勒伊极力强调了圣德尼编年史家的权威性，也强调自己是亲眼所见，亲自读过。但是，萨利克法法条的引用并不准确。Terra 被 regnum 所取代，句式也大幅简化。"萨利克法"的写法也是带有拉丁文特征的 loy Salica 而不是 loy salique。引文的错误令人怀疑此时让·德·蒙特勒伊是否真的亲眼见过圣德尼修道院所藏的抄本。而此时，萨利克法的性质是"习惯与法令"。根据博纳对手抄本的研究，让·德·蒙特勒伊起先引用的很可能是莱斯科那篇已佚的《反英国人书》中并不准确的引文"mulier vero nullam in regno habeat portionem"，后来也许是在圣德尼修道院的编年史僧侣米歇尔·潘图安（Michel Pintoin）的协助下，德·蒙特勒伊查阅了抄本原本，并改正了莱斯科的错误。[1]纠正后的引文出现在《反英国人书》第一阶段抄本。此时让·德·蒙特勒伊见过萨利克法原文应该是毋庸置疑的，他也相应地将其性质改变为敕令与法令（第二阶段的"法律"一词与"敕令"及"法令"可以相互替代）。蒙特勒伊最初认为萨利克法是自古通行的习惯，而后是国王的敕令。之所以发生这个改变，也许

---

① Beaune，*Naissance de la nation France*，p. 271.

是因为习惯的非制定性和非成文性与之后先王制定之类的表述并不融洽。如13世纪习惯法书《给朋友的建议》的定义，"成文的习惯叫作法律（lois）或者敕令（constitution），而不成文的保留原名，即习惯（costume）"。^① 改为"敕令"符合萨利克法的成文特征，充分强调它是悠久的王国立法。由此可见，让·德·蒙特勒伊最初采用萨利克法"习惯论"，尔后采用了"国王敕令论"。

至于萨利克法的罗马起源，让·德·蒙特勒伊并没有详细解释出处。而且值得强调的是，他只提到萨利克法"出自罗马人"，而没有直接提到罗马法（qui vint jadiz des Ronmains 和 a Romanis trahens ortum）。因此，仅从字面上讲，德·蒙特勒伊没有明言萨利克法的罗马法起源。但对比早期概述文本和第一阶段抄本可见，罗马人的元素是较晚加入的，这个改动定然反映了作者在认识上的变化（或者说具体化）。说罗马人而不谈罗马法表现了作者含糊其辞的态度。德·蒙特勒伊首先将萨利克法的定性从习惯改为国王敕令，并对引文采取极为严谨的态度，也许可以说明他相比习惯更青睐成文法。而若能进一步将萨利克法与罗马法联系起来，相比单纯援引不具有普世性的习惯或者敕令，大概更能让英国论敌噤声。事实上，身处巴黎政治和知识界核心圈子的蒙特勒伊即使本人没有充分系统的法学教育，也应该不难找到法学家解释这则条文。《沃科尼亚法》（*Lex Voconia*）^②大概是最合适的引用，而在此之前，特雷莫贡就已经

---

① Pierre de Fontaines，*Le Conseil de Pierre de Fontaines*，p. 492. 但在中世纪晚期罗马法学说中，已有不少法学家不把成文与否当成是习惯法的根本特征。
② 《沃科尼亚法》由保民官沃科尼乌斯颁布，禁止拥有10万阿斯以上财产者立女性继承人。

用罗马法的其他条文论证女性的天性使她们无法胜任公职(D.
5,1,12,D.50,17,2)。① 但对于这些论点,德·蒙特勒伊均没有
点明。"源自罗马人"的表述因此体现了德·蒙特勒伊的观念中
萨利克法与罗马法若即若离的关系。排除"习惯"这一定性,突
出萨利克法是王国敕令并暗示其罗马联系表现了他复杂的立
场:首先他吸收了大部分以习惯论证排除女性继承王位原则的
文本;其次他实现了萨利克法从习惯到国王敕令的转变;最后,
加入与罗马法的隐藏联系将使法国论者有可能发展出更多的论
据,萨利克法与罗马法的调和也许能让问题盖棺论定,而无须借
助于法国法律之特殊性。不明确提及罗马法一来是过去的论证
传统所限,二来也是避免法国国王服从于普世权力的推论。说
"罗马人"而不说"罗马法"可谓是用心良苦。

虽说如此,萨利克法的"罗马起源"似乎并不是"萨利克法
神话"中受到重视的一支。1459 年,诺埃尔·德·弗里布瓦
(Noël de Fribois)在其《法国简史》中发展了蒙特勒伊所给的框
架。诺埃尔·德·弗里布瓦与德·蒙特勒伊一样是国王的秘
书和书记。他这样解释萨利克法与罗马的联系:"我们在古史
里发现,萨利克法是法国人古老而真实的法(droit),大部分内容

---

① 另见 Krynen, *L'Empire du roi*, pp. 128-129。

有西塞罗的《国家篇》为依据,还符合神圣法和人法。"①而"为什么古代法国人决定采用并接受古罗马人的敕令萨利克法,有12条基于自然法、市民法和教会法的理由"②。他因此发展了蒙特勒伊为萨利克法添加的罗马元素,使之成了有西塞罗著述佐证的罗马人的敕令,并上升到了法国人的"法"的级别。萨利克法有了古罗马学说的支撑,而且和《圣经》及学识法相协调。与德·蒙特勒伊一样,他没有点明《沃科尼亚法》,虽然这部法律确实出现在西塞罗《国家篇》的第三卷。有关萨利克法起源的段落,他在蒙特勒伊给出的框架下做了不少改动和增补:源自罗马人的萨利克法"为最早的法国人所继受",加入了克洛维即王权神圣性的元素,加入了查理曼继承者虔诚者路易即帝权连

---

① Noël de Fribois, *Abregé des croniques de France*, Kathleen Daly, Gillette Labory, eds. (Paris, 2006), p. 225: Comme l'en treuve par les histoires anciennes, la Loy salique est l'ancien et vray droit des François, et est fondé pour la pluspart sur le livre de Tulles, qui se intitule De re publica; et avecques ce en droit divin et humain. 注意:此处对西塞罗的引用与另一处引用(Unde dicit Tullius, princeps eloquencie latine, quod Athenis erit una consuetudo et alia Rome)都不确切。

② Noël de Fribois, *Abregé des croniques de France*, Kathleen Daly, Gillette Labory, eds. (Paris, 2006), p. 168: Les causes qui jadiz meurent les anciens François a prandre et accepter des anciens Rommains la constitucion appellee la Loy salique sont douze, fondees es droiz naturelz civilz et canoniques.

续性的元素。①

(2)让·德·蒙特勒伊之后有关萨利克法起源的表述

然而,这种向罗马法靠拢的神话构造似乎并没有另一种更为纯粹的"国王敕令论"那么流行。莱斯科也许是萨利克法神话这一支的始作俑者。莱斯科认为钻研罗马法会减弱人们对教会正典的信仰,②因此在建构虔诚的法国国王的历史形象时,避开与罗马法有关的一切,强调萨利克法的神圣性和法国性是立论之需。在德·蒙特勒伊将萨利克法定性为"敕令"之后,执着于寻找有"王国"字样抄本的普瓦捷高等法院大法官于尔森的让-茹弗纳尔(Jean-Juvénal des Ursins)是这一"国王敕令论"发展的关键人物。他在 1435 年的《天且听》(*Audite Celi*)中将萨利克法起源定在了特洛伊人进入法国的公元 422 年。而德·蒙特勒伊准确的引文在他那里也变回了更简单但不准确的"Mulier

---

① Noël de Fribois, *Abregé des croniques de France*, Kathleen Daly, Gillette Labory, eds. (Paris, 2006), p. 164: Patet autem ex libris et scripturis antiquissimis constitucionem et ordinacionem nuncupatam legem saliquam, a Romanis quondam emanatam, a primis Francis acceptatam et actenus observatam, extitisse maxime ante Clovis Francorum regis susceptum baptismum et unctionem celitus emissam; quamquidem salicam legem Karolus Magnus Francorum rex et imperator laudavit, approbavit et confirmavit et postmodum Ludovicus eius filius et successor agnominatus Piissimus, [prout superius succincte dictum extitit].

② Bellaguet, ed. , *Chronique du religieux de Saint-Denis* (Paris, 1994), t. 3, p. 725: nam quasi in iure civili eruditus et sacris canonibus dedignaretur subici prius scriptis.

vero in regno nullam habeat porcionem"。① 1460 年代的《详说萨利克法》(Grand traité de la loi salique)拓展了他的观点,而注重本文真实性的诺埃尔·德·弗里布瓦没能遏制住神话的发酵。② 这部称萨利克法为"法国人最早的法律"(注意,参照后世的解释,这里法律的意思即法令而不应译成法典)的长篇大论采用的是法兰克人第一位国王法拉蒙委派四位智者于佐加斯特(Usogast)、维佐加特(Visogat)、萨拉加斯特(Salagast)和伏伊佐加斯特(Vuisogast)创制萨利克法的说法。③ 萨利克法的性质为"国王敕令"(constitutio regia)。这位匿名作者还假想了一场1328 年的讨论,借国王顾问的讨论梳理了论证的三条路径:"法国的法律与习惯"、"《萨利克法》法令"、"皇帝对封地问题的敕令"(即中世纪时附于《民法大全》的《封地之律》)。④ 由于法国国王不服从于皇帝,所以应该避开第三条路径,而以前两条为自身辩护。罗贝尔·加甘(Robert Gaguin,1433—1501)的《法国史略》(15 世纪末)沿用了这个说法,法拉蒙命令上述四人"将法律带给人民"⑤。"国王敕令派"多少回避了"国王选举"和"人民意志"之类的话题,将萨利克法当作法国最早的国王敕令和王国自

---

① P. S. Lewis eds. , *Écrits politiques de Jean Juvénal des Ursins*(Paris, 1978), t. 1, p. 156.

② Kathleen Daly, Ralph E. Giesey, "Noël de Fribois et la loi salique," *Bibliothèque de l'école des chartes*, Volume 151, 1993, p. 27.

③ Claude de Seyssel, *La grand monarchie de France : Avec la loy Salique, qui est la premiere et principlae loy des François*(Paris, 1558), fol. 84 v°.

④ Claude de Seyssel, *La grand monarchie de France : Avec la loy Salique, qui est la premiere et principlae loy des François* (Paris, 1558), fol. 84 r°.

⑤ Robert Gaguin, *Compendium Roberti Gaguini super francorum gestis*, Liber Ⅰ, 1511, fol. Ⅳ.

成立伊始既已有之的根本大法。

最后还有与法国人文主义密切相关的"习惯派"或者"自然派"。虽说是"罗马派"的始作俑者，蒙特勒伊也在诉诸其作为悠久法令且受皇帝－国王查理曼核准之外，强调排除女性继承封地是习惯。在他看来习惯不受成文法所限，不同国度有不同的敕令、法律和生活方式（这一点为诺埃尔所继承），①而且捍卫习惯事关法国人的荣誉。早期摘要中他指出排除女性继承主要是出于两点考虑：王国会更高兴以及臣民的同意（le royaume seroit plus content；consentement des subgiéz）。② 一个世纪以后，克劳德·德·塞瑟尔（Claude de Seyssel，1458—1520）解释道，如果采用女性继承，就会让王位落入外国男性手中，而这样一位外族统治者"与他来统治的国家的人民相比，吃的不同，体质不同，习惯不同，语言不同，生活方式不同"③。这句话就已经充分反映了人文主义之于法国的影响。在法国，"自然"的概念与民族意识的兴起密不可分。④ 正是在"自然"的旗号下，女性在16世纪的政治争端中进一步受到批判，⑤而与此同时，符合自然的"习惯法"作为"法兰西共同法"的意识形态创造正在扎根。

当然，我们不能忘了法国"法律民族主义"观念形成中的重

---

① Jean de Montrueil, *Opera*, t. 2, p. 166.

② Jean de Montrueil, *Opera*, t. 2, p. 135.

③ Claude de Seyssel, *La grand monarchie de France*, fol. 8；celuy qui vient d'esgrange nation, est d'autre nourriture et condition, et a aultres meurs, autre langage, et autre facon de vivre, que ceulx du pais ou il vient dominer.

④ Krynen, "Naturel, Essai sur l'argument de la Nature dans la pensée politique à la fin du Moyen Âge," pp. 169-190.

⑤ 汤晓燕：《〈萨利克法典〉"神话"与十六七世纪法国排斥女性的政治文化传统》，《世界历史》2017年第4期，第70页。

要人物弗朗索瓦·奥特芒(François Hotman,1524—1590)。奥特芒批判了加甘和其他"法国庸俗史家"(vulgaires historiens François)将法令归于法兰克人国王法拉蒙的说法。[①] 他认为,法兰克人分东西两个王国,有两套法律,东边的王国用的是萨利克法,而定居高卢的法兰克人用法兰克法(Loy Francique)。[②] 编年史家和法学家曲解了文本,而实际上无论是萨利克法还是法兰克法都没有排除女性继承王位的规定。[③] 他进而指出萨利克法走上神坛的政治性,而且这个腓力六世的顾问们想出来的主意在他看来其实并不聪明。(他竟然相信《详论萨利克法》的虚构场景确有其事!)更好的办法是用封地法来辩护,[④]更何况长期连续实践的习惯本身就有法律效力。[⑤] 奥特芒对萨利克法的批判建立在其以三级会议和国王选举制为中心的民主理论。习惯是人民意志的体现,规范力高于国王立法,勿论外国传来的罗马法。与奥特芒的民主论、选举论相对立、拥护绝对主义的法学家—史学家贝尔纳·德·吉拉尔(Bernard de Girard du Haillan,1535—1610)也同样认为萨利克法是 14 世纪的发明。[⑥] 不过,16世纪法学家—史学家中普遍存在的怀疑态度,在 17 世纪以后逐渐淡化,以至于很少有人敢公然挑战萨利克法作为国王敕令的

---

① François Hotman,*La Gaule française* (Cologne, 1574), p. 81.

② François Hotman,*La Gaule française* (Cologne, 1574), pp. 82-83.

③ François Hotman,*La Gaule française* (Cologne, 1574), pp. 85-86.

④ François Hotman,*La Gaule française* (Cologne, 1574), p. 86.

⑤ 1588 年他又作了另一番批判,称萨利克法适用王位继承为"古老的错误"(inveteratus error):François Hotman, *De jure successionis regiae in regno Francorum* (Genève, 1588), pp. 32-33.

⑥ Élie Barnavi, "Mythes et réalité historique: le cas de la loi salique," *Histoire, économie et société*, 3e année, 3 (1984), p. 334.

地位。[1]

纵向比较之下我们发现,"萨利克法神话之父"德·蒙特勒伊创作出的文本汇聚了有关萨利克法的多种观念。他本人也许是"萨利克法罗马起源"的开创者。这种创造一定程度上是思想保守性使然。但即使是诺埃尔·德·弗里布瓦发展出的更详细的版本,也未能力证萨利克法起源于罗马法。而且,萨利克法神话的这一分支并不长寿,萨利克法在后世的观念中更多的是纯粹法国的存在,而法兰西王国的官方意识形态更多是强调国王在萨利克法形成中的角色。

四、小结

热兰认为,迷信书面文本是法国法律文化的一大特征。[2] 法国同时也孕育了早熟的民族历史写作。这种历史假定王权批准的文本具有真实性。在这种范围扩大后的"权威"文本基础上,有关过去的政治关系的历史得到重构。从这个意义上讲,现代主义历史批评依然相信政治权力的化质(transubstantiation)效力,将书面档案推定为真相。不过,国王权力赋予真相的概念,也许在 1300 年左右就已确立,而且是法兰西王国"教宗化"进程的一部分。在一系列政治斗争中,历史与习惯成了自然统治的依据,而历史和习惯的真实性基本上取决于君主的批准。这一

---

[1]　Ralph E. Giesey,"The Juristic Basis of Dynastic Right to the French Throne," p. 20.

[2]　Emmanuel Jeuland,"Preuve judiciaire et culture française," pp. 149-170.

理论发展并没有超越经院哲学和学识法的框架,而应该被看作是这两者在某个方向的延伸。14、15 世纪是"知识爆炸"的时代。王室和私人藏书都显著增加。查理五世酷爱历史,他的藏书构成了日后王国图书馆的基石。在巴黎家主(le ménagier de Paris)的时代,不那么富裕的城市居民也能拥有一部完整版的《圣经》。文本的充裕也导致权威的概念受到重新定义,而秩序成了知识界的重大诉求。萨利克法起源与性质的探索,最终导向"国王敕令"的胜利。这一大胆的运动很大程度上以罗马帝国为范例,宣称国王是王国内至高无上的真理赋予者,并构成了现代有关主权和绝对主义理论的初步发展。国王与教皇(以及皇帝)的争端中,法国政论家的终极目标是维护国王赋予真理而不受普世意识形态侵入的权力。这一原则确立之后,讨论转向自然统治,也就是王国与人民之间的合理关系。这也进一步意味着习惯法意识形态应该付诸实践,其最好的代表莫过于 15 世纪末一系列确定习惯法的尝试。如果说在 15 世纪,历史和规范已经找到了共同的基础,在这两者之间,我们还需要讨论正在兴起的民族意识以何种形式,在何种程度上影响司法真相的创造,也就是第八章的主题。

第八章 贞德审判与司法真相的民族性

如果在中世纪晚期,国王确立了其作为历史和规范真相赋予者的地位,他也同样有能力改变司法真相的性质。在这一点上,贞德所受的定罪审判(procès de condamnation)及其洗冤审判(procès en nullité)是十分复杂但也值得玩味的案例。这两次大审判是研究中世纪晚期法国民族意识的兴起所无法回避的历史事件。我们将这两次审判看成是司法真相的建构和解构的过程。通过分析建构与解构的具体步骤和话语特征,我们发现法国国王推动之下进行的洗冤审判展现出了独特的话语风貌,可以说是对司法真相民族性的论证。然而,放到更长时段考察,贞德审判的闹剧所带来的"民族主义"影响是十分有限的。民族英雄贞德的形象更多是 19 世纪历史学家的创造。

近二十年来的贞德研究,为我们重新审视整个事件创造了条件。虽然贞德的民族主义描述几乎完全关注她对法兰西民族的贡献,最近的贞德研究有了不同的取向,倾向为"少女"(la

Pucelle，时人对贞德的称呼）①作更为语境化的解读。论文集《从异端到圣徒》反映了法国贞德学者的研究动态。其中一篇论文将贞德审判与欧洲范围通行的宗教纠问程序作了整体比较，得出了这样的结论："使定罪审判无效的那些程序纰缪，放到纠问程序以及规范这种程序的通用文本所留给法官的空间面前来看，是无关紧要的。"②菲利普·孔塔米纳（Philippe Contamine）在研究了洗冤审判的备忘录和法律咨询之后指出，这些文本无不反映晚期经院哲学对信仰和法律的一些关键议题的看法。③贞德所经历的两次大审判，其间间隔 20 多年，其所处的时代背景，也许可以称为"欧洲的真理危机"（European crisis of truth）。两次审判背后最明显的关切是宗教和王国事务的"大分裂"（Great Schism）：教会的分裂看似刚刚结束（1417），而法兰西王国的分裂还在持续。巴塞尔大公会始于 1431 年 7 月，也就是少女贞德被处死（1431 年 5 月 30 日）后不久。巴塞尔大公会是一场欧洲性的事件，法国和英国在会议上都派出了代表，而基督教各国的教士们在会上交流和发展了魔鬼学的关键概念。④ 也正是在这次大公会上，神学家和法学家决定搁置贞德一案，而仅仅

---

① 由于贞德封圣系 20 世纪的事件，故我们不采用任何"圣女"的称呼，而用"少女贞德"的表述以对应中世纪语境。

② Sophie Poirey，"La procédure d'inquisition et son application au procès de Jeanne d'Arc," in François Neveux, ed. , De l'hérétique à la sainte : Les procès de Jeanne d'Arc revisités（Caen，2012），pp. 91-110，此处 p. 109。

③ Philippe Contamine，"La réhabilitation de la Pucelle vue au prisme des Tractatus super materia processus : une propédeutique," in François Neveux, ed. , De l'hérétique à la sainte, pp. 177-196.

④ Laura Stokes, Demons of Urban Reform : Early European Witch Trials and Criminal Justice, 1430-1530（New York，2011），p. 6.

讨论亨利六世对法国王位的所有权问题。① 科莱特·博纳和菲利普·孔塔米纳分别拓展了我们如何理解贞德审判的视野：前者描述了贞德的"史前史"，后者则将两次审判放到巴塞尔大公会前后的语境下考察。②

在既有研究的基础上，本章试图将贞德审判纳入我们对中世纪晚期真理意识形态的考察。具体而言，两次审判代表着传统的司法真相建构方式与其民族主义反驳论据的交锋。我们有必要从这个角度出发重新审视这些审判所产生的法律文书。对于更关注法兰西民族诞生的人来说，帮助建构民族女英雄形象的文本比那些讨论神学和法学技术细节的文本要重要得多。所以朱尔·基舍拉（Jules Quicherat）的贞德定罪和洗冤审判文献集最开始并没有收录十几位当时知名神学家和法学家的备忘录和法律意见。皮埃尔·拉内里·德·阿尔克（Pierre Lanéry d'Arc）在 19 世纪末弥补了这一缺憾，将这些文本汇编成一卷，作为基舍拉的文献集的第六卷。③ 约瑟夫·法布尔（Joseph Fabre）对这些文本的评价大体上反映了许多 19 世纪学者的心态："阅读这些难懂的咨询，我们吃惊地发现它们极其乏味。有关贞德的生平、美德、爱国热忱和英雄业绩，没有任何细节。"④ 而

---

① Heribert Müller, "France and the Council," in Michiel Decaluwe et al., eds., *A Companion to the Council of Basel* (Leiden, 2016), p. 380.

② 参见 Colette Beaune, *Jeanne d'Arc* (Paris, 2004), pp. 357-397; Philippe Contamine, "D'un procès à l'autre. Jeanne d'Arc, le pape, le concile et le roi (1431-1456)," in Heribert Müller ed., *Das Ende des konziliaren Zeitalters (1440-1450)* (München, 2012), pp. 235-252。

③ Pierre Lanéry d'Arc ed., *Mémoires et consultations en faveur de Jeanne d'Arc* (Paris, 1889).

④ J. Fabre, *Procès de réhabilitation de Jeanne d'Arc* (Paris, 1888), t. Ⅱ, p. 185.

今天仍然鲜活的贞德民族女英雄形象，大体上也要归功于19世纪学者们的建构。

不过，如果说今天的学界已经对民族主义历史叙事有所厌倦，那么我们势必需要思考用什么样的叙事去替代。不如我们采用贝尔纳·格内的格言，即没有法兰西国家，就不会有法兰西民族？[①]我们马上能得到一些推论：首先，整个事件并非两个正在崛起的民族之间的冲突那么简单。如果我们跳出民族主义的历史话语，风景就会陡然转变。欧洲共同的思想传统开始占据更显著的地位：分别主导两次审判的双方神职人员和神学、法学家，有着十分相近的知识结构。他们接受过相似的大学训练，理解而且使用同一种语言（拉丁语），对真理和异端的心态也大同小异。他们对贞德的言行都抱有一定程度的怀疑，只有少数如让·热尔松和雅克·热吕（Jacques Gélu）这样的例外。其次，两次审判同样也是法律史（确切而言，教会司法史）的片段，但也同时是政治史的组成部分，反映了正处危机当中、急于掌控"真理"服务自身的法兰西国家。相隔20多年的两次大审判，不仅展示了教会的异端审判程序，也代表了法律文化更为广泛的一面，因为它们涉及两个王国和教会的关系，牵涉王国北部和东部的内外势力，主要由说法语的人实施（包括英国方面），而且产生了一位闻名欧洲的人物（即贞德）。我们将会在本章表明，这里的关键词依然是"真理"。贞德在政坛亮相挑战了神学和法学家所珍视的认知真理的方式。而她的洗冤审判甚至更具挑战性，因为具有几乎相同思想背景的人，在国王的压力之下，需要为贞德现

---

① Bernard Guenée, "État et nation en France au Moyen Age," *Revue Historique*, Vol. 237, No. 1, 1967, pp. 17-30.

象作合理解释,但却又不能越过学识法的话语框架。洗冤审判正是在这些限定条件下进行的。洗冤审判的法官引入了民族的理据,用于解构定罪审判所小心建构起来的司法真相。

本章我们将比较贞德定罪和洗冤审判中的司法真相观念和推理过程。同时我们也不能忘记将审判放到更广泛的心态史下去考察。定罪审判虽然不无程序漏洞,但却代表了高水准的异端审问技术。它让贞德用自己的话一步步建构出一个异端的形象。审问的记录和文书保存妥善,很难从字面上找到明显的政治影响(一)。如果说定罪审判所精心设计的司法真相意在用逻辑和审慎让欧洲读者信服,那么洗冤审判则通过引入明显的政治背景来质疑真理建构的基础本身。洗冤审判的记录从最开始就颇为情绪化,在常规的有关司法管辖权的问题以外,还阐释了民族和政治因素对于司法真理的影响(二)。不过,真理"民族化"的影响和范围是有限的,因为贞德一案十分特别,而且也具有国际影响。而回到国内层面,当时的思想精英似乎并不乐意将贞德纳入他们正在创造的民族神话的系谱(三)。

一、制造司法真相:定罪审判

在讨论之前,我们有必要明确何为"司法真相"。在前一章,我们讨论了历史(事实)真相和规范真相,它们为法官审判活动提供了基本素材。法官的职责即在正当程序的帮助下,为特定事实真相寻找相应适用的规范真相。这里我们无意进入究竟是法官判决本身还是形成判决的积累性要素构成了司法真相的这一现代法学疑问。[①] Res iudicata pro veritate habetur(既判事项视为真相,D. 50,17,207):罗马法传统强调的是司法决定的权威性。但是,在抵达司法真相之前,贞德的审判者们在各个步骤都小心谨慎,审判时间之长,文书记录之细致,在当时的异端审判中都颇为少见。宗教纠问的实质,是就具体事实真相与异端嫌疑者进行对话,并将最终形成的共识与规范真相结合,最终形成司法真相。贞德首先被纳入到一个"自我援引"的事实真相体系(1),随后被理性化、客体化,成为囿于规范考验的事实真相的一部分(2)。

(1)指控与审问

1430 年春,贞德被勃艮第军队俘虏。随后,在勃艮第公爵和"英法两王国"国王亨利六世方面磋商后,贞德被押送至鲁昂,转交给英国人。给贞德"公正审判"(beau procès)、让她和法国国王查理七世颜面扫地的任务交给了皮埃尔·科雄(Pierre Cauchon,1371—1442),失去了教区的博韦主教。协助他的有法国副总纠问官让·勒迈斯特(Jean le Maistre)。以宗教名义进行的政治审判并非没有先例。实际上,法国国王腓力四世所推动的圣殿骑士团审判就与贞德审判有不少相似之处。出于某种政治理由,国王有权力促成宗教审判,让其敌人受到可怕的惩

---

① Francesco Viola, "The Judicial Truth" in *Persona y Derecho*, 32, 1995, pp. 249-266.

罚。泰里认为,圣殿骑士团审判是法国君主制教宗化的里程碑。^① 也就是说,国王试图取得教会一度自称为独家所有的裁断权。它也象征着国王行使审理信仰犯罪的权力。

英国国王亨利六世(同时称法国国王)已经决意要行使这种权力(或者确切地说,通过其叔父摄政贝德福德公爵约翰行使)。贞德的法官,以科雄为代表,几乎全是大公会主义和高卢主义者。^② 对这些人而言,教会的大公会保有真理,而主教也应该有很大的自主性。^③ 1431 年 1 月 9 日司法调查开始。2 月 20 日进行公共审讯。3 月 26 日正式审查(ordinary trial)阶段开始。检察官为正式审查准备了 70 条指控,贞德需要对这些指控逐条对答。这里我们感兴趣的是,贞德的那种没有体系的真理观和私人体验,是如何一步步被整合、范畴化,最后将其确立为异端的。这些指控的形成过程和话语特征因此需要仔细考察。

70 条系根据法官的庭前调查和审问所制。如它的结尾所

---

① Julien Théry, "Une hérésie d'État. Philippe le Bel, le procès des 'perfides templiers' et la pontificalisation de la royauté française," *Médiévales*, 60 (2011), pp. 157-185. 美男子腓力统治时期的举措甚至预示了大公会理念,参见 Henri Xavier Arquillière, "L'appel au concile sous Philippe le Bel et la genèse des théories conciliaires," *Revue des questions historiques* 89(1911), pp. 23-55。

② 有关科雄的生平,参见 Jean Favier, *Pierre Cauchon: Comment on devient le juge de Jeanne d'Arc* (Paris, 2010), p. 597。

③ 与以往观点不同的是,新近的研究表明英国在大公会运动中也有积极参与,而大公会理念影响到了英国对待异端的态度与方式。参见 Alexander Russell, *Conciliarism and Heresy in Fifteenth-Century England: Collective Authority in the Age of the General Councils* (Cambridge, 2017)。

示,其用途是请求博韦主教出于职权审理(cognitio)此案。[①] 审判在这里同时也是一项改革计划,事实真相要通过审问贞德取得,而审判应该根据规范真相,即法律与理性进行。70 条指控大致可以归为以下几类:教会权威、神学以及迷信活动。贞德虽然承认教会及其神职人员在救赎中的角色,但与当时大多数预言家一样,她宣称自己与上帝有直接接触(第 1 条)。她曾答应告诉阿马尼亚克伯爵谁是真正的教皇(第 26—29 条)。她表示服从全胜(triumphant)教会,但不服从战斗(militant)教会,称自己直接服从于上帝(第 61 条)。贞德宣称自己与上帝有直接联系,知道哪个才是真教皇。这样的态度同时挑战了认为大公会是教会代表的大公会主义者,以及教皇的绝对权威。[②] 为什么检察官埃斯蒂韦的让(Jean d'Estivet)有意识地选择了当时的这些热门话题我们不难理解。而事实上,审判之所以能够在完全不受教皇干扰下进行,完全是由于英国国王的保护,而贞德要求上诉教皇或者巴塞尔大公会的要求没有得到回应。

虽然贞德审判有根本性的偏见,但 70 条指控所提出的正式审讯问题似乎是详尽、老练而中立的。卡伦·沙利文和弗朗索

---

① Quicherat, *Procès de condamnation et de réhabilitation de Jeanne d'Arc* (Paris, 1841), t. 1, p. 323: Ex quibus et aliis a vobis supplendis et corrigendis, et in melius reformandis, dc et super quibus petit et supplicat dictus actor dictam ream per vos interrogari; concludit idem actor contra dictam ream, facta fide de his in toto vel in parte, quatenus sufficiet ad intentum per vos sententiari, proferri et pronuntiari, ad omnes et singulos fines suos supratactos; ulteriusque dici et dicerni, prout fuerit iuris et rationis; officium vestrum super his, prout decet, humiliter implorando.

② 第 66 条:... contra iurius dominico, evangelico, canonico et civili deviantia, contra ea et statuta in Conciliis generalibus approbata.

瓦·内沃(François Neveux)都讨论了贞德在几次审讯的引导下,逐步用具体语言描述或者说建构了有关她所听到的神秘声音。[①] 审讯本质上不可能是中立的。它必然预设受审讯者的嫌疑,在中世纪也时常被人们看作是精神折磨。[②] 贞德面对科雄的法庭也有颇多抵抗之处。许多问题已经超出了她的理解能力,纵然法官们在商议后决定不采用刑讯,贞德的受审体验依然是痛苦的。[③] 这些问题的目的是让贞德亲口说出有关其信仰和行为的真相。为此,法官们小心谨慎地处理了如下三个步骤:忠实的审讯记录(minute);建构贞德自我援引的体系;加工归类贞德的回答。

现代学者大多认为,审讯记录可谓一丝不苟。皮埃尔·科雄认为它是"公正审判"的出发点。不过,这并不表明我们可以不加批判地运用这些记录,因为审讯必然带有引导性质。但引导和参与是并行的:贞德亲自核对了审讯记录的有效性,也因此在不知不觉中进入了法官所期望的自我援引体系当中。每天的审讯结果都有详细记载,而在贞德回答每条指控时,它们成了引用的来源。贞德也多次援引了普瓦捷的记录,所以定罪审判的记录也与此前她在法国国王的神学家和法学家处受到的审问联系起来。从贞德的角度看,这些记录和审问结果是相互关联的,她与审判者一样接受这些记录的正当性,只不过会时而检查记

---

① Karen Sullivan, *The interrogation of Joan of Arc* (Minneapolis, 1999); François Neveux, "Les voix de Jeanne d'Arc, de l'histoire à la légende," *Annales de Normandie*, 62e année, No. 2, 2012, pp. 253-276.

② 关于现代和中世纪审问手段,参见 Sullivan, *The interrogation of Joan of Arc*, p. 93 and infra。

③ Sullivan, *The interrogation of Joan of Arc*, p. 105.

录是否忠实反映了她的话。这种自我援引的体系赋予庭审记录以客观性和可信度，因为它是与贞德对话后的共识。在回答70条时，有超过半数的问题贞德援引了此前的回答，而其余问题她或是否认或是援引上帝。

如果贞德在这个过程中并不知道自己的去向，而只能小心翼翼地配合审问过程，法官的处境则恰恰相反，他们试图用职业经验和专业知识来理解贞德的回答，将其编为一系列事实真相，从而作为法律推理和论证的依据。分析了有关贞德童年的证词后，法官将贞德非正统的宗教教育与有关仙女和大树的迷信联系起来，而她青春期脱离社群的表现加深了对她的怀疑。[①] 另一个重大问题是神迹（signum），也就是其预言的真实性证明。在普瓦捷审查贞德的神学家和法学家在此问题上有所退让，允许贞德在以后展露神迹（也就是奥尔良解围）。但在鲁昂，他们更关注能够证明贞德是异端的具体实施。根据沙利文的概括，对于贞德，神迹是主观而直觉的，而神职人员一直让她展露神迹，提供客观而不可辩驳的事实。他们借助理性，在贞德私人、神秘的证词中寻找具有法律约束力的陈述，用以建构司法真相。

如果说在普瓦捷，贞德受到了较为宽松的对待，那么，现在的纠问法官可以说有必要限制预言的定义，采用更为典型和传统的测验方式，从而在确保程序严谨的同时达成政治目标。但有关贞德的言行和事实如何理解仍然取决于法官的自由裁量，而在本案中，最严的尺度也就是最能确保目的的手段。

我们在第三节中还会讨论，贞德在法国宫廷得到接受并非

---

①   Sullivan, *The interrogation of Joan of Arc*, pp. 8-9.

中世纪晚期知识分子可以津津乐道的事。这事实上意味着迫使他们承认大学知识体系的不稳定性,将控制权交给多变的政治意志,而放弃他们的理性良知。现已遗失的普瓦捷记录也许包含许多与定罪审判类似的问题,不过并不像后者那样组织起来为贞德定罪。而如果它的损毁果真系故意损坏,那也许是某位参与普瓦捷审问的神职人员,在阅读了定罪审判记录后,决定销毁这份贞德一直援引的记录,以免留下他们能力有限或者玩忽职守的证据。

70 条是司法真相的文本建构的第一步。在事实真相声明的基础上,这些控诉条目侵入了贞德的主观世界,开启了客体化的第一步。贞德也许无法理解全部的问题,但在有意无意中,贞德通过亲自核对和自我援引,进入了这一真相制造的过程。

(2)从 70 条到 12 条

根据贞德的对答,70 条进而被精练缩减为 12 条。贞德的言行也受到了进一步地整理。70 条是对与贞德有关的所有疑点的汇总,是庭前调查的概括。精简的 12 条由审判助理法官(assesseur)之一的尼古拉·米迪(Nicolas Midi)小心筛选后编成。比较 70 条与 12 条的差异,可以明显看出这位神学家是如何将有关信仰的事实真相具体化,并用何种语言表述出来的。

首先显而易见地是,在 12 条中,从证人处收集来的奇闻逸事大多消失了。12 条没有道德指控,而主要关注贞德所说的神启、分裂教会和具有攻击性的一面以及她对教会的不服从。12 条因此只关注信仰,而每一点都直指信仰核心。12 条的语言是事实性的,都以贞德同意的内容为基础(dicit et affirmat),而贞德在这个文本中一直被称为"女人"（foemina）。在剥去了调查结果中非理性的证词后，12条直接与贞德就教会核心信条对质，就如在预演向她宣读涉及教会在基督教信仰中角色的经文的公开训诫（public admonition）。

　　12条的编订意味着在一些信仰核心问题上，法官们与贞德就事实取得了一致——即使这些事实是审讯所引导的。而判决的理由也许反映了法官在运用事实真相和规范真相，最终得出司法真相的推理过程。影响法官判决的还有众多专家的意见。在浏览咨询文书时，我们注意到有趣的一点。双法律师、在巴黎和鲁昂担任法政教士的德尼·加斯蒂内尔（Denis Gastinel）用类似于骆驼缪萨尔演讲的风格陈述了自己的意见。在形式性地表示了谦虚之后，他对贞德作了十分尖锐的指控，由一系列"如果"衔接：如果她公开放弃异端信仰，那她就应当去苦修赎罪，洗清自己的罪；如不然，应该将她移送世俗法官予以相应的惩罚。①将他的意见放在文书首位也许暗示他的意见相对更受重视（他奇特的写作风格也许也可以从这个角度解释）。其他法学家则更乐于附和权威博士的意见。多数意见集中在权威所提出的问题上。谦逊的美德，作为人接受神恩的条件，让贞德的许多行为受到质疑：她反抗父母意志的举动，她在有识之人、神职人员和教会面前的骄傲等。这些作者告诫贞德不要太过相信自己的感受，而是要听从懂得神圣法和人间法的明智之人。而贞德对这些人的学说说教的激烈反应更是加深了她的骄傲印象。但既然谁都难以决定她的神迹和神秘体验的真实性（许多专家意见都

①　Quicherat, *Procès*, t. 1, pp. 341-342. 加斯蒂内尔在文书中处处可见，他作为受咨询法律专家建议将贞德立即移送世俗法庭，不予宽恕。

不得不承认这一点，而普瓦捷审查的结论也说明，一人不能仅因为没有表现神迹而被判为异端），问题最终就只能导向教会是否会犯错。而所谓教会，在这些大公会主义法官来说，也就是他们这些建构其意义的人。就如公开训诫所警告她的，教会不会犯错，其判决永远是正义的；任何人不相信这一点都违背了《至一至圣》教令。①

至此，事实和规范的互动告成了。在让贞德讲述自己的经验过程中，法官们为贞德建立了一个详尽的档案，对所有指控也做了十分理性和简明的提炼。他们的动机似乎直截了当：维持英法王国的和平，震慑迷信的大众，并行使他们作为受过大学训练的专家的权威。他们也许没有想到，在 20 多年后，他们的继任者不得不推翻他们的工作。但现在，我们首先简单看一看洗冤审判的判决，看它如何批判 12 条所生产的真相。在充分考察了 12 条之后，"前述检察官和原告指控其不公、虚假、罔视贞德的供词，系欺瞒之作"②。洗冤审判的法官强调了审问问题的选择性和偏见，并将其归咎于没有忠实翻译贞德的供词，故意忽略或者错误表达了她的一些话，导致她被定罪。因此，早先的判决

---

① 诸多博士援引了这则教令。参见 Quicherat, *Procès*, t. 1, p. 387。

② Quicherat, *Procès*, t. 3, p. 358：Post quae, in Christi nomine in causa concluso, et die hodierm ad audiendum nostram sententiam assignata；visis matureque revolutis et attentis omnibus et singulis superius expressis, una cum certis articulis, incipientibus Quædam foemina, quos post dictum primum processum iudicantes prætenderunt extractos fore ex confessionibus dictæ defunctæ, et ad quam plurimas solemnes personas, ad opinandum, transmiserunt；et quos antedicti promotor et actores impugnarunt, tanquam iniquos, falsos et a dictis confessionibus alienos, ac mendose confictos.

背叛了真理，无论是事实还是法律上都错谬百出。①

二、司法真相"民族化"：洗冤审判

"既判事项视为真相"，这则罗马法条同时也是教会法学家在建构教会法律国家时所珍视的原则。用安托内拉·贝托尼（Antonella Bettoni）的话来说："这一推定将既判事项与真相关联起来的推定创造了一个良性循环，循环中每一个判决都是在重申整个司法体系的合法性、有效性和效率性。"②又如基索夫（Kiesow）所说："错误与整个司法的观念相悖。"司法错误的概念也许仅仅存在于社会想象的修辞当中。③与贞德同时代的让·夏蒂埃（Jean Chartier）悲叹贞德"未经审判"而遭定罪——这完全是无稽之谈。④相反，大多数阅读了两次审判记录的读者都会赞同朱尔·基舍拉的意见，即定罪审判的文本明快流畅，而洗冤

---

① Quicherat，*Procès*，t. 3，p. 361：Dicimus，pronuntiamus，decernimus et declaramus dictos processus et sententias dolum，calumniam，iniquitatem，repugnantiam，iurisque et facti errorem continentes manifestum，cum abiuratione praefata，exsecutionibus et omnibus inde secutis，fuisse，fore et esse nullos et nullas，invalidos et invalidas，irritas et inanes.

② Antonella Bettoni，"*Res judicata* and null and void judgment in the Italian and German doctrine of Sixteenth-and Seventeenth-century criminal law. Certain interpretative profiles，" *Crime*，*Histoire* & *Sociétés* / *Crime*，*History* & *Societies*，Vol. 12，N°1（2008），pp. 65-96.

③ André Gouron，ed.，*Error Iudicis*：*Juridistische Wahrheit Und Justizieller Irrtum*（Frankfurt am Main，1998），introduction.

④ Jean Chartier，*Chronique de Charles Ⅶ*，*roi de France*，A. V. de Viriville ed.（Paris，1858）.

审判的文本混乱而含糊。

如果说从文本角度看,定罪审判文本是中世纪异端审判中十分精致的上乘之作,那么要恢复贞德的清白,就只能采用超乎文本的手段,比如质疑文本生产的正当性基础本身。在前引洗冤审判的判决中我们已经看到了具体的切入点。新的法官们现在将走入一个不确定性的领域,要阐明事实和行动背后那些隐藏的意图和动机。对这些受过经院哲学和辩证法训练的人来说,这样的工作也许是没有意义也没有确凿依据的。不过,为了证明既判事项无效,他们小心地用论据证明贞德在一个敌意法庭受到了不公对待,而同时不撼动司法的正当性本身。在诸多当年亲历者的证词以及专家意见基础上,检察官起草了洗冤审判的101条。我们正是要通过这一文本形成的过程,观察王国的这些活跃于"真理危机"之后的知识精英如何摧毁了科雄的"好审判",而同时没有动摇学识法的预设和技术。

(1)法学家备忘录和意见中的政治、民族考量

"敌意"这个概念在两次审判中都有很显著的角色。在定罪审判中,贞德的敌意是其异端的佐证,正是出于对英国人的敌意,她才作为女性统率本不该由女性统率的军队,进而加深了王国内的分裂与不和。贞德生于亲阿马尼亚克派的栋雷米(Domrémy),对王权以及爱与恨的政治有全面但也肤浅的认识。她对勃艮第派的厌恶也许就是她家乡的整体氛围,而她对此所作的解释援引的是圣米歇尔的声音(如1431年2月24日的记录所示)。但她无法预见,在其死后,由于勃艮第公爵好人菲利普和查理七世签署了《阿拉斯条约》,这种敌意在政治上也就过时了。

不过，敌意这个主题在 20 多年后的洗冤审判中并没有消失。贞德毫无顾忌地表达她对英国人和勃艮第人的敌意也许是其受到定罪的原因之一，而洗冤审判的检察官重新审视了这个主题。如果说在 1431 年的审判中，没人确知两个王国的命运，那到了 1455 年，历史被证明站在查理七世这边。现在完全可以称英国人为外国入侵者，而查理六世签署的《特鲁瓦条约》已经成了废纸。参与洗冤审判的思想精英对这一历史后视多有利用，辩称贞德只是因为想要"解放被敌人非法夺取的王国"①而受到了审判。敌人的审判自然谈不上公正。

除了前引洗冤审判的最终判决外，神学和法学专家的备忘录和咨询意见对我们了解废除定罪审判的推理思路有很大的帮助。这些文献有一些共同的特点，如都十分关注程序合法性，都在力证定罪审判的政治性，都试图将贞德的事迹定义为上帝青睐法国的设计。在研究了这些文本之后，菲利普·孔塔米纳总结道："所以，这些备忘录承认只有在贞德所处的政治语境下才能理解贞德。他们这样承认说明他们比定罪审判更'诚实'，因为在定罪审判中，政治维度最多也只是以片段的、分散的、间接的形式出现（如通过怨诉书［grief de sédition］）。"②

从最开始，洗冤审判的文本就是在国王和教皇的邀请和敦促下形成的。新近收复几乎所有领土的法国国王急于重申自己作为依据上帝意志统治的虔诚国王的身份。所以，他有必要纠正定罪审判，因为定罪审判的首要目的是暗示查理七世不虔诚、受魔鬼操纵。此事对教皇也有一定的激励，因为他可以借此声

---

① "Consideratio Roberti Ciboule," *Mémoires et consultations*, p. 351 et infra.
② Philippe Contamine, "La réhabilitation de la Pucelle," pp. 177-196.

明自己在信仰问题上的绝对权威,并尝试废除《布尔日国事诏书》。关于贞德自称来自上帝的神秘启示,当时负有盛名的法学家保罗·彭塔诺(Paulus Pontanus)认为教皇是唯一的"神秘事宜核验者"(secretorum cognitor),而在这类事宜上,教会的判决也容易犯错(Ⅹ.5,39,28)。① 随后他强调了教皇对贞德定罪审判一案的管辖权,由于此案重大,而贞德又主动要求由教皇审判,表示服从教皇和大公会,下级法官因此无权判决。②

尽管教皇是神迹和神启真伪的终极判断者,贞德的活动的历史意义和性质是根据王国利益所定义的。鲁昂市民皮埃尔·库斯凯尔(Pierre Cusquel)和修士伊桑巴尔·德·拉皮埃尔(Ysambard de la Pierre)都作证称,当时鲁昂城内人尽皆知,组织这样一场审判是为了毁坏查理七世的名声。③ 这些专家还需要证明贞德的军事活动是正当的。这并非难事。他们可以利用继承权原则作法律上的解释,然后用法国最终战胜英国的事实作事实上的论据。由于英国人对法兰西王国没有权利,所以战争是正义战争。④ 贞德率军作战并非为了世俗的荣耀,而是为了

---

① *Mémoires et consultations*, p. 37.

② *Mémoires et consultations*, p. 53:Cum causa esset gravissima fidei de occultis revelationibus iudicare et ipsa in hoc petiit se per papam iudicari, nulliter isti processerunt cum hoc sit iudicio papae reservatum... Quia iudicio papae et Concilii se submisit, ergo inferior non potuit iudicare post huiusmodi provocationem.

③ Pierre Duparc, ed., *Procès en nullité de la condamnation de Jeanne d'Arc* (Paris, 1977), t. 1, pp. 219-225.

④ *Mémoires et consultations*, p. 41.

履行神圣律法，使得物归原主。①

　　定罪审判的政治性主要反映在其程序错误和漏洞上。而专家们又将错漏归因于审判对贞德的敌意，因为审判法庭受到法国的入侵者和敌人施压。首先，鲁昂不是审判最合适的地点，因为科雄是博韦主教，贞德也是从被捕处移送此地。此外，贞德不应被关押在世俗监狱，而应该是主教监狱。这些因素使得可怜的贞德陷于十分不利的境地。不过，这些程序问题都可以用例外来解释。② 但它们的确可以帮助证明，定罪审判是民族叛徒科雄的杰作，而这种偏见和敌意在一开始就注定了：科雄生前亲英国人，与法国国王，也就是其天然主君为敌——这一点众所周知；而由于博韦现已臣服法国国王，他只能将座堂转移至英国人占领的利雪（Lisieux）。③

---

① 参照 Quicherat, *Procès*, t. 2, p. 25：Et non ad honorem mundanum, quod sonat ad fastum, sed ad sua repetenda pro quibus iustum ex divinae legis sententia bellum geritur。

② 就如托马斯·巴赞（Thomas Basin）所说，将贞德关押在世俗私人监狱违背了程序，其监禁因此是不公且不合法的（Carcer igitur fuit iniustus et non legitimus）。不过，我们不能忘了贞德是英国国王重金从卢森堡公爵处"购得"。因此她现在也是国王的战犯。如果从这个角度看，那监禁问题也是可以理解的，因为教会监狱管理松弛是众所周知的。此外，如果在 1431 年皮埃尔·科雄真的认为这是一个问题，那这位谨慎的法官本也应该会有相应的对策。巴赞的建议参见 *Mémoires et consultation*, p. 187 and infra。

③ *Mémoires et consultation*, p. 76：Notorium autem est per totum Franciae regnum et alibi, quod ipse definitus Petrus Cauchon tunc episcopus Belvacensis et par Franciae, dum viveret, partes Anglicorum inimicorum capitalium dictae Johannae contra dominum regem Franciae, dominum suum naturalem tam ratione originis quam beneficii, fovebat, et clare patuit quia, reducta ad ipsius domini regis Franciae obedientiam Belvacensi civitate, obtinuit se per sedem apostolicam ad ecclesiam Lexoviensem in Normannia sitam se transferri, quae patria tunc ab Anglicis occupata detinebatur.

所有这些考量放到一起，催生出天真无辜的农民少女独自面对理论专家所主持的敌意审判的形象。洗冤审判的专家们进而用女性的弱点（infirmitas）来说明贞德的弱势地位，而贞德的回答能如此精彩，只能说是如有神助。① 在接受审问时，贞德被问及是否服从教会。她答道："教会是什么？如果指的是你们，那我不会向你们屈服，因为你们是我的大敌（inimicus capitalis）。"埃利·德·布尔代耶（Hélie de Bourdeilles）在其意见中对贞德的事迹大加赞颂，大有鼓动为其封圣的势头。他如此评价贞德的这句回答："这番话如果从消极而非积极意义去理解，则并无恶意……"②贞德的此番拒绝应该得到法官的听取，因为仁慈是法官的道德准则之一。③ 无辜而弱小的贞德对抗带有偏见的法庭，也暗示了充满仁慈与爱的法国对抗暴虐而无情的英国统治。因此，对定罪审判的批评，也将我们在第二章和第四章中讨论过的司法伦理与公正司法的民族性结合在一起。

（2）101 条与敌意审判

在咨询和初步调查的基础上，检察官编订了洋洋洒洒 101 条指控，攻击不公的定罪审判。洗冤审判的开端是一个十分情感化的场景：贞德的母亲在公众场合哭诉女儿的清白。④ 与专家咨询文本相比，101 条吸收了其中有关情感的主题，并借此系统

---

① *Mémoires et consultation*，p. 116.

② *Mémoires et consultation*，p. 121：haec verba，si intelligantur passive in ipsa Johanna et non active，non male sonant...

③ *Mémoires et consultation*，p. 122.

④ 现代法语的生动再现，参见 Joseph Fabre，*Procès de réhabilitation*，t. 1，pp. 9-13.

地阐明贞德经历的是一场敌意审判。除了情感特征外，这些条目在形式和话语上的建构也与定罪审判的条目不同。

首先，这些条目充斥着与敌意相关的形容词，而这点我们大可以不必惊讶：定罪审判的 12 条指控系"虚假榨取，带有敌意地编成"（falso extracti sunt et inique compositi，第 21 条）；她受到指控者的"仇视、刺激与烦扰"（第 15 条）。敌人所组织的审判只可能对贞德不利，从最开始就是虚假的。贞德的定罪法官出于自身和贞德敌人的恶意，谋划公开处死贞德（第 13 条）。[①] 检察官充分考虑了专家的咨询意见中的主要论点。其中有若干要点最能反映出定罪审判的敌意。由于审问本身被政治化了，每个程序步骤都可以解释为误导贞德、剥夺其权利的诡计。困难的审问自然是最佳证据。"少女需面对周边人的敌意，监狱条件也十分艰苦，饱受恐惧和暴力的折磨。而这丝毫没有影响被告对贞德的审判，向她提出众多困难、尖锐、阴险、恶毒、无礼的问题"（第 11 条）。[②] 而法学家和洗冤审判最终判决也都认识到，定罪审判中的审问逐步"引诱"贞德痛苦地"回忆"出有关天使及其声音的叙述。上面提到了贞德所受监禁并不规范，也成为她受到敌意对待的佐证，如第 9 条："被告将贞德交于俗人军士看押，也就是贞德的大敌、英国士兵。这些人不断向她展现极大的敌意，

---

① 类似涉及"恶意"和"敌意"的形容还可见于第 25 和第 28 条等。

② *Procès en nullité*, t. 1, p. 116：Puella etatis prefate iuvenilis, ymo et hostilis presentie et carceris duri terroribus, metu et violentia sic afflicta, dicti rei ad interrogatoria multa, etiam difficilia, valde seditiosa, captiosa, perniciosa et impertinentia, contra ipsam Johannam non erubuerunt procedere.

辱骂、威胁、恐吓和取笑贞德。"①定罪审判的法官有意剥夺了她接受教皇或者大公会审判的权利,而贞德指明法官是其"大敌",这意味着司法管辖权的悬置(第15条)在剥夺上诉权之外又剥夺贞德获取建议和咨询的权利,显见这些法官的"邪恶用心"(sinister affectus,第18条)。

洗冤审判的安排就显得更小心谨慎,有意要与此前的审判相区别。开启审判的不是国王本人,而是贞德家人的请愿,其中贞德母亲的情感表演尤为令人印象深刻。让·德·蒙蒂尼(Jean de Montigny)建议审判在罗马,在中立的教皇法庭进行。证人的选择也十分小心,确保所有各方在审判中都有代表。

与几乎完全依托贞德本人言行的定罪审判控诉不同,101条充满描述性词汇及引用。他们首先建构了一个无辜、单纯的年轻女孩贞德的形象,批判了12条中"女人"的表述。作者用了大量形容词表示定罪审判的偏见。面对困难的问题,贞德的回答符合正教信仰,十分出色——尤其是考虑到她的年龄和性别(第14条)。②贞德有很好的名声,履行教会义务(第58条)。而作为从未有军旅经验的18岁少女,贞德能率军夺回敌人占领的城市,"她的事迹应当被看作是神的奇迹,是真实的预言,是善灵而

---

① *Procès en nullité*, t. 1, p. 115: Ac eam in manus laicorum armatorum et hostium sibi capitalium deposuerunt conservandam, armatorum silicet Anglicorum, capitali odio, assidue verbis, comminationibus, terroribus et derisionibus ipsam prosequentium.

② Multaque difficilia ab ea petierunt, de et super quibus fideliter, catholice et competenter, responsa dedit honesta et congrua, sua presertim iuvenili etate, conditione sexus et ignorantia ponderatis et attentis.

非恶灵所为"(第 57 条)。^①作为弱小的女孩,贞德的业绩却超越了她的年龄、性别和社会地位,将法国引向胜利。虽然检察官并没有完全复制埃利·德·布尔代耶的歌颂,但少女贞德被处以死刑无疑反映了英国人的审判之残酷,而她被移送世俗臂膀时,"此事将永远受到怜悯、哀悼和悲悯之情的缅怀!"(第 31 条)^②审判在文学中的再现进一步放大了这种感受,如维庸在其《旧日妇女叙事诗》(*Ballade des dames des temps jadis*)中的起笔:善良的洛林人让娜,被英国人烧死于鲁昂……^③

　　除了上述贞德形象的建构之外,检察官如何利用定罪审判的记录也值得注意。在定罪审判中,典型的表述形式是"她说过……";而在 101 条中,有一些特别的搭配来强调作者对贞德所作修饰(而非对事实的描述)的真实性。因此我们看到大多数条目都以"确实如此,千真万确"(et sic fuit, et est verum)结束,有时也会加入"众所周知"之类字样。前 30 条左右主要是说明贞德所受审判之不公,而后面的 60 多条是一连串推理,较少联系事实;最后 10 条是从上述事实和法律考量作出一般性结论。在法理部分,检察官大量援引教会法和罗马法,并十分注意表示这些条目之间的逻辑联系。他很少直接考察定罪审判记录所给定的事实,而是试图给贞德的行为作更好的解释。101 条从神学和教会法为贞德的行为辩护,这样也就规避了那部充满敌意但

---

① Id factum esse divino miraculo, et vera prenuntiatione, et bono Spiritu, et non maligno, estimandum est.

② Quod pia, lamentabili et dolentissima compassione, eterna memoria deflendum erit!

③ Quicherat, *Procès*, t. 5, p. 90: Jeanne la bonne Lorraine, Qu'Anglais brulerent a Rouen...

也技巧高明的审讯记录。

再者,正当程序作为任何审判的正当性的根本来源,也让检察官得以完全无视科雄的文本建构。关于有关贞德的既判事项为何无效,第36－38条给出了教会法角度的论证。首先,审判中形式与实质应该受到真相的规范（ordinata veritate）。从实质上讲,贞德审判和判决充满虚假和纰缪,有显见的不公。就形式来讲,管辖权问题和程序错误也可以说明审判无效——事物的形式赋予其存在,而根据教会法"法律规则"（Regulae iuris）第52条："无效之事不构成阻碍"（Non praestat impedimentum quod de iure non sortitur effectum,第37条）。在第38条,检察官援引权威作者进一步解释了自己的依据:奥斯提亚主教（Hostiensis）和纪尧姆·迪朗。

上面我们已经看到,这两条断言在最终判决中有出现。但我们也要注意另外一点,即贞德洗冤审判并没有确立异端和巫术审判中的仁慈原则。相反,大分裂和大公会主义结束后,教会要求神职人员有更强的凝聚力。因此,1455—1456年之际讨论贞德洗冤问题的专家们较少援引非权威来源,而是援引严格意义上属于基督教传统的来源。[①] 即使检察官用到了"残酷"或者"敌意"之类词语形容贞德所受审判和惩罚,真理定义的硬化导致教会将更严格地对待偏离信仰之人。

仁慈因此只是权宜的修辞,是拥有各自目的的国王和教皇

---

① André Vauchez，"Les théologiens face aux prophéties à l'époque des papes d'Avignon et du Grand Schisme," *Mélanges de l'Ecole française de Rome*，Moyen-Age，Tome 102，N°2 (1990)，*Les textes prophétiques et la prophétie en Occident（XIIe-XVIe siècle）*，pp. 577-588，此处 p. 587。

权力互动的产物。最初的调查是查理七世的法令发起的,而审判受教皇批准。洗冤审判既为查理七世深刻卷入的决定平反,也重申了教皇权威,卡里斯特斯三世将科雄定为腐败的主教的典型,也展现了教会改革自身的意志。[1] 从这个意义上讲,死后的少女贞德是政治力量的傀儡。洗冤审判则是同时希望重申自身至高地位的精神和世俗权力相互协作的结果。

三、贞德与演进中的真理体制

到目前为止,我们主要关注的是司法真相的生产和摧毁。但贞德,这位自称法国神圣拯救者的农民少女,所提出的挑战不仅仅是法律上的。从她最初亮相宫廷起,神圣真理的认知问题就已经被搬上台面。而她在即将到来的猎巫时代的历史意义和地位需要我们予以评估。

上文提及,贞德得到洗冤很大程度上当归功于历史对瓦鲁瓦王朝的青睐。在贞德会见王太子的时候,她所说的真相还远不是那么清晰。贞德的时代是一个思想和社会秩序混乱的时代。面对层出不穷的"先知"和迷信,精英们强调知识的良好秩序。[2] 14、15 世纪的"知识爆炸"也使得早在查理五世的时代就出现了引导和管制知识的努力。知识精英的另一个批判对象是

---

[1] Jean Favier, *Pierre Cauchon*, p. 652.

[2] 这个现象当然也要从国家认知机器觉醒的角度去解释,因为在此之前,这些活动必然也颇为普遍。

司法天文学(如尼古拉·奥雷姆的批判)①。而菲利普·德·梅齐埃尔在《老朝圣者之梦》中设定了一个对抗迷信之城(ville superstitieuse)的真理王后。真理,这个奠定了神学与法学互文性的关键词,得到了经院哲学和学识法的理性思维工具辅佐。在真理的名义下,教会和世俗国家进行了社会认知和关系调整。贞德原本也可能沦为又一位假先知,稍不走运就消失在历史的迷雾当中。②但她终究见到了国王,至少部分地赢得了统治阶级的信任。因此,关键问题就在于,她如何得到接受,进入权力和知识的核心圈子?

1429 年,王太子的神学家与法学家审问了自称拥有神启的贞德。基舍拉的文献汇编第四卷收录了 15 世纪有关贞德的历史叙事。其中有 4 个文本尤为详尽地描述了希农(Chinon)和普瓦捷进行的审问。《奥尔良之围日记》(*Journal du siège d'Orléans*)是奥尔良城为纪念少女贞德所委托撰写的。《无名氏少女贞德编年史》(*Anonyme Chronique de la Pucelle*)则大量采用了让·夏蒂埃的内容,提供了详细的描述。《贤妇之鉴》(*Le miroir des femme vertueuses*)是路易十一时代的流行作品,但"充斥错误"。③而亲勃艮第的史家昂盖朗·德·蒙斯特雷(Enguerran de Monstrelet)对歌颂贞德没有那么热衷。我们发现,这四则史料对贞德到来、接受审问的过程有颇为标准化的叙

---

① Nicolas Oresme, *Tractatus de configurationibis qualitatum et motuum* (vers 1351-1355? 1360?), M. Clagett ed., *Nicole Oresme and the Medieval Geometry of Qualities and Motions*(Madison; Milwaukee; Londres, 1968).

② Beaune, *Jeanne d'Arc*, pp. 107-139.

③ Quicherat, *Procès*, t. 4, p. 267.

述,但在具体细节和情感基调上并不统一。

尤其值得注意的是,四则史料对贞德成功取得支持的主要原因有不同的评估。每个叙事都突出了审问的不同方面,对国王及其顾问为何选择相信贞德也有不同的解释。《日记》强调贞德成功所具有的理性基础:贞德有坚定的姿态,聪明的语言,出色地回答了神学家和法学家所提出的困难问题。《少女贞德编年史》坦陈宫廷精英对贞德(称为"单纯的牧羊女")持怀疑态度,即使她回答了专家的问题。但对作者来说,她最终的成功当归因于感动高层贵族的能力。《贤妇之鉴》也讲述了此事的情感因素,而最令人印象深刻的莫过于王太子与贞德密谈后"轻声抽泣"(larmoyoit moult tendrement)起来的情形。最后,昂盖朗强调王太子和其他贵族最初的怀疑态度,而用贞德顽固的坚持解释她为什么最终如愿。

另一首诗作将贞德的成功归因于她成功让博士们"惊叹"(esmerveiller):

> 在希农贞德受审,
> 众博士纷纷提问;
> 有理据成竹于胸,
> 答问题头头是道。
> 人人皆为她惊叹,
> 而日后真理显现,
> 她所讲若干大事
> 到头来预言成真。①

---

① Quicherat, *Procès*, t. 5, p. 52.

不过,贞德的"克里斯玛"似乎没有从根本上撼动国王的神学家和法学家的态度。自称先知的她依然需要展露神迹,而神学理论既可以支持她也可以反对她。整体上讲,法国神学家在考察先知和异端问题上,在决定是否要对这类人予以置信时,倾向于考虑公共利益。而辩证法的思维方式也使得同样的论据可能得出不同的结果,就如分析热尔松的《少女事迹置信论》(*Super facto puellae et credulitate sibi praestanda*)所示。[①]

上文提到,普瓦捷的审问记录在贞德被处刑后就无迹可寻了。审问也许有两大任务,一个是调查贞德的生平、为人和意图,另一个则是让她展露神迹。审问一共持续了六周,而期间她与各种公共人物及普通百姓接触。从定罪审判中我们大致可以推测她被问及的问题。据她本人回忆,她被问及的问题包括:天使的声音、着装和出现顺序,圣米歇尔与她说的话,有关国王的启示以及为什么穿着男性服装等。贞德在定罪审判中反复说明这些问题早已写入普瓦捷记录,因此也能说明贞德对普瓦捷审问的认同。问题总体上与她在定罪审判中被问及的相似,但也许并不那么细致。

审问的结论只为贞德提供了模棱两可的支持。就如查尔斯·伍德(Charles T. Wood)指出:"普瓦捷法官得出的结论很聪明地逃避了问题要害,甚至于说是出于绝望而含糊其辞。"国

---

① 有关热尔松如何评价预言,参见 Daisy Delogu, *Allegorical Bodies*: *Power and Gender in Late Medieval France*, p. 172;有关热尔松的论著,参见 Daniel Hobbins, "Jean Gerson's Authentic Tract on Joan of Arc: Super facto puellae et credulitate sibi praestanda (14 May 1429)," *Mediaeval Studies*, 67 (2005), pp. 99-155。

王的顾问有意回避了自己的责任,而将决定的责任推给查理七世本人。① 贞德因此在精英主导的国家机器中找到了一条裂纹,而她的成功一方面是因为个人的魅力,一方面也因为国王和王国的显贵有计划利用她这样的人物。在政权危难的时刻,贞德是王太子的一根救命稻草。她获得支持的方式不能让许多知识分子心悦诚服。他们更多只是因为时局的困难将此事推给王国的政治家。就这样,贞德得以规避学识文化的严格审核,但在鲁昂的法官面前,她就没有那么幸运了。

从这个角度看,贞德的成功应该解释为"国家理性"战胜了神学和法学的理性。这也是日后的知识精英对其使命的真实性感到怀疑的前奏。如果说她进入政治权力的核心是十分勉强和偶然的,那即使在她死后,即使有埃利·布尔代耶的歌颂,她的形象也并不完全是正面的。如乔治·于佩尔(George Huppert)指出,王国在洗冤审判后有意限制了贞德记忆,而对贞德的怀疑在后世知识分子中十分普遍。② 自贞德遭处刑起,控制记忆的措施就已实施。在巴塞尔大公会上,英法两国代表对贞德审判讳莫如深,但却共同推动了有关猎巫的重要文献。"国家的理由"在1435年国王与勃艮第公爵重修旧好后也消失了。15世纪30年代的若干编年史对贞德审判避而不谈。埃罗·贝里(Hérault Berry)突然闭口不谈贞德通常也被解读为王国史学家对贞德公

---

① Charles T. Wood, "Joan of Arc's Mission and the Lost Record of Her Interrogation at Poitiers," in Bonnie Wheeler et al., eds., *Fresh verdicts on Joan of Arc* (New York, 1996), pp. 19-29. Deborah A. Fraioli, *Joan of Arc: The Early Debate*(Woodbridge, 2000), pp. 46-54;"因此,从热尔松对判别的讨论看,普瓦捷的结论应当被看作是正统(也许有些不同寻常)的神学调查。"

② Huppert, *The Idea of Perfect History*, pp. 198-212.

开放弃"异端"然后"异端"复发最后被处死一事感到尴尬。^① 就法国一方而言,在官方宣传中已经无须再利用贞德了。她的使命在她被捕之日就结束了。

不过,多少出于被动地,贞德也成了另一个时代的标志,一个教会寻找新的动力改革自身、同时改革一个不断抗议教会腐败的社会的时代。尽管鲁昂的法官在审判最后阶段删去了大多数巫术指控,但民众中仍常有错误的观念,以为贞德是作为女巫而被烧死的。法官之所以如此小心,也许是因为贞德清白的名声和机智的回答。而另一方面也可能因为他们对这些指控不那么重视。^②

放到 15 世纪异端和巫术迫害的背景下,贞德审判既是开始也是典型。从 70 条中我们看到,所谓的巫术和迷信都根植于社群生活之中。巫术因此如戈瓦尔所说,有其民众基础。巫术行为也在一定程度上维系着中世纪晚期的地方共同体,而告发巫术并不意味着当时的人真的相信其真实效力。相反,巫术及其迫害更应该从地方或者社群权力冲突所产生的一系列巧合来解释。15 世纪初还不是猎巫的时代。就法国而言,在查理六世统治时期,巫术仅占了犯罪中的 0.6%,到了路易十一的时代,这个数字变成了 2%,其中女性只占少数。^③ 但猎巫无疑与王国的司法垄断有直接联系。^④ 它也意味着地方权力的重组和个体宗教体验的规范化。贞德的特别之处在于,她成了国家的先知,成了

---

① Françoise Michaud-Fréjaville, "Autour du bûcher de Jeanne," *Cahiers de recherches médiévales*, 3 (1997), pp. 131-141.

② 事实上,在 15 世纪以前,纠问的中心一直都是异端,巫师的观念只是在 14、15 世纪才逐步具体化。

③ Gauvard, *De grace especiale*, pp. 438-448, 此处 p. 442。

④ Gauvard, *De grace especial*, p. 445.

王国政治计划的一张牌。

无论是从历史后视还是从贞德同时代人的观点看，贞德都预示了正在开启的猎巫时代。从时间上看，贞德在巴塞尔大公会之前遭处刑，而巴塞尔会议在大公会主义和猎巫运动发展史中的地位我们已经反复重申（如约翰·尼德尔［Johannes Nider］的《蚁丘》［*Formicarius*］）。[1] 沃夫冈·贝林格尔（Wolfgang Behringer）还注意到，也差不多是在 15 世纪 30 年代，瓦尔德异端变成了巫师。根据他的研究，1400 年以前，有关巫术的细节描述还没有形成。这些异端究竟如何崇拜魔鬼，在早期只有只言片语的描述。但到了 15 世纪 30 年代，巴塞尔大公会诸教皇对巫术细节的阐述，引发了异端和巫术迫害的"实用转向"（pragmatic turn），巫术的典型描述也流行起来。[2] 这样看，贞德审判预示了猎巫的时代，而审判的政治性也暗示世俗统治者将如何利用宗教思想工具实施迫害。

在同时代人看来，贞德更多反映的是当时常见的异端和预言活动。让·格拉沃朗（Jean Graverent）完全将贞德案视为信仰问题，宣称她是受"里查理教友"（Brother Richard）操纵的众人之一。[3] 英国—勃艮第阵营的支持者希望以贞德之死告诫胆

---

[1] 有关巴塞尔大公会，亦可见 Michael D. Bailey and Edward Peters，"A Sabbat of Demonologists: Basel, 1431-1440," *The Historian*, Vol. 65, No. 6, 2003, pp. 1375-1395。

[2] Wolfgang Behringer, "How Waldensians Became Witches: Their Journey to the Other World," in Gábor Klaniczay et al., eds., *Communicating with the Spirits*, Vol. 1, pp. 156-158。

[3] Craig Taylor, *Joan of Arc: La Pucelle* (Manchester, 2007)，导论及史料，n. 59。

敢破坏和平之人。至于两国的知识精英，他们参与巴塞尔大公会，但在异端、巫术和真理的问题上没有本质冲突。就这样，贞德受到了双方系统性的遗忘，而洗冤只有在教皇和国王权力重新树立之后才成为可能。①

在 14 世纪，巫术与异端是难以分割的。异端纯粹关乎信仰，但巫术通常涉及到某些被认为是崇拜魔鬼的行为。② 在有关贞德的证词中我们可以看出，她有不少性格和行为与巫师相近：在青春期脱离社群，脱离教会，预言，率军打仗等。但她却又是贞洁的，没有观念中女巫应有的淫欲。她穿着男装为的是打消而非引起性欲。贞德是个复杂的人物，她的"真实"本性是多变的，囿于政治家的操纵。

但异端和巫术迫害的政治意义也没有集权那么简单。从西欧各国猎巫运动的比较来看，集权化程度似乎部分决定了各国如何应对异端和巫术威胁，以及如何响应民众的集体歇斯底里。阿尔弗雷德·索曼（Alfred Soman）在两篇有关巴黎高等法院巫术审判档案的论文中指出，西欧三国（英国、西班牙和法国）在猎巫问题上采取的模式与其他中欧国家有显著不同。官方主导的迫害持续时间相对较短，三个王国面对民众寻求安全感的呼声，更多是以"司法制度的惰性"应对。③ 他也强调了巴黎高等法院

① Philippe Contamine，"D'un procès à l'autre. Jeanne d'Arc，le pape，le concile et le roi（1431-1456），"in Heribert Müller ed.，*Das Ende des konziliaren Zeitalters*（*1440-1450*）（München，2012），pp. 235-252.

② Hans Peter Broedel，*The Malleus Maleficarum and the Construction of Witchcraft：Theology and Popular Belief*（Manchester，2003），p. 123.

③ Alfred Soman，"La décriminalisation de la sorcellerie en France，"*Annales：Histoire，économie et société*，1985，4ᵉ année，N°2，pp. 179-203.

巫术上诉的性别特征：男性案件比女性的更多，惩罚也更为严重。[1] 法国的巫术去罪化进程十分早熟，反映出世俗高等法院对介入民众宗教运动的犹豫。不过，从统计数据上看，巫术审判在贞德受审判时大幅增多。如基克荷费（Kieckhefer）指出，从欧洲的视角看，1300 年后，巫术迫害大致可以分为 4 个阶段，而法国的案例在第一阶段占到了半数之多，但之后的比例逐步降低。[2] 从这个角度看，王国司法意识到了巫术的威胁，但法国的法律精英在第一阶段后就足够小心谨慎，避免将猎巫变为全民运动。因此，放到猎巫运动的历史视角下，贞德也许代表着国内与国际真理相互冲突的战场。司法真理的民族性受到了欧洲通用的思想表述框架的制约。贞德记忆和法国在猎巫运动中的角色和态度正是这种张力的反映。

四、小结

如果我们要讨论近代民族国家与其法律上层建筑之间的关系的话，那中世纪晚期的法国为我们提供了反直觉的解答。民族记忆并没有想象中的那么重要，而将民族国家凝聚在一起的，无非是其军事力量、司法和支持这些活动的"真理帝国"。在制作定罪审判文本时，科雄的团队视贞德为教会权威的异见者，她

---

[1] Alfred Soman, "La décriminalisation de la sorcellerie en France," *Annales*：*Histoire, économie et société*, 1985, 4ᵉ année, N°2, p. 196.

[2] Richard Kieckhefer, *European Witch Trials*：*Their Foundations in Popular and Learned Culture*, *1300-1500*（Berkeley and Los Angeles, 1976）, pp. 10-11.

可能与魔鬼有染，向虚假的天使显灵效忠。洗冤审判的参与者也并非完全相信贞德：他们所做的不过是建构一种驳斥定罪审判程序有效性的修辞。在审判之外，他们不愿看到贞德与超自然解释相联系。他们与民众信仰保持距离，对用意识形态改变正常的确立真相的程序抱有戒心。

无论是贞德的定罪还是洗冤，都是特定历史条件下，国王和教会权力合作作用的结果。反教会主义者认为教会谋杀了贞德，民族主义者认为贞德是民族的殉难者，而天主教会在贞德封圣时将科雄和大学谴责为居心叵测的革命者——这些建构都不能反映"真实"的贞德。

贞德挑战了既判事项作为真相的效力。科雄的精心设计敌不过王国的政治需要，而洗冤也意味着承认学识法体系的不稳定性。民族的话语可以为贞德辩护，但王国的精英们在这个中世纪的晚期还不愿再深入推论，抛弃欧洲的学术话语体系。因此，贞德看似受到了工具化，成了王国复兴这段光荣历史的一个插曲。即使在近代，贞德的传说在官方历史中并没有显赫地位，这位 19 世纪历史写作所营造出来的女英雄，在之前的 400 年里无力压倒精英文化。在 19 世纪爱国者贞德形象复兴之前，[①]贞德"对信徒来说是一个虔诚的传说，对怀疑者是一个丑闻，对官方历史学家是一个尴尬"[②]。

---

① Michel Winock，'Jeanne d'Arc' in *Les lieux de mémoire*，t. 3（Paris，1997），p. 4428.

② Huppert，*The Idea of Perfect History*，p. 212.

第九章 "出于确知"与习惯法编纂的历程

在第三部分的前两章，我们主要考察了历史与司法真相在民族法律意识形态形成早期的"民族化"问题。我们发现，在中世纪晚期萌发出来的民族的元素，与西欧共同的宗教和法律文化不可避免地交织在一起。在本书的最后一章，我们将目光转向习惯法。习惯法构成了日后法国法律文化的核心：如果没有中世纪末期认知和固定习惯法的成就，就不可能出现"法国法"的概念。但中世纪末期所确立的习惯法编纂模式，究竟是历史偶然还是有漫长的实践基础？

本章以"出于确知"为出发点。"出于确知"（即"出于确切知识"，拉丁语 ex certa scientia，中古法语文书中写为 de nostre certaine science）是中世纪法令文书中的一个固定表述。它在法令序文（préambule）中与"完满权力"（plena potestas）、"出于自动"（ex proprio motu）及"国王权威"（auctoritas regis）等表述相互组合，用于限定君主的立法动词，表达君主行使立法权的依据。学界已颇为详尽地讨论了"完满权力"表述的起源、其在中世纪晚期的理论发展及其与绝对主义的关系。大量外文的讨论也早已经由中世纪政治思想史方面的著作引入中文学界。也许是因为我们更多从权力的角度理解绝对主义，"完满权力"的表述因此格外受到青睐，而在王室法令文书中经常与其并用的"出于确知"相比之下没有受到充分的重视。① 然而，绝对主义的建构历程并非简单的"绝对权力"可以概括。绝对主义思想虽然在中世纪神学家和法学家的讨论中可见端倪，但"真理"划定了它们的范围与限度。11 世纪格列高里改革重组教皇政府，开启了教会"真理体制"或"真理意识形态"的建构与实践。12 世纪法律革命又为社会事实认知及范畴化提供了系统性的工具。② 认知和传播不同层次的"真理"（或"真相"）因此是君主权力的灵魂，正是通过统一认知和话语，君主权力才得以摆脱封建社会天然的离心力。

"出于确知"之于王权及王国立法的重要性因此与其相关文献的零碎性呈鲜明反差。雅克·克里内讷于 1988 年首先将"出于确知"与法国国王的"立法绝对主义"联系起来。他指出，"出于确知"的表述在王国立法中最早出现在腓力四世统治下的 14 世纪之初（1303 年）。文中他首次系统地搜集了 14 世纪带有"确知"表述的法令并列表。而中世纪学识法中"知识"（scientia）的概念及其与"权力"（potestas）和"意志"（voluntas）之间的关系，

① 王笑红在约翰·莫里斯·凯利的《西方法律思想简史》中将其译为"基于某种认识"；高仰光《论中世纪城市法的学理化进程》（《清华法学》2017 年第 4 期）译为"从特定知识"。上述译法似乎都失之偏颇。

② Florian Mazel，"Vérité et autorité：y a-t-il un moment grégorien？" in *La vérité*，pp. 323-348.

20 世纪 60 年代埃尼奥·柯尔特泽的大作《法律规范:经典共同法中的理论观点》(*La Norma giuridica : Spunti teorici nel diritto comune classico*)有详细讨论。[①] 哈格内德(O. Hageneder)的论文讨论了"出于确知"等表述在教皇立法中的起源、发展及法律效力。[②] 而更早之前,西班牙学者巴伦廷·戈麦斯-伊格莱西亚斯(Valentin Gomez-Iglesias)梳理了教会法学理传统中有关"出于确知核准"的评注和阐述。除了以上较为集中的讨论外,法国新近相关领域研究在涉及"出于确知"时大抵满足于引用克里内讷,这里不一一举例。

也许正是因为此前研究的"绝对主义"问题意识,如何解读这个重要的固定表述似乎有误入歧途之嫌。克尔什纳(Kirshna)认为这个表述意味着教皇与皇帝对法律拥有绝对知识,因此其新的立法必然凌驾于既有法律之上;它也意味着教皇与皇帝绝对知晓与新法矛盾的现有法律。[③] 而安德特·布伦德克(Arndt Brendecke)在《经验的帝国:西班牙殖民统治与知识的政治学》中认为这个表述告诉我们"教皇本人对此前的决定没有完整知识,因此无须明确原因"。继而这位作者又反直觉地解释

---

① Ennio Cortese, *La Norma giuridica : Spunti teorici nel diritto comune classico*, *II* (Milano, 1964), 第 2—3 章。

② O. Hageneder, "Die Rechtskraft spätmittelalterlicher Papst-und Herrscherurkunden 'ex certa scientia', 'non obstantibus' und 'propter importunitatem petentium'," in P. Herde, H. Jakobs, éd., *Papsturkunde und europäisches Urkundenwesen : Studien zu ihrer formalen und rechtlichen Kohärenz vom 11. bis 15. Jahrhundert* (Köln; Weimar; Wien, 1999), pp. 401-429.

③ Julius Kirshner, "Baldo degli Ubaldi's Contribution to the Rule of Law in Florence," in *VI centenario della morte di Baldo degli Ubaldi, 1400-2000* (Perugia, 2005), pp. 313-364.

道:这个表述看似是说君主决定与现有知识有关联,但其实是表示君主超脱于现有知识和所有既有法律。也就是说这个表述是"君主意志"的一个侧面。^① 这两种观点看似对立,但都是对"出于确知"的片面化理解。事实上,正如塞纳莱-莫乌拉(François Seignalet-Mauhourat)所说,即使在学识法的学理讨论中,有部分学者主张君主意志和权力不受任何约束的绝对主义,但卡佩朝和瓦鲁瓦朝的立法表述形式,在其受学识法影响之后就注重陈述立法的原因(causa)。^② 而在原因陈述这种文书上的形式约束之外,我们需要补充"确切知识"作为国王立法行为的程序约束的一面。就中世纪晚期法国法律史而言,习惯法的认知和编纂立法是一个重大事件。而要理解"出于确知"的概念衍生及其在习惯法领域的实践,我们有必要进行三个步骤的讨论。首先我们将指出,中世纪法学家围绕"出于确知"主要发展出了三个维度的讨论,其绝对主义解读只是其中一个维度,因此不能以偏概全而忽视了其最重要也最原始的程序性内涵(一)。通过为14世纪王国"出于确知"立法归类可见,除了少数例外,大部分立法均预设了调查咨议和书面记录的程序,并体现在了立法文本上;其中三级会议与国王确知的关系尤其值得注意(二)。最后,习惯法"出于确知"核准在14世纪标准化,而15、16世纪的习惯法编纂运动也应该放在"出于确知"立法的视野下考察(三)。

---

① Arndt Brendecke, *The Empirical Empire: Spanish Colonial Rule and the Politics of Knowledge* (Berlin; Boston, 2016), pp. 59-61.

② François Seignalet-Mauhourat, "Le valeur juridique des préambules des ordonnances et des édits sous l'ancien régime," *RHDFE*, N° 2, 2006, pp. 229-258.

一、"出于确知":程序内涵与学理演进

(1)"出于确知"核准的程序内涵

世俗王国立法在其法令序文中使用"出于确知"表述系由教皇国家率先实践。它与教皇的"核准"(confirmation)行为密不可分。核准最基本的意义是验证文书真伪。核准的对象,最初大多是圣俸和特权等。奥斯提亚大主教(Hostiensis)定义核准为"合法上级所作对既有或求得权利的巩固"(iuris prius habiti seu quaesiti per legitimum superiorem facta corroboratio)。正因为是"巩固"(corroboratio)所以"无权不可核准"(id quod nihil est,non potuit confirmari)[1]。在《格拉提安教令集》中,"出于确知"并没有明确出现。12 世纪末、13 世纪初教皇英诺森三世的文书正式使用"出于确知"的表述。[2] 20 多年后的《格列高利九世教令集》仍旧没有作明确定义;而只是在第二卷最后,继有关上诉的教令之后,搜罗了讨论教皇核准的程序及法律效力的问题($X.2,30$,De confirmatione utili)。这个标题共分 9 章,正文并没有"确知"字样出现,而只是较为含糊地说明了不同形式核准具有的不同法律效力。将核准分为"一般形式核准"和"特别形式核准"(或称"出于确知核准")因此是教会法学家基于教会

---

[1] Hostiensis, *In secundum decretalium librum commentaria*(Torino,1965),fol. 207,c. 1,n. 3.

[2] 参见 O. Hageneder,"Die Rechtskraft,"p. 417。他也提供了其他语例。

日常文书实践而逐步厘清的概念。通用注释①默认核准的这两种区分，而两种核准的关键差别在于是否知晓原因（causa）。限定一般形式核准通常用"不知原因"（sine cognitione causa）字样，而特别形式核准用"知晓原因"（causa cognita 或 cum cognitione causae）。而就某些章节所涉及到的核准，注释也会指出应该理解为何种核准。明确区分两种核准基本消除了因教令原文模棱两可之处所可能导致的矛盾，因为从这个标题收录的教令正文来看，显然存在两种效力不同的核准。核准首先是条件性的，即它不保证受核准权利内容的真实性。而通过调查确证的核准（也就是教皇知情的核准）与条件性的核准效力不同，不受下级法官审查。

从本质上讲，核准行为不创造权利。在 13 世纪中期以前，两种核准在文书形式上的差异并不显著。Venerabilis 教令（X. 2,30,8）提及教皇文书局习惯于将"如未预见危害而作"（sicut sine pravitate provide facta est）一句加入核准令状，而不论是否知晓原因。但这意味着大部分核准都会因为这个文书习惯而变成一般核准。那么，如何在形式上区别核准是一般核准还是"出于确知"核准？帕尔马的伯纳多在通用注释中从程序和形式两个角度试图规避"sicut"句出现在"出于确知"核准所带来的矛盾。首先，程序上讲，如果教皇知道文书内容（compositio），且看过他所核准的事物，所以此时核准中虽有此句，也应理解为原因

---

① 本书采用的通用注释版本为 *Decretales D. Gregorii Papae IX，suae integritati una cum glossis restitutae*（Rome，1582），以下引用为"gl."。

性的而不是条件性的。^① 而教皇所知晓的真相,在文书上也应有体现,即在核准令状中插入"内容要旨"(tenor compositionis)。也就是说,核准的关键在于教皇是否"看过"他所要核准的权利,而令状中只要出现这些表示已有认知的词语和形式,就应推定为特别形式核准。

在此基础上,教会法评注者们继续阐发(和扩大)了两种核准在法律效力上的差别。一般形式核准并不创设新的权利,但特别形式核准可以超越核准的原意。通用注释强调,通过一般形式核准无法获取新权利:"注意,通过一般形式核准不会取得任何权利。"^②日后的巴都斯和帕诺米塔努斯都重复了这个观点。相反,出于确知核准意味着君主废止先前的核准,颁布可能与之冲突的核准。^③ 而如果第二封核准令没有提及第一封,就需推定第一封是虚假求得。^④ 正因为出于确知核准可以违背既有的核准而创设相反的、新的权利,它所具有的例外效力使之自然而然与"完满权力"关联起来。

不过,这里我们暂时搁置核准的两种形式之不同效力的讨

---

① X.2,30,8, gl. *sicut sine pravitate*:sed quum cognoscit de compositione,et videt ea quae confirmat;tunc licet illa verba ponantur in confirmatione,non intelliguntur conditionaliter,sed causative.

② X.3,8,5, gl. *in forma*:No(ta),quod per confirmation in forma communi nihil iuris acquiritur.

③ 转引自 Cortese, *La Norma giuridica*,p. 89:quod tunc videtur papa vel princeps ex certa scientia derogare precedenti,et statuere in contrarium... 因此可见教皇或皇帝可出于确知废止在先核准,颁布相反的⋯⋯

④ *La Norma giuridica*,p. 90,n. 92:Ideo,si in secundis non fiat mentio priorum,presumuntur esse impetrata per mendacium,et ideo nullius momenti iudicantur,quoniam iniquum hoc est. 因此,如果第二封核准没有提及此前的核准,我们推定此前系虚假求得,因其不当,故无效。

论,回到核准的程序及文书形式上,看评注者如何明确两种核准的根本差别。显然,出于确知核准以固定的程序和文书形式为前提,不是简单的文书核对,教皇也不可随意为之。核准有效性的关键在于确定求得人(impetrant)的陈述是否真实。而教皇委派适合人选通过调查纠问确定这种真实性。"Quum dilecta"教令(Ⅹ.2,30,4)涉及特权更新(innovatio)的程序。对此,教皇派四位主教和修道院长"尽心调查此事,将其要旨如实记录,盖章送呈……"①根据通用注释,这则教令中的案例反映了如下程序:法庭申诉,教皇委派(ponitur fororum petitio, et Papae commissio);纠问官叙述,送审法政教士(inquisitorum relatio, et canonicorum obiectio);给出判决,由此上诉(iudicum datio, et ab ipsis appellatio);上诉法庭申诉,受理(fororum iterata petitio, et earum condictio);教皇中间裁决,更新特权(Papae interlocutio, et priuilegii innouatio);教皇钦定女修道院院长(Papa abbatissam constituit procuratricem);汇总要点(committit principale diffiniendum)。教皇的特别核准因此以一定的纠问程序及其文本记录为依据,不过调查的具体形式没有特定的规定。

接下去是出于确知核准的调查程序在文本上的体现。上面已经提到,"sicut"句因为是一种文书撰写习惯,所以不能用于判断核准的性质。奥斯提亚大主教认为,如果在核准令中插入了

---

① ... ut ea inspicerent diligenter, et tenorem ipsorum fideliter transcribentes sub sigillis suis nobis remitterent, duximus iniungendum.

核准之事,那就应该看作是出于确知核准。① 帕诺米塔努斯评注
Ⅹ.2,30,7 这则教令时重复了这个观点。② 也就是说,要推定君
主是否有确知,文本上的依据在于核准令是否援引法律或权利
的要旨,抑或它是否原因性或条件性地提及此法律或者权利。③
法国 16 世纪法学大家查理·迪穆兰在其《巴黎习惯法评注》中
更有清晰易懂的总结:首先,是否"知晓原因"是判断核准属于哪
一种的根本依据。如果是,则核准令状不是条件性而是原因性
的。④ 以特殊和决定性形式所作核准,需写明被核准之事的全部
要旨,由拥有权力之人批准、承认和核准。⑤ "既然他通过核准中
叙述的原始文书充分得知了事实及被核准事实的真实性与情
境,那么那么他的核准不应理解为条件性和假设性核准,而完全

---

① Hostiensis, *In secundum decretalium librum commentaria*, fol. 209: Si in confirmatione per Papam facta sit insertus tenor rei confirmatae, dicitur facta confirmatio ex certa scientia, etiam si in ea sit inserta clausula sicut sine pravitate.

② Panormitanus, *Comm. X 2.30 De confirmatione utili vel inutili c.7 Examinata* (ed. Lugdun. 1555, fol. 142°, n.3). 转引自 Hageneder, "Die Rechtskraft," p.410: Si vero exprimitur tenor rei confirmate vel papa diceret, quod ex certa scientia confirmat, tunc dicitur facta confirmatio ex certa scientia。

③ Panormitanus, *Comm. X 2.30 De confirmatione utili vel inutili c.7 Examinata*, n.5-6. 其他教会法学家对此教令的注释与评论参见 Valentin Gómez-Iglesias, "Naturaleza y origen de la confirmación 'ex certa scientia'," *Ius Canonicum*, Vol. ⅩⅩⅤ, No.49, 1985, pp.101-102。

④ Charles Dumoulin, *Prima pars commentariorum in Consuetudines Parisienses* (Paris, 1539), Titulus Ⅰ, n.70-73. 下两处引文同。

⑤ Confirmatio facta in forma speciali et dispositiua, quando enarrato toto tenore confirmati, approbatur, recognoscitur, et confirmatur, a postetatem habente.

是直接而确切的。"①综合上面两点可见,出于确知核准必然要求教皇对被核准文书有充分了解,而调查的档案记录及文书中复述被核准事物这一文本定式是教皇"看过"的佐证。经过了这些认知程序后,即使法令中仍然用了"sicut"句,也应当视为是出于确知核准。

综上所述,无论是《格拉提安教令集》还是《格列高利九世教令集》都没有为两种核准赋予明确名称。但在法学家的理论演绎中出于确知核准作为特别形式核准的代名词逐步成型。虽然出于确知核准有不同于一般核准的特别效力,但它并没有因此与教皇绝对权力混为一谈。中世纪的法学博士们普遍认为特别核准之成立必须符合若干文书撰写上的要求,而为了确定核准之事的真实性,通常意味着在核准或重新核准之前进行调查和记录。将核准分为两类,并确定其各自的程序内涵是教皇国家依据不同类型的"真实性"建立效力层级的一个方面。而13世纪末教皇绝对主义发展背景下,教皇强调自身是真理的代表,这将催生"出于确知"表述的形式化解读(第3小节)。但从教会法文本中所体现的"确知"到"确知"的绝对主义推论之间有一个学理演变过程(第2小节)。

(2)关于什么的"确切知识"?

由上一小节讨论可见,核准所涉及的"确切知识"关乎核准

---

① Tunc enim ex quo fuit plene informatus de facto, et facti veritate et circunstantiis per instrumentum originale confirmati narratum in confirmatione, non intelligitur confirmans conditionaliter et praesuppositiue loqui, sed pure simpliciter et praecise.

的原因以及被核准事物的真实性。而正如热拉尔·焦达南戈所说,"确切知识"的表述的源头是罗马契约法。① 知识和原因的组合则是其中的关键特征。虽然中世纪教会法强调缔约双方的合意主义,认为"裸体简约亦当践履"②,但它与更为形式主义的罗马法文化存在冲突。罗马法对契约问题的看法也许可以概括为"裸体简约不产生诉权"③。在这里,"原因"成了调和罗马法和教会法的突破口。④ 而 12 世纪以来的契约实践中,会用"出于确知"表明缔约者充分知晓原因,并因此受到约束。

但是,"出于确知"作为一种固定表述,在《民法大全》中亦无迹可寻。它更可能是中世纪教会法律实践的产物,经由教会而实现私法到公法的跳跃,又经由教会法评注而定型,最后通过世俗政权文书局的借用而成为世俗政权法令中的固定表述。在最早使用"确知"的教皇文书尚未有定论之前,我们只需要指出,似乎"出于确知"及其变体"ex certa conscientia"在 13 世纪初即已在世俗贵族层面有较为规范的使用(详见第二章),而后才在王室文书局普遍使用。

转入公法的"出于确知"随后随着绝对主义观念的发展而有

---

① Gérard Giordanengo,"De l'usage du droit privé et du droit public au Moyen Âge," *Cahiers de recherches médiévales*, 7 (2000), mis en ligne le 03 janvier 2007, consulté le 25 janvier 2018. URL: http://journals. openedition. org/crm/880.

② Χ. 1,35,1: Pacta quantumcumque nuda servanda sunt. 有关这个原则在教会法中的来龙去脉,参见 Wim Decock, *Theologians and Contract Law: The Moral Transformation of the Ius Commune* (Leyde; Boston, 2013), pp. 121-130。

③ D. 2,14,7,4: Ex nudo pacto non nascitur actio...

④ 参照徐涤宇、黄美玲:《单方允诺的效力根据》,《中国社会科学》2013 年第 4 期,第 147—148 页。

了新意涵。博尼法斯八世宣称罗马教宗胸中有一切权利(ius,后面根据语境亦译为"法",与 lex——"法律"区别)。① 也就是说，教皇的知识不局限于具体的原因和事实，而且还先验地覆盖了整个法的领域。教皇因此有完满的"法的知识"，不可能"对法无知"(ignorantia iuris)。"胸中有法(权利)"的法谚同样允许法学家们推定世俗最高统治者拥有有关一切"权利"的知识。普拉桑蒂努斯早有论断：涉及权利之事应当视罗马皇帝为无所不知。② 阿库修斯(Accursius)的注释也指出，"他的意志即大而正当的原因"(magna et iusta causa est eius voluntas)——皇帝的意志就是原因。这种说法建立在神学认识之上，就如彭纳的卢卡斯(Lucas de Penna)所说，虽然没有原因不应该立法，但皇帝不受原因表示的约束；皇帝效法上帝，而上帝在人世的一切行动都有原因……他所做的一切都有正当理由和理性，他由此被法律推定为公正法(ius aequum)。③ 教皇和皇帝，分别作为精神和世俗世界上帝的代理人(vicarius Dei)在法的领域显然不可能有无知。因此，16世纪弗朗西斯科·苏亚雷斯(Francisco Suarez)将确知的内容定义为权利：出于确知所作核准总是推定有关权利

---

① Ⅵ.1，2，1：Romanus Pontifex，qui iura omnia in scrinio pectoris sui censetur habere. 需要注意的是，虽然博尼法斯八世的宣言带有很强的绝对主义色彩，但中世纪晚期的法学家倾向于将教皇之"胸"解释为为他建言的法学专家。

② 转引自 Cortese，*La Norma giuridica*，p. 57，n. 37：Princeps enim romanus nihil. . . ignorare quod ad ius pertineat extimandus est。

③ 参见 Walter Ullmann，*The Medieval Idea of Law as Represented by Lucas de Penna* (New York，2010)，pp. 47-48。乌尔曼在文中也说明了这一观点的限度。

的知识,因为君主胸中有权利,而不可假定他无知。① 由于君主意志即原因,君主对原因的确知变成了君主对权利的确知;又因为"胸中有法"的原则,通常我们推定君主拥有这种知识。这样的理论发展为"出于确知"表述进一步形式化作了铺垫,也为立法活动运用"确知"创造了可能性。在这种绝对主义导向的推理中,原因的客观性被"意志"的主观性所吞噬,这样,(在理论上)前者的重要性在这个领域会出现附属化和边缘化。然而值得注意的是,绝对主义导向与法兰西王国立法实践没有必然联系。塞纳莱-莫乌拉即说明,虽然阿库修斯和巴都斯等人将君主意志抬到很高,王国文书局在实践中反而十分重视阐述法令的动机和原因。君主意志如阿奎那论述,更应该是"受理性约束的意志"(voluntas ratione regulata)。

(3)"出于确知"的绝对主义解释

如第 1 小节所述,虽然教会法文本没有明确规定,但教会法学家很早就明确了"出于确知"核准的特别效力。通用注释已经说明,"如果教皇出于确知核准某事……权利上无效之事也具有约束力"②。纪尧姆·迪朗的话更堪称格言:教皇本人出于确知

---

① Suarez, *Opera omnia* (Paris, 1856), t. 6, p. 295: Scientia iuris semper praesumitur in confirmatione, quae fit ex certa scientia, quia Princeps habet ius in pectore, et illud ignorare non praesumitur.

② Ⅹ.1,36,1, gl.: Si ex certa scientia Papa aliquid approbet…quod de iure non valet firmum erit.

核准将无效变为有效。① 正是由于"出于确知"核准拥有近乎绝对的创造例外的效力,法学家们很自然地开始讨论它与"君主意志"、"纵然如此"(non obstantibus)、"完满权力"等表述的关系,比较它们在效力层级上的位置。

　　首先看确切知识成立的真实性要件。虽说教会法条文原意是通过一定的纠问程序确立事实真相,并在法令文书中援引受核准权利的要旨,确知的形式化导致学说上更强调君主意志,这就使得真实性的确立方式有了改变。在巴托鲁斯看来,皇帝出于确知所做决定当信之为真。② 但这应当以"陈述明确,不缺乏原因"为前提。③ 巴托鲁斯的观点因此没有脱离传统框架。但帕维亚的博纳多早已提出另一种论点,即特别形式核准可以"无中生有",不正当变为正当。④ 巴都斯和帕诺米塔努斯将这个表述的含义与完满权力等其他先行词趋近。巴都斯认为:皇帝的确知等同于正当原因(in principe certa scientia pro iusta causa habetur,请注意这里意味着意志到确切知识的转移)。罗马皇帝出于确知一切可为(princeps Romanus ex certa scientia omnia

---

① Guillaume Durand,*Speculum judiciale*,Ⅰ,part. 1,*de legato*,§ 6 *nunc ostendendum*,n. 49:ipse confirmando ex certa scientia firmat et sanat infirmum.

② 转引自 Cortese,*La Norma giuridica*,p. 97,n. 109:quando imperator statuit aliquid ex certa scientia credendum est hoc esse verum。

③ 转引自 Cortese,*La Norma giuridica*,p. 97,n. 109:quando dispositio est certa,de causa non curatur...

④ Bernard Papiensis,*Summa*,ii,21,*de confirmatione*,3. 转引自 Cortese,*La Norma giuridica*,p. 93。

potest）。① 而"如果他出于确知欲做某事，无人可问‘为何如此？'"②，"君主出于确知所做即当视为以完满权力所做"③。帕诺米塔努斯更有这样的表述：任何要求皇帝完满权力之事，只需说他出于确知而为之足矣。④ 艾蒂安·贝特朗（Etienne Bertrand）也说明，"出于确知"与"纵然如此"效力相同。⑤ 如果说是这样，那法令中"出于确知"的表述完全沦为形式，它的程序要件也就无关紧要了。

然而，我们必须指出，中世纪法学家的"绝对主义"有其天然的限度。帕诺米塔努斯在讨论国王让与公领（domaine publique）的问题时认为，国王不可能"出于确知"做不利于王国的让与。⑥ 国王"出于确知"的行为受到公共善和国王"公职"（dignitas）的约束。另外，肯尼斯·彭宁顿（Kenneth Pennington）对巴都斯手稿修改痕迹的研究证明，巴都斯并非

① Baldus ad *Feud.*, Proem, ad v. 'Aliqua' in Joseph Canning, *The Political Thought of Baldus de Ubaldis*(Cambridge, 1987), p. 242.

② 转引自 Cortese, *La Norma giuridica*, p. 92, n. 98: Si ex certa scientia vult, nemo potest ei dicere "Cur ita facis?"。请注意他的表述与《约伯记》9:12 的近似性。

③ 转引自 Cortese, *La Norma giuridica*, p. 92, n. 98: Quod princeps facit ex certa scientia videtur facere et de plenitudine potestatis。

④ Panormitanus, *Comm.* X 1. 3 De rescriptis c. 10: Clausula "ex certa scientia" idem importat ac si papa dixisset, quod faciebat illud de plenitudine potestatis, ex quo generaliter infero unum singularem dictum, quod ubicumque in materia requiritur plenitudo potestatis principis, satis est principem dicere, quod illud facit de certa scientia.

⑤ Sophie Petit-Renaud, "*Faire loy*" au Royaume de France de Philippe VI à Charles V (1328—1380), p. 199.

⑥ Guillaume Leyte, *Domaine et domanialité publique dans la France médiévale* (XII°-XV° siècles)(Strasbourg, 1996), p. 276.

"绝对主义者"。其作品中的部分绝对主义立场也许是迫不得已而为米兰公爵吉安加雷亚佐（Giangaleazzo Visconti）所作。[①] 我们从巴都斯的另一段评论中也能看出其"绝对主义"的有限性："审判：即知识，权力与意志，因为根据亚里士多德，这三者构成人的行动……因为没有知识的想法与能力无法行出于灵魂之事，因为此处要求确定性：而确定性即真理。"[②]君主意志不能等同于真理。在亚里士多德主义和托马斯主义的影响下，他事实上强调的是法权的三元结构而非二元。"veritas"一词尤其值得注意。在中世纪语境下，"veritas"一词最基本的含义是基督教真理，即自然权利（ius naturalis）；它同时也可指事件的真相，乃至获取这种真相的纠问程序。这样看来，巴都斯的形式化讨论只是表象，他的神学－哲学框架决定了他的"绝对主义"的相对性和有限性——这也许从另一方面验证了肯宁顿的判断。认为君主凌驾于法律之上但面对自然权利这一终极界限的例子还有很多。乌戈利诺在复述其老师阿贝里库斯（Albericus）的观点时写道：阿贝里库斯有这样的区分：皇帝或是出于确知下达敕令，

---

① Kenneth Pennington，" Was Baldus an Absolutist? The Evidence of His Consilia," in Martin Kaufhold ed.，*Politische Reflexion in der Welt des späten Mittelalters. Political Thought in the Age of Scholasticism：Essays in Honour of Jürgen Miethke*（Leiden，2004），pp. 305-319.

② Baldus，*Commentarii in C. 1，18，8，de iuris et facti ignorantia，l. cum testamentum*，n. 3；转引自 Cortese，*La Norma giuridica*，p. 97，n. 110：Iudicium：scilicet scientia，potestas et voluntas quia ista tria integrant actus humanos，secundum Aristotelem ⋯ quia velle et posse sine scientia nihil operantur in his quae dependent ex animo，ubi requiritur certitudo：et ista est veritas。

或是出于无知或受骗；出于确知的是有效的，只要不违背自然权利……①阿佐则认为，人民出于确知可以让与成文法冲突的习惯生效，因为一种市民法可以废止另一种，但若违背不变的自然权利，则是致命的罪。②

二、14 世纪法兰西王国立法实践中的"出于确知"

在讨论了"出于确知"在学理上的三个面相后，我们将其比照世俗政权实践。地方领主很早就在令状中采用"出于确知"的表述。尔后在王国立法实践中，"出于确知"法令往往反映了条款的程序内涵，而没有体现出将程序次要化、以国王意志为首要的绝对主义。最后尤其值得强调的是"确知"与三级会议的联系。它不仅使得立法活动具有与人民缔约的性质，也将构成日后习惯法编纂的基本形式。

---

① 转引自 Cortese, *La Norma giuridica*, p. 57, n. 37: Dominus Albericus aliter distinguit: utrum ex certa scientia imperator rescriptum dedit, an per ignorantiam vel obreptionem; ut si ex certa scientia valeant, nisi sint iuri naturali contraria…

② *La Norma giuridica*, p. 112, n. 26: Sexti dicunt quod, ex certa scientia utens populus contra legem, vincit consuetudo legem, ignorans non. Quod non placet: quia melioris conditionis esset populus delinquens, quam innocens: quod esse non debet…Hoc delictum non est mortale, sed veniale, quia ius civile per aliud ius civile tolli potest: secus in iure naturali, quod est immutabile: unde ibi esset mortale peccatum.

(1)13 世纪的"确知"条款与世俗政权

1208 年的阿尔比十字军征伐让西蒙·德·蒙福尔入主朗格多克。贯穿其悲剧性的统治,他在建立北方式的封建关系的同时,不断与本地领主进行斗争和妥协。他的开封特许状(lettres patentes)因此多为让与性质。而在这些让与状中,他的"确切知识"是构成其有效性及充分法律效力的必要条件。1212 年 3 月 12 日西蒙出让佩泽纳斯城堡的令状指明他是在"知晓权利,确知事实和条件"(sciens de iure et certus de facto et condicione)的状态下做出此决定。① 而在文本形式上,"出于确知"由"庄严地插入保证文本"(cum promissione sollempniter interposita)所佐证。② 西蒙 1215 年 7 月 12 日让与状有这样的表述:我们批准、承认前述一切事宜,承诺永远固守之,出于确知放弃可资助益与上记或上述相对之事的权利和习惯。③ 西蒙可以"出于确知"放弃"一切对此可能的例外,辩护和诉求"④。在短短的十几年中,西蒙颁布的类似令状还有很多。此前的讨论都没有给予它们关注,但由于它们是相当早熟的案例,值得详加讨论。检索数据库

① *HGL*,t. 8,pp. 304-305. 相似的表述如 scientes et verissime cognoscentes vos tenore(同前,第 497 页)。

② Semper faciam universa supradicta et singula et te et tuos habere et possidere in pace. . . ex certa scientia cum promissione sollempniter interposita.

③ *HGL*,t. 8,p. 340:Predicta omnia approbamus et concedimus,et nos ea inconcussa in perpetuum observaturos promittimus,renunciantes ex certa scientia moni auxilio iuris et consuetudinis,quo possemus adversus praescripta vel praedictorum aliquod adiuvari.

④ *HGL*,t. 8,p. 339:Renunciaverunt insuper ex certa scientia omnibus exeptionibus,defensionibus et appellationibus,que possent eis competere.

低地文书(Diplomata Belgica)我们发现,1250 年以前佛兰德尔地区的文书出现"出于确知"字样的有 6 处,外加"certa conscientia"1 处。这几处语例都晚于西蒙的文书,且大多是教会文书。北方出身的西蒙是否是起用了一批南方教士做他的文书员,而后者将教会法实践中的固定形式带入了世俗政治? 这一点还需更多史料佐证。

国王法令中最早使用"出于确知"的案例也出现在 13 世纪早期。1231 年路易九世与布列塔尼公爵签署了一份协定,写到国王"出于国王权威和确知"将权利保留给公爵及其继任者。[①] 13 世纪末美男子腓力与佛兰德尔伯爵居伊·德·当皮埃尔的斗争中,巴黎高等法院的判决亦可见"出于确知"[②]。然而我们尚未能在被后世归类为敕令或者法令的文书中找到相应案例。综观13 世纪的"出于确知"法令或令状,它们的内容多涉及领地权利的让与。这也就使这一阶段的情况更接近于私法实践,带有十分明显的契约性质,其对象通常也极为具体。其中写入"出于确知"条款可用于消除任何未来可能产生的争议,使文书依据受益者的利益严格解释。"出于确知"正式在国王法令中登台亮相也许还需要一些历史催化剂。13、14 世纪之交美男子腓力和教皇博尼法斯八世之争促使王国政府"教宗化"也许是"出于确知"进入王国立法的重要原因。但我们将看到,王权的绝对主义的倾向没有将"出于确知"形式化为单纯的修辞功能;相反,14 世纪以

---

① RGALF, t. 1, p. 242: ... lesquels aussi nous de ceste authorité royale et de certaine science, au dit duc et à ses successeurs ducs de Bretagne par la teneur de ces présentes, en tant comme besoing serait, nous reseruons.

② Arthur Beugnot, ed., Olim, p. 31.

后的立法实践有其固定的章法,固定表述的选用也绝不是随机搭配。

(2)"出于确知"法令的程序预设

虽然 14 世纪以后"出于确知"成为国王法令中的常客,但王国的立法实践并没有遵循绝对主义的路线。因去则果除(cessante causa, cessare debet effectus)的法谚在 13、14 世纪之交备受奥尔良法学家的评论。[①] 相比英国国王敕令中时常出现的"出于自动"(de metu proprio),14 世纪法国国王的 1685 个法令中,只有 10 个是国王"出于自动"颁布。[②] 国王文书局重视在法令中体现"受理性约束的意志"。14 世纪初起,他们越发注重于陈述立法的原因,而这样做也就是宣示新立法的理性(ratio legis)。值得注意的是,1302 年以后,美男腓力文书局在法令中加入立法动机的陈述,而且一些重要的法令往往陈述得更加详细。[③] 这个时间点与最早的三级会议以及"出于确知"出现在国王法令当中的时间亦基本一致。王权的"教宗化"和高卢主义的兴起没有简单地导向绝对主义。它首先意味着王国政府全面、规范地吸收教会制度。同样,"确知"表述的使用也需要满足若干程序性的条件。但与私人缔约或者普通的核准令状中的"知识"不同的是,国王立法需要有相对权威的信息取得

---

① André Gouron, "Cessante causa cessat effectus: à la naissance de l'adage," *Comptes rendus des séances de l'Académie des Inscriptions et Belles-Lettres*, 143e année, N°1, 1999, pp. 299-309.

② Albert Rigaudière, "Introduction," in Sophie Petit-Renaud, *Faire la loy*, p. 4.

③ François Seignalet-Mauhourat, "La valeur juridique des préambules," p. 241.

（informatio，即调查）过程来建立确知。依据情境不同，信息取得也会采取不同的组织形式（大贵族商议、三级会议、法官调查、城市团体咨询等），满足庄严性（solemnity）的要件。① 正是在说明了信息取得过程并记录存档后，国王才得以声称其"确知"。

在 14 世纪国王法令当中，"出于确知"表述之前通常会先说明此决定所咨询的团体。最早出现"确知"的 1303 年禁止私斗法令的表述即为："出于大主教和男爵建言、确知、国王权威及完满权力。"② 俗语法令中，"听取意见，出于确知"（de conseil et de nostre certaine science）是十分常见的组合。哈格内德所给出的神圣罗马帝国皇帝敕令更详细地体现了这种信息获取机制对建构确知的重要性。德国皇帝敕令常见类似"并非出于错误或浅见，而是深思熟虑，听取意见，出于确知，以皇帝完满权力"的表述。③ 在取得真实信息后，皇帝的决定排除了错误还有浅见的可能性。克劳德·戈瓦尔（Claude Gauvard）还指出了国王出于确知颁布赦免令前的讨论机制。1342 年 10 月 8 日由国王代表颁布的赦免令即在事前由法官进行讨论（而且档案中这次讨论的记录幸存了下来）。"出于确知"往往出现在法语"考虑过以上事宜"（ces choses considerees）或拉丁语"考虑并洞悉要旨"（premissis consideratis et attentis）之后。而赦免请愿的原文，亦附带于赦免令中（nos autem omnia et singula in suprascripturis

---

① 庄严性一词的法律意义即使行为或契约生效的必要（形式）条件。

② *RGALF*，t. 2，col. 808：... de praelatorum et baronum consilio et certa scientia et auctoritate, et de plenitudine regiae potestatis omnino tollimus, annullamus, cassamus, irritamus et penitus abolemus.

③ Hageneder，"Die Rechtskraft，" p. 413.

litteris contenta rata habentes)。[①] 国王法令的执行也受到原因的制约，在与正当原因冲突时应当中止执行，由代官（又译邑督）告知国王。[②]

因此，面对臣民的请愿，以咨议等形式进行的调查系"出于确知"法令的程序预设。只有在经过具有代表性的讨论以及深思熟虑后，国王才确定其决定符合公共利益。"出于确知"法令往往依据教会法的规范，直接或者间接援引请愿的具体内容，乃至逐条批复。国王的最终决定超越于现有法律，可以使与一般规范冲突的个别规范生效。也正因为如此，立法的原因必须充分，而信息获取机制及法令的颁布必须足够庄严。百年战争初期法国处于十分不利境地之时，国王为了增税多次召开三级会议。而有的三级会议讨论之后形成的法令最为复杂的先行词，如1367年桑斯三级会议之后的法令"以我们的确知、殊恩、完满权力、国王权威，经大咨议会充分成熟讨论"[③]王国的"出于确知"法令，必然意味着事先的一系列建构"确知"的程序，且在法令文本形式上有相应体现。这与教会法实践一脉相承。既然如此，这些法令在内容上又呈现怎样的特征？

---

① Claude Gauvard, "La justice du roi de France et le latin à la fin du Moyen Âge: transparence ou opacité d'une pratique de la norme," in M. Goulet et M. Parisse, eds., *Les historiens et le latin médiéval* (Paris, 2001), pp. 37-38.

② François Olivier-Martin, *Les Lois du Roi*, (Paris, 1997), p. 260.

③ *RGALF*, t. 5, p. 282: ... de nostre certaine science et grace especial, plaine puissance et auctorité royaulx, et par bonne et meure déliberacion de nostre grant conseil...

（3）"出于确知"法令的内容

克里内讷依据伊桑贝尔编订的法国国王法令集搜集了 14 世纪出现"确知"的法令与令状。不过，也许是文章主题所限（即国王的立法绝对主义），克里内讷在列表之后未就法令的细节作讨论。事实上，这些法令看似范围广泛，但在内容上有一定的一致性，大体都符合"确知"条款的适用范围。也就是说，这些法令中出现"出于确知"并非偶然。

根据克里内讷的归类，这些法令大致可以分为"普遍性法令"（敕令），特别法令（让与状，领地撤回状，任命状，核准状乃至普通的命令）以及司法令状（撤销或赦免令）。我们不妨从"核准"的角度对这些法令重新归类。首先是核准性质的法令，涉及封建领地关系的主要包括让与状；特权或习惯的承认或重新承认。其次是核准性质的司法令状。第三类是涉及王国"宪法"性规范、领地规定及其他王室法修订。三级会议之后颁布的法令内容广泛，通常可以同时归入第一类和第三类。之所以在这些法令中运用"出于确知"条款，一方面是因为该法令或令状所具有的特别核准性质，另一方面也是为了体现严格的调查（informatio）机制在运作。只有少数法令例外。比如涉及王室领和王室内部管理制度的法令使用"出于确知"条款，但通常不附加其他程序说明。① 也许是因为在这个领域，国王的知识和意志、权力可能是重合的，因此无须特别程序。但通常情况下，国王的确知来源于其法律人的调查，国王司法的代表对获得的信息进行加工、解释和修改。信息的传播过程大体是请愿——调查、咨议——立法——颁布。国王法令的有效性和合法性建立在文本共识（包括会议记录文本和法令文本）的基础上。有的法令还特别强调了特别核准废止此前法令的效力，如 1327 年香槟与布里的特权和司法权重新核准同时意味着"废除和撤回此前与此相关的一切法令"。②

尤其需要关注的是三级会议法令，因为它自诞生以来就和我们将要讨论的"习惯"关系密切。作为 14 世纪的发明，三级会议对王国贡献颇多。1302 年美男子腓力借助全国性集会论证国王的高卢主义主张是悠久的习惯，并公然烧毁教皇谕令；1317 年三级会议是确定王位仅限由男性继承的"习惯"的依托。百年战争期间，三级会议又有效动员了财政力量，救王国于危亡。《第三朝国王法令集》第 5 卷收录了 1358 年 5 月贡比涅三级会议、1367 年夏特尔和桑斯三级会议后颁布的法令。这几则"出于确知"法令除了征税事宜外，都有权利核准和让与的内容，因此符

---

① 1315 年和 1316 年擢升法国大同侪（pairs de France）的确认状都有类似如下的表述：. . . ex certa scientia facimus de nostrae protestatis plenitudine, statuentes et decernentes specialiter et expresse. . . quod ut firmum permaneat in futurum, praesentibus litteris nostrum fecimus apponi sigillum。这里需要注意在立法动词之后出现了 specialiter 和 expresse 字样来强调此令状属于特别形式的确认状。

② . . . en adnullant et rappellant toutes autres ordenances, qui n'aguieres avoient esté faites et publiées sur ce. . .

合使用"确知"条款的原则。其中 1358 年三级会议后的法令如此描述了国王与参会者的关系："我们一直以来对王国和王国的人民有很好的爱和感情"，而"大主教及其他教会人士、贵族、好城市和全体人民都对我们有很好的服从和完满的爱。"王国统治是温柔的、亲切的(amiable,词源为朋友)统治。① "爱""友谊"之类体现感情(affectus)的话语由 12 世纪的修道院神学家讨论和推广，②是封建契约观念的新发展，也是共同体意识和社会契约意识的产物。③ 如果说，不平等的立法权力使国王与"人民"处在不平等的地位，那这种话语实际上允许君主与人民有意义地缔结政治契约。而又如恩斯特·康托洛维茨的门生拉尔夫·吉塞所述，三级会议与"王国神秘体"的观念有密切联系。④ 也正是经由三级会议，国王得以申明自己是"臣民之父"。⑤ 引入三级会议作为国王确知的信息来源和重大立法活动的庄严性条件因此具

---

① ... considerans la tres bonne amour et affection que nous avons touzjours eu，avons et aurons audit royaume, et au peulple d'iceli gouverner doucement et amiablement，et la tres bonne subjeccion et parfaite amour que nous avons trouvé ès prelaz et autres genz d'eglise, nobles et bonnes villes et à tout ledit peuple...

② 参见 Damien Boquet, *L'ordre de l'affect au Moyen Age*：*autour de l'anthropologie affective d'Aelred de Rievaulx* (Caen, 2005)，第 1 章。

③ Bénédicte Sère, "Ami et alié envers et contre tous. Étude lexicale et sémantique de l'amitié dans les contrats d'alliance," in François Foronda ed., *Avant le contrat social. Le contrat politique dans l'Occident médiéval XIIIe-XVe siècle* (Paris, 2011), pp. 245-268.

④ Ralph E. Giesey, "The French estates and the 'corpus mysticum regni'," in *Rulership in France*：*15th-17th Centuries* (Burlington, 2004), pp. 155-171.

⑤ 参见 Martin Gosman, *Les sujets du père*, *les Rois de France face aux représentants du peuple dans les assemblées de notables et les états généraux*, *1302-1615* (Paris；Leuven, 2007), pp. 213-246。

有十分深远的意义。

最后，我们需要注意的是，无论是伊桑贝尔的法令集还是《第三朝法令全集》都是后世律师筛选整理的结果。也就是说，近代以后的人通过这些法令集形成的法令观与中世纪的观念并不一定完全相符，筛选也就意味着消除了其他众多关键信息（如赦免令中的"出于确知"），而整理更是破坏了文书原本的储存形态和组织结构。所以单纯依靠这两套法令集进行统计和分析并不能完全关照全局，仍待更多的档案研究丰富"出于确知"实际运用的案例。

三、"确切知识"与习惯结合
的路径（14—16世纪）

14世纪的立法和三级会议实践为国王确知的展开提供了充足的经验。接下来的问题是，面对法国北部纷繁复杂的习惯法，国王将采用何种形式将"地方性知识"纳入其确知？

（1）习惯（重新）核准与"确知"

事实上，在13世纪初我们就能找到国王"出于确知"核准习惯法的例子。1204年阿拉贡国王颁布了一份奥西坦语法令，核准《蒙彼利埃习惯法》，其中有如下表述："出于确知承诺并核准"

(de certa scientia promet e coferme)。① 这份核准法令附于习惯法第一部分的末尾处,其文书形式因此符合教会法的要求。不过,13 世纪的相似案例究竟还有多少还需要文本和档案形态上的考察统计后方可确定。至少从文本层面看,12 世纪末以来的城镇运动产生的大量特许状似乎并没有与"确知"联系起来。即使在朗格多克,王国政府更关注的是如何将法律的解释约束在可控的范围内。因此,国王严格控制城市习惯法的解释权,而巴黎高等法院专门开设成文法听讼庭(auditoire de droit écrit)、并有用成文法更为确定为由弹压地方贵族引证习惯的案例。② 虽说如此,南方大城市的习惯法编纂早已采取了类似特别形式核准的程序,但不知出于何种原因,没有系统地采用"出于确知"的表述。腓力三世核准图卢兹习惯法的令状虽然仅用到了"殊恩"的表述,③但核准显然有明确的审查和记录的程序。④ 为了增加习惯法的确定性,避免不确定因素导致习惯法文本丢失,这封令状极其强调妥善保存书面记录的重要性,规定该习惯法当誊抄两份,一份由图卢兹执政官、另一份由图卢兹派驻纳尔榜城堡的

---

① *Thalamus parvus*: *le petit thalamus de Montpellier*, *publié pour la première fois d'après les manuscrits originaux* (Montpellier, 1840), p. 57; *HGL*, t. 5, p. 17.

② Albert Rigaudière, "La royauté, le Parlement et le droit écrit aux alentours des années 1300," pp. 885-908; Edgard Boutaric, *Saint Louis et Alphonse de Poitiers*, p. 535.

③ ... volumus et praecipimus ex gratia speciali, quod disctae Consuetudines de caetero tanquam firmae et validae habeantur, et ad perpetuam memoriam registrentur.

④ ... diligenter examinari fecimus per viros prudentes et discretos de nostro Consilio, qui omnes Consuetudines praedictas, contentas in rotulo quem vobis mittimus, inspexerunt.

代表保管。① 另外十分重要的一点是,习惯法条文和会议记录捆绑在一起,②后者虽然与后来 15 世纪末习惯法编纂的会议记录相比显得十分简略,但说明习惯法编纂的文书形式至少在 13 世纪末就已基本定型。

在大城市的实践基础上,确知与习惯结合在 14 世纪二三十年代的朗格多克实现制度化。继大城市之后,众多小城市在朗格多克邑督的主导下编纂习惯法。编纂完成后需要国王或者国王代表核准。这些核准令大多属于"无误证明"(vidimus)文书。文本严格遵照以下格式:

> 陈述权威主体的条款
>
> 誊抄习惯原文
>
> 审核条款及"出于确知"核准条款(rata et grata,ex certa scientia auctoriate Nostra Regia confirmamus)
>
> 盖章条款

这样的核准令状在劳拉盖(Lauragais)一地众多城镇的特许状中十分常见,也反映了南方城市习惯编纂的核准过程。③ 拉丁语"vidimus"的字面意思是"我们看过",首要而言是先前文书真实性的证明文书,具体而言它涉及"一权力机关加盖公章证明先前

---

① ...inde duo Regesta fieri,quorum unum remaneat penes Consules Tolosae,et aliud penes Vicarium Tolosae in Castro Narbonensi,ut quando dubitabitur super Consuetudine,ad dictos libros,seu eorum alterum,ad habendam certitudinem recurratur. 以上三处引文均出自 *ORFTR*,t. 12,pp. 326-327。

② Charles A. Bourdot de Richebourg,*Nouveau coutumier générales et particulières de France et des provinces*(Paris,1724),t. 4,pp. 1037-1038.

③ 如 1328 年 4 月圣姑娘马斯(Mas-Saintes-Puelles)特权核准状,见 Jean Ramière de Fortanier,*Chartes de franchises du Lauragais*(Paris,1939),pp. 491-492.

文书真实性并复制整个文本，必要时会描绘文书的外部特征"①，而针对习惯的无误证明属于核准性无误证明。它不仅满足于确立文书的真实性，而且还附带了审核条款，说明权力机关核准了它的内容。② 这样来看，一般性无误证明和核准性无误证明恰好分别对应了教会法中核准的两种类型，只不过起初无误证明更多涉及文书学。而国王文书局通过朗格多克各城镇的习惯法核准，将这两套实践合二为一。

相比南方作为"成文法地区"的地位在国王司法的推动下逐步稳固和确立，在 15 世纪中叶之前，国王的"法律知识"在通行法律习惯的北方没有扎根。13—15 世纪的北方更多见的是私人习惯法书编纂。这些人通常是王室司法官员，多少受过学识法的教育，③他们努力借用罗马—教会法使复杂多变的地方法律习惯体系化、条理化，但这些习惯法书的抄本数量通常较为稀少，其流传和影响因此是有限的。司法实践中法官更多时候面对的是诉讼双方的习惯引证。证明习惯因此是司法体系中的日常。习惯的不确定性导致司法程序繁琐冗长，也多为居心不良的律师所利用。1270 年引入群体调查其实并无助于永久性地确定习惯。那么，在习惯法的北方，应该怎样确立国王的"确知"？

---

① Maria Milagros Cárcel Ortí, *Vocabulaire international de la diplomatique* (Valence, 1994), p. 34.

② Maria Milagros Cárcel Ortí, *Vocabulaire international de la diplomatique* (Valence, 1994), p. 35.

③ 博马努瓦的菲利普的学识法背景也许最受争议，但热拉尔·焦达南戈也许已经给出了证明，参见 Gérard Giordanengo, "*Roma nobilis, orbis et domina. Réponse à un contradicteur,*" *RHDFE*, 88 (1), 2010, pp. 91-150。

（2）走向 1454 年《近图尔蒙蒂法令》

如上所述，虽然在 13、14 世纪，法兰西王国就有确立城市习惯法的丰富经验，但由于这些习惯法的内容更多涉及公共管理，所以仍旧为不成文习惯留下了巨大的空间。在南方，国王法庭也许有成文法（罗马法）可循，但在北方，国王的习惯认知呈现出碎片化的状况。法律细节问题上没有明确而固定的规则可循，针对所谓习惯，法官不得不反复调查取证，相反的习惯得证的情况也不少见。[①] 15 世纪中期习惯法编纂成为可能，当归功于此前的理论和实践积累。其中的桥梁是法官代表"人民意志"的理论。而抛弃习惯法的"非成文性"方能使"习惯法编纂"拥有意义和效力。

"人民"是否拥有立法权在中世纪学识法中是一个有争议的问题。罗马法文本即表明人民将立法权让与给了皇帝（见 D.1, 3,32,1 及 C.8,52,2）。权力转移说因此饱受中世纪法学家评注。[②] 普拉桑蒂努斯派认为："人民将共有权力转让给皇帝，没有任何保留，因此也就是转让了创设、解释和废止成文法的权力……"[③] 虽然这种说法在法国法学家中颇为盛行，但也不得不

---

① 习惯法举证这里不再赘述。参见 Jean-François Poudret, "Rapport de synthèse. Connaissance et preuve de la coutume en Europe occidentale au Moyen Âge et à l'époque moderne," in *RSJB*, t. 52: *La coutume*（Bruxelles, 1990）, pp. 511-545。

② 布尔加鲁斯对权力转移的评注参见 Meijers, *Études histoire du droit*（Leyde, 1959）, t. 3, p. 254。

③ 转引自 Cortese, *La Norma giuridica*, p. 128, n. 61: Populus, in principem transferendo communem potestatem, nullam sibi reservavit, ergo potestatem leges scriptas condendi, interpretandi et abrogandi...

面对强大的习惯法现实，以及学识法中的另一派理论。布尔加鲁斯一派即认为，共同习惯废止法律，但如果是特别习惯则需要区分"因错误引入的习惯"还是"出于确知引入的习惯"。人民通过自己的确知（certa scientia populi）可以赋予自己特别习惯，而这样做只要是出于确知，即可违背成文法。13 世纪末起，法国国王所重用的奥尔良法学家显著抬升了习惯的地位。Consuetudo（习惯）在规范的层级上超越了 usus（习俗）。① "奥尔良学派"法学家多是国王的法律顾问，他们的理论贡献也许也在为当时国王教皇争端出谋划策。这一倾向最终在 1312 年美男子腓力的法令中确立（见第七章的讨论）：国王高于习惯，习惯的有效性取决于国王同意（permissio principis），且不受罗马法约束；罗马法仅作为习惯而具有约束力。②

然而，习惯的多变与不确定性一直以来都困扰着司法实践。如阿佐认为，成文法更为确定，而习惯法方面君主更容易受骗。③ 究竟如何确定习惯法？由谁确定？南方的情况通常是城市执政官及城市民代表编纂，国王代表和高等法院审核批准。但传统学说强调习惯的非成文性，这与通行的城市习惯法编纂的实践无法协调。《图卢兹习惯法》的评注者因此十分看重解决习惯法

---

① Cortese，La Norma giuridica，p. 103. 雷维尼的雅克的习惯法理论参见 Laurent Waelkens，*La théorie de la coutume chez Jacques de Révigny：édition et analyse de sa répétition sur loi De quibus*（D. 1,3,32）（Leiden，1984）。

② *ORFTR*，t. 1，p. 501-504；讨论见 S. Petit-Renaud，*Faire la loy*，pp. 142-150。

③ Azon，*Summma codicis* I，*si contra ius vel ut. Publi.*，n. 4：... ubi autem per mendacium impetratur，sive quis mentietur principi in iure scripto—in quo tamen non est verisimile principem decipi，quia in eius scrinio omnia condita sunt iura... vel in iure non scripto，id est consuetudine，in quo facilius decipi potest princeps；sive mentiatur in facto... non tenet rescriptum...

编纂的理论依据，将习惯为何可以成文放在其评注所要解决的首要问题。这部《习惯法》被他定性为一种城市法（statutum）[1]，其效力来源归根结底来自"充满智慧的君主"（princeps philosophie plenus）的开封特许状核准。[2] 而在北方所谓"习惯法地区"，国王的立法活动并非遵循完全的保守主义或者不干涉主义；相反，国王的法官通过习惯法举证和解释，牢牢地控制着习惯。[3] 雷维尼的雅克发展了法官参与表述习惯法的理论，巴托鲁斯又作了进一步发展。这一理论基于如下著名推定：法官所为当视为人民所为（quod facit iudex, populus videtur facere）。这个推定有两个方面：君主默许（permissio principis patiendo）[4]，即"知情与容忍当视为同意"的原则（scientia cum patientia pro consensu accipienda）；法官判决（sententia iudicis）是人民意志的表达。[5] 巴托鲁斯更是将所有习惯（甚至包括抵触法律的习惯）都合法化，而法官垄断了这些习惯的认知。[6] 就这样，国王的

---

① 译语参照高仰光：《论中世纪城市法的学理化进程》，《清华法学》2017 年第 4 期，第 67 页。

② Henri Gilles, ed., *Les coutumes de Toulouse (1286) et leur premier commentaire (1296)* (Toulouse, 1969), p. 196.

③ Jacques Krynen, "Entre science juridique et dirigisme: le glas medieval de la coutume," *Cahiers de recherches médiévales: Droits et pouvoirs* 7 (2000), pp. 170-187.

④ André Gouron, "Théorie des présomptions et pouvoir législatif chez les glossateurs," in *Droits savants et pratiques françaises du pouvoir*, p. 119.

⑤ Jean-Marie Carbasse, "Justice《populaire》, justice savante: Les consulats de la France Méridionale (XIIe-XIVe siècle)," in Jacques Chiffoleau et al., eds., *Pratiques sociales et politiques judiciaires dans les villes de l'Occident à la fin du Moyen Âge* (Rome, 2007), pp. 347-364.

⑥ Gouron, "Théorie des présomptions et pouvoir législatif chez les glossateurs," p. 122.

法律人有了充分依据掌控规范的确定和表述，并将之从国王的司法职责中剥离出来。君主"胸中有法"是因为君主的法庭有众多法学博士，君主的法从他们口中道出。[1] 而很少有国王是法学家（raro princeps iurista invenitur）。[2]

因此在习惯法领域，我们自始至终看到法官和其他法律从业人员的核心作用。不过我们在抵达 1453—1454 年开启官方习惯法编纂的《近图尔蒙蒂（Montils-lès-Tours）法令》之前还需解决一个理论问题，即习惯法是否可以成文。将习惯视为城市法的观点并不主流。这个问题要靠重新定义习惯在规范层级中的地位来解决。雷维尼的雅克区分法（习惯）和事实（习俗、风俗）的做法明确了习惯的"法"属性。此后，巴托鲁斯在分析了习惯的多种语义后摆出了格拉提安的定义：习惯是根据风俗制定的法（ius），作为法律被接受。[3] 他称赞其为"好定义"，进而解释道，这个定义将作为事实的习惯与作为法的习惯相区别，而"根据风俗制定"又使之区别于法的其他部分。是否成文因此不是习惯的本质特征。[4]

---

① Ernst H. Kantorowicz, *Selected Studies by Ernst H. Kantorowicz* (New York, 1965), p. 156, n. 24: Multi imperatores ignoraverunt iura, et maxime hodie ignorant, sed intelligi debet in scrinio sui pectoris, id est, in curia sua, quae debet egregiis abundare Doctoribus, per quorum ora loquatur iuris religiosimmus princeps.

② Jacques Krynen, *L'idéologie de la magistrature ancienne*, pp. 39-61.

③ D. 1, c. 3: Consuetudo est ius quoddam moribus institutum, quod pro lege suscipitur. . .

④ Ista est bona definitio, in qua verba ista "ius quoddam" ponuntur ad differentiam eius consuetudinis, quae est facti, ut dixi; "moribus institutum" ponitur ad differentiam aliarum partium iuris. 参见 L. Mayali, "La coutume dans la doctrine romaniste au Moyen Âge," *RSJB*, t. 52, p. 16。

至此,1454 年《近图尔蒙蒂法令》的理论铺垫已经做好。这个司法改革法令颁布于刚走出百年战争之际的法国。司法混乱引发民怨,国王为此要求缩减诉讼时长和开支,提升判决的确定性,消除习惯法规范中的自相矛盾。除了对法官、律师等从业人员严加规范之外,他也要求将各地习惯编纂成书。1454 法令虽然被后世赋予划时代的意义,但其实并没有说明编纂按照何种程序展开,而只是笼统地规定习惯"当编纂成文,经王国各地习惯法专家(coustumier)、从业者(praticiens)和人民同意,记录成书送呈我们,供我们大咨议会或高等法院之人审查核对,并由我们颁布并核准"[①]。将习惯编纂成文一条处在整部法令的末尾。而且,习惯法编纂的进程并未因为 1454 年法令而加速。这一定程度上说明这一法令对后世的象征意义高于当时的实践意义。而就如诸多在王国全面推行的制度最初往往由国王的某位男爵在领地内率先实践,这次是勃艮第公爵拔得头筹,率先于 1460年颁布了《勃艮第习惯法》。随后有了安茹和图赖讷(Touraine)的习惯法。直到 1497 年以后,编纂活动似乎才走上正轨。而这一转变当归功于"确知"和三级会议的引入。

(3)习惯法的诞生

查理七世 1454 年编纂习惯法的法令似乎举步维艰。而希

---

① *ORFTR*,t. 14,pp. 312-313:... soyent rédigez et mis en escrit, accordez par les coustumiers, praticiens et gens de chascun desdiz pays de nostre royaume, lesquelz coustumes, usages et stiles ainsi accordez seront mis et escritz en livres, lesquelz seront apportez par-devers Nous, pour les faire veoir et visiter par les Gens de nostre Grand Conseil, ou de nostre Court de Parlement, et par Nous les décréter et confermer...

望法国"通用一种法律"的路易十一亦未能亲自实现自己的梦想。他的继任者查理八世的两封开封特许状(1497 年 9 月 2 日和 1498 年 3 月 15 日)改进了习惯法编纂程序,而这一改变在短短 20 年间就有了极大的收获(其中还包括了查理八世去世、令状搁置造成的六七年耽搁)。但他所确立的习惯法编纂模式(尤其见后一封令状)大体基于勃艮第模式:首先,在接受了三级会议的请愿后,公爵的顾问 6 人听取习惯,编纂成文。[1] 该文本经过三级会议辩论修订,所有争议解除后形成的文本被视为是真实的习惯。[2] 最后,经公爵法院核对,公爵以确知和完满权力予以正式颁布。[3]

习惯法编纂的关键是如何确定习惯的真实性,以及如何处理有争议的习惯。1493 年,查理八世还在援引查理七世定下的程序,但对编纂者提出了更为具体的要求。编纂行为的主体是数量充分的律师、检察官、书记官和其他领主官员、教会人士、贵

---

[1] Richebourg, *Nouveau Coutumier*, t. 2-2, p. 1169: ... six de non Conseillers s'informeroient desdites coustumes, et le tout mettroient ou feroient mettre par escrit et declaration...

[2] Richebourg, *Nouveau Coutumier*, t. 2-2, p. 1170: ... après toutes altercations se sont resoluz esdites Coustumes, en la forme et maniere qu'elles sont cy-après escrites: Et icelles ont tenues pour veritables, pour le bien et utilité desdits pays et ressorts, et les ont fait mettre et rediger par escrit bien au long, selon l'information sur ce par eux faite, et par l'advis et consentement desdits devant nommés, en la maniere qui s'ensuit.

[3] Richebourg, *Nouveau Coutumier*, t. 2-2, p. 1194: ... par l'advis et deliberation de nostredit Grand-Conseil, de nostre certaine science et pleniere puissance, avons ordonné et statué, ordonnons et statuons par Loy et Edict perpetuel, que lesdites Coustumes generales d'iceluy nostre Comté, sont et seront gardées et observées d'oresenavant en la forme et maniere, et de l'effect et substance qu'elles sont cy après dictées et declarées...

族、城市民、有名的习惯法专家等。这些人首先要进行庄严宣誓。然后，他们的调查应该排除个人利益，依据理性和公义，调查的对象是该邑督辖区习惯的"真相和效力"。在调和、解释之后编纂成书，签字盖章。① 此时虽然尚未正式引入三级会议，但参与的人群较1454法令的描述更为具体，且规范了参与者的操守。1497年3月15日的令状正式确立了编纂步骤，国王领的习惯法编纂以代官辖区为单位进行。其大致流程是请愿——国王下达令状——在国王专员的监督下召开三级会议——形成文本，会议记录（procès-verbal）存档——最终公布。② 三级会议讨论和存档的会议记录构成了习惯法真实性的依据。会议记录中罗列了有争议的习惯法，并提出了三级会议上的解决办法。其中的疑难点交于巴黎高等法院批示。③ 在规范了整个过程，尤其是强调了习惯法编纂和颁布的"形式与庄严"之后，令状称如此

① Richebourg, *Nouveau coutumier*, t. 3, p. 267: Nous étoit et est mandé, appellez les Avocats, Procureurs, Greffiers et autres Officiers d'icelui Seigneur, gens d'Eglise, Nobles, Bourgeois, bons Coutumiers bien-famez et nommez, en nombre suffisant; Et après le serment solemnel d'eux prins et reçû, ôtée toute faveur et acceptation de personne, enquerir bien et diligemment, de et sur la verité et effet des Coutumes dudit Bailliage, ainsi que de tout remps et d'ancienneté, selon bonne raison et équité, ont accoutumé être gardées, entretenues et observées, et icelles accordées et interpretées, appellez les dessusdits, rédiger et mettre par écrit en forme dûe et autentique, en un livre ou cahier signé desdits Officiers, gens d'Eglise, Noble et autres gens de bien pour ce appellez, et scellé du seel dudit Bailliage.

② 参见 Anette Smedley-Weill et Simone Geoffroy-Poisson, "Les assemblées d'états et la mise en forme du droit," in *Les Cahiers du Centre de Recherches Historiques*, 26 (2001), mis en ligne le 16 janvier 2009, consulté le 26 janvier 2018, URL: http://journals. openedition. org/ccrh/1592。

③ *ORFTR*, t. 21, p. 20.

"商定"(accordez)的习惯可以以"我们的确知、自动、完满权力及国王权威"批准颁布，且颁布后的习惯当视为永久性法律（loy perpetuelle）。[1]

近50年中王国对习惯法态度有显著变化。1454年司法改革法令并没有将编纂好的习惯上升到永久法律的地位，而更多是为了存档已经证明的地方习惯、简便司法。相反，1498年开封特许状引入三级会议等"庄严"程序后，实现了习惯到习惯法的化质（transubstantiation），整合了国王确知与人民确知，因而正式在法国习惯法秩序的语境下解决了学识法中难解的问题。本质上，这种习惯法编纂具有强制性：受到点名参加三级会议讨论的代表必须到场。如果故意回避，则扣押其财产。[2] 讨论前所有人都需发誓说明真相。但习惯法编纂和颁布程序的庄严性可以证明人民同意，且可以由此推定"人民知法"；[3]成文的习惯法和讨论记录妥善保存，成为国王确知的一部分。同时，这种确知不是固定不变的，编纂会议记录为日后的习惯法重订（réformation）预留了空间。"出于确知、自动、完满权力和国王

---

① *ORFTR*：Et dès maintenant pour lors et dès lors pour maintenant les coustumes contenues en iceux articles accordez en la maniere dessus dite, de nostre certaine science et propre mouvement, plaine puissance et auctorité royale, avons decreté et auctorisé, decretons et auctorisons par ces presentes, et icelles voulons estre inviolablement gardées et observées, sans enfraindre, comme loy perpetuelle, sans ce qu'aucun doresnavant soit receu à poser ne prouver coustume contraire ou derogant à icelles coustumes ainsi publiées.

② Richbourg, *Nouveau coutumier*, t. 3, p. 17.

③ 弗朗克·鲁米（Franck Roumy）在其讨论中世纪罗马法学说中"对法无知"（ignorantia iuris）概念的最后指出了学识法理论对国王立法程序和形式的影响。参见 Franck Roumy, "L'ignorance du droit dans la doctrine civiliste des XIIe-XIIIe siècles," in *Cahiers de recherches médiévales*, 7 (2000), p. 43。

权威"的"豪华组合"表明习惯法编纂已经不再是此前几乎完全由司法官员主导的、以便利司法为目的的措施。相反,通过15世纪尾声的这两封特许状,习惯法编纂成了系统性的立法议程。

四、小结

14世纪以后,取法教皇政府的"出于确知"表述及其程序意涵在国王立法实践中多有展现。通过特别形式核准,国王(经由其代表)在14世纪用确知掌控了较为确定的城市习惯法;而统一法律、便利司法等诉求促使王国寻找建立习惯法确知的途径。为此,以三级会议为特色的编纂程序应运而生,编纂和颁布的庄严性以习惯法书和会议记录为文本形式,统一了国王核准所需确知和习惯法所要求的人民同意和确知。国王确知覆盖习惯是法国走出中世纪、走向近代民族国家的一个标志性事件,而三级会议的设置为法国民族法律体系的形成提供了丰富的意识形态资源。16世纪及以后的不少法学家对习惯法编纂程序赞赏有加。在其《法国法总论》(*Institution au droict des françois*)的开篇,居伊·科基耶认为法国以习惯法为基础的法律体系与混合政体的理想十分吻合:首先,法国人的祖先并没有完全把权力让与给国王,人民的残余权力体现在三级会议上,而国王历来习惯于以此解决重大问题。每个省份的人民都有权为自己创设习惯或不成文法。但查理七世看到原本用于证明习惯的群体调查并不便利,所以在各地召开三级会议编纂习惯法。虽说是国王主导,但其本质是人民造法,而这一点是"法兰西国家(république)

的古有政制,集民主制、贵族制和君主制于一身"①。又由于三级会议是在国王权威之下召开、由国王的特派专员主导,所以习惯法堪称法国"真正的市民法",它既反映各地风俗,又承认国王主权。勒内·肖邦(René Chopin)则将三级会议的会议记录推崇为习惯法的灵魂。因为它记录了习惯法条文本身未记录的东西。它附于习惯法之后,"见证了各等级的诤言、协商和同意,以及对个别权利的承认"②。热衷于探寻"真正而天然的法国法"(艾蒂安·帕基耶语)的 16 世纪法国法学家们也许没有关注学识法(尤其是教会法)对中世纪法兰西王国立法和文书实践造成的深远影响。而我们已经证明,学识法中"出于确知"条款和习惯法理论的发展,以及此前的政治实践经验共同帮助法兰西王国在中世纪的末尾找到了认知(同时也是固定、掌控和再创造)习惯法律规范的独特路径。

---

① Guy Coquille, *Institution au droict des françois* (Paris, 1607), p. 2.

② Martine Grinberg, "La rédaction des coutumes et les droits seigneuriaux: nommer, classer, exclure," in *Annales: Histoire, Sciences Sociales*, 52ᵉ année, N. 5, 1997, p. 1024.

第三部分小结

在中世纪晚期，法国国王逐渐在多个层面掌控了"真理"。历史的真实性不再仅限于眼见为实的准则。国王批准的历史及国王法令逐步构成法兰西"民族国家"历史写作的基本材料。在国王的推动下，贞德的定罪审判被判无效。这从侧面说明国王能够影响信仰犯罪的判定。而参与洗冤审判的法官和法学家们，为了回避科雄所制作的严谨的文书记录，用情感化的、民族的话语判定定罪审判无效。此举在后大公会主义时代重申了教皇的地位，同时没有撼动司法既判事项的权威。最后，王国在中世纪末开始系统性地认知地方习惯。习惯是一种特别的规范，因为它具有历史性。习惯法编纂因此既有批准也有创设的性质。取法教会法，习惯法编纂遵循了"出于确知"核准的程序预设。从历史真相、司法真相和规范真相三个角度看，法国民族法律文化的"民族性"在中世纪晚期是有限度的。它不可避免地受到学识法的影响，甚至于从学识法继承了认知工具。但是，民族意识在这三方面的萌芽为 16 世纪民族法律意识最终形成提供了基础。

结　论

（1）总体结论

漫长的思想旅途将我们从法兰西王国最南部带到最北部，从列那狐的世界带到商定习惯法的三级会议。至此，我们不妨最终回到本书的标题，即中世纪中后期的"真理体制"与"法兰西民族法律文化"。在导论中我们已经说明了研究的主旨，即寻找描述法兰西民族法律文化在中世纪晚期之孕育的方式。而我们所找到的方式，是着重探讨福柯式真理体制在中世纪晚期法兰西王国的法律制度和法律意识形态中逐步扎根的过程。就如将各个章节分为三个部分，我们在结论中也将简要归纳这一过程的三个步骤，即依据"真理"改造语言、认知与情感，"真理体制"的制度实践，以及最后，"真理"的王国化与民族化。不过，在总结各个部分之前，我们首先应当陈述这场思想旅途的总体结论。

"真理"这个概念在中世纪晚期文本中的含糊性和可延展性构成了我们的第一个总体结论。11世纪晚期以降的中世纪理论家坚信理性可以认知宗教真理,认为真理是一个有序的基督教社会的必要条件。"时而司法亦称为真理"(Quandoque iustitia veritas vocatur)[①]——宗教真理之后,是司法真理(真相)。由于"既判事项视为真相",司法真理也具有一定的神圣性,被尊为稳定、合法的司法体系的基石——即便司法真理的创造过程本质上是盖然的、富于拟构的。除了司法真理,还有规范真理,它在中世纪晚期依据具体语境,表现为多种规范的调和或者普世规范声明。最后,这场真理的运动还触及了人对事实和历史真相的觉知,带动了历史、规范和司法三个领域的交织。对中世纪中后期的作者来说,这些真理之间并没有明确界限,在宗教、法律和实践写作中,我们都能看到对真理的相同关切。

上述真理的多种传播和交互机制构成了第二个总体结论。我们所研究的时段见证了经院哲学战胜神秘主义,大学成为真理传播喉舌的进程。在实践当中,各种形式的"调查"大行其道,无论是思辨的,还是宗教的、司法的、行政的。真理传播与交互的普遍化,也意味着改造从事真理传播与交互的人。当真理日益成为制度的一部分,我们也看到一个理想化的"真理人"正浮出水面。

第三个总体结论是,法国民族法律意识形态的根基可以在中世纪找到,但这种联系是需要限定的。首要而言,法国一直都受到 12 世纪以来兴起的欧洲共同法律文化,也就是学识法的影响。中世纪将神学、法学乃至医学作为知识整体来理解的倾向使得中世纪法学研究与其他学科之间弥漫着互文性。而我们最

---

① *ST*,Ⅱ-Ⅱ,q. 58,a. 4,ad 1.

关心的是神学家对法律研究与实践的引导。他们不仅将基督教理想与法律结合,而且也奠定了法律研究与实践的认识论基础。他们最关心的,莫过于基于真理的统治,无论是在宗教、司法还是规范层面。宗教改革与世俗改革之间也有诸多平行之处,法国司法国家在早期确立时,也全面拥抱了基督教有关法律伦理的教导。以"真理"为中心的基督教法律理想,进而通过学识法或其他看似继承自过去的法律形式,在整个王国传播、协调和实现。从这个角度看,法国早期法律文化是基督教理想的普世真理体制的一部分。不过,出于法兰西王权的政治需要,真理逐步被"法国化"。国王被定义为历史和规范真相的赋予者,而近代法国"法律民族主义"所津津乐道的习惯法体系,是通过学识法(尤其是教会法)的社会认知模式所建构的。如果说习惯法的自觉是近代早期法国法律文化的根本特征,那这种自觉在中世纪晚期还依附于富有罗马法意味的"国王制定的习惯"的这一构造。习惯法在中世纪晚期尚未完全确立自立地位。

因此,如果问法国民族法律文化是否在我们所考察的时段内诞生的,最好的答案也许是"对也不对"。对,是因为我们确实能够找到正在崛起的法律民族主义的痕迹——尽管"法国法"一词是 16 世纪后半叶的发明;不对,是因为在我们所研究的这个时期,法律写作遵循的依然是学识法的惯例,而法律理想也与宗教理想有充分重合。如果说 14 世纪国王与教皇的冲突为法律民族主义觉醒奠定了第一个阶段,我们要等到 16 世纪,才能遇见从中世纪晚期"自然"观念延伸而来的,强调习惯作为法国法天然构成要素的法律意识形态。由于任何一个断然的答案都多少会显得武断,从我们所提到的司法真理体制建构的三个方面来解答这个问题也许更为可行也更为安全。我们认为,这三个步骤是理解正在孕育中的法国民族法律文化的关键。为了更细致地阐发我们的结论,我们将总结每个步骤,并指出其与我们整体结论之间的关联。

(2)改造语言、认知与情感:法权国家的根本预设

放眼中古世界,以法律真理意识形态为基础的"法治"在欧洲以外的文明中并非不言自明的原则。它因此是一种相对的文化现象,而它之所以能在欧洲成为主导的意识形态,是一系列政治和思想斗争的结果。由法律书和法庭统治、并且垄断暴力的国家机器,对前近代的世界来说远非自然,因为主导前近代世界的是社群的逻辑。12世纪晚期的西欧也是如此,而人们发现,那些受过学识法训练的人正在逐步掌控公共生活。教会重新发现和利用了罗马法的资源,率先在其集权化过程中实践了法律的统治。其实践不久就受到了世俗王国的效仿。

在法律与司法统治兴起的时代,教会鼓吹真理来为其改革提供依据。尤为重要的是,司法真相的事实基础应该由理性的证明方式确立,而冲突应该在司法权等级制当中解决。不过,统治者如何说服他的民众,告诉他们这种改革有必要、有充足依据而且有益?如果要将真理作为最高价值,那就必须证明真理是可欲的。放到个人层面,中世纪西欧对此的解决办法是改造人的认知和表演属性。人的五感正常运作是获取或实现真理的前提条件,而五感的失常导致认知和社会失序,如私斗、复仇等公权力禁止的私力救济行为。类似的,审判中的三方(法官,原告,被告)的角色都要根据真理定义。其中律师的行为备受关注。

律师应该促进法官认知真理,不应该利用自己的口才和学识扭曲认知;法官则应该眼前总有上帝。正是通过律师的"工具化"以及法官的中性化(或者神圣化,以圣路易形象为代表),现代主义的司法观诞生了。

在这个进程中,法国并没有那么特殊,也没能自成一派。王国和平的意识形态不过是借自教会。王国的法律上层建筑乐于吸收学识法的影响,尤其是程序法和法律伦理等领域,而国王的高等法院在这个方面有尤为突出的表现。即使是"温柔律师"的观念(也许是法庭版"温柔法兰西")也取法于教会法的程序论著。法律革命是一场关于"真"与"假"的认知革命,司法国家则是认知和制造真相的机器。从这个意义上讲,法兰西国家在欧洲思想运动的影响下,在中世纪晚期通过制度沿革,将自身改造成了真理(相)的认知机器。

(3)传播与实践"真理":世俗教会学的建构

孕育"法国法律文化"的第二步,是建构法兰西王国的世俗教会学。这个过程需要确立国王与宗教真理之间的根本联系,以及有效的真理交互和传播模式。路易九世的圣徒性成功地实现了这一点,他既代表了根据真相推行正义的国王,也代表了按照基督教"真理"的美德生活的国王,即最虔诚的国王(rex christianissimus)。圣路易是模范君主,其司法是模范司法。法兰西王国因此应该遵照教会理想统治,跟随教会的改革步伐从某种程度上讲也是国王的职责所在。

在履行清洗王国领地上的异端的责任时,教会的"世俗臂膀"得以在这个"迫害社会"(借用 R. I. 摩尔的术语)形成过程中集中权力。不过,对我们来说,迫害社会也是一个言说真理的社会。清洗异端也意味着强制个人言说真理的制度设计,刑讯也是这个制度的一种工具。真理(或说出真理的行为)因此走向常态化。而在这个方面,宗教话语与法律话语结合,塑造了西方司法国家的规范性基础。

在圣路易的时代,即便国王日渐掌控了法律秩序,他依然受到上帝的真理和共同法的约束。这个现象在 13、14 世纪之交国王与佛兰德尔伯爵的冲突中依然可见。中世纪的规范真理具有对话性质,强调不同规范的调和。这与正在强调"王在国内为帝"的法兰西王权存在不小的冲突。如何将这些对话成分吸纳到"国王敕令"的框架之下? 这是在中世纪最后两个世纪中需要不断探索的难题。

(4)"真理"的王国化与民族化:国王作为真理赋予者

虽说法国法律"真理体制"的认识论和制度基础深受欧洲共同的宗教—法律文化影响,这两个层面很快受到了改造,成了将要萌发的"民族法律文化"的思想和制度资源。其中关键性的一步,在于让国王成为其王国内真理的赋予者。我们看到,国王与真理的紧密联系可以作两个方向的解释和利用,即让国王服从于普世话语,或是让国王的意志成为真理的化身。无疑,后一种导向更符合国王的利益,因为这样国王得以宣告其完全独立的地位,甚至于决定国内的教会事务。就这样,国王开始全方位掌控真理体制,他是"正义之源"(fontaine de justice)也是"高卢教会"的首脑。

历史写作是"民族"真理建构中尤其值得注意的成果。国王的法律人努力为真理寻找新的参照系，而这一参照系的知识基础来源于国王及其高等法院的权力。法兰西司法真理体制的"民族性"从最开始就是王权的傀儡，而王权的行使很大一部分又受高等法院人的掌控。在中世纪晚期，历史书写、法律、语言的统一化（或者民族化）齐头并进。法国国王在由他的法律人所操纵的认知机器辅佐下，以宗教神圣性为外衣，将王国内真理的各个维度掌控在手中。但我们不能过分夸大了这种"绝对主义"的论调，因为我们看到，真理的"民族性"并不是在一种崭新的民族主义话语下表达的。国王的法律人更乐于利用现有的学识法框架展开各项工作。因此，在讨论这个"民族"的维度时，我们需要有些保留，民族性（以习惯法的意识形态为主要代表）与欧洲性（学识法）的水乳交融是中世纪晚期法国法律文化中的根本现实。

（5）后续研究方向

由于我们的研究旨在为中世纪晚期民族法律文化建设勾勒整体图景（尤其是考察其法律意识形态和上层建筑），我们所做的本质上是将若干此前分别研究的历史片段拼接起来。我们已经证明，从教会话语中借用而来的真理意识形态，是中世纪晚期法国司法国家意识形态的内核。除此之外，我们还有必要指出一些与"真理"这个问题意识相关的、值得进一步研究的点。对于第一部分而言，还有一个根本的问题有待详细阐述，即中世纪的认知理论在中世纪学识法及其普及中的角色。这项研究本质上是跨学科研究，需要中世纪哲学、医学和法学的预备知识，但它也许能够帮助我们清楚勾勒出通过司法统治所建立的真理体制的认知和认识论基础。就第二部分而言,有关 11 世纪格列高里改革还有必要进行更深入的研究,尤其是它对教会法和世俗法律制度的影响。[①] 这场改革究竟代表着"连续"还是"断裂"是个有待系统解答的问题。至于第三部分,法律与历史观念从中世纪晚期向近代早期的传播还需要细致的研究。换言之,16 世纪的法学家－历史学家的民族历史写作需要有一部史前史。这也意味着考察法国中世纪晚期法学家与近代早期法学家之间写作文化的连续性。最后,既然我们的研究也证明,依靠对真理的信仰所维持的西方现代法律体系具有非普世性,那么,比较真理在不同法律文化中的角色与表征会是一项十分有益的任务。

---

① 有关格列高里改革对法国南方的影响,参见 Florian Mazel et al. eds. , *La réforme "grégorienne" dans le Midi*(*milieu XI*ᵉ*-début XIII*ᵉ *siècle*),Cahiers de Fanjeaux 48 (Toulouse:Privat,2013)。2019 年 3 月,里昂三大和汉堡大学联合召开青年学者工作坊,主题是"格列高里改革,一场'完全的革命'?",从比较的视角探讨这个主题。

参考文献

原始文献

手抄本及早期印刷物（1600 年以前）

BNF Manuscrit Français 1588.

BNF Manuscrit Français 12483.

Corpus juris canonici emendatum et notis illustratum. Gregorii XIII. Pont. Max. iussu editum. Roma：In aedibus Populi Romani，1582.

Processus contemplatiuus questionis ventilate coram Domino nostro Hiesu Christo tanque iudice et inter advocatam hominis scilicet Beatissimam Virginem Mariam ex una. Et dyabolum partibus ex altera super possessorio humani generis. Leipzig. 1495.

Aquinas，Thomas. *Summa Theologica*. Venice：Apud Iuntas，

1596.

Dumoulin, Charles. *Prima pars commentariorum in consuetudines Parisienses*. Paris: Poncetus le Preux, 1539.

Durand, Guillaume. *Speculum iudiciale, pars prima*. Lyon, 1539.

Gaguin, Robert. *Compendium Roberti Gaguini super Francorum gestis*. 1511.

Guymier, Cosme. *Caroli Septimi Pragmatica Sanctio a Cosma Guymier glossata*. Lyon: Guillaume Balsarin, 1488.

Hotman, François. *De jure successionis regiae in regno Francorum. Leges aliquot ex probatis auctorib. collectae studio et opera Francisci Hotomani jurisconsulti. Obiter de jure regis Navarrae*. Genève: Antoine Blanc, 1588.

—. *La Gaule françoise*. Trans. Goulart, Simon. Cologne: Hierome Bertulphe, 1574.

Seyssel, Claude de. *La grande monarchie de France, composée par Mess. Claude de Seyssel, lors Evesque de Marseille et à present Archevesque de Thurin... adressant au Roy... François Premier... avec la loy salicque, qui est la première et principale loy des François*. Paris: Galiot Du Pré, 1558.

Teramo, Jacques de. *Cy commencent [sic] le procès de Belial à l'encontre de Jhésus, [compilé par Jacques de Ancharano et Trenslaté de latin en francoys par Pierre Ferget]*. 1481.

近现代史料(1600 年至今)

Acta conciliorum et epistolae decretales ac constitutiones Summorum Pontificum. Paris: ex Typogr. regia, 1714.

Corpus juris canonici. Graz: Akademische Druck-u. Verlagsanstalt, 1959.

Coutumes du pays et comté de Flandre: Privilèges et chartes de franchises de la Flandre. Bruxelles: S. C. T. , 1959-1961.

Coutumiers de Normandie. Paris: A. Picard et Fils, 1903.

"L'advocacie Nostre-Dame et la chapelerie Nostre-Dame de Baiex: Poème normand du ⅩⅣ^e siècle, imprimé en entier pour la première fois, d'après le manuscrit unique de la bibliothèque d'Évreux," Eds. Montaiglon, Anatole de and Gaston Raynaud. Paris: Académie des bibliophiles, 1869.

Mémoires et consultations en faveur de Jeanne d'Arc par les juges du procès de réhabilitation, publ. par P. Lanéry d'Arc, pour servir de complément et de tome Ⅵ au procès de condamnation, de J. Quicherat. Paris: A. Picard, 1889.

Our Lady's Lawsuits in L'advocacie Nostre Dame (Our Lady's Advocacy); and, La Chapelerie Nostre Dame de Baiex (the Benefice of Our Lady's Chapel in Bayeux). Medieval and Renaissance Texts and Studies. Tempe, Ariz. : ACMRS (Arizona Center for Medieval and Renaissance Studies), 2011.

Pillii, Tancredi, Gratiae libri de iudiciorum ordine. Göttingen: Apud Vandenhoeck et Ruprecht, 1842.

Procès en nullité de la condamnation de Jeanne d'Arc. Paris: C. Klincksieck, 1977-1988.

Raoul de Cambrai: Chanson de geste du XIIe siècle texte éd. par Sarah Kay. Lettres Gothiques. Paris: Librairie générale française, 1996.

Thalamus parvus: Le petit Thalamus de Montpellier. Publications de la Société Archéologique de Montpellier. Montpellier: J. Martel aine', 1840.

Thesaurus novus anecdotorum. Paris: Lutetiae Parisiorum, 1717.

Abaelardus, Petrus. *Petri Abaelardi opera theologica.* Corpus christianorum continuatio mediaevalis. Turnholt: Brepols, 1969.

——. *Petri Abœlardi opera, textum recens. indices adjecit V. Cousin, adjuvantibus C. Jourdain et E. Despois.* Paris: A. Durand, 1849.

Ableiges, Jacques d'. *Le grand coutumier de France.* Paris: Durand et Pédone, 1868.

Alphonse, Pierre-François Fournier, and Pascal Guébin. *Enquêtes administratives d'Alfonse de Poitiers; Arrêts de son parlement tenu à Toulouse et textes annexes, 1249-1271.* Paris: Imprimerie Nationale, 1959.

Andreas. *The Art of Courtly Love*. New York: Columbia U-
niversity Press, 1990.

Aquinas, Thomas. *Questiones disputatae de veritate*. Phoe-
nix, AZ: Leonine, 1970-1976.

Barbazan, Etienne, et al., eds. *Fabliaux et contes des poètes
françois des XIe, XIIe, XIIIe, XIVe et XVe siècles,: Tirés des
meilleurs auteurs*. Paris: Chez B. Warée oncle, libraire,
quai des Augustins, No. 15., de l'Imprimerie de Crape-
let., 1808.

Beaumanoir, Philippe de. *Les coutumes du Beauvoisis*. Paris:
J. Renouard, 1842.

Beauvais, Vincent de. *Bibliotheca mundi Vincentii Burgundi,
ex ordine Praedicatorum venerabilis episcopi Bellovacen-
sis, Speculum quadruplex, naturale, doctrinale, mo-
rale, historiale*. Douai, ex officina typographica Baltazaris
Belleri, 1624.

Beugnot, Arthur, ed. *Les Olim, ou, registres des arrêts ren-
dus par la cour du Roi: sous les règnes de Saint Louis, de
Philippe le Hardi, de Philippe le Bel, de Louis le Hu-
tin et de Philippe le Long*. Collection de documents
inédits sur l'histoire de France. Première série, histoire
politique. 3 vols. Paris: Imprimerie royale, 1839.

—. *Recueil des historiens des Croisades. Lois assises de
Jérusalem, ou recueil des ouvrages de jurisprudence
composés pendant le XIIIe siècle dans les royaumes de*

Jérusalem et de Chypre. Paris: Imprimerie nationale, 1841.

Bouquet, M. et al. , eds. *Recueil des historiens des Gaules et de la France*. Paris: Imprimerie Royale, 1738-1904.

Bourdot de Richebourg, Charles Antoine, ed. *Nouveau coutumier général, ou corps des coutumes générales et particulières de France et des provinces connues sous le nom de Gaules*. Paris: Robustel, 1724.

Breuil, Guillaume du. *Stilus curie parlamenti*. Paris: A. Picard et fils, 1909.

Cessoles, Jacques de. *Le jeu des eschaz moralisé, traduction de Jean Ferron* (1347). Les classiques français du Moyen Âge. Paris: Champion, 1999.

Chartier, Jean. *Chronique de Charles Ⅶ, Roi de France. Nouvelle édition, revue sur les manuscrits... publiée avec notes, notices et éclaircissements par Vallet de Viriville*. Paris: Jannet, 1858.

Clairvaux, Bernard de. *Oeuvres complètes de Saint Bernard*. Trans. Charpentier, Alfred-Louis. Paris: L. Vivès, 1865.

Colonna, Egidio. *Li livres du gouvernement des rois, a Ⅷ th Century French Version of Egidio Colonna's Treatise De Regimine Principum*. New York et London: MacMillan, 1899.

Commynes, Philippe de. *Mémoires*. Textes Littéraires Français. Genève: Droz, 2007.

Coq, Jean Le. *Questiones Johannis Galli*. Paris: E. de Boc-
card, 1944.

Coquille, Guy. *Institution au droict des françois*. Paris: A
L'Angelier, 1607.

Cosneau, Eugène, ed. *Les grands traités de la Guerre de Cent
Ans*. Paris: Picard, 1889.

Coste, Jean. *Boniface Ⅷ en Procès: Articles d'accusation et
dépositions des témoins (1303-1311)*. Roma: L'Erma di
Bretschneider: Fondazione Camillo Caetani, 1995.

Deguileville, Guillaume de. *Le livre du pèlerin de vie humaine
(1355)*. Paris: Librairie générale française, 2015.

Devic, Claude, and Joseph Vaissète, eds. *Histoire générale de
Languedoc*. Toulouse: Edouard Privat, 1879.

Dufournaud-Engel, Monique, ed. *Le Miroir de Mariage
d'Eustache Deschamps; Edition critique acompagnée
d'une étude littéraire et Linguistique*. PhD thesis, McGill
University, 1975.

Dufournet, Jean, ed. *Le roman de Renart*. Paris: Flammari-
on, 1985.

Dumoulin, Charles. *Omnia quae extant opera*. Paris: Charles
Osmont, 1681.

Dupuy, Pierre, and Pierre Pithou. *Preuves des libertez de
l'Eglise gallicane*. Paris: Sebastien Cramoisy, 1731.

Durand, Guillaume. *Rationale divinorum officiorum*. Naples:
Apud Josephum Bibliopolam, 1859.

Fontaines, Pierre de. *Le conseil de Pierre de Fontaines, ou traité de l'ancienne jurisprudence française.* Paris: Durand et Joubert, 1846.

Fribois, Noël de. *Abregé des croniques de France édité pour la Société de l'histoire de France.* Paris: H. Champion, 2006.

Fukumoto, Naoyuki, et al. eds. *Le roman de Renart.* Paris: Librairie générale française, 2005.

Gaposchkin, M. Cecilia. *Blessed Louis, the Most Glorious of Kings: Texts Relating to the Cult of Saint Louis of France.* Notre Dame, Ind. : University of Notre Dame Press, 2012.

Gilles, Henri. *Les coutumes de Toulouse (1286) et leur premier commentaire (1296).* Toulouse: Académie de législation, 1969.

Goldast, Melchior. *Monarchia S. Romani Imperii : Siue tractatus de iurisdictione Imperiali seu Regia & Pontificia seu Sacerdotali a Catholicis doctoribus conscripti & nunc producti studio M. Goldasti.* Francofurt: apud Egenolpphum sic Emmelium, 1621.

Gui, Bernard. *Practica inquisitionis heretice pravitatis.* Paris: A. Picard, 1886.

Hostiensis. *In secundum decretalium librum commentaria.* Torino Bottega d'Erasmo, 1965.

Isambert, F. -A. el al. , eds. *Recueil général des anciennes lois françaises depuis* 420 *jusqu'à la Révolution.* 29 vols. Paris:Belin-le-Prieur et Verdière, 1821-1833.

Jacob, P. L. , ed. *La farce de Maître Pathelin.* Paris: Librairie des bibliophiles, 1876.

Juvénal des Ursins, Jean. *Écrits politiques de Jean Juvénal des Ursins.* Paris: C. Klincksieck, 1978.

Krueger, Paul, et al. , eds. *Corpus Iuris Civilis.* Berolini: Apud Weidmannos, 1896.

Laurière, Eusèbe de, Denis F. Secousse et al. , eds. *Ordonnances des rois de France de la troisième race.* 21 vols. Paris: Imprimerie Royale, 1723-1849.

Limburg-Stirum, Thierry Marie Joseph, Comte de. *Codex diplomaticus flandriae inde ab anno 1296 ad usque 1325, ou Recueil de documents relatifs aux guerres et dissensions suscitées par Philippe-Le-Bel, Roi de France, contre Gui de Dampierre, Comte de Flandre.* Bruges: Impr. de A. de Zuterre et de De Plancke frères, 1879.

Loisel, Antoine. *Institutes coutumières avec les notes d'Eusèbe de Laurière.* Paris: Durand, 1846.

Matheolus. *Les lamentations de Matheolus et le Livre de leesce de Jehan le Fèvre, de resson: Poèmes français du XVe siècle.* Bibliothèque de l'Ecole des hautes études. Paris: É. Bouillon, 1892.

Mézières, Philippe de. *Le livre de la vertu du sacrement de mariage.* Washington, D. C: Catholic University of America Press, 1993.

——. *Songe du viel pelerin*. Textes littéraires français. Genève: Droz, 2015.

Migne, J.-P.. *Patrologia Latina*. 222 vols. Paris, Apud J.-P. Migne Editorem, 1844-1865.

Montreuil, Jean de. *Opera*. Vol. II. Torino: G. Giappichelli, 1975.

Nivardus. *Ysengrimus: Text*. Mittellateinische studien und texte. Leiden: Brill, 1987.

Nogent, Guibert de. *Dei gesta per francos et cinq autres textes*. Corpus christianorum continuatio mediaevalis. Turnholti: Brepols, 1996.

Olivier-Martin, Félix. *Les Institutes de Justinien en Français. Traduction anonyme du XIIIᵉ siècle*. Paris: Société Anonyme du Recueil Sirey, 1935.

Oresme, Nicole. *Tractatus de configurationibus qualitatum et motuum* [*Questiones super geometriam euclidis*] *Edited with an Introduction, English Translation, and Commentary by Marshall Clagett*. University of Wisconsin Publications in Medieval Science. Madison, Milwaukee London: University of Wisconsin Press, 1968.

Paris, John of. *On Royal and Papal Power*. Mediaeval Sources in Translation. Toronto, Ont.: Pontifical Institute of Mediaeval Studies, 1971.

Pelhisson, Guillaume. *Les sources de l'histoire de l'inquisition* dans le Midi de la France, aux XIIIe et XIVe siècles. Mémoire suivi du texte authentique et complet de la Chronique de Guilhem Pelhisso et d'un fragment d'un registre de l'inquisition. Paris: V. Palmé, 1881.

Philastrius. S. Philastrii de haeresibus liber cum emendationibus et notis Jo. Alberti Fabricii. Hamburg: T. C. Felgineri, 1721.

Pichon, Jérôme, ed. Le ménagier de Paris: Traité de morale et d'économie domestique composé vers 1393. 2 vols. Paris: Impr. de Crapelet, 1846.

Pintoin, Michel. Chronique du règne de Charles VI 1380-1422. L'encyclopédie Médiévale. Clermont-Ferrand: Éd. Paleo, 2007.

Quicherat, Jules ed. Procès de condamnation et de réhabilitation de Jeanne d'Arc, dite la Pucelle publiés pour la première fois d'après les manuscrits de la bibliothèque royale, suivis de tous les documents historiques qu'on a pu réunir et accompagnés de notes et d'éclaircissements. Paris: J. Renouard et Cie, 1841.

Ramière de Fortanier, Jean. Recueil de documents relatifs à l'histoire du droit municipal en France des origines à la révolution: Chartes de franchises du Lauragais. Paris: Librairie du Recueil Sirey, 1939.

Roisin, Jean. Franchises, lois et coutumes de la ville de Lille, ancien manuscrit à l'usage du siège échevinal de cette *ville, contenant un grand nombre de chartes et de titres historiques concernant la Flandre publié, avec des notes et un glossaire par Brun-Lavainne.* Lille: Vanackere, 1842.

Roustit, Yvan ed. *Nouveau testament occitan et rituel cathare, XIIIe siècle.* Albi: Yvan Roustit, 2016.

Salisbury, John of. *The Letters of John of Salisbury.* Oxford: Clarendon Press, 1986.

Seville, Isidore of. *Isidori Hispalensis Episcopi etymologiarum sive originum libri XX.* Oxford: OUP, 1911.

—. *The Etymologies of Isidore of Seville.* Cambridge: Cambridge University Press, 2006.

Strubel, Armand, et al. eds. *Le Roman de Renart.* Paris: Gallimard, 1997.

Suárez, Francisco. *Francisci Suarez opera omnia.* 28 vols. Paris: Apud Ludovicum Vivès, 1856.

Terrevermeille, Jean de. *Three Tractates: New Edition of the Latin Text, with English Summaries.* Ed. Giesey, Ralph E.. 2010. Web ⟨http://www.regiesey.com/terrevermeille/terrevermeille_home.htm⟩.

Tissier, André, ed. *Farces françaises de la fin du Moyen Âge.* Textes Littéraires Français. 4 vols. Genève: Droz, 1999.

—, ed. *La farce en France de 1450 à 1550: Recueil de textes établis sur les originaux.* Paris: Centre de documentation universitaire et Société d'édition et d'enseignement supérieur réunis, 1976.

Tournai, Guibert de. *Le traité Eruditio regum et principum de Guibert de Tournai : étude critique et texte inédit*. Louvain: Institut supérieur de philosophie de l'université, 1914.

Trémaugon, Évrard de. *Somnium viridarii*. Sources D'histoire Médiévale. Paris: CNRS, 1993.

—. *Le songe du vergier : édité d'après le manuscrit royal 19 C Ⅳ de la British Library*. 2 vols. Paris: Centre national de la recherche scientifique, 1982.

Ubaldi, Baldo degli. *Baldi Vbaldi Perusini iurisconsulti omnium suae tempestatis celeberrimi, ingenio actussimi, sensuq[ue] profundissimi, in primam [-secundam] Digesti veteris partem commentaria*. Venice: Apud Iuntas, 1577.

Caenegem, Raoul C. van, and Ludo Milis, eds. *Édition critique des versions françaises de la "Grande Keure" de Philippe d'Alsace, Comte de Flandre, pour la ville d'Ypres*. Studia historica Gandensia. Gent: Afdeling geschiedenis van de Faculteit der letteren en wijsbegeerte van de Rijkuniversiteit, 1982.

Viollet, Paul, ed. *Les établissements de Saint Louis*. Paris: Renouard, 1881.

Warnkönig, Leopold August. *Documents inédits relatifs à l'histoire des 39 de Gand, suivis d'éclaircissemens historiques sur l'origine et le caractère politique des communes flamandes*. Gand：D. Y. Vanderhaegen，1832.

研究文献

专著

陈颐：《腓力四世到路易十四时代法国的法律与国家建构——从司法主权到立法主权》，华东政法学院博士论文，2006 年。

雅克·勒高夫：《圣路易》，许明龙译，北京：商务印书馆，2002 年。

约翰·莫里斯·凯利：《西方法律思想简史》，王笑红译，北京：法律出版社，2010 年。

春木一郎：《儒帝法学撮要重要語纂訳》，東京：刀江書院，1932。

勝俣鎮夫："中世の家と住宅検断"，《中世社会の基層をさぐる》，東京：山川出版社，2011。

Allen，Prudence. *The Concept of Woman：The Aristotelian Revolution，750 BC-AD 1250*. Montreal，Québec：Eden Press，1985.

Amundsen，Darrel W.. *Medicine，Society，and Faith in the Ancient and Medieval Worlds*. Baltimore；London：Johns Hopkins University Press，1996.

Arabeyre，Patrick. *Les idées politiques à Toulouse à la veille de la Réforme，recherches autour de l'œuvre de Guillaume Benoît（1455-1516）*. Toulouse：Presses de l'Université des Sciences Sociales de Toulouse，2003.

Arnold，John. *Inquisition and Power：Catharism and the Con-*

fessing Subject in Medieval Languedoc. Philadelphia: University of Pennsylvania Press, 2001.

Arnold, Magda B.. *Emotion and Personality*. 2 vols. New York: Columbia University Press, 1960.

Avezou, Laurent. *Raconter la France: Histoire d'une histoire*. 2ᵉ éd. Paris: A. Colin, 2013.

Baldwin, John W.. *The Government of Philip Augustus: Foundations of French Royal Power in the Middle Ages*. Berkeley; Los Angeles; London: University of California Press, 1986.

Barbey, Jean. *La fonction royale. Essence et légitimité d'après les Tractatus de Jean de Terrevermeille*. Paris: Nouvelles Editions latines, 1983.

Barralis, Christine, et al. , eds. *Église et État, Église ou État?: Les clercs et la genèse de l'état moderne: Actes de la conférence organisée à Bourges en 2011 par SAS et l'Université d'Orléans en l'honneur d'Hélène Millet*. Paris; Roma: Publications de la Sorbonne: École française de Rome, 2014.

Barthélemy, Dominique, François Bougard, and Régine Le Jan. *La vengeance, 400-1200*. Collection de l'École française de Rome. Rome; Italy: École française de Rome, 2006.

Beaune, Colette. *Jeanne d'Arc*. Paris: Perrin, 2004.

—. *Naissance de la nation France*. Paris: Gallimard, 1985.

Beckwith, Christopher I. *Warriors of the Cloisters: The*

Central Asian Origins of Science in the Medieval World. Princeton, N. J. ; Woodstock: Princeton University Press, 2012.

Beer, Jeanette M. A.. *Narrative Convention of Truth in the Middle Ages*. Geneva: Droz, 1981.

Bellomo, Manlio. *The Common Legal Past of Europe, 1000-1800*. Washington, D. C. : Catholic University of America Press, 1995.

Berger, Adolf. "Encyclopedic Dictionary of Roman Law," *Transactions of the American Philosophical Society* 43. Part 2 (1953).

Berlioz, Jacques. *Le pays cathare. Les religions médiévales et leurs expressions méridionales*. Points Histoire. Paris: Éditions Points, 2016.

Biget, Jean-Louis. *Hérésie et inquisition dans le Midi de la France*. Paris: Picard, 2007.

Billoré, Maïté, and Myriam Soria Audebert. *La trahison au Moyen Âge : De la monstruosité au crime politique (V^e-XVe siècle)*. Collection "Histoire". Rennes: Presses universitaires de Rennes, 2009.

Blanchard, Joël, ed. *1511-2011, Philippe de Commynes. Droit, écriture : Deux piliers de la souveraineté*. Cahiers d'Humanisme et Renaissance. Genève: Droz, 2012.

Bloch, R. Howard. *Medieval Misogyny and the Invention of Western Romantic Love*. Chicago; London: University of

Chicago Press, 1991.

Bodden, Mary-Catherine. *Language as the Site of Revolt in Medieval and Early Modern England: Speaking as a Woman*. New Middle Ages. Basingstoke: Palgrave Macmillan, 2011.

Boone, Marc. *Gent en de Bourgondische hertogen, ca. 1384-ca. 1453: Een sociaal-politieke studie van een staatsvormingsproces*. Brussel: Koninklijke academie voor wetenschappen, letteren en schone kunsten van België, 1990.

Boquet, Damien. *L'ordre de l'affect au Moyen âge: Autour de l'anthropologie affective d'Aelred de Rievaulx*. Caen: Publications du Crahm, 2005.

Borkowski, Andrew, and Paul Jacobus Du Plessis. *Textbook on Roman Law*. 3rd ed. Oxford: Oxford University Press, 2005.

Bouchet, Florence, and Anne-Hélène Klinger-Dollé, eds. *Penser Les cinq sens au Moyen Âge: Poétique, esthétique, éthique*. Paris: Garnier, 2015.

Bouhaïk-Gironès, Marie. *Les clercs de la Basoche et le théâtre comique: Paris, 1420-1550*. Bibliothèque du XVe siècle. Paris: Champion, 2007.

Bouquet, Damien, and Piroska Nagy. *Sensible moyen Âge: Une histoire des émotions dans l'occident Médiéval*. L'univers historique. Paris: Éditions du Seuil, 2015.

Bourdin, Bernard. *La genèse théologico-politique de l'état moderne*: *La controverse de Jacques Ier d'Angleterre avec le Cardinal Bellarmin*. Paris: PUF, 2004.

Boureau, Alain. *La religion de l'état*: *La construction de la république étatique dans le discours théologique de l'Occident médiéval*, *1250-1350*. Paris: Les Belles Lettres, 2006.

Boutaric, Edgard. *Saint Louis et Alphonse de Poitiers*. *Étude sur la réunion des provinces du Midi et de l'ouest à la Couronne et sur les origines de la centralisation administrative*, *d'après des documents inédits*. Paris: Plon, 1870.

—. *La France sous Philippe le Bel*. Paris: Plon, 1861.

Brendecke, Arndt. *The Empirical Empire*: *Spanish Colonial Rule and the Politics of Knowledge*. Berlin: De Gruyter Oldenbourg, 2016.

Broedel, Hans Peter. *The Malleus Maleficarum and the Construction of Witchcraft*: *Theology and Popular Belief*. Manchester: Manchester University Press, 2003.

Brundage, James A.. *The Medieval Origins of the Legal Profession*: *Canonists*, *Civilians*, *and Courts*. Chicago; London: University of Chicago Press, 2008.

Burke, Peter. *The French Historical Revolution*: *The Annales School*, *1929-1989*. Stanford, Calif.: Stanford University Press, 1990.

Burrus, Virginia. *The Making of a Heretic*: *Gender*, *Author-*

ity, and the Priscillianist Controversy. Transformation of the Classical Heritage. Berkeley; London; University of California Press, 1995.

Caenegem, R. C. van. *Geschiedenis van het strafprocesrecht in Vlaanderen van de XIᵉ tot de XIVᵉ eeuw*. Brussel; Palais der Academiën, 1956.

——. *Geschiedenis van het strafrecht in Vlaanderen van de XIᵉ tot de XIVᵉ eeuw*. Brussel; Palais der Academiën, 1954.

——. *History of European Civil Procedure*. Tübingen; J. C. B. Mohr, 1973.

——. *Legal History; A European Perspective*. London; Hambledon Press, 1991.

——. *The Law of Evidence in the Twelfth Century, Intellectual Background and European Perspective*. Gent; RUG, 1966.

Canning, Joseph. *The Political Thought of Baldus de Ubaldis*. Cambridge; Cambridge University Press, 1987.

Carbasse, Jean-Marie. *Manuel d'introduction historique au droit*. Paris; PUF, 2003.

Carbonnières, Louis de. *La procédure devant la chambre criminelle du Parlement de Paris au XIVᵉ siècle*. Paris; Champion, 2004.

Cárcel Ortí, Maria Milagros. *Vocabulaire international de la diplomatique*. València; Commission internationale de diplomatique, 1994.

Cazals, Géraldine, and Florent Garnier, eds. *Les décisionnaires et la coutume: Contribution à la fabrique de la norme*. Toulouse: Presses de l'Université Toulouse 1 Capitole, 2017.

Chenard, Gaël. *L'Administration d'Alphonse de Poitiers (1241-1271)*. Paris: Classiques Garnier, 2017.

Chénon, Émile. *Histoire générale du droit public et privé des origines à 1815*. Paris: Sirey, 1926-1929.

Chevalier, Bernard. *Les bonnes villes de France du XIVe au XVIe siècle*. Paris: Aubier-Montaigne, 1982.

—. *Les bonnes villes, l'état et la société dans la France de la fin du XVe siècle*. Orléans: Paradigme, 1995.

Classen, Albrecht. *Laughter in the Middle Ages and Early Modern Times: Epistemology of a Fundamental Human Behavior, Its Meaning, and Consequences*. Fundamentals of Medieval and Early Modern Culture. New York: De Gruyter, 2010.

Cohen, Esther. *The Crossroads of Justice: Law and Culture in Late Medieval France*. Brill's Studies in Intellectual History. Leiden: Brill, 1993.

—. *The Modulated Scream Pain in Late Medieval Culture*. Chicago, Ill.: University of Chicago press, 2010.

Cohn, Samuel K. *Lust for Liberty: The Politics of Social Revolt in Medieval Europe, 1200-1425: Italy, France, and Flanders*. Cambridge, Mass.; London: Harvard University Press, 2006.

Corbin, Alain, Jean-Jacques Courtine, and Georges Vigarello, eds. *Histoire des Émotions*. Paris: Éditions du Seuil, 2016.

Cortese, Ennio. *La Norma Giuridica: Spunti Teorici Nel Diritto Comune Classico*. 2 vols. Milano: Giuffrè, 1962-1964.

Crivelli, Paolo. *Aristotle on Truth*. Cambridge: Cambridge University Press, 2004.

Curie Seimbres, Alcide. *Essai sur les villes fondées dans le Sud-Ouest de la France aux XIIIe et XIVe siècles sous le nom générique de Bastides*. Toulouse: Édouard Privat, 1880.

Dauchy, Serge. *Introduction historique aux appels flamands au Parlement de Paris (1320-1521)*. Bruxelles: Koninklijke Commissie voor de uitgave van de oude wetten en verordeningen van België, 2002.

Decock, Wim. *Theologians and Contract Law: The Moral Transformation of the Ius Commune (Ca. 1500-1650)*. Leiden; Boston: Martinus Nijhoff Publishers, 2013.

Declareuil, Joseph. *Histoire générale du droit français des origines à 1789*. Paris: Sirey, 1925.

Dejoux, Marie. *Les enquêtes de Saint Louis. Gouverner et sauver son âme*. Le Noeud Gordien. Paris: Presses Universitaires de France, 2014.

Delogu, Daisy. *Allegorical Bodies: Power and Gender in Late Medieval France*. Toronto: University of Toronto Press,

2015.

Devard, Jérôme. *"Le Roman de Renart" le reflet critique de la société féodale.* Historiques Série Travaux. Paris: l'Harmattan, 2010.

——. *Parenté et pouvoir(s) dans la matière de France et le Roman de Renart: Approche socio-juridique de la représentation familiale aux XIIe-XIIIe siècles.* PhD thesis, Université de Poitiers, 2014.

Dixon, Susan. "Infirmitas Sexus: Womanly Weakness in Roman Law," *Tijdschrift voor Rechtsgeschiedenis / Revue d'Histoire du Droit / The Legal History Review* 52 (1984): 343-371.

Donlan, Seán Patrick, and Dirk Heirbaut, eds. *The Law's Many Bodies: Studies in Legal Hybridity and Jurisdictional Complexity, C. 1600-1900.* Vol. 32. Berlin: Duncker et Humblot, 2015.

Dossat, Yves. *Les crises de l'inquisition toulousaine au XIIIe siècle, 1233-1273.* Bordeaux: Impr. Bière, 1959.

Douais, Célestin. *L'Inquisition: Ses origines, sa procédure.* Paris: Plon, 1906.

Elias, Norbert. *On the Process of Civilisation: Sociogenetic and Psychogenetic Investigations.* The Collected Works of Norbert Elias. Dublin: University College Dublin Press, 2012.

Esmein, Adhémar. *Cours élémentaire d'histoire du droit*

français. Paris: L. Larose & Forcel, 1892.

Evans, G. R.. *Law and Theology in the Middle Ages*. London: Routledge, 2002.

Fabre, Joseph. *Procès de réhabilitation de Jeanne d'Arc, raconté et traduit d'après les textes latins officiels, par Joseph Fabre*. Paris: C. Delagrave, 1888.

Faggion, Lucien, and Laure Verdon eds. *Quête de soi, quête de vérité: Du Moyen Âge à l'époque moderne*. Aix-en-Provence: Presses universitaires de Provence, 2007.

Favier, Jean. *Pierre Cauchon. Comment on devient le juge de Jeanne d'Arc*. Paris: Fayard, 2010.

Foucault, Michel. *Dits et écrits, 1954-1988: // 1970-1975*. 4 vols. Paris: Gallimard, 1994.

—. *Du gouvernement des vivants: Cours au Collège de France, 1979-1980*. Paris: EHESS; Gallimard; Seuil, 2012.

—. *Histoire de la sexualité*. Paris: Gallimard, 1994.

—. *Power/Knowledge: Selected Interviews and Other Writings, 1972-1977*. Trans. Gordon, Colin. Brighton: Harvester, 1980.

—. *Subjectivity and Truth: Lectures at the Collége De France, 1980-1981*. London: Palgrave Macmillan, 2017.

—. *Surveiller et punir: Naissance de la prison*. Paris: Gallimard, 1975.

Fraioli, Deborah A.. *Joan of Arc: The Early Debate*. Woodbridge: Boydell Press, 2000.

Fumaroli, Marc. *L'âge de l'éloquence : rhétorique et "res literaria", de la renaissance au seuil de l'époque classique.* Geneève: Droz, 1980.

Gauvard, Claude. *"De grace especial": crime, état et société en France à la fin du Moyen Âge.* Les Classiques de la Sorbonne. 2ᵉ éd. Paris: Publications de la Sorbonne, 2010.

—. *L'enquête au Moyen Âge.* Collection de l'École française de Rome. Rome: École française de Rome, 2008.

Geertz, Clifford. *The Interpretation of Cultures : Selected Essays.* New York: Basic Books, 1973.

Genêt, Jean-Philippe. "Saint Louis: Le Roi Politique," *Médiévales* 34 (1998): 25-34.

Genêt, Jean-Philippe, ed. *La légitimité implicite: Actes des conférences organisées à Rome en 2010 et en 2011 par SAS en collaboration avec l'École Française de Rome.* Paris; Roma: Publications de la Sorbonne, 2015.

—, ed. *La vérité : vérité et crédibilité : Construire la vérité dans le système de communication de l'Occident (XIIIᵉ-XVIIᵉ siècle).* Paris; Roma: Éditions de la Sorbonne, 2015.

Gilliodts Van Severen, Louis. *Coutumes des pays et comté de Flandre. Quartier de Bruges. Coutume de la ville de Bruges.* Recueil des anciennes coutumes de la Belgique. Bruxelles: F. Gobbaerts, 1874.

Goez, W.. *Translatio Imperii. Ein Beitrag zur Geschichte des Geschichtsdenkens und der politischen Theorien im Mittelalter und in der frühen Neuzeit*. Tübingen: Mohr, 1958.

Goff, Jacques Le. *Pour un autre Moyen Âge: Temps, travail et culture en Occident*. Paris: Gallimard, 1977.

Goff, Jacques Le, Roger Chartier, and Jacques Revel. *La Nouvelle Histoire*. Paris: Retz, 1978.

Gosman, Martin. *Les sujets du père. Les Rois de France face aux représentants du peuple dans les assemblées de notables et les états généraux, 1302-1615*. Paris; Leuven: Peeters, 2007.

Gouron, André, ed. *Error Iudicis: Juristische Wahrheit und Justizieller Irrtum*. Frankfurt am Main: Klostermann, 1998.

Gouron, André, and Albert Rigaudière, eds. *Renaissance du pouvoir législatif et genèse de l'état*. Montpellier: Socapress, 1988.

Graham-Leigh, Elaine. *The Southern French Nobility and the Albigensian Crusade*. Woodbridge: Boydell Press, 2005.

Graven, Jean. *Le procès criminel du Roman de Renart: étude du droit criminel féodal au XIIe siècle, suivie d'un hommage et remerciement à l'Université de Rennes*. Genève: Georg, 1950.

Grinberg, Martine. *Ecrire les coutumes: Les droits seigneur-*

iaux en France, *XVIe-XVIIIe siècle*. Paris: Presses Universitaires de France, 2006.

Gros, Gérard. *Le poète, la Vierge et le prince: étude sur la poésie Mariale en milieu de cour aux XIVe et XVe siècles*. Saint-Etienne: Publications de l'Université de Saint-Etienne, 1994.

Gryse, L. M. De. *The Reform of Flemish Judicial and Fiscal Administration in the Reign of Philip of Alsace (1157/63-1191)*. Ph. D. thesis, University of Michigan, 1980.

Guenée, Bernard. *Histoire et culture historique dans l'Occident médiéval*. Paris: Aubier Montaigne, 1991.

Guyot-Bachy, Isabelle. *La Flandre et les flamands au miroir des historiens du Royaume X^e-XVe siècle*. Villeneuve-d'Ascq: Presses Universitaires du Septentrion, 2017.

Hageneder, Othmar. *Il sole e la luna: Papato, Impero e Regni nella teoria e nella prassi dei secoli XII e XIII*. Milano: Vita e pensiero, 2000.

Harang, Faustine. *La torture au Moyen Age: Parlement de Paris, XIVe-XVe siècles*. Paris: PUF, 2017.

Harvey, Howard Graham. *The Theatre of the Basoche: The Contribution of the Law Societies to French Mediaeval Comedy*. Harvard Studies in Romance Languages. Cambridge, Mass: Harvard University Press, 1941.

Heirbaut, Dirk. *Over heren, vazallen en graven: Het per-*

soonlijk leenrecht in Vlaanderen ca. 1000-1305. Brux-
elles: Algemeen rijksarchief, 1997.

Hilaire, Jean. *La Construction de l'état de droit dans les ar-
chives judiciaires de la cour de France au* XIII *ᵉ siècle.*
L'esprit du droit. Paris: Dalloz, 2011.

Hippolyte, Pissard. *Essai sur la connaissance et la preuve des
coutumes en justice dans l'ancien droit français et dans le
système Romano-canonique.* Paris: Rousseau, 1910.

Hunt, Lynn, and Aletta Biersack. *The New Cultural Histo-
ry.* Studies on the History of Society and Culture. Berke-
ley; London: University of California Press, 1989.

Huppert, George. *The Idea of Perfect History: Historical
Erudition and Historical Philosophy in Renaissance
France.* Urbana; London: University of Illinois Press,
1970.

Hutson, Lorna. *The Oxford Handbook of English Law and
Literature, 1500-1700.* Oxford: Oxford University Press,
2017.

Jacob, Robert. *Images de la justice: essai sur l'iconographie
judiciaire du Moyen Age à l'âge classique.* Paris:
Léopard d'Or, 1994.

—. *La grâce des juges: L'institution judiciaire et le sacré en
Occident.* Paris: Presses Universitaires de France, 2014.

Jacoby, Frank Rainer. *Van den Vos Reinaerde: Legal Ele-
ments in a Netherlands Epic of the 13ᵗʰ Century.*

München: W. Fink, 1970.

Jobson, Adrian. *The First English Revolution: Simon de Montfort, Henry Ⅲ and the Barons' War*. London: Bloomsbury, 2012.

Jones, Chris. "Historical Understanding and the Nature of Temporal Power in the Thought of John of Paris," *John of Paris: Beyond Royal and Papal Power*. Ed. Jones, Chris. Turnhout: Brepols, 2015.

Kantorowicz, Ernst H.. *The King's Two Bodies: A Study in Mediaeval Political Theology*. Princeton, N. J. : Princeton University Press, 1997.

—. *Selected Studies by Ernst H. Kantorowicz*. New York: J. J. Augustin Publisher, 1965.

Keeney, Barnaby Conrad. *Judgment by Peers*. Harvard Historical Monographs. Cambridge, Mass. ; London: Harvard University Press, 1952.

Kelley, Donald R.. *Foundations of Modern Historical Scholarship: Language, Law, and History in the French Renaissance*. New York; London: Columbia University Press, 1970.

Kieckhefer, Richard. *European Witch Trials: Their Foundations in Popular and Learned Culture, 1300-1500*. London: Routledge & K. Paul, 1976.

Kleiber, Georges. *Le mot "ire" en ancien français (Ⅺ*ᵉ*-Ⅻ*ᵉ *siècles): Essai d'analyse sémantique*. Paris: C. Klincksieck,

1978.

Kleinhenz, Christopher. *Medieval Italy: An Encyclopedia*. 2 vols. New York; London: Garland, 2004.

Koch, Søren, Knut Einar Skodvin, and Jørn Øyrehagen Sunde, eds. *Comparing Legal Cultures*. Bergen: Fagbokforlaget, 2017.

Krynen, Jacques, ed. *Droit romain, jus civile et droit français*. Toulouse: Presses de l'Université des Sciences Sociales, 1999.

—. *Idéal du prince et pouvoir royal en France à la fin du Moyen âge (1380-1440): étude de la littérature politique du temps*. Paris: A. et J. Picard, 1981.

—. *L'empire du Roi: Idées et croyances politiques en France, XIIIe-XXVe siècle*. Paris: Gallimard, 1991.

—. *L'état de justice: France, XIIIe-XXe siècle, I: L'idéologie de la magistrature ancienne*. Paris: Gallimard, 2009.

Krynen, Jacques, and Albert Rigaudière, eds. *Droits savants et pratiques françaises du pouvoir (XIe-XVe siècles)*. Bordeaux: Presses Universitaires de Bordeaux, 1992.

Laferrière, Firmin. *Mémoire sur les lois de Simon de Montfort et sur les coutumes d'Albi des XIIIe, XIVe et XVe siècles*. Paris: Cotillon, 1856.

Lambrecht, D.. *De parochiale synode in het oude Bisdom Doornik gesitueerd in de Europese ontwikkeling, 11de eeuw-1559*. Brussel: AWLSK, 1984.

Lameere, Jules. *Le recours au chef de sens dans le droit fla-mand*. Bruxelles: Alliance Typographique, 1881.

Lange, Tyler. *The First French Reformation: Church Reform and the Origins of the Old Regime*. New York: Cambridge University Press, 2014.

Lea, Henry Charles. *A History of the Inquisition of the Middle Ages*. 3 vols. New York: Harper & Brothers, 1887.

Leclercq, Jean. *Jean de Paris et l'ecclésiologie du XIIIe siècle*. Paris: J. Vrin, 1942.

Legendre, Pierre. *Leçons II. L'empire de la vérité. Introduction aux espaces dogmatiques industriels*. Paris: Fayard, 2001.

—. *Leçons IX: L'autre Bible de l'Occident: Le monument Romano-canonique: Étude sur l'architecture dogmatique des sociétés*. Paris: Fayard, 2009.

Lesaffer, Randall, and Jan Arriens. *European Legal History: A Cultural and Political Perspective*. Cambridge: Cambridge University Press, 2009.

Lett, Didier, and Nicolas Offenstadt, eds. *Haro! NoëL! Oyé!: Pratiques du cri au Moyen Age*. Paris: Publications de la Sorbonne, 2003.

Leyte, Guillaume. *Domaine et domanialité publique dans la France médiévale, XIIe-XVe siècles*. Strasbourg: Presses Universitaires de Strasbourg, 1996.

Lubac, Henri de. *Exégèse médiévale: Les quatres sens de*

l'écriture. 2 pts. in 4 vols. Paris: Aubier, 1959.

Luisgnan, Serge. *Vérité garde le Roy: la construction d'une identité universitaire en France* (XIIIe-XXVe *siècle*). Paris: Publication de la Sorbonne, 1999.

Marie, Bassano. *"Dominus Domini mei dixit..."*; *Enseignement du droit et construction d'une identité des juristes et de la science juridique. Le studium d'Orléans* (*c. 1230-c. 1320*). Ph. D. thesis, Paris II, 2008.

Martin, Vincent. *La Paix du Roi 1180-1328. Paix publique, idéologie, législation et pratique judiciaire de la Royauté Capétienne de Philippe Auguste à Charles le Bel*. Bayonne: Institut universitaire Varenne, 2015.

Martin, Victor. *Les origines du Gallicanisme*. 2 vols. Paris: Bloud & Gay, 1939.

Mastroberti, Francesco, Stefano Vinci, and Michele Pepe. *Il liber Belial e il processo Romano-canonico in Europa tra XV e XVI secolo. Con l'edizione in volgare Italiano* (*Venezia 1544*) *trascritta e annotata*. Bari: Cacucci, 2012.

Mazel, Florian, et al., eds. *La réforme "grégorienne" dans le Midi* (*milieu XIe-début XIIIe siècle*). Cahiers de Fanjeaux 48. Toulouse: Privat, 2013.

Meijers, Eduard Maurits. *Études d'histoire du droit*. Vol. 3. Le droit romain au moyen âge. Leyde: Universitaire Pers Leiden, 1959.

Mellinkoff, Ruth. *The Horned Moses in Medieval Art and*

Thought. California Studies in the History of Art. Berkeley: University of California Press, 1970.

Méniel, Bruno. *Écrivains juristes et juristes écrivains: du Moyen Âge au siècle des Lumières*. Paris: Classiques Garnier, 2015.

Metz, René. *La femme et l'enfant dans le droit canonique médiéval*. 1 vols. London: Variorum Reprints, 1985.

Miller, William Ian. *Bloodtaking and Peacemaking: Feud, Law, and Society in Saga Iceland*. Chicago; London: University of Chicago Press, 1990.

Moeglin, Jean-Marie. *L'Empire et le Royaume: Entre indifférence et fascination, 1214-1500*. Histoire Franco-Allemande. Villeneuve d'Ascq: Presses Universitaires du Septentrion, 2011.

Moore, R. I.. *The Formation of a Persecuting Society: Power and Deviance in Western Europe, 950-1250*. Oxford: Basil Blackwell, 1987.

Morrissey, Robert. *L'empereur à la barbe fleurie: Charlemagne dans la mythologie et l'histoire de France*. Paris: Gallimard, 1997.

Murray, James M.. *Notarial Instruments in Flanders between 1280 and 1452*. Bruxelles: Palais des Académies, 1995.

Nicholas, David. *The Van Arteveldes of Ghent: The Varieties of Vendetta and the Hero in History*. Ithaca, NY: Cornell university press, 1988.

Nowé, Henri. *Les baillis comtaux de Flandre des origines à la fin du XIVᵉ siècle*. Bruxelles, M. Hayez et M. Lamertin, 1928.

Olivier-Martin, François. *Histoire du droit français des origines à la Révolution*. Paris: Domat-Montchestien, 1948.

—. *Les lois du Roi*. Paris: LGDJ, 1997.

Ourliac, Paul, and Monique Gilles, eds. *Les Coutumes de l'Agenais*. Montpellier: Société d'histoire du droit et des institutions des anciens pays de droit écrit, 1976.

Palazzo, Éric. *L'invention chrétienne des cinq sens dans la liturgie et l'art au Moyen Âge*. Paris: Cerf, 2014.

Pastoureau, Michel. *Une histoire symbolique du Moyen Age Occidental*. Paris: Seuil, 2004.

Pegg, Mark Gregory. *The Corruption of Angels: The Great Inquisition of 1245-1246*. Princeton; Oxford: Princeton University Press, 2001.

Péquignot, Stéphane, and Jean-Marie Moeglin, eds. *Diplomatie et relations internationales au Moyen Âge IXᵉ-XVᵉ siècle*. Nouvelle Clio. Paris: PUF, 2017.

Perrichet, Lucien. *La Grande Chancellerie de France des origines à 1328*. Paris: Larose et Tenin, 1912.

Peters, Edward. *Torture*. New Perspectives on the Past. New York; Oxford: Blackwell, 1985.

Petit-Renaud, Sophie. *Faire loy au Royaume de France de Philippe VI à Charles V, 1328-1380*. Paris: De Boccard,

2003.

Reid, Charles J.. *Power over the Body, Equality in the Family: Rights and Domestic Relations in Medieval Canon Law.* Grand Rapids, Mich.; Cambridge: Eerdmans, 2004.

Rigaudière, Albert. *Penser et construire l'état dans la France du Moyen Age: (XIIIe-XXVe siècle).* Paris: Ministère de l'économie, des finances et de l'industrie, Comité pour l'histoire économique et financière de la France, 2003.

Rivière, Jean. *Le problème de l'église et de l'état au temps de Philippe le Bel: étude de théologie positive.* Louvain; Paris: Spicilegium Sacrum Lovaniense; Librairie Ancienne H. Champion, E. Champion, 1926.

Roquebert, Michel. *Simon de Montfort. Bourreau et Martyr.* Paris: Perrin, 2005.

Rosen, Lawrence. *Law as Culture: An Invitation.* Princeton, N. J.; Oxford: Princeton University Press, 2006.

Rosenwein, Barbara H.. *Emotional Communities in the Early Middle Ages.* Ithaca, N. Y.; London: Cornell University Press, 2006.

Russell, Alexander. *Conciliarism and Heresy in Fifteenth-Century England: Collective Authority in the Age of the General Councils.* Cambridge: CUP, 2017.

Sackville, L. J.. *Heresy and Heretics in the Thirteenth Century: The Textual Representations.* Heresy and Inquistion in the Middle Ages. Woodbridge: York Medieval, 2011.

Saint-Bonnet, François, and Yves Sassier. *Histoire des institutions avant 1789*. Issy-les-Moulineaux: LGDJ-Lextenso éditions, 2015.

Schulze-Busacker, Elisabeth. *La didactique profane au Moyen Âge*. Recherches Littéraires Médiévales. Paris: Classiques Garnier, 2012.

Shahar, Shulamith, and Chaya Galai. *The Fourth Estate: A History of Women in the Middle Ages*. London: Methuen, 2003.

Smail, Daniel Lord. *The Consumption of Justice: Emotions, Publicity, and Legal Culture in Marseille, 1264-1423*. Conjunctions of Religion & Power in the Medieval Past. Ithaca: Cornell University Press, 2003.

Sparks, Chris. *Heresy, Inquisition and Life-Cycle in Medieval Languedoc*. Heresy and Inquisition in the Middle Ages. York: York Medieval Press: Boydell & Brewer, 2014.

Spicq, Ceslas. *Esquisse d'une histoire de l'exégèse latine au Moyen Âge*. Bibliothèque Thomiste. Paris: J. Vrin, 1944.

Spiegel, Gabrielle M. *Romancing the Past: The Rise of Vernacular Prose Historiography in Thirteenth-Century France*. New Historicism. Berkeley; Oxford: University of California Press, 1993.

Stokes, Laura. *Demons of Urban Reform: Early European Witch Trials and Criminal Justice, 1430-1530*. Palgrave Historical Studies in Witchcraft and Magic. Basingstoke; New York: Palgrave Macmillan, 2011.

Sudre, Léopold Maurice Pierre. *Les sources du Roman de Renart*. Paris: É. Bouillon, 1893.

Sullivan, Karen. *The Interrogation of Joan of Arc*. Minneapolis; London: University of Minnesota Press, 1999.

—. *Truth and the Heretic: Crises of Knowledge in Medieval French Literature*. Chicago, Ill.; London: University of Chicago Press, 2005.

Taylor, Craig. *Joan of Arc: La Pucelle*. Manchester: Manchester University Press, 2006.

Thireau, Jean-Louis. *Introduction historique au droit*. Champs Université Droit. Paris: Flammarion, 2001.

Throop, Susanna A., and Paul R. Hyams. *Vengeance in the Middle Ages: Emotion, Religion and Feud*. Farnham: Ashgate, 2010.

Tierney, Brian. *Foundations of the Conciliar Theory: The Contribution of the Medieval Canonists from Gratian to the Great Schism*. Studies in the History of Christian Thought,. Enl. new ed. Leiden: Brill, 1998.

Timbal, Pierre-Clément. *Un conflit d'annexion au Moyen Âge: L'application de la coutume de Paris aux pays d'Albigeois*. Toulouse: É. Privat, 1949.

Toureille, Valérie. *Crime et châtiment au Moyen Âge: V^e-XXVe siècle*. L'univers Historique. Paris: Seuil, 2013.

Ullmann, Walter. *The Individual and Society in the Middle Ages*. Baltimore: The John Hopkins Press, 1966.

Ullmann, Walter, and Harold D. Hazeltine. *The Medieval Idea of Law as Represented by Lucas de Penna: A Study in Fourteenth-Century Legal Scholarship*. New York: Routledge, 2010.

Valente, Claire. *The Theory and Practice of Revolt in Medieval England*. Aldershot: Ashgate, 2003.

Verdon, Anne Mailloux et Laure, ed. *L'enquête en questions: De la réalité à la "vérité" dans les modes de gouvernement*. Paris: CNRS, 2014.

Vincent, Catherine. *Justice et miséricorde. Discours et pratiques dans l'Occident médiéval*. Cahiers de l'institut d'anthropologie juridique. Limoges: Pulim, 2015.

Vinge, Louise. *The Five Senses: Studies in a Literary Tradition*. Lund: LiberLäromedel, 1975.

Waelkens, Laurent. *Amne Adverso: Roman Legal Heritage in European Culture*. Leuven: Leuven University Press, 2015.

Warnkönig, Leopold August. *Histoire de la Flandre et de ses institutions civiles et politiques, jusqu'à l'année 1305*. Trans. Gheldolf, Albert Eugène. Bruxelles, 1835.

Weber, Max. *Economy and Society: An Outline of Interpre-*

tive Sociology. 2 vols. Berkeley：University of California Press，1978.

Weijers，Olga. *In Search of the Truth：A History of Disputation Techniques from Antiquity to Early Modern Times*. Turnholt：Brepols，2013.

Westberg，Daniel. *Right Practical Reason：Aristotle，Action，and Prudence in Aquinas*. Oxford：Clarendon Press，1994.

White，Hayden V.. *Metahistory：The Historical Imagination in Nineteenth-Century Europe*. Baltimore：Johns Hopkins University Press，1973.

—. *Tropics of Discourse：Essays in Cultural Criticism*. Baltimore：Johns Hopkins University Press，1978.

Wickham，Chris. *Framing the Early Middle Ages：Europe and the Mediterranean 400-800*. Oxford：Oxford University Press，2005.

论文

陈文海:《〈撒利克法典〉在法国中世纪后期的复兴和演化》,《历史研究》1998 年第 6 期,第 108－121 页。

高仰光:《论中世纪城市法的学理化进程》,《清华法学》2017 年第 4 期,第 83－103 页。

卢兆瑜:《西欧主权国家萌芽的前奏:不承认有上级的君主》,《史学集刊》2017 年第 3 期,第 119－128 页。

吕一民、乐启良:《政治的回归——当代法国政治史的复兴探析》，《浙江学刊》2011 年第 4 期，第 123－130 页。

沈坚：《法国史学的新发展》，《史学理论研究》2000 年第 3 期，第
　　79－89 页。

汤晓燕：《〈萨利克法典〉"神话"与十六七世纪法国排斥女性的政
　　治文化传统》，《世界历史》2017 年第 4 期，第 60－73 页。

徐涤宇、黄美玲：《单方允诺的效力根据》，《中国社会科学》2013
　　年第 4 期，第 142－161 页。

王建学：《政治性宪法审查批判：以巴黎高等法院的注册和谏诤
　　为中心》，《中外法学》2017 年第 2 期，第 357－375 页。

Arabeyre, Patrick. "Le premier recueil méthodique d'ordonnances royales françaises: le *Tractatus ordinationum regiarum* d'Étienne Aufréri (Fin XVe-Début Du XVIe siècle)," *Tijdschrift voor Rechtsgeschiedenis / Revue d'Histoire du Droit / The Legal History Review* 79 (2011): 391-453.

—. "Un prélat Languedocien au milieu du XVe siècle: Bernard de Rosier, Archevêque de Toulouse (1400-1475)," *Journal des savants*. 3-4 (1990): 291-326.

Arquillière, Henri Xavier. "L'appel au concile sous Philippe le Bel et la genèse des théories conciliaires," *Revue des questions historiques* 89 (1911): 23-55.

Artifoni, Enrico. "Prudenza del consigliare. L'educazione del cittadino nel liber consolationis et consilii di Albertano da Brescia (1246)," *Consilium. Teorie e pratiche del consigliare nella cultura medievale*. Eds. Casagrande, Carla, Chiara Crisciani and Silvana Vecchio. Firenze: Sismel,

2004. 195-216.

Bailey, Michael D. , and Edward Peters. "A Sabbat of Demon-
ologists: Basel, 1431-1440," *The Historian* 65.6 (2003):
1375-1395.

Beck, Jonathan. "La mise en scène du faux témoignage dans
Pathelin. Analyse pragmatique du discours théâtral et ju-
diciaire," *Maistre Pierre Pathelin: Lectures et contextes*.
Eds. Hüe, Denis and Darwin Smith. Rennes: Presses
Universitaires de Rennes, 2001. 95-121.

Bedos-Rezac, Brigitte. "Civic Liturgies and Urban Records in
Northern France (Twelfth-Fourteenth Centuries)," *City
and Spectacle in Medieval Europe*. Eds. Reyerson, Kath-
ryn and Barbara Hanawalt. Minneapolis; London: Uni-
versity of Minnesota Press, 1994. 34-55.

Behringer, Wolfgang. "How Waldensians Became Witches:
Their Journey to the Other World," *Communicating with
the Spirits*. Eds. Klaniczay, Gábor and Eva Pocs. Vol. 1.
Budapest: Central European University Press, 2005. 156-
158.

Bériou, Nicole. "La confession dans les écrits théologiques et
pastoraux du ⅩⅢ*ᵉ* siècle: médication de l'âme ou démarche
judiciaire ?" *L'aveu. Antiquité et Moyen Âge. Actes de la
table ronde de Rome (28-30 Mars 1984)*. Roma: École
Française de Rome, 1986. 261-282.

Berman, Harold J.. "The Origins of Western Legal Science,"

Harvard Law Review 90. 5 (March 1977): 894-943.

Bettoni, Antonella. "Res Judicata and Null and Void Judgment in the Italian and German Doctrine of Sixteenth-and Seventeenth-Century Criminal Law. Certain Interpretative Profiles," *Crime, Histoire & Sociétés / Crime, History & Societies* 12. 1 (2008): 65-96.

Birrer, Larissa. "'Quare, Messire, me audite!' Le choix du chameau comme légat papal dans le *Roman de Renart*," *Reinardus. Yearbook of the International Reynard Society* 26 (2014): 14-32.

Blanchard, Joël. "L'histoire Commynienne: pragmatique et mémoire dans l'ordre politique," *Annales: Économies, Sociétés, Civilisations*. 46ᵉ année. 5 (1991): 1071-1105.

Boogaart Ⅱ, Thomas A.. "Reflections on the Moerlemaye: Revolt and Reform in Late Medieval Bruges," *Revue belge de philologie et d'histoire* 74. fasc. 4 (2001): 1133-1157.

Boone, Marc. "Le comté de Flandre au ⅩⅤᵉ siècle: les enquêtes administratives et juridiques comme armes politiques dans les conflits entre villes et prince," *Quand gouverner c'est enquêter. Les pratiques politiques de l'enquête princière (Occident, ⅩⅢᵉ-ⅩⅤᵉ siècles)*: Actes du colloque international d'Aix-en-Provence et Marseille 19-21 Mars 2009. Ed. Pécout, Thierry. Romanité et modernité du droit. Paris: De Boccard, 2010.

Bouchet, Florence. "Introduction. D'un sens l'autre," *Penser les cinq sens au Moyen Âge*: *Poétique*, *esthétique*, *éthique*. Eds. Bouchet, Florence and Anne-Hélène Klinger-Dollé. Paris: Garnier, 2015.

Bouhaïk-Gironès, Marie. "L'historien face à la littérature: à qui appartiennent les sources littéraires médiévales?" *Actes des congrès de la Société des historiens médiévistes de l'enseignement supérieur public*, 38e *congrès*, *Île de France*. Etre historien du Moyen Age au XXIe siècle (2007): 151-161.

Boulet-Sautel, Marguerite. "Jean de Blanot et la conception du pouvoir royal au temps de Louis IX," *Septième centenaire de la mort de Saint Louis*: *Actes des colloques de Royaumont et de Paris*, 21-27 *Mai* 1970. Paris: Les Belles Lettres, 1976. 57-68.

Brown, Elizabeth A. R.. "Veritas à la cour de Philippe le Bel de France: Pierre Dubois, Guillaume De Nogaret et Marguerite Porete," *La vérité. Vérité et crédibilité*: *Construire la vérité dans le système de communication de l'Occident (XIIIe-XVIIe siècle)* Ed. Genêt, Jean-Philippe. Paris; Roma: Publications de la Sorbonne, 2015. 425-445.

Brundage, James A.. "Vultures, Whores, and Hypocrites: Images of Lawyers in Medieval Literature," *Roman Legal Tradition* 1 (2002): 56-103.

Caenegem, R. C. van. "Considerations on the Customary Law

of Twelfth-Century Flanders," in *Law*, *History*, *the Low Countries and Europe*. London: Hambledon Press, 1994. 97-106.

—. "La preuve dans le droit du Moyen Âge Occidental," *La preuve*. Recueils de la société Jean Bodin. Bruxelles: Éditions de la Librairie encyclopédique, 1965. 375-430.

—. "Reflexions on Rational and Irrational Modes of Proof in Medieval Europe," *Tijdschrift voor Rechtsgeschiedenis / Revue d'Histoire du Droit / The Legal History Review* 58 (1990): 263-279.

Carbasse, Jean-Marie. "Droit romain et royal. À propos du droit de confiscation à Millau à la fin du Moyen âge," *Droits et justices du Moyen Âge: Recueil d'articles d'histoire du droit* Paris: Editions Panthéon-Assas, 2017. 147-164.

—. "Justice 'populaire', justice savante: Les consulats de la France méridionale (XIIᵉ-XIVᵉ siècle)," *Pratiques sociales et politiques judiciaires dans les villes de l'occident à la fin du Moyen Âge*. Eds. Chiffoleau, Jacques, Claude Gauvard and Andrea Zorzi. Roma: Publications de l'École française de Rome, 2007. 347-364.

—. "Les origines de la torture judiciaire en France du XIIᵉ au début du XIVᵉ siècle," *La torture judiciaire: Approches historiques et juridiques*. Ed. Durand, Bernard. Lille: Centre d'histoire judiciaire, 2002. 381-419.

—. "Non cujuslibet est ferre leges: 'Legiferer' chez Gilles de Rome," *Cahiers de l'Institut d'Anthropologie Juridique de Limoges* 16 (2007): 69-79.

Carolus-Barré, Louis. "La Grande Ordonnance de 1254 sur la réforme de l'administration et la police du Royaume," *Septième Centenaire de la mort de Saint Louis. Actes des colloques de Royaumont et de Paris* (21-27 Mai 1970). Paris: Les Belles Lettres, 1976. 85-96.

Castaldo, André. "Pouvoir royal, droit savant et droit commun coutumier dans la France du Moyen Âge. À propos de vues nouvelles (I)," *Droits* 46 (2007): 117-158.

—. "Pouvoir royal, droit savant et droit commun coutumier dans la France du Moyen Âge. À propos de vues nouvelles (II)," *Droits* 47 (2008): 173-247.

Challet, Vincent. "Les entrées dans la ville: Genèse et développement d'un rite urbain (Montpellier, XIVe-XVe siècles)," *Revue historique* 670. 2 (2014): 267-293.

Chaurand, Jacques. "La conception de l'histoire de Guibert de Nogent," *Cahiers de civilisation médiévale* (1965): 381-395.

Cheyette, F. L.. "Suum cuique tribuere," *French Historical Studies* 6 (1970): 287-299.

Chiffoleau, Jacques. "Saint Louis, Frédéric II et les constructions institutionnelles du XIIIe siècle," *Médiévales* 34 (1998): 13-23.

Claustre, Julie. "La prééminence du notaire (Paris, XIVe et XVe

siècle)," *Marquer la prééminence sociale: Actes de la conférence organisée à Palerme en 2011 par SAS en collaboration avec l'École française de Rome et l'Université de Palerme*. Eds. Genêt, Jean-Philippe and Igor E. Mineo. Paris: Publications de la Sorbonne, 2014. 75-91.

Clopper, Lawrence M.. "English Drama: From Ungodly Ludi to Sacred Play," *The Cambridge History of Medieval English Literature*. Ed. Wallace, David. Cambridge: CUP, 1999. 739-766.

Cohen, Paul. "L'imaginaire d'une langue nationale: l'état, les langues et l'invention du mythe de l'ordonnance de Villers-Cotterêts à l'époque moderne en France," *Histoire épistémologie langage* 25, fascicule 1, Politiques linguistiques (2/2) (2003): 19-69.

Collette, Carolyn P.. "Heeding the Counsel of Prudence: A Context for the 'Melibee'," *The Chaucer Review* 29. 4 (1995): 416-433.

Contamine, Philippe. "D'un procès à l'autre. Jeanne d'Arc, le Pape, le Concile et le Roi (1431-1456)," *Das Ende Des Konziliaren Zeitalters (1440-1450)*. Ed. Müller, Heribert. München: Oldenbourg, 2012. 235-252.

—. "La réhabilitation de la Pucelle vue au prisme des Tractatus super materia processus: une propédeutique," *De l'hérétique à la Sainte: les procès de Jeanne d'Arc revisités*. Ed. Neveux, François. Caen: Presses universitaires de Caen, 2012. 177-196.

Cornelius, Randolph R.. "Magda Arnold's Thomistic Theory of Emotion, the Self-Ideal, and the Moral Dimension of Appraisal," *Cognition & Emotion* 20.7 (2006): 976-1000.

Cortese, Ennio. "Théologie, droit canonique et droit romain. Aux origines du droit savant (XIe-XIIe s.)," *Comptes rendus des séances de l'Académie des Inscriptions et Belles-Lettres* 146.1 (2002): 69-70.

Courtois, Gérard. "La peine du parjure entre magie et religion," *La Peine. Discours, pratiques, représentations.* Eds. Hoareau-Dodinau, Jacqueline, Pascal Texier and Jean-Marie Carbasse. Cahiers de l'Institut d'Anthropologie Juridique. Limoges: Pulim, 2005. 227-238.

Daly, Kathleen, and Ralph E. Giesey. "Noël de Fribois et la loi salique," *Bibliothèque de l'École des Chartes* 151 (1993): 5-36.

Degoy, Axel. "Lumineux Moyen Âge: Les avocats au Parlement de Paris et la légalité pénale à l'époque de Charles VI et d'Henri VI de Lancastre (1380-1436)," *Revue historique de droit français et étranger* 1 (2018): 1-70.

Denis-Morel, Barbara. "Passing Sentence: Variations on the Figure of the Judge in French Political, Legal, and Historical Texts from the Thirteenth to the Fifteenth Century," *Textual and Visual Representations of Power and Justice* in *Medieval France*. Eds. Brown-Grant, Rosalind, Anne Dawson Hedeman and Bernard Ribémont. Farnham: Ashgate, 2015. 151-170.

Deroy, Jean. "Les discours du Chameau, légat papal, dans le *Roman de Renard* (Branche Va)," *Third International Beast Epic, Fable and Fabliau Colloquium, Münster 1979*. Eds. Goossens, Jan and Timothy Sodmann. Köln; Wien: Bölhau, 1981. 102-110.

Diekstra, Frans N. M.. "Robert de Sorbon on Men, Women and Marriage. The Testimony of His De Matrimonio and Other Works," *People and Texts: Relationships in Medieval Literature; Studies Presented to Erik Kooper*. Eds. Kooper, Erik, Thea Summerfield and Keith Busby. Amsterdam: Rodopi, 2007. 67-86.

Dossat, Yves. " Guy Foucois, enquêteur-réformateur, archevêque et Pape (Clément Ⅳ)," *Cahiers de Fanjeaux* 7. 1972. 23-57.

Du Cange, Charles du Fresne. *Glossarium mediae et infimae latinitatis*. Niort L. Favre, 1883-1887.

Dumolyn, Jan. "'Criers and Shouters': The Discourse on Radical Urban Rebels in Late Medieval Flanders," *Journal of Social History* 42. 1 (Fall 2008): 111-135.

—. "The Legal Repression of Revolts in Late Medieval Flanders," *Tijdschrift voor Rechtsgeschiedenis / Revue d'Histoire du Droit / The Legal History Review* 68. 4

(2000): 479-521.

—. "Les 'plaintes' des villes flamandes à la fin du treizième siècle et les discours et pratiques politiques de la commune," *Le Moyen Âge* 121 (2015): 383-407.

Dumolyn, Jan, and Jelle Haemers. "'A Bad Chicken Was Brooding': Subversive Speech in Late Medieval Flanders," *Past & Present* 214 (2012): 45-86.

—. "Reclaiming the Common Sphere of the City: The Revival of the Bruges Commune in the Late Thirteenth Century," *La légitimité implicite: Actes des conférences organisées à Rome en 2010 et en 2011 par SAS en collaboration avec l'École française de Rome*. Ed. Genêt, Jean-Philippe. Paris; Roma: Publications de la Sorbonne; École française de Rome, 2015. 161-188.

Dumolyn, Jan, Georges Declercq and Jelle Haemers, "Social Groups, Political Power and Institutions I, c. 1100-c. 1300," Brown, Andrew and Jan Dumolyn, eds. *Medieval Bruges, c. 850-1550*. Cambridge: CUP, 2018. 124-151.

Duparc, Pierre. "Le troisième procès de Jeanne d'Arc," *Comptes rendus des séances de l'Académie des Inscriptions et Belles-Lettres* 122ᵉ année. 1 (1978): 28-41.

Durand, François. "Innocent III entre justice et miséricorde," *Justice et miséricorde: Discours et pratiques dans l'Occident médiéval*. Ed. Vincent, Catherine. Limoges: Presses Universitaires de Limoges, 2015. 93-118.

Élie, Barnavi. "Mythes et réalité historique: le cas de la loi salique," *Histoire, économie et société*. 3e année. 3 (1984): 323-337.

Febvre, Lucien. "La sensibilité et l'histoire: Comment reconstituer la vie affective d'autrefois?" *Annales d'histoire sociale* 3. 1-2 (1941): 5-20.

Fiori, Antonia. "Inchiesta e purgazione canonica in epoca Gregoriana," *L'enquête au Moyen Âge*. Ed. Gauvard, Claude. Roma: École française de Rome, 2008. 29-39.

Folz, R.. "Charlemagne en Allemagne," *Charlemagne et l'épopée romane*. Eds. Tyssens, Madeleine and Claude Thiry. Vol. 1. Paris: Les Belles Lettres, 1978. 77-101.

Foucault, Michel. "The Political Function of the Intellectual," *Radical Philosophy* (Summer 1977): 12-14.

—. "The Subject and Power," *Critical Inquiry* 8. 4 (1982): 777-795.

Fukumoto, Naoyuki. "Remarques sur une description du duel judiciaire dans la Br. Ⅵ du Roman de Renart," 一般教育部論集(創価大学)23. 2 (1999): 1-17.

Ganshof, François-Louis. "Étude sur le faussement de jugement dans le droit flamand des Ⅻ^e et ⅩⅣ^e siècles," *Bulletin de la Commission royale des anciennes lois et ordonnances de Belgique* 14 (1935): 115-140.

—. "La Flandre," *Histoire des institutions françaises au Moyen Âge, Ⅰ, Institutions seigneuriales*. Eds. Lot, Ferdinand and

Robert Fawtier. Paris: Presses Universitaires de France, 1957. 343-426.

Gaudemet, Jean. "La coutume en droit canonique," *La coutume*. Recueils de la Société Jean Bodin. Bruxelles: De Boeck Université, 1990. 41-61.

—. "Les ordalies au Moyen Age: Doctrine, législation et pratique canoniques," *La preuve*. Recueils de la société Jean Bodin 17. Bruxelles: Éditions de la Librairie encyclopédique, 1965. 99-135.

Gauvard, Claude. "De la théorie à la pratique: Justice et miséricorde en France pendant le règne de Charles Ⅵ," *Revue des langues romanes* 92 (1988): 317-325.

—. "La justice du Roi de France et le latin à la fin du Moyen Âge: Transparence ou opacité d'une pratique de la norme," *Les historiens et le latin médiéval*. Eds. Goulet, M. and M. Parisse. Paris: Publications de la Sorbonne, 2001.

—. "Les humanistes et la justice sous le règne de Charles Ⅵ," *Pratiques de la culture écrite en France au ⅩⅤ^e siècle: Actes du colloque international du CNRS. Paris, 16-18 Mai 1992*. Turnholt: Brepols, 1995. 217-244.

Genêt, Jean-Philippe. "Saint Louis: Le Roi Politique," *Médiévales* 34 (1998): 25-34.

—. "La vérité et les vecteurs de l'idéel," *La vérité: vérité et crédibilité: Construire la vérité dans le système de com-*

munication de l'Occident ($XⅢ^{e}$ - $XⅦ^{e}$ *siècle*). Ed. Genêt, Jean-Philippe. Paris; Roma; Éditions de la Sorbonne, 2015. 9-45.

Giesey, Ralph E.. "The French Estates and the 'Corpus Mysticum Regni'," *Rulership in France*; 15th - 17th *Centuries*. Aldershot; Ashgate, 2004. 155-171.

—. "The Juristic Basis of Dynastic Right to the French Throne," *Transactions of The American Philosophical Society* New Series, 51. 5 (1961); 3-47.

Gillisen, John. "Légistes en Flandre aux $XⅢ^{e}$ et $XⅣ^{e}$ siècles," *Bulletin de la Commission Royale des Anciennes Lois et Ordonnances de Belgique* 15. fasc. 3 (1939); 118-231.

Giordanengo, Gérard. "Beaumanoir Philippe de," *Dictionnaire historique des juristes français $XⅡ^{e}$ - XXe siècle*. Eds. Arabeyre, Patrick, Jean-Louis Halpérin and Jacques Krynen. Paris; PUF, 2015. 74-75.

—. "Consuetudo constituta a domino rege; Coutumes rédigées et législation féodale," *El dret comú i Catalunya*; *Actes del* V *simposi internacional*. Barcelona, 26-27 de Maig de 1995. Ed. Ferreirós, Aquilino Iglesia Barcelona; Associació Catalana d'Històrica del Dret "Jaume de Montjuïc", 1996. 51-79.

—. "De l'usage du droit privé et du droit public au Moyen Âge," *Cahiers de recherches médiévales et humanistes*. 7 (2000).

—. "Du droit civil au pouvoir royal: un renversement (XIIe- XVe siècles)," *Politiques et management public* 5. 1 (1987): 9-25.

—. "Les droits savants au Moyen Âge: Textes et doctrines, la recherche en France depuis 1968," *Bibliothèque de l'Ecole des Chartes* 148. 2 (1990): 439-476.

—. "'Noble homme Maistre Phelippe de Biaumanoir chevaillier baillif de Vermandois' ou des Baillis et d'un Bailli," *Revue historique de droit français et étranger* 92. 1 (2014): 15-36.

—. "Roma nobilis, orbis et domina. Réponse à un contradicteur," *Revue historique de droit français et étranger* 88. 1 (2010): 91-150.

Giuliani, Alessandro. "L'élément 'juridique' dans la logique médiévale," *Logique et Analyse* Nouvelle Série, 6. 21/24, La théorie de l'argumentation: perspectives et applications (1963): 540-570.

Godding, Philippe. "Appel et recours a chef de sens en Brabant aux XIVe et XVe siècles: Wie hoet heeft, die heeft beroep," *Tijdschrift voor Rechtsgeschiedenis / Revue d'Histoire du Droit / The Legal History Review* 65 (1997): 281-297.

Goff, Jacques Le. "Histoire médiévale et histoire du droit: un dialogue difficile," *Storia sociale e dimensione giuridica, strumenti d'indagine e ipotesi di lavoro, Atti dell'incontro di studio* (Firenze, 26-27 aprile 1985). Ed. Grossi, Paolo. Milan: Giuffrè, 1986: 23-63 and 449-453.

—. "Introduction," *Les exempla médiévaux: Nouvelles perspectives*. Ed. Beaulieu, Jacques Berlioz and Polo de Marie-Anne. Paris: Honoré Champion, 1998.

—. "Rire au Moyen Age," *Les Cahiers du Centre de Recherches Historiques*. 3 (1989).

Gómez-Iglesias, Valentin. "Naturaleza y origen de la confirmación 'ex certa scientia'," *Ius Canonicum* 25. 49 (1985): 92-116.

Gouron, André. "Cessante causa cessat effectus: à la naissance de l'adage," *Comptes rendus des séances de l'Académie des Inscriptions et Belles-Lettres*, 143ᵉ année, N°1, 1999. pp. 299-309.

—. "Les étapes de la pénétration du droit romain au XIIᵉ siècle dans l'ancienne Septimanie," *Annales du Midi: revue archéologique, historique et philologique de la France méridionale* 69. 38 (1957): 103-120.

—. "Ordonnances des Rois de France et droits savants, XIIIᵉ-XVᵉ siècles," *Comptes rendus des séances de l'Académie des Inscriptions et Belles-Lettres*. 135ᵉ année. 4 (1991): 851-865.

—. "Théorie des présomptions et pouvoir législatif chez les glossateurs," *Droits savants et pratiques françaises du pouvoir*. Eds. Krynen, Jacques and Albert Rigaudière.

Bordeaux: Presses Universitaires de Bordeaux 1992.

Graham, Angus. "Albertanus of Brescia: A Preliminary Census of Vernacular Manuscripts," *Studi Medievali* 41 (2000): 891-924.

Grinberg, Martine. "La rédaction des coutumes et les droits seigneuriaux: Nommer, classer, exclure," *Annales. Histoire, Sciences Sociales*. 52ᵉ année. 5 (1997): 1017-1038.

Gryse, L. M. De. "Some Obeservations on the Origin of the Flemish Bailiff (Bailli): The Reign of Philip of Alsace," *Viator* 7 (1976): 243-294.

Guenée, Bernard. "État et nation en France au Moyen âge," *Revue historique* 237. 1 (1967): 17-30.

Hageneder, Othmar. "Die Rechtskraft Spätmittelalterlicher Papst-und Herrscherurkunden 'Ex Certa Scientia', 'Non Obstantibus' und 'Propter Importunitatem Petentium'," *Papsturkunde Und Europäisches Urkundenwesen: Studien Zu Ihrer Formalen Und Rechtlichen Kohärenz Vom 11. Bis 15. Jahrhundert*. Eds. Herde, P. and H. Jakobs. Köln; Weimar; Wien: Böhlau Verlag, 1999. 401-429.

Halpérin, Jean-Louis. "Est-il temps de déconstruire les mythes de l'histoire du droit français ?" *Clio@Themis* numéro 5.

—. "L'approche historique et la problématique du *jus commune*," *Revue internationale de droit comparé* 52. 4 (Octobre-Décembre 2000): 717-731.

Heirbaut, Dirk. "Flanders: A Pioneer of State-Oriented Feudalism? Feudalism as an Instrument of Comital Power in Flanders During the High Middle Ages (1000-1300)," *Expectations of the Law in the Middle Ages*. Ed. Musson, Anthony. Woodbridge: Suffolk, 2001. 23-34.

—. "Le cadre juridique: Institutions et droit en Flandre vers 1302," *Le désastre de Courtrai: Mythe et réalité de la bataille des Éperons d'or*. Eds. Caenegem, R. C. van, Marc Boone and An Blockmans-Delva. Anvers: Fonds Mercator, 2002. 106-139.

—. "Thirteenth-Century Legislation on Mortmain Alienations in Flanders and Its Influence Upon France and England," *Law in the City: Proceedings of the Seventeenth British Legal History Conference*. London, 2005. Eds. Lewis, A. D. E., Paul Brand and Paul Mitchell. Dublin: Four Courts Press, 2007. 54-71.

—. "An Unknown Treasure for Historians of Early Medieval Europe: The Debate of German Legal Historians on the Nature of Medieval Law," *Zeitschrift des Max-Planck-Instituts für europäische Rechtsgeschichte* (2010): 87-90.

—. "Who Were the Makers of Customary Law in Medieval Europe? Some Answers Based on Sources About the Spokesmen of Flemish Feudal Courts," *Tijdschrift voor Rechtsgeschiedenis / Revue d'Histoire du Droit / The Legal History Review* 75. 3 (2007): 257-274.

—. "Zentral im Lehnswesen nach Ganshof: das flämische Lehnsrecht, ca. 1000-1305," *Zeitschrift der Savigny-Stiftung für Rechtsgeschichte*: *Germanistische Abteilung* 128, 1 (2001): 300-347.

Hicks, Eric, and Ezio Ornato. "Jean de Montreuil et le débat sur le Roman de la Rose." *Romania* 98 (1977): 34-64, 186-219.

Hilaire, Jean. "La procédure civile et l'influence de l'état: Autour de l'appel." *Droits savants et pratiques françaises du pouvoir (XIe-XVe siècles)*. Eds. Krynen, Jacques and Albert Rigaudière. Bordeaux: Presses Universitaires de Bordeaux, 1992. 151-160.

Hobbins, Daniel. "Jean Gerson's Authentic Tract on Joan of Arc: Super Facto Puellae et Credulitate Sibi Praestanda (14 May 1429)," *Mediaeval Studies* 67 (2005): 99-155.

Hoecke, Mark Van, and Mark Warrington. "Legal Cultures, Legal Paradigms and Legal Doctrine: Towards a New Model for Comparative Law," *The International and Comparative Law Quarterly* 47. 3 (1998): 495-536.

Hoecke, Willy van, and Dirk van den Auweele. "La première réception du droit romain et ses répercussions sur la structure lexicale des langues vernaculaires," *Mediaeval Antiquity*. Ed. Welkenhuysen, Andries Leuven: University Press of Leuven, 1995. 197-217.

Jacob, Robert. "Philippe de Beaumanoir et le savoir du juge (Réponse à M. Giordanengo)," *Revue historique de droit français et étranger* 92. 4 (2014): 577-588.

Jeanclos, Yves. "La coutume française, une illusion romaine? Beaumanoir et la romanité de la coutume au Ⅷᵉ siècle," *Droit , histoire et société. Mélanges en l'honneur de Christian Dugas de la Boissonny*. Eds. Lemonnier-Lesage, V. and F. Lormant. Nante: Presses Universitaires de Nancy, 2008. 35-54.

Jeuland, Emmanuel. "Preuve judiciaire et culture française," *Droit et cultures* 50 (2005): 149-170.

Kaeuper, Richard W.. "Debating Law, Justice and Constitutionalism," *Law, Governance, and Justice: New Views on Medieval Constitutionalism*. Ed. Kaeuper, Richard W. Medieval Law and Its Practice. Leiden: Brill, 2013. 1-14.

—. "The King and the Fox: Reactions to the Role of Kingship in Tales of Reynard the Fox," *Expectations of the Law in the Middle Ages*. Ed. Musson, Anthony. Woodbridge: Boydell Press, 2001. 9-21.

Kantorowicz, Hermann. "The Quaestiones Disputatae of the Glossators," *Tijdschrift voor Rechtsgeschiedenis / Revue d'Histoire du Droit / The Legal History Review*. 16 (1939): 1-67.

Kelley, Donald R.. "The Rise of Legal History in the Renaissance," *History and Theory* 9. 2 (1970): 174-194.

Kelly, Henry Ansgar. "Judicial Torture in Canon Law and Church Tribunals: From Gratian to Galileo," *The Catho-*

lic Historical Review 101. 4 (2015): 754-793.

Kirshner, Julius. "Baldo degli Ubaldi's Contribution to the Rule of Law in Florence," *VI centenario della morte di Baldo degli Ubaldi, 1400-2000*. Perugia: Università degli Studi, 2005. 313-364.

Krause, Sigrid. "Le droit dans le Roman de Renart et dans le Reinhart Fuchs," *Atti del V colloquio della International Beast Epic, Fable and Fabliau Society*. Torino-St-Vincent, 5-9 Settembre 1983. Eds. Vitale-Brovarone, Alessandro and Gianni Mombello. Alessandria: Edizioni dell'Orso, 1987. 57-69.

Krieken, Robert van. "Norbert Elias and Emotions in History," *Emotions and Social Change: Historical and Sociological Perspectives*. Eds. Lemmings, David and Ann Brooks. Routledge Studies in Social and Political Thought. New York: Routledge, 2014. 19-42.

Krynen, Jacques. "Dix ans de travaux français d'histoire du droit intéressant la coutume. Bref commentaire en quatre points," *Les décisionnaires et la coutume: Contribution à la fabrique de la norme*. Eds. Cazals, Géraldine and Florent Garnier. Toulouse: Presses de l'Université Toulouse I Capitole, 2017. 19-43.

—. "Entre science juridique et dirigisme: le glas médiéval de la coutume," *Cahiers de recherches médiévales* 7 (2000): 170-187.

—. "La déontologie ancienne de l'avocat (France: XIIIe- XVIIe siècle)," Krynen, Jacques, ed. *Le Droit saisi par la Morale*. Toulouse: Presses de l'Université Toulouse 1 Capitole, 2005: 333-352.

—. "La réception du droit romain en France: encore la bulle *Super speculam*," *Revue d'histoire des facultés de droit et de la culture juridique du monde des juristes et du livre* 28 (2008): 227-262.

—. "Le droit romain 'droit commun de la France'," *Droits* 38 (2003): 21-36.

—. "Le problème et la querelle de l'interprétation de la loi en France, avant la Révolution: Essai de rétrospective médiévale et moderne," *Revue historique de droit français et étranger* 86 (2008): 161-197.

—. "Naturel: essai sur l'argument de la nature dans la pensée politique à la fin du Moyen Âge," *Journal des Savants*. 2 (1982): 169-190.

—. "Saint Louis législateur au miroir des Mendiants," *Mélanges de l'Ecole française de Rome. Moyen-Age* 113. 2 (2001): 945-961.

—. "Un exemple de critique médiévale du métier d'avocat: Philippe de Mézières," *Revue de la Société Internationale de la Profession d'Avocat*. 1 (1989): 31-34.

—. "Voluntas domini regis in suo regno facit ius. Le Roi de France et la coutume," *El dret comú i Catalunya: Actes* del Ⅶ *simposi international Barcelona, 23-24 de Maig de* 1997. Ed. Ferreirós, Aquilino Iglesias Vol. 15. Barcelona: Associació Catalana d'Història del Dret Jaume de Montjuic, 1998. 59-89.

Kuskowski, Ada-Maria. "Inventing Legal Space: From Regional Custom to Common Law in the Coutumiers of Medieval France," *Medieval Constructions of Space: Practice, Place, and Territory from the 9ᵗʰ to the 15ᵗʰ Century* Eds. Cohen, Meredith and Fanny Madeleine. Farnham: Ashgate, 2014. 133-155.

—. "The Development of Written Custom in England and in France: A Comparative Perspective," *Law, Justice, and Governance, New Views on Medieval English Constitutionalism.* Ed. Kaeuper, Richard W. Leiden: Brill, 2013. 101-120.

—. "Translating Justinian: Transmitting and Transforming Roman Law in the Middle Ages," *Law and Language in the Middle Ages.* Eds. W. McHaffie, Matthew, Jenny Benham and Helle Vogt. Leiden: Brill, 2018.

Kuttner, Stephan. "The Revival of Jurisprudence," *Renaissance and Renewal in the Twelfth Century.* Ed. Robert Louis Benson, Giles Constable, Carol Dana Lanham. Cambridge: Clarendon Press, 1982. 299-323.

Lacarra, María Jesús. "Las fábulas de la Disciplina clericalis y su difusión impresa," *D'Orient en Occident: Les recueils*

de fables enchâssées avant les 'Mille et une nuits' de Gal-
land (Barlaam et Josaphat, Calila et Dimna, Disciplina
clericalis, Roman des Sept Sages). Eds. Uhlig, Marion
and Yasmina Foehr-Janssens. Turnhout: Brepols, 2014.
377-392.

Lalou, Elisabeth. "Les légistes dans l'entourage de Philippe le
Bel," *Les universités en Europe du XIIIe siècle à nos jours:
Espaces, modèles et fonctions. Actes du colloque interna-
tional d'Orléans.* 16 et 17 Octobre 2003. Eds. Attal, F.,
et al. Paris: Publications de la Sorbonne, 2005. 99-111.

—. "L'enquête au Moyen Âge," *Revue historique* 657.1
(2011): 145-153.

Lamy, Marielle. "Justice versus miséricorde: la querelle des
'Filles de Dieu' dans les Vies du Christ de la fin du Moyen
Âge," *Justice et miséricorde: Discours et pratiques dans
l'Occident médiéval.* Ed. Vincent, Catherine. Limoges:
Presses Universitaires de Limoges, 2015. 121-150.

Lange, Tyler. "L'ecclésiologie du Royaume de France:
l'hérésie devant le Parlement de Paris dans les années
1520," *Bulletin du centre d'études médiévales d'Auxerre*
Hors-série 7 (2013).

Lavigne, Claire-Hélène. "Literalness and Legal Translation:
Myth and False Premises," *Charting the Future of
Translation History* Eds. Bastin, Georges L. and Paul F.
Bandia. Ottawa: University of Ottawa Press, 2006. 145-

162.

Legendre, Pierre. "De confessis [Remarques sur le statut de la parole dans la première scolastique]," *L'aveu. Antiquité et Moyen Âge. Actes de la table ronde de Rome* (28-30 Mars 1984). Roma: École française de Rome, 1986. 401-408.

Lemesle, Bruno. "La pratique du duel judiciaire au XIe siècle, à partir de quelques notices de l'abbaye Saint-Aubin d'Angers," *Actes des congrès de la Société des historiens médiévistes de l'enseignement supérieur public 31e congrès*. Le règlement des conflits au Moyen Âge (2000): 149-168.

—. "Le serment promis. Le serment judiciaire à partir de quelques documents angevins des XIe et XIIe siècles," *Crime, Histoire & Sociétés / Crime, History & Societies* 6. 2 (2002): 5-28.

Lévy, Jean-Philippe. "L'evolution de la preuve, des origines à nos jours: synthèse générale," *La preuve*. Recueils de la Société Jean Bodin. Bruxelles: Éditions de la Librairie encyclopédique, 1965. 9-70.

Lorenzini, Daniele. "What is a 'Regime of Truth'?" *Le foucaldien* 1. 1 (2015).

Lot, Ferdinand. "Quelques mots sur l'origine des pairs de France," *Revue Historique* 54. fasc. 1 (1894): 34-59.

Luisgnan, Serge. "Énoncer la vérité en Français: les villes de communes et la naissance de l'écrit juridique vernaculaire," *Corpus Eve*. Critical or Bibliographical Studies of the Vernacular (2013).

—. "Le choix de la langue d'écriture des actes administratifs en France, communiquer et affirmer son identité," *Information et société en Occident à la fin du Moyen Âge*. Eds. Boudreau, Claire, et al. Paris: Publications de la Sorbonne, 2004. 187-201.

Mäkinen, Virpi, and Heikki Pihlajamäki. "The Individualization of Crime in Medieval Canon Law," *Journal of the History of Ideas* 65. 4 (Oct. , 2004): 525-542.

Mausen, Yves. "A demonio merediano? Le droit savant au Parlement de Paris," *Droits* 48. 2 (2008): 159-178.

Mayali, Laurent. "La coutume dans la doctrine romaniste au Moyen Âge," *La Coutume*. Recueils de la Société Jean Bodin. Bruxelles: De Boeck Université, 1990. 11-31.

Mazel, Florian. "Vérité et autorité: Y a-t-il un moment Grégorien?" *La vérité: vérité et crédibilité: construire la vérité dans le système de communication de l'Occident (XIIIe-XVIIe siècle)*. Ed. Genêt, Jean-Philippe. Paris: Roma: Éditions de la Sorbonne, 2015. 323-348.

Meijers, E. M.. "Le conflit entre l'équité et la loi chez les premiers glossateurs," *Tijdschrift voor Rechtsgeschiedenis / Revue d'Histoire du Droit / The Legal History Review* 17 (1941): 117-135.

Méniel, Bruno. "La colère dans la poésie épique, du Moyen Âge à la fin du XVIe siècle," *Cahiers de recherches médiévales*, 11 spécial (2004): 37-48.

Meyer, Paul. "La langue romane du Midi de la France et ses différents noms," *Annales du Midi: revue archéologique, historique et philologique de la France méridionale*. Langue et littérature d'oc et histoire médiévale. Tome 1, N°1, 1989. 3-17.

Mezey, Naomi. "Law as Culture," *Yale Journal of Law & the Humanities* 13 (2001): 35-67.

Michaud-Fréjaville, Françoise. "Autour du Bûcher de Jeanne," *Cahiers de recherches médiévales* 3 (1997): 131-141.

Monier, R.. "Le recours au chef de sens, au Moyen Âge dans les villes flamandes," *Revue du Nord* 14. 53 (1928): 5-19.

Moreau, Marc-André. "La femme tel un diamant marial: Idéal féminin, spiritualité et médecine dans le *Livre de la vertu du sacrement de mariage* de Philippe de Mézières," *Bulletin du centre d'études médiévales d'Auxerre* 21. 2 (2018).

Moulinier, Laurence. "Quand le malin fait de l'esprit. Le rire au Moyen Âge vu depuis l'hagiographie," *Annales: Histoire, Sciences Sociales* 52e année. 3 (1997): 457-475.

Müller, Heribert. "France and the Council," *A Companion to the Council of Basel* Eds. Decaluwe, Michiel, Thomas

M. Izbicki and Gerald Christianson. Leiden: Brill, 2016.
375-409.

Neveux, François. "Les voix de Jeanne d'Arc, de l'histoire à la
légende," *Annales de Normandie* 62ᵉ année. 2 (2012):
253-276.

Nieus, Jean-François. "Du donjon au tribunal: les deux âges de
la pairie châtelaine en France du Nord, Flandre et Lothar-
ingie (Fin XIᵉ-XIIIᵉ s.) (2ᵉ Partie)," *Le Moyen Age* 112. 2
(2006): 307-336.

Nussbaum, Martha C.. "Cultivating Humanity in Legal Edu-
cation," *The University of Chicago Law Review* 70. 1
(2003): 265-280.

Ourliac, Paul. "Troubadours et juristes," *Cahiers de civilisa-
tion médiévale* 8ᵉ année. 30 (Avril-juin 1965): 159-177.

Øyrehagen Sunde, Jørn. "Champagne at the Funeral: An In-
troduction to Legal Culture," *Rendezvous of European
Legal Cultures*. Eds. Øyrehagen Sunde, Jørn and Knut
Einar Skodvin. Bergen: Fagbokforlaget, 2010. 11-28.

Paschel, Philippe. "Guillaume du Breuil et son Stilus curie
Parlamenti," *Droits* 49. 1 (2009): 159-190.

—. "Les sources du 'Stilus curie Parlamenti' de Guillaume du
Breuil," *Revue historique de droit français et étranger*
77. 3 (1999): 311-326.

Pasciuta, Beatrice. "Speculum Iudiciale," *The Formation and
Transmission of Western Legal Culture: 150 Books That*

Made the Law in the Age of Printing. Eds. Martyn, Georges, et al. Cham: Springer, 2016. 37-40.

Pennington, Kenneth. "Due Process, Community, and the Prince in the Evolution of the Ordo Iudiciarius," *Rivista internazionale di diritto commune* 9 (1998): 9-47.

—. "Was Baldus an Absolutist? The Evidence of His Consilia," *Politische Reflexion in Der Welt Des Späten Mittelalters. Political Thought in the Age of Scholasticism: Essays in Honour of Jürgen Miethke.* Ed. Kaufhold, Martin. Leiden: Brill, 2004. 305-319.

Péquignot, Stéphane. "Figure et normes de comportement des ambassadeurs dans les documents de la pratique: un essai d'approche comparative (ca. 1250-ca. 1440)," *De l'ambassadeur: Les écrits relatifs à l'ambassadeur et à l'art de négocier du Moyen Âge au début du XIXe siècle.* Eds. Andretta, Stefano, Stéphane Péquignot and Jean-Claude Waquet. Roma: École française de Rome, 2015. 33-56.

Petit-Renaud, Sophie. "Le Roi, les légistes et le Parlement de Paris aux XIVe et XVe siècles: Contradictions dans la perception du pouvoir de ' faire loy' ?" *Cahiers de recherches médiévales* 7 (2000): 143-158.

Poirey, Sophie. "La procédure d'inquisition et son application au procès de Jeanne d'Arc," *De l'hérétique à la Sainte: Les procès de Jeanne d'Arc revisités.* Ed. Neveux,

François. Caen: Presses Universitaires de Caen, 2012. 91-110.

Poudret, Jean-François. "Rapport de synthèse. Connaissance et preuve de la coutume en Europe Occidentale au Moyen Âge et à l'époque moderne," *La Coutume*. Recueils de la Société Jean Bodin. Bruxelles: De Boeck, 1990. 511-545.

Pujol, Florence. "L'élaboration de l'image symbolique de la bastide," *Annales du Midi: revue archéologique, historique et philologique de la France méridionale* 103. 195 (1991): 345-367.

Raguin-Barthelmebs, Marjolaine. "Simon de Montfort et le gouvernement: Statut des femmes dans les statuts de Pamiers (Art. 46) avant la Magna Carta," *Medieval Feminist Forum: A Journal of Gender and Sexuality* 53. 2 (2018): 38-90.

Rigaudière, Albert. "La Royauté, le Parlement et le droit écrit aux alentours des années 1300," *Comptes rendus des séances de l'Académie des Inscriptions et Belles-Lettres* 140ᵉ année. 3 (1996): 885-908.

Rivière, Jean. "Le conflit des 'Filles de Dieu' dans la théologie médiévale," *Revue des Sciences Religieuses* 13. Fascicule 4 (1933): 553-590.

Roumy, Franck. "Lex consuetudinaria, jus consuetudinarium. Recherche sur la naissance du concept de droit coutumier aux XIᵉ et XIIᵉ siècles," *Revue historique de droit français et étranger* 79. 3 (2001): 257-291.

—. "L'ignorance du droit dans la doctrine civiliste des XIIe-XIIIe siècles," *Cahiers de recherches médiévales* 7 (2000).

Ryan, Magnus. "Feudal Obligation and Rights of Resistance," *Die Gegenwart Des Feudalismus*. Eds. Fryde, Natalie, Pierre Monnet and Otto Gerhard Oexle. Göttingen: Vandenhoeck & Ruprecht, 2002. 51-78.

Saenger, Paul. "John of Paris, Principal Author of the Quaestio de potestate papae (Rex pacificus)," *Speculum* 56. 1 (1981): 41-55.

Schenck, Mary Jane. "Reading Law as Literature, Reading Literature as Law: A Pragmatist's Approach,"*Cahiers de recherches médiévales et humanistes* 25 (2013): 9-29.

Schulze-Busacker, Elisabeth. "Renart, le jongleur étranger, analyse thématique et linguistique à partir de la Branche Ib du Roman de Renart (V. 2403-2580 et 2857-3034)," *Third International Beast Epic, Fable and Fabliau Colloquium, Münster 1979: Proceedings*. Eds. Goossens, Jan and Timothy Sodmann. Köln; Vien: Bölhau, 1981. 380-391.

Seignalet-Mauhourat, François. " Le valeur juridique des préambules des ordonnances et des édits sous l'Ancien Régime," *Revue historique de droit français et étranger*. 2 (2006): 229-258.

Sère, Bénédicte. "Ami et alié envers et contre tous. Étude lexicale et sémantique de l'amitié dans les contrats d'alliance," *Avant le contrat social. Le contrat politique dans l'Occident médiéval XIIIe-XVe siècle.* Ed. Foronda, François Paris: Publications de la Sorbonne, 2011. 245-268.

Shoemaker, Karl. "The Devil at Law in the Middle Ages," *Revue de l'histoire des religions.* 4 (2011): 567-586.

—. "When the Devil Went to Law School: Canon Law and Theology in the Fourteenth Century," *Crossing Boundaries at Medieval Universities.* Ed. Young, Spencer E.. Leiden: Brill, 2011. 255-275.

Skoda, Hannah. "Legal Performances in Late Medieval France," *Legalism: Anthropology and History.* Eds. Dresch, Paul and Hannah Skoda. Oxford: OUP, 2012. 279-306.

Smedley-Weill, Anette, and Simone Geoffroy-Poisson. "Les assemblées d'états et la mise en forme du droit," *Les Cahiers du Centre de Recherches Historiques* 26 (2001).

Smet, Antoine De. "De klacht van de 'Ghemeente' van Damme in 1280: enkele gegevens over politieke en sociale toestanden in een kleine Vlaamse stad gedurende de tweede helft der XIII^{de} eeuw," *Bulletin de la Commission royale d'histoire* 115 (1950): 1-15.

Soman, Alfred. "La décriminalisation de la sorcellerie en France," *Annales: Histoire, économie et société* 4e année.

2 (1985): 179-203.

Stearns, Peter N.. "History of Emotions: Issues of Change and Impact," *Handbook of Emotions*. Eds. Lewis, Michael, Jeannette M. Haviland-Jones and Lisa Feldman Barrett. New York: The Guilford Press, 2008. 17-31.

Stearns, Peter N., and Carol Z. Stearns. "Emotionology: Clarifying the History of Emotions and Emotional Standards," *The American Historical Review* 90. 4 (1985): 813-836.

Stillwell, Gardiner. "The Political Meaning of Chaucer's Tale of Melibee," *Speculum* 19. 4 (1944): 433-444.

Subrenat, Jean. "Rape and Adultery: Reflected Facets of Feudal Justice in the Roman De Renart," *Reynard the Fox: Social Engagement and Cultural Metamorphoses in the Beast Epic from the Middle Ages to the Present*. Ed. Varty, Kenneth. Oxford: Berghahn Books, 2000. 17-36.

Tarde, Hélène de. "La rédaction des coutumes de Narbonne," *Annales du Midi: revue archéologique, historique et philologique de la France méridionale* 85. 114 (1973): 371-402.

Taylor, Charles. "Foucault on Freedom and Truth," *Political Theory* 12. 2 (1984): 152-183.

Théry, Julien. "Innocent Ⅲ et les débuts de la théocratie Pontificale: Le gouvernement romain de la chrétienté autour de 1206," *Mémoire dominicaine* 21 (2007): 33-37.

—. "Une hérésie d'état: Philippe le Bel, le procès des 'Perfides Templiers' et la pontificalisation de la Royauté française," *Médiévales* 60 (2011): 157-185.

Thirion, Nicolas. "Des rapports entre droit et vérité selon Foucault: Une illustration des interactions entre les pratiques juridiques et leur environnement," *Revue interdisciplinaire d'études juridiques* 70. 1 (2013): 180-188.

Välimäki, Reima. "Imagery of Disease, Poison and Healing in the Late Fourteenth-Century Polemics against Waldensian Heresy," *Infirmity in Antiquity and the Middle Ages: Social and Cultural Approaches to Health, Weakness and Care*. Eds. Krötzl, Christian, Katariina Mustakallio and Jenni Kuuliala. Oxford: Routledge, 2015. 137-152.

Van Dievoet, G.. "Le Roman de Renart et Van den vos Reynaerde, témoins fidèles de la procédure pénale aux XIIe et XIIIe siècles?" *Aspects of the Medieval Animal Epic*. Eds. Rombauts and Welkenhuysen. Leuven: University Press of Leuven 1979. 43-52.

Vauchez, André. "Les théologiens face aux prophéties à l'époque des papes d'Avignon et du Grand Schisme," *Mélanges de l'Ecole française de Rome, Moyen-Age* 102. 2 (1990): 577-588.

Velissariou, Alexandra. "Comment elles se doyvent contenir: Règles de conduite et codes gestuels dans le Livre du chevalier de la Tour Landry pour l'enseignement de ses filles," *Le Moyen Français*, 65 (2009): 53-78.

Vidal, H.. "L'avocat dans les décisions conciliaires et synodales en France (XIIᵉ-XIIIᵉ siècles)," *Revue de la Société internationale de l'histoire de la profession d'avocat*. 3 (1991): 1-21.

Vinci, Stefano. "Liber Belial: A Vademecum for Roman-Canonical Procedure in Europe," *Forum historiae iuris* (2015).

Viola, Francesco. "The Judicial Truth," *Persona y Derecho* 32 (1995): 249-266.

Waelkens, Laurent. "L'origine de l'enquête par turbe," *Tijdschrift voor Rechtsgeschiedenis / Revue d'Histoire du Droit / The Legal History Review* 53. 3-4 (1985): 337-346.

—. "Traces Romano-canoniques dans les preuves 'germanique'," *Tijdschrift voor Rechtsgeschiedenis / Revue d'Histoire du Droit / The Legal History Review* 75 (2007): 321-331.

—. "La théorie de la coutume chez Jacques de Révigny: édition et analyse de sa répétition sur loi De quibus (D. 1,3,32)," Thesis (doctoral). Rijksuniversiteit te Leiden, 1984.

Walling, Amanda. "Placebo Effects: Flattery and Antifeminism in Chaucer's Merchant's Tale and the Tale of Melibee," *Studies in Philology* 115. 1 (2018): 1-24.

Warembourg, Nicolas. "La notion de 'droit commun' dans

l'ancienne France coutumière: Point d'étape," *GLOS-SAE: European Journal of Legal History* 13 (2016): 670-684.

—. "Romanisation du droit privé français (XIIe-XVIIIe siècle)," *L'histoire du droit en France: Nouvelles tendances, nouveaux territoires*. Ed. Krynen, Jacques, Pierre d'Alteroche. Paris: Classiques Garnier, 2014. 45-67.

White, James Boyd. "Law as Rhetoric, Rhetoric as Law: The Arts of Cultural and Communal Life," *The University of Chicago Law Review* 52. 3 (1985): 684-702.

Whiting, B. J.. "Proverbial Material from the Old French Poem on Reynard the Fox," *Harvard Studies and Notes in Philology and Literature* 18 (1935): 235-270.

Winock, Michel. "Jeanne d'Arc," *Les lieux de mémoire*. Ed. Nora, Pierre. Vol. 3. Paris: Gallimard, 1997. 4427-4473.

Winroth, Anders. "The Legal Revolution of the Twelfth Century," *European Transformations: The Long Twelfth Century*. Eds. Noble, Thomas F. X. and John Van Engen. Notre Dame: University of Notre Dame Press, 2012. 346-351.

Wippel, John F.. "Truth in Thomas Aquinas," *The Review of Metaphysics* 43. 2 (1989): 295-326.

Wood, Charles T.. "Joan of Arc's Mission and the Lost Record of Her Interrogation at Poitiers," *Fresh Verdicts on Joan of Arc*. Eds. Wheeler, Bonnie and Charles T.

Wood. New York: Garland 1996. 19-29.

Xavier, Kawa-Topor. "L'image du Roi dans le Roman de Ren-
    art," *Cahiers de civilisation médiévale*, 36ᵉ année. 143
    (Juillet-septembre 1993): 263-280.

后　记

　　本书以笔者攻读博士学位期间游学多国的成果为基础，因此有许许多多的人需要感谢。首先，我要感谢我的导师、浙江大学历史学院沈坚教授从本科以来的全程关怀、支持与指导；感谢图卢兹一大法律与政治观念史研究中心的雅克·克里内讷(Jacques Krynen)教授对本书前期构思和写作环节的把关；还要感谢我在根特大学攻读双学位法学博士期间的两位导师迪克·埃尔伯特(Dirk Heirbaut)教授和伊安·迪莫林(Jan Dumolyn)教授，他们仔细审读了本书的英文稿，并给出了详细的修改意见。我也要感谢董小燕教授、乐启良教授、张弛教授，他们均为本书提出了宝贵的修改意见。另外，在赴日交流期间，金泽大学日本史研究室平濑直树教授、上田长生准教授和法语语言与文学系粕谷雄一教授对我关照有加。在图卢兹一大从事本书写作期间，弗洛朗·加尼埃(Florant Garnier)教授和玛丽·巴萨诺(Marie Bassano)教授就研究方向提供了各自的建议。浙江大学出版社的蔡帆博士为本书出版做了诸多细致的工作。这里一一感谢。

在从事研究和出版成果的过程中,我得到了多方面的资金支持。所以,我也必须感谢浙江大学校派出国基金、比利时佛拉芒政府特别研究基金(BOF)和日本学生支援机构(JASSO)在研究不同阶段给予的资助;感谢浙江大学历史学院及世界历史研究所为本书出版提供的经费支持。

最后,我还要感谢父母一贯的理解与支持,妻子张雪莹一直以来的陪伴与鼓励,以及女儿茹茹带来的欢乐。

对于一个如此宏大的研究主题,疏漏在所难免。但毫无疑问,疏漏的责任在我本人。